中國自然資源產權制度構建研究

（增訂版）

劉燦 等著

推薦序

　　近年來全球環保意識抬頭，民眾對於自然資源開發與使用對於自然生態的影響愈來愈重視，基於資源與生態體系的包容量有限，自然資源的開發必須有永續的規劃，自然資源的配置必須發揮最大的使用效益，才能使經濟發展可長可久。由中國大陸西南財經大學副校長劉燦等學者所撰著的「中國自然資源產權制度構建的研究」一書，便是基於這樣的理念，針對中國大陸近年來自然資源運用缺乏效率的現象，進行全盤性且深入的研析，提出透過產權制度的變革，以提昇自然資源的開發及使用效率的卓見，是難得一見的佳作。

　　本書作者認為造成中國大陸自然資源使用無效率的主要原因，在於中國現行社會主義制度體制下的自然資源市場，其機制運行仍停留在「公」權市場階段，致使市場價格調節機制無法有效率的配置自然資源的使用。誠如諾貝爾經濟學獎得主North的主張：成功的制度改變，經過財產權的重新安排得以降低交易成本[1]，本書更一針見血的提出：提高自然資源利用率的核心在於自然資源的產權制度。

　　本書內容共分10章，摘錄其主要內容為：(1) 回顧相關自然資源產權理論之文獻，並建構本書進行自然資源產權制度分析所需引用的理論架構；(2)敘述中國大陸近年產權制度的沿革及變遷，並藉由產權的界定與集體行動建構中國大陸新一階段的多層次、多元化的自然資源產權制度結構；(3)針對中國大陸的礦產資源、水資源及自然旅遊資源產權制度改革進行實證分析，並與自然資源先進國家的制度進行差異與施行成效之比較；(4)同時以經濟學與法律角度，分析自然資源產權制度的理論基礎，並作成結論與建議。

　　全書架構完整、分析精闢，綜觀全文，其主要貢獻如下：

　　(一)完整呈現中國大陸之自然資源產權制度，如何因應行政體制由極端集權統治到現今改革開放所作的調整與變革，並就分析該等制度變革對自然資源運用效率的影響。

　　(二)將North在西方施行資本主義制度下所得到的制度變遷與經濟成就的關聯性，運用在實施社會主義計劃經濟下的中國大陸，並驗證產權制度改革，對自然資源效率的改善成效。

　　(三)在維持自然資源所有權公有體制的前提下，結合自然資源委託—代理制度與使用權制度的有償化，改善自然資源的市場價格機制運作有所改善。

　　(四)因應自然資源的多樣性、公共性程度的差異及產權界定的難易程度不同，本書提出自然資源產權制度的設計必須是多層次、多元化的結構。

　　(五)藉由分權理論，形成中央與地方默契合作的制度，明確劃分

---

[1] 參見道格拉斯‧諾斯（1994），「制度、制度變遷與經濟成就」，劉瑞華譯，時報出版社，第iv頁。

中央與地方政府之間對自然資源產權的歸屬責任、利益分配，使自然資源的使用效率更為提昇。

　　雖然中國大陸的政治體制仍屬集權統治型態，但其在經濟發展上的改革決心與努力是有目共睹的。本書就提昇自然資源的使用效率，所提出的設計規畫，不管在深度及廣度都相當的用心。近年來，中國台灣受到氣候變遷的影響，天災頻傳，民眾對於自然生態及自然資源的使用、開發孰者為輕孰者為重，常常造成爭議；中央政府與地方政府也常有意見相左的情形，如何建立制度化的規劃，減少社會的對立，適度兼顧資源的保護、開發，並提升自然資源的使用效率，我們必須有更細膩、更長遠的規劃。雖然政治主張及制度體系不同，但本書的分析架構及思考重點，仍可作為中國台灣進行自然資源開發與利用規畫的借鏡。

銘傳大學 國企系
張瑞晃

推薦序

　　本人很榮幸為劉燦博士等學者所著的【中國自然資源產權制度建構研究】乙書寫序。因為在經濟學中的「公共選擇理論」通常對於公有共同的自然資源，會產生過度開發，產生非常高的外部社會成本。

　　這本書從理論基礎開始論述，到制度面的產權管理，績效都有完備的分析研究。研究對象涵蓋礦產、水資源、自然旅遊資源等；以及相關法律制度的討論；並且研究政府與此議題的關係、功能、管理體制改革的實例，很值得關心此議題的讀者，一起來閱讀。

東海大學 經濟系

蕭志同

目　錄

第一章　導　論 1
　一、研究背景 2
　二、文獻基礎與實踐經驗 10
　三、理論工具：制度分析的視角與維度 21
　四、本書的研究模式及特點 27
　五、本書的內容安排 30

第二章　自然資源產權理論概述 33
　一、自然資源概述 34
　二、自然資源產權的基本理論 39
　三、自然資源所有權制度 58

第三章　產權制度安排運用於自然資源管理研究：
　　　　　一個理論模型 67
　　一、研究目的和政策工具 68
　　二、比較基準（政策目標）：最佳開採路徑 70
　　三、非私有產權安排與效率損失 80
　　四、自然資源私有產權制度建設 85
　　五、總結和補充說明 91

第四章　我國自然資源產權制度變遷和改革績效評價 95
　　一、我國自然資源的基本概況及特徵 96
　　二、我國自然資源產權制度的初始界定 100
　　三、我國自然資源產權制度的變遷 103
　　四、我國現行自然資源產權制度改革績效 123
　　五、我國現行自然資源產權制度存在的主要問題 129

第五章　礦產資源產權制度及其改革 139
　　一、礦產資源產權制度及其研究現狀 140
　　二、礦產資源產權與其衍生權利——礦業權之間的區別與
　　　　特徵述要 150
　　三、國外礦產資源產權制度的歷史沿革與實踐安排 164
　　四、我國礦產資源管理制度與產權制度的發展演變 172
　　五、我國礦產資源產權制度改革：面臨的難題和改革的路徑 178

第六章　水資源產權制度及其改革 205
　　一、水資源與水資源產權理論 206
　　二、水資源產權制度實踐的國際經驗 232
　　三、我國水資源產權制度變遷與績效評價：總體分析 264
　　四、我國水資源產權制度變遷與績效評價：案例分析 282

五、我國水資源產權制度的架構：目標、原則與保障性措施....314

第七章　自然旅遊資源的產權制度構建......................321
　　一、自然旅遊資源的產權制度研究現狀..........................322
　　二、自然旅遊資源的價值、特徵與範圍..........................324
　　三、自然旅遊資源管理的國際經驗：國家公園制度................331
　　四、我國自然旅遊資源產權制度變遷與績效評價：總體分析....335
　　五、我國自然旅遊資源產權制度變遷與績效評價：案例研究....344
　　六、我國自然旅遊資源產權制度構建：約束條件、目標與
　　　　框架..359

**第八章　完善社會主義市場經濟體制與我國自然資源產權
　　　　制度創新**..367
　　一、社會主義市場經濟與自然資源產權制度創新..................368
　　二、我國自然資源產權制度的價值取向：公平、效率與
　　　　可持續發展..372
　　三、我國自然資源產權制度的目標、功能與結構..................380

第九章　建立符合我國國情的自然資源法律體系................387
　　一、我國自然資源產權法律制度的現狀..........................388
　　二、我國自然資源產權法律制度的特點..........................389
　　三、我國自然資源產權法律制度安排中存在的問題................390
　　四、我國自然資源產權法律制度的完善..........................394

**第十章　自然資源產權制度構建中的政府間關係：
　　　　分權理論及其應用**..................................403
　　一、分權理論的發展過程及其基本的理論工具....................404

二、分權理論的應用：我國自然資源產權制度改革中的
　　政府關係分析..412
三、自然資源產權制度改革與中國政府間分權體系的
　　邏輯關係..419
四、自然資源政府管理體制改革：以礦產資源爲例...................421

參考文獻..435
後　　記..447

第一章

導　論

一、研究背景

在 21 世紀，中國經濟的高速增長與自然資源科學開採、集約使用的矛盾更加突出，這一矛盾深刻地影響到了經濟社會的科學發展和資源環境的有效保護。構建一個有效的自然資源產權制度來緩解上述矛盾及其負面影響，不僅是社會各方面高度關注的實踐問題，也是一個具有重大價值的理論問題。

首先，從實踐上看，改革開放 30 年來的產權制度改革，集中地體現在企業產權制度改革領域，即國有、民營和外資"三駕馬車"並行不悖的混合所有制格局已經形成，但自然資源產權制度領域的改革則相當滯後，有些策略性國有自然資源產權制度的改革依然是個空白。一方面，由於行政性壟斷，致使石油、煤炭、礦產、電信等資源性行業成為"暴利"產業，但它們卻並未提供滿足社會需求的質優價廉的具有準公共物品性質的產品和服務，這導致社會對自然資源產權制度改革以及自然資源行業改革的呼聲日漸高漲；另一方面，由於延續了計劃經濟時代高度集中的國有產權制度本身的弊端，在相關利益集團趨利行為的驅使下，煤炭、石油、金屬礦產等領域形成破壞性、浪費性開採，惡性事故頻頻發生，同時由於資源定價不合理導致資源利用效率低下等矛盾和問題叢生。大量事實證明，現行的自然資源產權制度還不能有效地產生合理定價、有償使用、配置市場、鼓勵投資以及保護資源的作用。

其次，從理論上說，經濟增長與自然資源科學開採、集約利用之間存在矛盾的根源，是現行自然資源的價格沒有正確反映自然資源的稀缺程度，而解決問題的辦法就是透過對自然資源的合理定價和有償使用來實現其有效配置。但是，如果沒有建立適應各國具體國情的自然資源的財產權制度，自然資源的市場價格有可能不等於其相對價格，這將導致交易成本偏高，並致使某些資源交易無法實現。因此，有效的產權制度是實現對自然資源的合理定價和有償使用的前提和基礎。

本書即是從自然資源產權制度的界定與構建的角度來切入，研究如何化解自然資源科學開採、集約使用與經濟增長之間的內在矛盾的。

爲什麼選取這樣一個切入點來進行研究呢？這是因爲，馬克思主義基本原理告訴我們，矛盾和解決矛盾的方法往往都是同時出現的，只是前者（即矛盾和問題本身）往往表現得更加明顯——它直接影響人們的生產和生活，而後者（即解決矛盾和問題的方法）有時則更隱蔽一些，它是建立在人們對矛盾和問題本身的正確認識和體驗基礎之上的。如果人們對矛盾和問題的認識與體驗存在偏差，則不僅得不出解決矛盾和問題的正確方法，有時還會因爲人們本身的原因而導致矛盾和問題擴大化。據此，我們認爲，正確認識自然資源科學開採、集約使用與經濟增長之間的內在矛盾的關鍵切入點，就在於在實踐中改革已經滯後的自然資源產權制度本身，而要化解自然資源科學開採、集約使用與經濟增長之間的內在矛盾，就應當從自然資源產權制度構建的角度做起。對這樣一個切入點的把握，我們有著充分的理論和實踐材料作爲依據。現概述如下：

第一，自然資源的重要性。對自然資源重要性的觀察，早在威廉·配第說"土地爲財富之母"的時候，人們就已經認識到了。而20世紀60年代以來，世界範圍內在自然資源問題上所經歷的公眾關注和學術興趣的復興，更是強化了對自然資源重要性的認識，其中較有代表性的觀點包括：

(1) "歷史上多數時期的大多數人都生活在赤貧之中和稀缺的邊緣，因此毫不奇怪，資源稀缺一直是西方政治思想中的核心問題"[1]；

---

[1] J. KINCAID. The Contest of Body and Soul: Resource Scarcity in Western

(2)"所有重要金屬及能源礦產的消費空前高漲,其自然極限總會在某一天到來……這種景象酷似現已廣為人知的馬爾薩斯模式,他把此類指數增長的消費與設想為固定的資源基礎相比較,從而預言經濟災難將迫近"[1];

(3)"任何資源管理計劃的合理目標都是使從資源利用中獲得的經濟福利達到最大,但物質儲備的稀缺必將成為對經濟發展的一種日益迫近的絕對限制,最劇烈的反應可能是出現所謂'全球末日'(Global Armageddon)"[2];

應當說,這些經濟學者對自然資源問題重要性的強調,來自於對20世紀60年代以來以石油危機為典型代表的能源危機的深刻反思,更是對所謂"開採中的技術進步和廣泛的替代能夠化解資源危機"觀點的強烈反駁——探測、開採與替代資源的技術進步所能緩解的只是短期的資源需求,長期來看,這些技術進步反而在時間和空間上加劇了對自然資源的消耗。所以,世界範圍內資源的平均價格在幾十年中連續向上翻了幾番便不足為奇,技術進步改變不了自然資源"物以稀為貴"的現實,因此,自然資源稀缺危機轉化為自然資源價格危機的過程,也必然激勵著全球各國共同努力和調整相關機制。關心人類利用自然資源前途的各類科學家,都不應該低估新的危機來臨的可能性,經濟學家們更是責無旁貸地要對自然資源的重要性做出明確而仔細的說明。

第二,發展中國家自然資源稟賦利用的"病態"過程。資源性經濟的形成過程,是發展中國家工業化和現代化進程中某個演進階段的常態發展過程,而這一過程也往往表現為"病態化"的資源經濟產生

Political Theory [M]. Welch and Meiwald, 1983.

[1] 朱迪·麗絲. 自然資源——分配、經濟學與政策 [M]. 蔡運龍,等,譯. 北京:商務印書館,2002: 7-8.

[2] EHRLICH. The Population Bomb [M]. New York: Ballantine Books. 1970.

過程。這一"病態"是指經濟體內所出現的大範圍、寬領域、深層次的貿易條件惡化、反工業化、產業失調、財富分配嚴重不公及資源管理失控或其他嚴重的社會問題[1]。從另外一個角度來說，這一"病態"過程往往表現為許多發展中國家的資源稟賦優勢並沒有轉變成競爭和發展的優勢——這不僅僅是因為開採和使用中過低的技術水準，更重要的是缺乏合理有效的產權制度和管理制度，使得自然資源在開採和使用當中存在嚴重的無效率——資源豐裕的國家和地區普遍出現的"資源之咒"現象（又稱"荷蘭病"症狀）便是明證。其中，"資源之咒"這個命題是經濟學家 Audy[2]在研究礦產資源型國家經濟發展問題時首先提出來的，即資源的豐富反而使這些國家掉入了貧困的陷阱，給當地人民帶來了難以擺脫的"貧困詛咒"。這一命題十分形象地展示了發展中國家利用自然資源的"病態過程"。繼 Audy 之後，Sachs & Warner[3]從 1995 年起發表了數篇受關注程度較高的文章，對"資源之咒"假說進行了開創性的實證檢驗。他們以 95 個發展中國家為樣本，以初級產品出口額佔 GDP 的比重反映資源稟賦水準，利用 1970～1989 年的截面數據進行回歸分析，結果證明資源稟賦與經濟增長之間存在顯著的負相關關係，即使將更多的解釋變數納入回歸方程，如制度安排、區域效應、價格波動及地理氣候等因素，負相關關係依然存在。而許多學者（Leite and Weidmann, 1999; Gylfason, 2000、2001; Sala-i-Martin and Subramanian, 2003; Papyrakis and Gerlagh, 2004）也得出了與其廣泛一致的結論[4]。但張景華（2008）、

---

[1] 張複明. 工業化視野下的資源型經濟：解釋模型和分析框架 [J]. 經濟學動態，2008 (8).

[2] R. AUTY. Resource Abundance and Economic Development [M]. Oxford: . Oxford University Press, 2001.

[3] J. SACHS, A. WARNER. Natural Resource Abundance and Economic Growth [R]. *NBER Working Paper*, No. 5398, 1995.

[4] 邵帥，等. 西部地區的能源開發與經濟增長——基於"資源之咒"假說的實

李天籽（2007）等著文指出，儘管上述經驗研究結論如此一致地驗證了"資源之咒"在多數礦產資源豐富的國家存在，但總有一些屬於反例的國家讓"資源之咒"命題受到質疑。比如，挪威、博茨瓦納、紐西蘭、澳大利亞、加拿大等國礦產資源豐富，但它們並未因此而遭遇"資源之咒"，反而充分地享受到了"資源的祝福（福音）。這是為什麼，張景華（2008）的解釋是："自然資源是'福音'還是'詛咒'，主要原因在於制度品質的差異。傾向於強佔者的制度和資源，製造了一個增長陷阱，阻礙了經濟增長；傾向於生產者的制度，能使其充分利用豐裕的自然資源，有效地促進了經濟增長。"[1] 國外的學者如 Sokoloff and Engerman 也指出："資源的稟賦對制度的發展路徑和制度品質產生了重要作用，而制度的發展路徑和制度品質不同會影響長期的經濟績效。"[2]

問題的關鍵是何種制度促成了自然資源型發展中國家或地區在經濟發展進程中的"資源之咒"，這些"壞的"制度在發生"資源之咒"的國家或地區之間是類似的嗎，已有的研究對此尚無共識。舉例來說，Sala-i-Margin and Subramanian[3] 的實證研究顯示，石油和礦物等的自然資源誘發了貪婪的尋租行為，弱化了一國的制度品質，進而對經濟增長施加負的非線性影響，並且這種制度弱化才是"資源之咒"發生作用的根源所在。他們所謂的制度與尋租有關，顯然涉及政府制

證分析 [J]. 經濟研究，2008(8).

[1] 張景華. 自然資源是"福音"還是"詛咒"：基於制度的分析[J]. 上海經濟研究，2008(1)；李天籽. 自然資源豐裕度對中國地區經濟增長的影響及其傳導機制研究 [J]. 經濟科學，2007(6).

[2] STANLEY L. ENGERMAN, KENNETY L. SOKOLOFF. Institutional and Non-Institutional Explanations of Economic Differences [R]. NBER Working Paper, No. W9989, September 2003.

[3] SALA-I-MARTIN XAVIER, ARVIND SUBRAMANIAN. Addressing the Natural Resource Curse: An Illustration from Nigeria [R]. IMF Working Paper, WP-03-139, 2003.

度、企業制度等。而 Audy（2001）的研究則認爲：政治民主化進程、政治租金以及政治激勵的差異是造成不同國家是否存在"資源之咒"的關鍵。顯然，這裡的制度已經涉及憲政與現代國家文官晉升制度了。在對中國地區層面是否存在"資源之咒"命題的檢驗中，徐康寧、王劍[1]認爲，資源採掘業中產權安排的不合理會導致政府出現尋租行爲和政府干預現象，這是導致中國自然資源豐裕地區經濟增長速度減緩的重要原因。同時，產權不合理和由此導致的政府干預行爲還會加大貧富差距，進而影響勞動力和資本作用的發揮。而張景華（2008）則更明確地指出，造成"資源之咒"現象的"制度品質"（Institutional Quality）涵蓋法律制度、對財產權的保護、政府官員的責任心與聽取社會各界意見的渠道、尋租、官員腐敗、政府的效率、浪費等內容。從以上的論述可以發現，雖然衆多學者都認同發展中國家利用自然資源過程中出現的"資源之咒"現象是由制度上的誘因造成的，但在"究竟這種制度是什麼"這個問題上卻沒有形成共識，大到憲政制度、法律制度、政府制度，小到產權制度、企業制度，似乎都對"資源之咒"現象的出現有影響。這種結果的出現對於治理"資源之咒"現象是不利的，因爲人們在面對憲政、法律、政府制度，以及財產權及企業制度改革這樣的選擇的時候往往顯得無所適從。而本書則致力於從自然資源產權制度構建的角度，來深入理解發展中國家尤其是中國所面臨的"資源之咒"現象，並由此尋求破解之道。

第三，中國自然資源產權制度改革的"短板效應"。中國 30 年來的改革開放已經取得了舉世矚目的成就，但中國經濟發展模式與自然資源消耗模式之間的矛盾卻隨著改革開放的深入而日益凸顯出來，成爲亟待解決的重要策略性問題。從全局來看，解決這一策略性問題的關鍵在於轉變中國經濟的發展方式，這也是黨的十七大提出的最緊

---

[1] 徐康寧，王劍. 自然資源豐裕程度與經濟發展水平關係的研究[J]. 經濟研究，2006(1).

迫的改革任務之一。而落實到經濟發展與自然資源消耗這一具體問題時，除了籠統地談論轉變經濟發展方式外，還應當從彌補和構建中國自然資源產權制度這一具體的"制度短板"，來配合全局性的經濟發展方式轉變。怎麼理解中國的自然資源產權制度的改革存在"短板效應"？我們認為有以下幾點值得注意：

(1)雖然建設集約型社會、實現經濟社會科學發展必須建立在對自然資源的合理開發和有效率的使用基礎之上已經成為共識，但中國面對的現實問題卻是普遍存在的無效率現象[1]。具體來說，在自然資源的開採中存在這樣的現象：無效率開採對資源的破壞；過快或過慢的開採速度降低了資產的價值；開採的配額與開採的效率分離，致使開採成本上升；開採中專用性投資不足導致生產事故頻繁發生；開採中對環境資源的破壞；等等。而在資源的使用中存在這樣的現象：經濟增長過高地依靠能源的投入，單位 GDP 的能源消耗率過高；能源的消耗結構缺乏彈性；等等。這些無效率降低了資源資產的價值，限制了資源稟賦對經濟增長的貢獻度[2]。在經濟學家看來，上述問題都可以歸結為市場失靈，即價格沒有準確地反映資源的相對稀缺性——指導人們開採和使用自然資源的決策的價格沒有反映全部的經濟後果，從而沒有傳遞正確的資訊，也沒有提供正確的激勵。而做對價格（Getting Incentives Price）和做對激勵（Getting Incentives Right）的關鍵，則是構建與各國國情相適應的自然資源產權制度。如果自然資源產權制度不健全或存在殘缺，則自然資源開採和使用中的無效率現象就始終無法得到解決。換言之，自然資源產權制度的"短板"很可能使我們在宏觀上對轉變經濟發展方式、完善價格體系、構建激勵機制的努力不

---

[1] 對中國經濟增長的經驗研究發現，中國的高速經濟增長主要來源於技術進步和資源投入，效率提高的貢獻不大。

[2] 值得一提的是，對於中國而言，提高資源的使用效率不僅可以實現中國整體經濟的持續發展，而且也可以促進西部地區的經濟發展，縮小東西部地區間的經濟差距。

僅得不到預期的回報，有時甚至會使這些努力付諸東流——任何經濟體制改革都是"短板"在起制約作用，資源經濟領域也不例外。

(2)中國現階段所強調的"科學發展觀"是一種新的發展觀，其基本的方法論是"統籌兼顧"，而自然資源產權制度的"短板"則是在資源經濟改革領域實現"統籌兼顧"的最大障礙。對於"統籌兼顧"這一方法論的內涵應當這樣理解：首先，"統籌兼顧"並不否定中國經濟的增長，而是要重新審視和檢討傳統的使用能源和原料的方法，力求減少資源損失，減少經濟活動對環境的破壞作用。其次，"統籌兼顧"要求經濟社會的科學發展必須建立在保護環境和自然資源的基礎之上，一方面透過經濟的或行政的力量制止對自然資源的過度消耗，另一方面透過發展科技，使子孫後代有更高的開發和利用資源的能力。再次，"統籌兼顧"要求以提高全社會成員生活質量為目標，同社會進步相適應，這種方法論意味著生產、分配、消費、文化、教育、社會福利等全方位的變化，是一種在數量上更豐富、在質量上更高級的變化。最後，這種方法論在經濟或行政方法都不能取得集約合理利用自然資源的情況下，就只能依靠制度建設和制度創新來徹底改變對自然資源的消耗模式，而這恰恰是中國當前資源經濟改革領域的薄弱環節。換言之，如果自然資源產權制度的基礎不能建立和創新，那麼我們經濟社會發展所要求的"統籌兼顧"的方法論就打了折扣，從而就會使自然資源經濟成為經濟社會科學發展的瓶頸。

綜合上述，我們認為，由於中國的經濟體制改革、經濟發展方式轉型與自然資源集約合理利用的矛盾日漸突出，從完善社會主義市場經濟體制、實現經濟社會科學發展的角度出發，當前必須以自然資源產權制度創新來解決經濟發展中的資源矛盾，徹底彌補自然資源經濟這一塊經濟社會發展進程中的"短板"。因此，本書將以中國特色社會主義經濟理論、現代產權經濟理論、環境與資源經濟學為基礎，借鑒、總結自然資源產權制度實踐的國際經驗與中國的改革實踐，著力探討如何構建一個適應中國社會主義市場經濟體制的自然資源產權制度。

二、文獻基礎與實踐經驗

(一)文獻基礎

1.對自然資源的認識及評價

首先要明確的是對於"資源"一詞的理解。在漢語裡，對"資源"一詞至少有三種解釋。第一種解釋認爲："資源，是指物資、動力的天然來源。"[1]第二種解釋認爲："資源，指生產資料和生活資料的天然來源。"[2]第三種解釋是《辭海》中的解釋："資源，指資財的天然來源，一般指天然的財源。一國或一定地區擁有的物力、財力、人力等物質要素的總稱。分爲自然資源和社會資源兩大類，前者如陽光、空氣、水、土地、森林、動物、礦產等；後者包括人力資源、資訊資源以及勞動創造的物質財富。"[3] 這些解釋可以說通俗地說明了資源的內涵特徵，強調了資源相對於人們需要而言的所謂"有用性"的"天然""來源"特點。"資"就是"有用"、"有價值"的東西，是人們生存與發展所需要的生產資料和生活資料；"源"就是來源，即生產資料和生活資料的來源，強調的是資源的"天然"特性，而相應的資源利用的"人爲"經濟活動方式卻並沒有引起人們足夠的重視。

國外關於資源的界定基本都從自然資源的角度進行說明。美國著名資源經濟學家阿蘭·蘭德爾（Alan Randall）在《資源經濟學》一書中把"資源"定義爲："資源是由人發現的有用途和有價值的物質。

---

[1] 商務印書館辭書研究中心. 新華詞典 [M]. 北京：商務印書館，1981: 1003.
[2] 李國炎，等. 新編漢語詞典 [M]. 長沙：湖南人民出版社，1990: 759.
[3] 夏征農，等. 辭海 [M]. 上海：上海辭書出版社，1999: 2273.

自然狀態的未加工過的資源可被輸入生產過程，變成有價值的物質，或者也可以直接進入消費過程給人們以舒適而產生價值。"[1]聯合國環境署在 1972 年給"資源"下的定義是："在一定的時間和技術條件下，能夠產生經濟價值、提高人類當前和未來福利的自然環境因素的總稱。"[2]可以說，國外學者研究的重點也是對資源本身進行界定，人類對資源的利用方式（如組織和產權制度等）則只是資源的參照或者將資源轉化為財富的媒介手段而不予以分析。B. R. 夏馬對上述的這種從靜態理解資源的定義不滿，他試圖超越自然資源限制，探究不同資源因素間的動態作用，認為"對所謂的自然資源重視而對人的資源和組織制度資源的忽略，阻礙了人們對真正自然資源性質的清晰理解和對資源範疇的全面瞭解。同樣的道理，有一種把資源看成自然界有形現象的獨一無二財富的傾向，從而造成一種錯誤的印象，認為資源是一些靜止的、固定的東西。然而事實上資源和人類文明本身一樣，具有動態性"[3]。按照夏馬的分析，人類遵循自然的"忠告"，徵得自然的"同意"，得到文化、組織與制度的"援助"，利用自然界中發現的物質和人類社會文明所創制出的科學、技術以及產權制度等創造出了或轉變成了可供人類直接利用的資源。這樣的認識的確比較系統，也恰當地將自然界和人類的文化組織制度納入了資源分析的系統框架。但問題是究竟資源是如何被利用的，自然－人類結合的具體方式究竟應為何，資源又是如何不斷被拓展乃至創造出來的，事實上，資源的利用與創造離不開經濟活動過程，重要的是，必須揭示資源被利用和創造的現實基礎。現實中，人們往往結成一定的組織並以建立相應制度的方式來利用資源。聯繫經濟活動過程，我們發現組織化和制度化的經營活動是人類經濟行為最為顯著的特點。

---

[1] 阿蘭·蘭德爾. 資源經濟學 [M]. 施以正，譯. 北京：商務印書館，1989: 6.
[2] 轉引自：劉書楷. 劉書楷文選：第一集 [M]. 北京：學苑出版社，1999: 132.
[3] B. R. 夏馬. 資源概念與資源評價 [J]. 秦其明，譯. 地理科學進展，1988 (1).

由此出發，我們發現既往對資源的認識存在著如下三個方面的局限：

(1)傾向於脫離人們對資源的利用來看待資源，認為資源是一種稀缺的客觀存在，並不關涉人們的經濟活動。自然資源觀就是這種觀點的代表。其實，資源是相對於人們對物質財富的創造的需要而言的，離開了人們的經濟活動即利用資源的活動，就談不到資源[1]。

(2)傾向於靜態地看自然資源，僅僅從資源既有形態和存在狀況判別資源，忽視了資源的動態變化過程及其特點，這既限制了人們對資源功能與屬性多維度的探討，也封堵了將外部資源納入資源體系的努力。動態功能學派就認為，資源並非永恆的，而是變化的，資源是一種活的現象，它依賴於人的成就和行為的擴大或縮小。中國學者霍明遠也在 1998 年提出了資源的"三分法"，並認為資源是有層次的，是隨著時代變化而持續演進的。

(3)根本上忽視了人們利用資源的組織和制度模式的作用。資源的利用是在組織與制度的基礎之上進行的，生產組織、消費組織和產權制度既決定著不同資源結合的具體方式，同時也決定著不同資源相互合作的機制和資源動態變化擴展的方向。組織方式與制度模式對資源的內涵與外延具有重要的拓展意義，這也是本書強調從資源的產權制度構建入手進行研究的根本原因所在。

2.自然資源經濟學理論的發展

自然資源經濟學的理論思想，可以追溯到 17 世紀的威廉·配第，其著名的論斷"土地為財富之母，勞動為財富之父"可被視為資源價值論的最早萌芽。從 18 世紀到 20 世紀初，亞當·斯密、傑文斯、李嘉圖、馬歇爾等經濟學家從自由市場的"資源稀缺"層面研究了經濟與自然資源的關係，並得到了較一致的結論：自然資源的稀缺

---

[1] 王玉海，等. 基於組織基礎的資源概念釐定與資源外延拓展 [J]. 資源科學，2008(1).

可以透過市場的價格機制得到解決。到 20 世紀初期，自然資源經濟學朝著兩個方向發展：一是自然資源學與經濟學的結合，把自然資源學當成一門經濟學科系統地研究；二是繼續從純經濟學角度研究自然資源的優化配置問題。前者的開創者是美國的 R. T. Ely 和 E. W. Morehouse，他們在 1924 年合作出版的《土地經濟學原理》被認為是自然資源經濟學科建立的奠基之作。隨後，H. Hotelling 在 1931 年發表了《可耗竭資源經濟學》，提出了資源耗竭理論，即著名的"侯太齡定律"。20 世紀 70 年代末，隨著生態保護主義運動的深入，資源經濟學研究進入了一個輝煌的時期。以 Charles W. Howe 的《自然資源經濟學》為代表作，重點論述了自然資源的經濟問題，講述了自然資源的屬性、共用資源的管理、自然資源非市場效益的評價、稀缺度量、自然資源最優利用條件、專案經濟分析、帕累托效率等。進入 20 世紀 80 年代，資源經濟學已經形成了較為完整的學科體系，出版了以美國阿蘭·蘭德爾的《資源經濟學》為代表的一系列經典著作。以蘭德爾為代表的這些學者認為：資源經濟學是微觀經濟學的一個分支，是研究自然資源和環境政策的一個分支，是研究自然資源和環境政策的一門應用經濟學。它是利用經濟學理論和定量分析的方法來揭示、分析、評價自然資源的開發與利用和環境保護方面規律，指導制定關於自然資源的開發與利用和環境保護方面政策的學科。

　　隨著數學分析方法和電腦的發展，數理和計量分析在資源經濟學中的應用越來越廣泛。近年來，自然資源經濟學充分吸收了現代西方經濟學的研究成果，重點研究資源環境價值計量、制度構建政策、自然資源的可持續利用等問題。在另一發展方向，即以純經濟學研究自然資源優化配置方面，庇古於 1920 年在其所發表的《福利經濟學》中提出解決外部性問題的"庇古稅"方法，成為政府管制自然資源供求的重要理論基礎。隨後，許多經濟學者普遍地在這個命題上，按"外部因素內部化"的經濟分析原理，進行具體的理論和應用研究。

與"庇古稅"相對立，主張回歸亞當·斯密自由市場經濟學的《自然資源配置理論》則是 Ronald H. Coase 創立的"科斯市場"理論。隨後，不少經濟學者相信，明確、單一的產權安排已足以矯正外部性方面的市場失靈。

3.對自然資源產權問題的討論

在國外早期的經濟學文獻中，非私有產權大都被歸入共有產權（Common Property），共有產權常被用來專指自然資源的產權特徵。1954 年，斯科特·戈登（H. Scott Gordon）在他開創性的關於漁業資源的經濟學論文中，按照持有權利的主體性質，將產權結構劃分為私有產權和共有產權。戈登在研究中發現，漁業資源由於具有公共產權特性而導致"資源破壞"和"過度利用"。加勒特·哈丁（Garrett Hardin, 1968）將這一現象稱為"公地悲劇"。現代自然資源經濟學對此問題的標準分析得出的結論是：只要公共資源對一批人開放，資源的總提取量就會大於經濟上的最優提取水平（Dasgupa and Heal, 1979）。在 20 世紀 70～80 年代，簡單的"兩分法"受到了許多批評，許多學者認為將非排他性產權都歸為共有產權過於粗糙，不能涵蓋政府擁有的產權、有限群體擁有的集體產權等情形（Ciriacy-Wantrup and Bishop, 1975; Dahlman, 1980）。這導致了對產權結構的進一步細分。比較流行的是產權"四分法（Bromley, 1989）：國有產權"私有產權、共有產權和開放利用[1]。

討論公有資源的產權問題即是關於公共池塘資源（Common Pool Resource, CPR）的治理和管理，而設立公共產權制度的原因是對私有產權界定、監督、執行，或將外部性內部化的成本太高，以至於很難採取有效的行動來對付外部性[2]。科斯定理中的相關案例都說明，外部

---

[1] 埃里克·弗魯博頓. 新制度經濟學——一個交易費用分析框架 [M]. 姜建強，羅長遠，譯. 上海：上海三聯書店、上海人民出版社，2006：序言，5-7.

[2] 埃里克·弗魯博頓. 新制度經濟學——一個交易費用分析框架 [M]. 姜建強，

性的存在是由於產權邊界不清，只要將產權界定清楚並且這種權利是可以交易的，市場就可以透過價格機制對權利進行合理配置，從而實現外部性的內在化。因此，並不需要政府直接干預市場，需要做的只是界定產權，然後由市場去實現資源配置的效率。美國著名學者埃莉諾‧奧斯特羅姆提出了"公共池塘資源"概念，她認為公共池塘資源是一種人們共同使用整個資源系統但分別享用資源單位的公共資源。在大量的實證案例研究的基礎上，她提出了自主組織和治理公共事物的制度理論，從而在企業理論和國家理論的基礎上進一步發展了集體行動理論，同時也為面臨公共選擇悲劇的人們開闢了新的路徑，為避免公共事物的退化、保護公共事物、可持續地利用公共事物，從而增進人類福利提供了自主治理的資源產權制度基礎[1]。公共資源產權經濟分析引發了各國經濟學家對自然資源的產權外部性問題的持續關注。

在西方市場經濟國家自然資源外部性治理的實踐中，政府除了徵稅、界定產權外，還有一個重要的也是最常用的措施，就是行政管制（也稱社會性管制），即制定各種行政法規來解決外部性問題。如利用行政權力來對產權的行使設置一些限制，例如在有可能污染環境或造成其他外部性的地方限制私有產權行使的方式，如政府制定排污標準，等等。行政法規政策往往被視為集體行動，具有權威性和強制性，私有產權在它們面前基本沒有談判能力，只能服從。解決自然資源利用過程中的外部性問題，理所當然成為中國自然資源產權制度構建問題研究的一個重點課題，本書後續各章也將從各個方面對此加以詳盡探討。

羅長遠，譯．上海：上海三聯書店、上海人民出版社，2006：序言，5-7.

[1] 穆賢清，黃祖輝，張小蒂．國外環境經濟理論研究綜述 [J]．國外社會科學，2004 (2)．

(二)中國自然資源產權制度的改革探索

由於自然資源具有公共物品的屬性,各個國家在自然資源領域的初始產權界定,一般都設置公共產權制度,即以法律形式明確自然資源的所有權由國家(透過代理者)來行使。例如對於不可再生自然資源(礦產資源),世界上絕大多數國家都透過立法來確認其作為社會財富而歸國家所有,個人和社會組織可以透過合法途徑取得礦產資源的探礦權和採礦權,國家依法保護礦業權人的合法權益。但是,在自然資源共有產權的情況下,所有者無法排除其他人在公共領域競爭而獲得該項資產的部分產權(使用權和收益權)。因此,在實踐中,一些國家的解決方案就是部分公共資源所有權的私有化。除私有化外,解決共有產權問題的途徑還有政府管制改革,即引入代理者的競爭機制。

與世界大多數國家的經驗一樣,中國的自然資源產權建立的是國家所有權制度。20 世紀 90 年代中期,地方政府在發展經濟的驅動下,中國自然資源產權制度開始發生以有償使用(地方政府向經濟主體轉讓使用權)為主要內容的制度變遷,國家所有權分割為中央與地方的共用權。許多學者認為,目前制度上的問題,一是中央和地方之間在權利界定上不清和利益衝突;二是國家產權的虛置或弱化導致國有資產流失;三是資源開發中的短期行為和外部性增大;四是資源交易制度和交易市場還沒有建立[1]。總的來說,改革開放後中國自然資源產權制度漸進式變革主要可以劃分為兩個階段:一是 20 世紀 70 年代末至 20 世紀 90 年代初;二是 20 世紀 90 年代中期至今。這樣進行劃分的原因是,20 世紀 80 年代的各自然資源單行法基本上都是在 20 世紀 70 年代末 80 年代初開始起草的,帶有明顯的計劃經濟色彩,隨著

---

[1] 肖國興. 中國自然資源產權制度創新的法律抉擇 [J]. 環境保護,2004(4);孟昌. 對自然資源產權制度改革的思考 [J]. 改革,2003(5).

經濟的發展和經濟體制改革的推進，特別是黨的十四大明確了建立社會主義市場經濟方向後，這些法律越來越不適應經濟的發展，因此，在 20 世紀 90 年代，中國相繼開始了對幾個主要自然資源單行法的修改，如《中華人民共和國水法》、《中華人民共和國礦產資源法》、《中華人民共和國土地管理法》、《中華人民共和國漁業法》、《中華人民共和國森林法》（分別簡稱《水法》、《礦產資源法》、《土地法》、《漁業法》、《森林法》，下同）等，使之適應中國市場經濟的發展。需要說明的是，中國自然資源產權制度的變遷，並不完全局限於法律制度具體規定下的內容，在實際的自然資源產權制度變遷中，自然資源產權制度呈現出了比法律上規定的產權制度更廣泛、更豐富的內容[1]。從學術研究的角度來看，我們可以將自然資源產權制度的研究分爲三大部分：其一是自然資源產權制度變遷，其核心內容就是以自然資源有償化使用和自然資源市場化爲方向的制度變遷分析；其二是自然資源產權市場建設的研究；其三是自然資源的物權制度研究。

1.自然資源產權制度變遷

在 1978 年開始實行經濟體制改革之前，資源產權制度類型主要爲公有制基礎上的工資契約制度和集體分成制度。兩種類型在本質上都屬於多層代理經營關係，容易產生"政府代理失效"，致使資源的使用效率極低。作爲自然資源的公共產權主體，國家不僅可以佔有、使用、收益和處分資源，也可以行使其消極的權能，即排除一切非法的侵犯。但國家是個抽象的、不清晰的集合，權利無法被具體界定。因而，要切實行使自然資源的所有權，國家必須把這一所有權委託給中央政府，由於中央政府不可能直接控制所有資源，在不變更所有權性質的條件下，只能將自然資源的使用權委託給中央政府各部門、地

---

[1] 經濟意義上的"產權"與法律意義上的"產權"有一定的差別。一般來說，經濟意義上的"產權"比法律意義上的"產權"包含了更多的內容。

方政府和各類資源型企業等衆多代理人去管理。由於各級委託人、代理人都有著不同的目標函數和利益取向，存在著代理人行爲嚴重背離自然資源公共產權主體和終極所有權人利益的可能。

　　爲了協調自然資源各級代理機構的目標，督促它們恪盡職守地履行自然資源的使用權能，國家還需設立相應的協調、監督機構。同代理機構一樣，各級協調、監督代理機構及其組成人員都有著各自的行爲目標。其在履行職責時，必然要進行利益衡量：當行爲結果符合自己的目標時，就會積極行動，實施監管，自然資源公共產權主體的委託目標就會實現，公共產權主體的所有者地位就得到維護；反之，則相反。這種建立在公有制基礎上的自然資源委託－代理制度，其實質是自然資源產權界定和產權關係不明確，其委託－代理鏈條存在著資訊不對稱、代理者被俘虜、代理者有限理性及代理者創租賣租等政府失效和代理失效問題，其根源是自然資源使用權制度的無償化和非市場化阻礙了自然資源產權制度經濟功能的正常發揮。因此，這一時期自然資源產權制度變革的目標就在於使自然資源的無償化、非市場化使用變爲有償化使用、市場化配置，而這也與 20 世紀 80 年代末期中國開始的產權制度改革的總體目標[1]相銜接。

　　20 世紀 80 年代末期開始的自然資源產權制度改革極大地降低了監督成本，但資源的維持成本以及流轉交易成本依然很高。到 20 世紀 90 年代，自然資源產權經濟的理論研究逐步集中於利用現代西方新制度經濟理論，尤其是產權理論對中國自然資源的傳統管理制度進行分析，並提出了相應的產權制度改革模式[2]，即從自然資源共有產權"完全"所有階段到開發與利用產權無償授予階段再到開發與利用產

---

[1] 20 世紀 80 年代末的中國產權制度改革，是以企業產權制度改革爲重點，以明晰產權主體、界定產權權利爲難點的一場改革，自然資源的產權制度改革自然也屬於這場改革的一部分。

[2] 這一時期的改革以明晰所有權關係和自然資源產權市場化制度建設爲重點。

權有償獲得和可交易階段的重要改革模式。其中的每一個歷史階段都有特定的產權制度安排，總體上看制度變遷是向著有利於自然資源合理配置的方向漸進的。但不可忽視的事實是，橫向和縱向的數據比較證明，中國自然資源產權市場配置的效率仍舊是很低的[1]，還應當在產權制度創新上有所突破。

2.自然資源產權市場建設

對於資源產權市場的性質，主流的觀點認為應該建立完備的資源使用權交易市場。關於自然資源產權市場的結構，考慮到中國的實際情況，應是一個多層次的權利關係體系，包括國家有償出讓資源經營權給資源經營者、資源經營權在經營者之間的流轉等層次。王萬山等[2]從初始產權界定、交易權規定和交易制度安排上綜合研究了中國資源產權市場的制度優化建設途徑，提出了三步式連續而漸進的制度建構策略：第一步，建立市場化的資源公共產權規制模式；第二步，實現資源使用權和經營權的市場化；第三步，實行多元化和市場化的資源所有權制度，形成公私產權對接的、完善的資源產權混合市場。根據自然資源產權多樣化特徵，應分門別類地建立起多樣化多層次的產權市場體系，建立和健全具有權威性的產權市場監管機構，同時完善產權法律制度以規範自然資源產權市場。自然資源產權市場的運作規則包括：①對於產權界定得比較清晰的自然資源，應在平衡公共利益、所有者與使用者利益的前提下，根據其使用、經營的公共性和外部性大小，將自然資源的所有權分配或拍賣給不同的產權主體；②對於產權邊界模糊而難以界定、外部性很大的自然資源，應繼續以公共產權主體為所有者，並由統一的政府機構或部門作為單一的所有者來管理。可考慮建立政府監督管理和委託－代理制度，從而實現對各類型

---

[1] 這可從每年發佈的環境公報中得到證明，並可從近些年中國環境國際競爭力的排名連續多年排在倒數幾位，甚至倒數第一位中得到佐證。

[2] 王萬山，等. 中國自然資源產權市場應如何"轉軌"[J]. 改革，2002(6).

自然資源的有效管理。

與上述觀點不同，有學者認為中國資源產權市場屬性應是所有權交易市場[1]。其理由主要有：①自然資源所有權交易是自然資源成為商品並最終成為資本和資產的前提；②自然資源所有權交易是廠商實現利益最大化、政府代表公共選擇的保證。從目前國際資源產權市場制度主流來看，大多數國家建立了以資源國有為基礎的產權市場，所有權交易是受到禁止或限制的。

3.關於確立自然資源物權制度

自然資源的物權關係不同於一般民法意義上的物權。中國民法專家王利明認為，自然資源物權是一種特別法上的物權。特別法上的物權，是公民、法人經過行政特別許可而享有的可以從事某種開發國有自然資源或對自然資源作某種特定利用的權利，如取水權、採礦權、養殖權等，這些權利的行使涉及生態環境的保護和整個經濟社會的科學發展。對於這些權利，不僅要由《物權法》來確認，而且要由特別法進行相應的規制，如《礦產資源法》、《漁業法》、《水法》等。在特別法中，不僅要對權利人的權利予以確認，還必須對這些權利主體對國家和社會所承擔的義務進行規定，才能更好地實現國家整體利益和社會公共利益[2]。一些學者認為自然資源物權（例如水權）是一種準物權，應以資源的多層次性為中心來探討中國水權的物權立法[3]。還有學者提出，自然資源產權制度應從所有權角度規範自然資源的歸屬，從用益物權角度規範自然資源利用關係，中國物權法應建立自然資源使用權制度[4]，等等。

---

[1] 吳寶華，等. 自然資源經濟學 [M]. 天津：天津人民出版社，2002：序言，3-6.
[2] 王利明. 物權法論 [M]. 北京：中國政法大學出版社，1998: 9-13.
[3] 金海統. 論水權物權立法的基本思路 [J]. 法學，2004 (12).
[4] 周林彬. 物權法新論 [M]. 北京：北京大學出版社，2004: 581.

三、理論工具：制度分析的視角與維度

(一)本書的理論分析工具

本書研究使用的理論工具包括以下幾種：

(1)制度分析工具。這是本書使用得最多和最為廣泛的理論工具之一。之所以強調制度分析，這是由論題的性質決定的：自然資源產權制度構建的核心是一套制度而非其他，因此，自然資源產權制度的歷史變遷過程、制度創新的成本與收益分析、制度創新的目標和現實約束以及制度功能的績效評價等問題，都離不開制度分析。對於這些問題，我們堅持歷史唯物主義和馬克思主義的制度分析模式，結合運用新制度經濟學的制度分析工具，力求將自然資源產權制度構建的內涵與外延闡述清楚。

(2)技術性定量分析工具組合。雖然制度分析是本書的主要內容，但對類似自然資源最優開採制度與自然資源產權制度關係等問題的研究，我們還用到了收益－成本分析法、動態最優化分析法、外部性數理分析法等數量經濟學工具，以此作為對制度分析方法的補充，使相關問題的研究具有紮實的定量分析基礎。

(3)本書對代表性的自然資源如礦產、水和旅遊自然資源的分析，還採取了實地調研和案例分析的方法，使分析建立在有據可依、真實可信的基礎之上。

(二)自然資源產權制度分析的視角：可持續發展理念下的效率與公平

在產權經濟學中，環境資源配置的制度目標首先是效率即福利標準。傳統福利經濟學認為任何一個帕累托的最優配置都可以從適當的初始配置出發，透過完全競爭市場來實現；而在存在外部性的情況下，"庇古稅"和科斯的"產權界定"成為解決外部性問題的兩種方式。20世紀70年代以後，資源環境經濟學家依此提出了"外部不經濟內在化"的觀點，並提出利用價格機制、稅收、信貸、賠償等經濟槓桿，以使社會損失變成私人廠商的生產成本，把外部因素內在化，使環境資源得到保護。里昂惕夫根據這一理論，利用投入－產出法，進行了把外部性納入到常規的國民經濟投入產出中的探索。20世紀80年代以後，學者們又進行了大量的環境價值論研究及價值評估，環境資源價值論逐步完善，標誌著環境經濟學的成熟。資源環境經濟學把可持續發展理念及實踐方式納入到制度構建的目標之中，在微觀層次上，構建了資源環境利用的可持續發展的費用與效益分析，以建立資源環境成本的微觀核算機制；在中觀層次上，把資源環境的可持續性因素納入到產業結構和生產力佈局調整之中；在宏觀層次上，把資源環境的可持續發展納入到國家宏觀政策的研究中，從而構建了在可持續發展的經濟理性指導下的自然資源效率觀。

可持續發展理念下，自然資源產權制度的構建需要體現效率與公平相統一的價值取向。可持續發展中的公平是兼顧代內公平與代際公平的公平，代內公平表現為資源的供給與分配在"保持不變的或增長的自然資本存量"的條件下，"達到在給定的時間點上公平對待一國內部或國家之間處於劣勢的集團"[1]。

為此，在自然資源的制度安排中，要在確定產權與資源環境交易的同時，注意平衡經濟地理區位，界定貧困者或貧困地區人民對資源環境的擁有權與支配權，並在稅收、信貸、投資、補貼等方面做出鼓勵性制度安排，使其在縮短與富裕者或發達地區差距的前提下，發展經濟與提高人民生活福利水準。同時，該制度應該安排資源開發和利用與環境保護的協調性規則，並要限制富裕者對資源的無止境消耗，在制度安排中約束對資源的有效率利用。

---

[1] 大衛·皮爾斯，等. 世界無末日——經濟學、環境與可持續發展 [M]. 張世秋，等，譯. 北京：中國財政經濟出版社，1994: 69.

在可持續發展理論中，效率是以全社會生活水準的提高為特徵的，其與帕累托效率直接相關，可以表述為"當發展能夠保證當代人的福利增加時，也不會使後代人的福利減少（皮爾斯，1994）。也就是說，當福利的增加是以某種資源的消耗為前提時，要想在資源不斷減少的情況下增加福利，唯一的路徑就是提高資源開發和利用的效率。制度效率的實現要依靠微觀經濟主體的產出增長，為此，可持續發展的自然資源制度的效率安排，應當是在確定制度規則時拓展人們的選擇空間；在界定投資、契約等產權時，安排資源的公平分配和政府對資源開發和利用的宏觀管理與微觀規制，並保證資源供給與收入分配的公平與公正。

(三) 分權視野下的自然資源產權制度分析維度：政府、企業與市場

中國自然資源產權制度分析不可避免地會涉及三個維度，即政府（中央政府或地方政府）、企業（資源型企業）以及市場（資源產權市場）。怎樣才能把這些維度統籌到一個相對合理的框架之中呢？我們選取了政府分權的視野來統籌分析上述維度，原因在於現代的自然資源產權制度是分權型政府主導下的、有限制的產權制度。"市場經濟中主體財產權不是'絕對的'和真正'為所欲為'的，它是從屬於社會約束的，由政府主導的、有限制的產權。制度性的財產權矛盾和衝突難以透過市場界定來解決，市場對於主體實施其財產權行為的約束功能十分有限，而政府介入財產權領域和行政權力的約束和限制，對主體財產權進行調整和重構，就成為現代市場經濟的必然需要。"[1] 其中，政府對自然資源產權制度的調節包括三個方面：①對主體的經營領域，即實施資源產權的領域進行政府干預；②規定資源產權權能的衡量，即產權邊界或界域；③對資源產權的收益權實行調

---

[1] 劉詩白. 主體產權論 [M]. 北京：經濟科學出版社，1998: 99-101.

整。由此可見，市場經濟條件下的自然資源產權制度並不完全是科斯意義上的"產權私有決定論"，政府對自然資源產權制度的主導和限制作用不可忽視。那麼，政府是作為一個抽象的單一整體來規範、約束和調整自然資源產權制度嗎？顯然不是。從現代市場經濟發展演變的歷史來看，政府是多級分權性質的，因此，政府主導和約束的有限制的自然資源產權制度也不能局限於政府與市場的二維權衡，還應充分考慮一個分權型政府對產權制度的基本約束。分權性質的政府對自然資源產權制度約束的基本手段包括：①透過立法和司法機制，根據各類資源佔有主體的性質和社會職能，確定（資源）主體財產權的界線，規定其行使產權的方法，監督（資源）主體行使產權的行為，用法律、行政等手段對各種非理性的侵權行為進行懲罰，以實現對主體產權行為的政府約束；②理清政府與不同所有制歸屬的資源型企業的關係，處理好地方政府之間競爭對資源產業發展的影響。這些基本約束手段充分體現出了分權型政府間的權力分配或區域競爭都必然會對自然資源產權制度的變革方向產生重要影響。由此可知，中國自然資源產權制度的設計必然離不開各級政府的充分介入，這裡包括政府對公共資源所有權的界定和法律保護，政府對公共資源的產權管理和政府對公共資源交易、利用的法律規制，等等。按照現行法律框架，中國自然資源所有權理論上歸國家或集體所有，事實上，除少數極端重要的策略性資源外，其他的自然資源都歸地方政府或部門所有或控制。即地方政府不僅具有佔有權、使用權和收益權，而且對一些資源具有事實上的所有權和轉讓權。這種格局必然會形成中央政府和地方政府的博弈關係。因此，自然資源產權制度的設計，應在一些重要資源實行國家專屬所有權情況下確立資源收益多級化的分配制度，明確劃分中央和地方的利益分配關係。

　　從整體研究視域來看，中國的中央政府和地方政府作為參與市場經濟活動的主體之一，其行為特徵在當今中國經濟問題的分析中具有特殊而重要的作用，自然資源產權制度改革中自然也不能迴避或忽略這兩個主體的行為及其分權問題的影響。因此，定性的政府行為分析必不可少，應當明確中央政府與地方政府在自然資源產權制度改革中扮演的角色，即明確是"福利之手"、"援助之手"還是"掠奪之手"，從而有利於將政府維度、企業維度和市場維度及其相互關係，統籌到分權的框架中進行分析。首先，從自然資源產權制度改革的核心——所有權制度改革來說，應當著重分析內含於其中的中央與地方的分權問題。其次，從自然資源使用權制度的改革來說，主要應研究的是使用權界定不清、侵權行為嚴重且資源利用行為短期化的問題。我們認為，自然資源使用權制度的改革是要明確中央政府與地方政府分權進程中的責任歸屬問題，或者說是中央政府如何處理（調控）中央政府與地方政府 U 型或 M 型分權結構中的地方政府的道德風險問題，其實質是中央政府與地方政府在資源使用權制度改革中的"分（擔）風險"問題。再次，在自然資源產權流轉制度與自然資源產權流轉市場制度的改革領域，也存在中央政府與地方政府的分權問題，不過，這裡的"分權"具體化為中央政府與地方政府的"分利"問題。我們認為，自然資源產權流轉制度改革是分權條件下的市場規範問題，而非純粹的"逐利過程"，中央政府與地方政府在自然資源產權流轉市場中扮演什麼樣的角色值得深入探討。最後，從自然資源產權制度改革促進資源型地區科學發展的角度來看，分權問題最終並不是要形成中央與地方政府在資源產權歸屬和資源產權權利收益分配問題上，無休止的博弈或討價還價，而是希望形成一套中央與地方默契合作的制度，透過明晰產權、有償開採、有序流轉、利益分享來實現最大限度地發揮自然資源產權制度改革的效力，並促進資源型地區科學發展的目標。

(四)制度分析的基本模式：馬克思的歷史唯物主義和所有制分析

中國自然資源產權制度創新，在社會經濟宏觀層面上是涉及產權結構的一場深刻變革。在這一改革問題研究的思想指導上，我們應該堅持馬克思主義的基本理論和方法。我們要研究的對象是中國構建社會主義市場經濟中的產權變革。首先，我們應該堅持馬克思主義的制度分析方法。中國的市場化改革和所有制結構的重塑，要尋找其長期規律和客觀性，其哲學觀應該是馬克思主義的歷史唯物主義和辯證唯物主義，即從生產力與生產關係的矛盾運動中進行解釋。其次，從當代世界範圍內經濟體制向市場化轉型、經濟全球化和政府職能變革的新情況出發，對於現代經濟學理論特別是20世紀70年代以後發展起來的新制度經濟學、公共選擇理論、演化自由主義等所提供的相關理論與分析工具，以及各轉型國家的改革實踐也應該給予充分的關注。最後，應該把產權與改革績效放到一個作為整體的社會生產制度結構之中來研究，以尋求一個社會在特定階段的市場環境條件下實現制度均衡的路徑；並把制度均衡作為個人、企業、政府在各自的約束條件下理性選擇（即交易）的結果，從而在研究方法上把整體主義分析與個體主義分析、制度的宏觀結構分析與微觀結構分析結合起來。

在關於自然資源產權制度創新與改革績效問題的研究上，我們瞄準的是中國的現實問題，要解決的是中國的事情。應當承認，20世紀經濟學的發展，特別是在主流經濟學理論體系之外發展起來的交易費用理論、產權理論、企業理論、博弈論、資訊經濟學等，為我們認識中國轉型經濟和解決產權問題提供了新的視角[1]，新制度經濟學、產權理論對於經濟運行層面上的產權規則、制度安排等現象有其解釋力。但是，中國的經濟改革畢竟是一場整體性的制度變遷，是涉及社會制

---

[1] 林崗，張宇. 產權分析的兩種模式 [J]. 中國社會科學，2000(1).

度結構的改革，其深刻原因要由"生產關係一定要適應生產力發展"這一規律來說明。只有堅持馬克思的歷史唯物主義和所有制分析模式，才能使產權制度創新沿著正確的方向發展。

四、本書的研究模式及特點

自然資源產權制度研究模式是與自然資源的稀缺性緊密相連的。從資源的稀缺性出發研究相應的理論問題與現代經濟學研究的出發點是一致的，因此，從這個意義上來講，自然資源產權制度的基本研究方法運用的就是現代經濟學的基本方法，並且，這一論斷不會因自然資源產權的所有制屬性差異或國別差異而改變。從我們所接觸的理論文獻來看，也可以證實上述觀點。例如，從在國外資源經濟學界久享盛譽的兩本著作《自然資源——分配、經濟學與政策》[1]和《環境與自然資源經濟學》[2]來看，儘管這兩本著作研究的側重點不同，但其篇章結構卻基本都遵循著主流經濟學的研究模式來安排，特別是這兩本書的導論和前兩章都涉及以下幾個基本問題，即：①關注資源經濟學問題的起源——稀缺性；②資源的界定與類型；③資源可得性的度量：儲存性或可更新資源；④資源、環境評估的概念和數學模型等。在其基本理論框架建立起來後，這兩本書各自關注的側重點即論著的主體部分有所不同，但其結論卻驚人地一致，即尋求可持續性的資源管理與消費模式，並建立與之相對應的經濟發展方式，是研究的最終目的所在。這種結論的共性特徵是與其較為科學的理論分析框架緊密聯繫在一起的。試想，如果這些西方學者不從自然資源的稀缺性出發，建立相應的資源界定、度量和評估模型，又怎麼會在研究的側重點不同

---

[1] 朱迪·麗絲. 自然資源——分配、經濟學與政策 [M]. 蔡運龍，等，譯. 北京：商務印書館，2002.
[2] 湯姆·泰坦伯格. 環境與自然資源經濟學 [M]. X 版. 嚴旭陽，等，譯. 北京：經濟科學出版社，2003.

的情況下實現殊途同歸，這顯然是與其研究方法的科學性、嚴密性分不開的。近年來，國內有許多學者相繼推出了以自然資源、環境產權為專題的論著，較有代表性的研究包括：《環境與自然資源經濟學》（張帆等，2007）、《中國的自然資源》（霍明遠等，2001）、《自然資源概論》（劉成武，1999）、《自然資源學原理》（蔡運龍，2000）以及《環境與自然資源經濟學概論》（馬中，2006）[1]等，這些論著也是從自然資源的稀缺性出發，建立了分析、評估中國自然資源的理論模型，並提出了相應的政策建議。

　　同樣是從稀缺性出發，對自然資源及其產權制度的整體主義分析模式引起了我們的高度關注。資源的稀缺性是現代經濟學研究的出發點，也是人類經濟活動面臨的基本約束條件。按照馬克思主義經濟學的歷史唯物主義觀點，資源由不稀缺到稀缺，反映了人類社會物質資料生產基本矛盾的產生和發展過程，在這一過程中，產權制度的確立及其變遷，其基礎是生產資料所有制，它是社會生產力（資源稀缺性內含其中）和生產關係之間矛盾運動的客觀現象，並不能僅僅用稀缺性約束下人們的理性選擇來說明，而應該用制度整體主義來分析。林崗、劉元春在他們的論文中提出，馬克思的制度整體主義分析方法的特點是：①在引入人類社會系統與自然系統相互作用關係──生產力的過程中來把握人與人的關係，從而認識社會整體範疇的性質，並透過整體範疇及其相互關係來認識具體個人動機形成的過程、社會作用的性質以及個體利益決定的機制[2]。②在充分肯定人類生存需求的作用

---

[1] 以上論著參見：張帆，等. 環境與自然資源經濟學 [M]. 上海：上海人民出版社，2007；霍明遠，等. 中國的自然資源 [M]. 北京：高等教育出版社，1999；劉成武. 自然資源概論 [M]. 北京：科學出版社，1999；蔡運龍. 自然資源學原理 [M]. 北京：科學出版社，2000；馬中. 環境與自然資源經濟學概論 [M]. 北京：高等教育出版社，2006.

[2] 林崗，劉元春. 制度整體主義與制度個體主義──馬克思與新制度經濟學的制度分析方法比較 [M]. 中國人民大學學報，2001(2).

的基礎上，從人類系統與自然界系統間的關係著手，引入社會實踐，從滿足需求的方式、社會手段入手，肯定人類征服自然、改造自然的生產活動在歷史發展中的主導地位，建立起心理個人主義無法得出的生產理論，闡述了生產力與生產關係、經濟基礎與上層建築之間的辯證關係[1]。劉詩白教授在 1998 年出版的《主體產權論》一書中，提出了關於自然資源稀缺性與產權制度構建的基本觀點。他認為，第一，"新開發的自然資源的產權制度的構建，要依據資源的稀缺性和（實際）狀況來進行"[2]；第二，"在經濟發展中自然資源由非稀缺性向稀缺性轉換的趨勢，決定了實行自由佔用公有產權制度的範圍越來越窄，而確立起某種主體產權制度，就成為人們的必然選擇"[3]；第三，"歷史上曾經出現過選擇（自然資源的）私有產權制度和公有產權制度……但社會主義市場經濟體制下，人們更應該借助於公有主體產權的完善，來實現對自然資源的節約使用和使用效率的提高"[4]。

基於馬克思歷史唯物主義的視角，從資源的稀缺性這一社會生產的基本矛盾出發，本書的研究模式具有以下一些具體特徵：

第一，馬克思歷史唯物主義的制度分析方法。在本書的研究中，我們堅持把自然資源產權制度納入生產力與生產關係、經濟基礎與上層建築的關係之中。從生產力的發展過程，來把握產權關係及社會生產中人與人的關係，從而在社會整體的層面上，提出完善社會主義市場經濟與自然資源產權制度的構建問題。在自然資源開發與利用和不同主體間利益矛盾等實踐層面的分析上，我們堅持把不同主體的利益動機和行為選擇納入到具有整體意義的社會生產結構和利益分配結構之中來分析，從而提出經濟改革和產權制度構建中的利益均衡問題。

---

[1] 林崗，劉元春. 制度整體主義與制度個體主義——馬克思與新制度經濟學的制度分析方法比較 [M]. 中國人民大學學報，2001(2).
[2] 劉詩白. 主體產權論 [M]. 北京：經濟科學出版社，1998: 69-72.
[3] 劉詩白. 主體產權論 [M]. 北京：經濟科學出版社，1998: 69-72.
[4] 劉詩白. 主體產權論 [M]. 北京：經濟科學出版社，1998: 69-72.

第二，從具體到抽象，再從抽象到具體的研究方法。本書的寫作，源於我們對中國現實的礦產資源、水資源、自然旅遊資源等資源產權制度安排不合理的實際觀察，所引發的抽象層面對自然資源產權制度安排的思考。當正式開始寫作這本書時，我們又是從自然資源產權經濟理論一般分析出發，再逐一地過渡到對礦產、水、旅遊等自然資源的具體分析。這樣做的目的在於，使我們能夠對濃縮的抽象的自然資源產權一般理論的觀點逐層遞進地展開敍述，並最終在具體的資源領域研究中得到印證。

第三，歷史、邏輯與現實相統一的分析方法。歷史和邏輯的辯證統一，是研究自然資源產權制度變遷歷史、現狀和未來的方法論基礎。根據這一原理，我們在研究自然資源產權制度構建問題時，既注重學理上的探討和邏輯上的梳理，更注重將自然資源產權制度變遷歷史和邏輯分析中得出的結論與現實材料進行對比分析[1]，並始終注意將二者有機地、辯證地結合起來，力爭使本書的分析做到"理論頂天，實踐立地"。

五、本書的內容安排

本書共分為十章，各章的基本內容概括如下：

第一章主要就本書的研究背景、文獻基礎、核心概念、理論工具、研究框架、研究方法等做出總體的概括，旨在提出本書研究的主要內容、結論與創新點。

第二章主要歸納概述了自然資源產權理論的基本內容及其發展，分析了自然資源所有權（物權）制度的設立和屬性，以及可持續發展觀對當代自然資源財產立法的影響，為本書的研究提供了基本的理論

---

[1] 為了得到第一手的資源分析資料，我們分赴河北、新疆、四川雅安等地實地調研，對當地的礦產資源、水資源和旅遊資源等進行了詳細的調研和考察。

工具。

　　第三章透過一個理論模型對自然資源的最佳開採路徑、非私有產權安排與效率損失、自然資源私有產權制度等問題進行了探討，以私有產權自然資源和共有產權自然資源分類為基礎，在理論上分析了在不同的產權安排下，如何利用管制和市場的力量實現效率目標。

　　第四章以中國自然資源的基本特徵和產權的初始界定為起點，考察了中國自然資源產權制度變遷的過程，並在此基礎上分析了中國現行自然資源產權制度的運行效率及其存在的主要問題。

　　第五章在礦產資源產權制度的實踐與改革這一領域，整理了礦產資源產權制度的理論研究現狀，從實踐層面上分析了礦產資源產權的各種權利設置及權利內涵，分析了中國礦產資源產權制度的變遷及進一步改革的路徑。

　　第六章概述了水資源與水資源產權理論，介紹了水資源產權制度實踐的國際經驗和中國近年來水權管理制度改革的幾個案例，在此基礎上提出了中國水資源產權制度構建的基本目標、原則和路徑。

　　第七章從理論和實踐兩個層面上，討論中國自然旅遊資源的產權及其相關制度的構建問題，結合國際經驗和中國改革中的典型案例，分析了當前中國自然旅遊資源產權制度正在發生的變遷形式及其內在邏輯，並基於效率與公平的視角提出了中國自然旅遊資源產權及相關制度構建的限制條件、目標與框架性建議。

　　第八章在對中國自然資源產權制度的實踐經驗及改革取向進行分析的基礎上，提出了完善社會主義市場經濟與自然資源產權制度創新的整體架構，分析了中國自然資源產權制度創新的價值取向、制度目標和制度結構。

　　第九章基於中國的自然資源產權法律制度的現狀和存在的問題的研究，提出了建立符合中國國情的自然資源法律體系的基本思路。

　　第十章運用分權理論研究了中國的自然資源產權制度設計中的政

府間關係，提出了對一些重要策略性資源實行國家專屬所有權情況下確立資源權利收益多級化的分配制度，分析了如何形成一套中央政府與地方政府默契合作的制度來實現產權明晰、有償開採、有序流轉和利益分享。

第二章

自然資源產權理論概述

產權是經濟體制和法律制度賦予經濟當事人的行為權和相應的利益的組合，即是關於財產及其相應的權利。產權規定了經濟行為主體在稀缺資源使用中的地位，以及每個行為主體在與其他行為主體的相互交往中，必須遵守的規範和不遵守這些規範時必須承擔的成本。因此，界定和保護產權是保證每一經濟主體以追求自利最大化為目的參與全部經濟活動的基礎，也是有效利用自然資源的關鍵。本章歸納概述了自然資源產權理論的基本內容及其發展，分析了自然資源所有權（物權）制度的設立和屬性，以及可持續發展觀對當代自然資源財產立法的影響。本章為全書研究提供了基本的理論工具。

一、自然資源概述

(一)自然資源的概念

自然資源是對具有社會有效性和相對稀缺性的自然物質或自然環境的總稱。

對於"自然資源"，至今尚未形成統一的概念。《辭海》對"自然資源"的定義是："天然存在的自然物，不包括人類加工製造的原料，如土地資源、水利資源、生物資源和海洋資源等，是生產的原料來源和佈局場所。"[1]聯合國出版的文獻中將"自然資源"的含義解釋為："人在其自然環境中發現的各種成分，只要它能以任何方式為人類提供福利，都屬於自然資源。從廣義來說，自然資源包括全球範圍內的一切要素，它既包括過去進化階段中無生命的物理成分，如礦物，又包括地球演化過程中的產物，如植物、動物、景觀要素、地形、水、空氣、土壤和化石資源等。"[2]自然資源是人類生活資料和生產資料的來源，是人類社會和經濟發展的物質基礎，同時也構成人類

---

[1] 夏征農，等. 辭海 [M]. 上海：上海辭書出版社，1999: 2773.
[2] 自然資源與環境的概念 [OL]. 中國經濟網，http://www.ce.cn.

生存環境的基本要素[1]。

(二)自然資源的類型

對於自然資源的類型，有多種劃分方法。

首先，按資源的實物形態劃分，自然資源包括土地資源、氣候資源、水資源、生物資源、礦產資源、海洋資源、能源資源、旅遊資源等。

(1)土地資源。土地是地球陸地的表面部分，是人類生活和生產活動的主要空間場所，土地包含地球特定地域表面及其以上和以下的大氣、土壤及基礎地質、水文和植被，它還包含這一地域範圍過去和目前的人類活動的種種結果，以及動物們對目前和未來人類利用土地所施加的重要影響。土地是由地形、土壤、植被、岩石、水文和氣候等因素組成的一個獨立的自然綜合體。

(2)氣候資源。氣候資源是地球上的生命賴以產生、存在和發展的基本條件，也是人類生存和發展工農業生產的物質和能源之一。氣候資源包括太陽輻射、熱量、降水、空氣及其運動等要素。太陽輻射是地球上一切生物代謝活動的能量源泉，也是氣候發展變化的動力。降水是地球上水循環的核心環節，是生命活動和自然界水分消耗的補給源。空氣運動不僅可以調節和輸送水熱資源，而且可將大氣的各種成

---

[1] 與自然資源相聯繫的另一個概念是自然環境，自然資源是自然環境的重要組成部分。環境科學將地球環境按其組成要素分為大氣環境、水環境、土壤環境和生態環境。前三種環境又可稱為物化環境。從人類的角度看，它們都是人類生存與發展所依賴的環境。按照這一定義，環境包括了已經為人類所認識的、直接或間接影響人類生存和發展的物理世界的所有事物。《中華人民共和國環境保護法》所稱的環境是：影響人類社會生存和發展的各種天然的和經過人工改造的自然因素的總體，包括大氣、水、海洋、土地、礦藏、森林、草原、野生動物、自然古蹟、人文遺蹟、自然保護區、風景名勝區、城市和鄉村等（自然資源與環境的概念 [OL]. 中國經濟網，http://www.ce.cn.）。

分不斷輸送、擴散，供給生命需要的物質。

(3)水資源。水資源是指在目前的技術和經濟條件下，比較容易被人類利用的補給條件好的那部分淡水。水資源包括湖泊淡水、土壤水、大氣水和河川水等淡水。隨著科學技術的發展，海水淡化前景廣闊，因此，從廣義上講，海水也應算是水資源[1]。

(4)生物資源。生物資源是指生物圈中全部動物、植物和微生物。生物資源的分類也是各種各樣的，通常採用生物分類的傳統體系，將生物資源分爲植物資源和動物資源，在植物資源中又可以群落的生態外貌特徵劃分爲森林資源、草原資源、荒漠資源和沼澤資源等；動物資源按其類群可分爲哺乳動物類資源、鳥類資源、爬行類動物資源、兩棲類動物資源以及魚類資源等[2]。

(5)礦產資源。經過一定的地質過程形成的，附存於地殼內或地表上的固態、液態或氣態物質，當它們達到工業利用的要求時，即稱之爲礦產資源。其分類方法較多，一般按礦物不同物理性質和用途劃分爲黑色金屬、有色金屬、冶金輔助原料、燃料、化工原料、建築材料、特種非金屬、稀土及稀有分散元素 8 類[3]。

(6)能源資源。能夠提供某種形式能量的物質或物質的運動都可以稱爲能源。大自然賦予我們多種多樣的能源，一是來自太陽的能量，除輻射能外，還有經其轉換的多種形式的能源；二是來自地球本身的能量，如熱能和原子能；三是來自地球與其他天體相互作用所產生的能量，如潮汐能。能源有多種分類形式，一般可分爲常規能源和新能源，常規能源指當前已被人類社會廣泛利用的能源，如石油、煤炭

---

[1] 就淡水資源總量看，全球的河川年徑流量估計爲 47 萬億立方米，全球的地下水年儲量大約爲 16 萬億立方米。

[2] 自然資源與環境的概念 [OL]. 中國經濟網，2005-09-01. http://www.ce.cn/books/read/2005/xhjj/lz/200509/01/t20050901＿4575553＿3.shtml.

[3] 自然資源與環境的概念 [OL]. 中國經濟網，2005-09-01. http://www.ce.cn/books/read/2005/xhjj/lz/200509/01/t20050901＿4575553＿3.shtml.

等；新能源是指在當前技術和經濟條件下，尚未被人類廣泛大量利用，但已經或即將被利用的能源，如太陽能、地熱、潮汐能等[1]。

(7)海洋資源。海洋資源是指其來源、形成和存在方式都直接與海水有關的物質和能量。可分為海洋生物資源、海底礦產資源、海水化學資源和海洋動力資源。海洋生物資源包括生長和繁衍在海水中的一切有生命的動物和能進行光合作用的植物。海底礦產資源主要包括濱海砂礦、大陸架油氣和深海沈積礦床等。海水化學資源包括海水中所含大量化學物質和淡水。海洋動力資源主要指海洋裡的波浪、海流、潮汐、溫度差、密度差、壓力差等所蘊藏著的巨大能量[2]。

(8)旅遊資源。旅遊資源是指能為旅遊者提供遊覽、觀賞、知識、樂趣、度假、療養、休息、探險獵奇、考察研究以及友好往來的客體和勞務。人們在旅行中所感興趣的各類事物，如風俗民情、山川風光、歷史文化和各種物產等，均屬旅遊資源。旅遊資源可分為自然旅遊資源和人文旅遊資源兩大類。自然旅遊資源指的是大自然造化出來的各種特殊的地理地質環境、景觀和自然現象。人文旅遊資源是人類社會中形成的各種具有鮮明個性特徵的社會文化景觀[3]。

其次，從可持續發展的角度出發，自然資源可劃分為耗竭性資源和非耗竭性資源。其中，非耗竭性資源，亦稱為"可更新自然資源"，包括恒定性資源與易誤用及污染的資源。耗竭性資源又包括可更新性（可再生）資源和不可更新性（不可再生）資源。可更新性'可再生（資源主要包括土地資源、地區性水資源和生物資源等，其特點是可借助於自然迴圈和生物自身的生長繁殖而不斷更新，保持一定

---

[1] 自然資源與環境的概念 [OL]. 中國經濟網，2005-09-01. http://www.ce.cn/books/read/2005/xhjj/lz/200509/01/t20050901__4575553__3.shtml.

[2] 自然資源與環境的概念 [OL]. 中國經濟網，2005-09-01. http://www.ce.cn/books/read/2005/xhjj/lz/200509/01/t20050901__4575553__3.shtml.

[3] 自然資源與環境的概念 [OL]. 中國經濟網，2005-09-01. http://www.ce.cn/books/read/2005/xhjj/lz/200509/01/t20050901__4575553__3.shtml.

的儲量。如果對這些資源進行科學管理和合理利用，就能夠做到取之不盡、用之不竭。但如果使用不當，破壞了其更新迴圈過程，則會造成資源枯竭[1]。

(三)自然資源的價值

馬克思的勞動價值論是自然資源價值的理論基礎。馬克思認為，勞動是價值的唯一源泉。馬克思在論及自然資源等這一類"物"的使用價值時說："一個物可以是使用價值而不是價值。在這個物不是由於勞動而對人有用的情況下就是這樣。例如，空氣、處女地、天然草地、野生林，等等。"[2]馬克思認為未經人類勞動加工的原生的自然資源不存在價值，但是，人類一旦對自然資源進行開發和利用，把勞動附加其上，它就成為價值和使用價值的統一體。土地是人類進行物質資料生產最重要的自然資源。馬克思在解釋土地價格時，認為土地不是勞動產品，沒有價值，土地價格不是土地本身價值的貨幣表現，而是資本化的地租，是土地所有權在經濟上的實現。自然資源價值反映的是自然資源作為"物"，附加在這個"物"上的人類勞動的價值創造關係以及人類與自然相互影響的關係，它是自然資源價格的基礎。自然資源的價格是資源價值的體現，自然資源的價格由下列因素決定：一是由自然資源本身的使用價值所決定，它受資源質量等級、開發條件、區位條件等因素影響，可用級差租金來表示。二是人類勞動附加在自然資源上的價值，它包括對自然資源的勘探、開發、利用等所耗費的人類勞動所創造的價值。三是由於資源供求關係變化引起的價格波動，它反映自然資源的稀缺程度。四是對資源再生、退化、耗竭及生態環境破壞所支付的補償費用。自然資源的價值與價格是決定

---

[1] 自然資源與環境的概念 [OL]. 中國經濟網，2005-09-01. http://www.ce.cn/books/read/2005/xhjj/lz/200509/01/t20050901__4575553__3.shtml.

[2] 馬克思. 資本論：第 1 卷 [M]. 北京：人民出版社，1975: 56.

資源配置的基礎，特別是在市場經濟體制下，價值規律這一隻"看不見的手"和政府宏觀調控這一隻"看得見的手"，調節著資源配置的基本狀態、數量、時間和空間，直至最終達到均衡。在過去相當長一段時間裡，傳統的自然價值理論片面理解馬克思關於土地等自然資源沒有價值的說法，認為自然資源沒有價值，且取之不盡、用之不竭，可以無償使用，甚至無償佔有。特別是對於公有自然資源，不知道或無需知道向誰支付費用，從而導致了對森林的亂砍濫伐、對礦山的無序開採、對土地的掠奪性開發，最終導致對自然資源的嚴重破壞和極大的浪費。因此，必須形成市場經濟條件下，基於可持續發展觀的自然資源價值理論，從自然資源的勞動價值、市場價值（價格）、社會價值（社會整體利益）方面來認識其價值的本質。

二、自然資源產權的基本理論

(一)產權一般理論

1.現代產權理論的形成

經濟活動總是在一定的經濟制度架構中進行的，經濟制度是影響經濟活動及其結果的一個重要因素，產權就是一種最基本的經濟制度。實際上，在古典經濟學中，就包含著豐富的財產權思想。雖然對於古典經濟學有沒有產權理論，學界還有不同認識，但古典經濟學特別是亞當·斯密分析的自由競爭的市場經濟，就是以私人財產權制度為基礎的。對市場經濟運行的分析必然涉及財產權的問題，私有產權是形成自由競爭市場經濟社會秩序的根本動力。人們在追求自身利益最大化的同時，客觀上形成了整個社會經濟的協調。這些思想反映在斯密關於"經濟人"和"看不見的手"的分析之中。斯密還特別從法律意義上定義了市場經濟中的私有產權，並認為是法權式的私有權，而不是特權式的私有權應該成為資本主義社會的制度基礎。

現代產權理論主要研究產權制度的作用、功能及產權有效發揮作用的前提，研究如何透過界定、變更和安排新的產權結構來降低交易費用、提高經濟效率、改善資源配置、增加經濟福利。在新古典經濟學理論中，關於產權的問題並未佔重要的地位。新古典經濟學是在一種給定的資源稀缺的條件下，研究各經濟主體如何在一種完全競爭的環境中以及價格和技術限制下的理性選擇，從而實現資源配置的效率。財產權作為制度前提被排除在正統的微觀經濟學和標準的福利經濟學分析之外。新古典經濟學承認私有產權的重要但並不認為經濟學應當分析它。

產權理論始於 1937 年科斯發表的經典之作《企業的性質》，但實際上，直到 1960 年科斯發表了《社會成本問題》之後，人們才把產權納入經濟學的體系。

在新制度經濟學的分析框架內，對產權的分析是與交易成本緊密聯繫在一起的。產權理論的基本理論，可以概括為五個方面：①對財產權、交易和競爭等基本概念給予新的解釋；②用交易費用理論闡釋企業的產生、企業規模、企業的組織結構和組織效率；③強調法律制度和產權明確界定對經濟效率的決定作用；④用產權制度的變遷來解釋西方國家的經濟發展歷史，認為西方的興盛是有效產權結構演變的結果；⑤強調產權制度、激勵機制和經濟發展的內在聯繫。

2.產權的概念

產權是一種透過社會強制而實現的對某種經濟物品的多種用途進行選擇的權利。屬於個人的產權即為私有產權，它可以轉讓——以換取其他同樣的權利。私有產權的有效性取決於對其強制實現的可能性及為之付出的代價，這種強制有賴於政府的力量、日常社會行動及其通行的倫理道德規範（Alchian, 1996）。

產權經濟學文獻中所定義的"產權"及"產權制度"，是從人與人之間的行為關係出發的。"產權是一種透過社會強制而實現的對某種經濟物品的多種用途進行選擇的權利。"[1]配傑威齊說，"產權是因爲存在著稀缺物品和其他特定用途而引起的人們之間的關係"；"產權詳細表明了人與人之間的相互關係中，所有的人都必須遵守的與物相對應的行爲準則，或承擔不遵守這種準則的處罰成本。"[2]產權設定的意義在於，爲人們利用財產的行爲設定了一定的邊界，它允許權利在法律准許的範圍內支配財產，並承擔相應支配結果的權利。

科斯並沒有給產權下過定義，但科斯對什麼是"財產"卻有獨到見解。科斯認爲，交易雙方透過博弈達成的合作會給雙方帶來收益，建立強有力的財產法律制度可使交易失效造成的損害達到最小，財產法的中心任務即是清除交易的障礙。科斯曾說："交易雙方的權利越明確，合作的可能性則越大，因爲監督和控制所需交易成本越低，因此財產法熱衷於簡單而又明確的所有權準則便可得到合理解釋。"[3]

科斯理論對法學上的財產及財產權理論的啓示是：財產權在以財產權界定物質利益的同時，產生了法律定義的財產。財產在本質上是法律概念，能以財產權形式表現出來。因而財產與財產權相伴而生，並且是同質同義的，屬於同一範疇。

科斯認爲，當人們在面對 A 損害 B 這類問題時，往往是考察應該如何阻止 A，其阻止的辦法無外乎要嘛要求 A 向 B 賠償損失，要嘛向 A 徵稅，或者乾脆要 A 停業。這些辦法都不盡如人意，因爲其結果儘管可能使 B 免遭損害，卻有可能使 A 也遭受損失。要使當事人所遭受的損失都盡可能的小，正確的思考邏輯應該是：我們應准許 A 損害 B，還是准許 B 損害 A。換言之，就是 A 是否有權損害 B，或 B 是否有權要求 A 提供賠償。

---

[1] 阿爾奇安. 新帕爾格雷夫經濟學大辭典 [M]. 北京：經濟科學出版社，1996.
[2] 配傑威齊. 產權與經濟理論：近期文獻的一個綜述//科斯，等. 財產權利與制度變遷[M]. 劉守英，等，譯. 上海：上海三聯書店，1994: 204.
[3] 轉引自：羅伯特·考特，托馬斯·尤倫. 法和經濟學 [M]. 張軍，等，譯. 上海：上海三聯書店，1996: 136.

爲了闡述他的命題，科斯舉了在兩塊相鄰的地上，因養牛人的牛跑到農場主的地上去吃農作物而引起糾紛的例子。他得出的結論是：這兩種情形的結果相同，即都能使生產的總價值最大。因爲在對權利做了最初的明確界定後，參與談判的雙方就會利用市場機制，透過訂立合約從而找到使各自利益損失最小化的合約安排。也就是說，即使存在完全競爭的市場，它也只有在對產權有明確的界定後，才能發揮作用。更進一步講，如果市場交易是有費用的，在產權已有明確界定的情況下，相互作用的各方也會透過合約而找尋到費用較低的制度安排，制度安排的選擇以它所能帶來的生產價值的增加大於它的運作所帶來的費用而定。

　　從最基本的意義上說，產權就是對物品或勞務根據一定的目的加以利用或處置，以便從中獲得一定收益的權利。產權一般包括以下規定性：第一，產權是依法佔有財產的權利，它與資源的稀缺性相聯繫，這種人與物的關係體現了人與人之間的關係；第二，產權的排他性意味著兩個人不能同時擁有控制同一事物的權利，這種排他性是透過社會強制來實現的；第三，產權不是一種而是一組權利，一般可以分解爲所有權、使用權、收益權和讓渡權；第四，產權的行使並不是無限制的，一是產權分解後，每一種權利只能在法律或契約規定的範圍內行使，二是社會對產權的行使可能會設置某種約束規則；第五，產權的一個主要功能是提供引導人們實現將外部性較大地內在化的激勵。

　　理解產權的概念，要弄清楚兩個問題：一是產權與所有權，二是產權與物權。

　　產權是一組權利，當它們完整地集中於一個主體時，就相當於所有權，即這時產權與所有權在概念上是重合的。產權是可以分解的，完整的產權一經分解，就不再與所有權有對等關係。例如，如果一個人擁有的只是對某物的使用權（經市場契約得到或規定），則不能說他對該物擁有所有權[1]。

產權與物權是有差異的。產權是一個人或其他人受益或受損的權利，它只有在不同的所有者之間發生利益關係時才有存在的意義。而物權只不過是法律賦予某人擁有某物的排他性權利，它可以在純粹意義上存在。物權側重於對所有者擁有物的狀態描述，而產權關注經濟活動中人的行為。[2]正如科斯指出的，人們通常認為，商人得到和使用的是實物（如 1 英畝地或 10 噸化肥），而不是行使一定（實在）行為的權利。我們會說某人擁有土地，並把它當成生產要素，但土地所有者實際上擁有的正是實施一定行為的權利[3]。

3.產權的類型與效率

在現代產權理論中，產權一般被劃分為私有產權、共有產權（社團產權、俱樂部產權）、公共產權、國有產權（政府產權）這樣幾種類型，而一個社會採取何種產權形式，主要受制於每一產權形式在特定的政治、經濟、文化等條件下配置稀缺資源的交易費用的大小。

(1)關於私有產權

私有產權是給予人們對物品那些必然發生矛盾的各種用途進行選擇的權利。這種權利並不是對物品的可能用途施以人為的或強加的限制，而是對這些用途進行選擇的排他性權利。如果限制我在我的土地上種植玉米，那將是一種強加的或人為的限制，它否定了一些並沒有轉讓給其他人的權利。人為的或不必要的限制不是私有產權賴以存在的基礎。之所以如此，還由於這些限制一般只是針對某些人而實行的——在對其他人沒有必要限制的活動中，如果不對這些人的行為加以

---

[1] 劉燦，等. 中國的經濟改革與產權制度創新研究 [M]. 成都：西南財經大學出版社，2007: 19.

[2] 楊瑞龍. 一個關於企業所有權安排的規範性分析框架及其理論含義 [J]. 經濟研究，1997(1).

[3] 科斯. 社會成本問題//科斯，等. 財產權利與制度變遷 [M]. 劉守英，等，譯. 上海：上海三聯書店，1994.

限制，他們就會取得一種"合法的壟斷"[1]。

私有產權的基本含義是財產的歸屬主體是私人，其使用權按照資源本身固有的特性劃分給個人專有，並且對所有權利是否行使的決策完全是私人做出的。根據私有權的性質，只要私有產權所有人願意，就可以任意處置自己的財產（當然這裡包含著經濟人理性的假定），在完備的所有產權條件下，行為人利用他的資源而採取的任何行動，都不可能影響任何其他人的私有財產的實際歸屬；同時，沒有經過他的許可或沒有給予應有的補償，任何人都不能合法地使用那些產權歸他所有的物品或影響這些物品的價值性狀。

私有產權是一種排他權，但它並不是一種不受限制的權利。在產權經濟學文獻中，價格管制、徵稅和對產權轉讓的限制，都被看成是對私有產權的侵犯。但是在現實生活中會出現這樣的情況：某人被認定的私有產權，並沒有或不能完全排除另外一個人（侵入者）去使用它。例如，當我在湖中划船時，遇到一場突如其來的暴風雨，為了保住船隻和我的性命，未經允許就使用了你的碼頭。在這種場合，是我對你的產權有所侵犯呢，還是你的產權中並不包括這種權利——當別人身處危境時也不得使用它？如果在這種緊急情況下的行為是適當的，那麼，你擁有的碼頭的私有產權就並非完全歸你使用。因而，在產權意義上，真正的"為所欲為"和"神聖不可侵犯"是有條件的，產權的行使是受到社會規範限制的[2]。

(2)關於共有產權

共有私有財產是人們很少分析的一種產權形式，它與別的私有產權不同，它不具備產權利益的匿名可轉讓性。一個共有產權組織的成員，只有取得其他各成員或他們的代理人的同意，才能將共有產權組織的權益轉讓給他人。兄弟會及各種社會俱樂部或鄉村俱樂部，都是

---

[1] 阿爾奇安. 新帕爾格雷夫經濟學大辭典 [M]. 北京：經濟科學出版社，1996.
[2] 阿爾奇安. 新帕爾格雷夫經濟學大辭典 [M]. 北京：經濟科學出版社，1996.

共有產權組織的實例（Alchian, 1996）。

　　共有（社團）產權的含義是，當某個人對一種資源行使某種權利時，並不排斥同一團體內其他成員對該資源行使同樣的權利。社團或俱樂部是一種組織，它僅對自己的成員提供分享的俱樂部產品，並按照某種平等或有時以歧視性納稅規則向俱樂部成員收取的費用（收取會員費或用戶費）以支付俱樂部產品的成本費用，每個成員可按一定規則消費社團或俱樂部產品。共有產權的排他性表現在共有（即社團）組織的規模被限制在一個適當的界線內，透過收費或領取執照，克服共有資源利用的外部性，非共有（社團）組織人員不能享有共有產權的權益。共有產權不同於私有產權的重要特點是，共有產權在共有成員之間是完全不可分的，每個成員都可以用共有財產來為自己服務，但每個成員都無權聲明這份財產是屬於他個人的。也就是說，每個成員對社團擁有全部的產權，但這個資源或財產實際上並不屬於每個成員。

　　共有產權在消費上存在非對抗性，每一個成員對社團提供的產品的消費不會影響或減少其他成員對同一物品的消費。但是，對於共有產權來說，個人從其消費中獲得的效用依賴於和他分享利益的其他人的數目，例如，如果一個俱樂部無限制地湧進新成員，產權的排他性就會大打折扣。因此，在社團的資源或提供的產品規模已定的情況下，社團（俱樂部）總是存在著一個最優的成員數量，它是俱樂部產品的效用函數。

(3)關於公共產權

　　公共產權與社團產權具有相似之處，如公共產權具有不可分性，即財產在法律上是公眾所有的，但構成公眾的每一成員都不能對財產聲明所有權；公共財產沒有排他性使用權，即對任何私人當事人來說，使用公共財產的權利是沒有界線和制約的；任何人都無權排斥他人使用它，大家都可為使用公共財產而自由地進行競爭；公共產權具有不可轉讓性，即任何一個公衆成員都無權轉讓公共產權。

公共產權與社團（共有）產權又有不同之處：公共物品在消費規模上沒有限制，每個社會成員都能享受公共財產的權益；存在著收費困難，每個社會成員天然地享有公共財產的權益，無需像在社團產權情況下採用交費申請加入的方式；每一成員在對公共財產行使權利時，會影響和損害別的成員的利益，即存在外部性。由於公共財產向每個社會成員開放，允許他們自由進入、平等分享，並獲取平均收益，因此，"搭便車"行為和"產權擁擠"現象也就難以避免。

在產權經濟學文獻中，大都認為公共產權的低效率主要來自於它的外部性，即對資源的使用達到了這種水準：平均收益降至邊際成本，隨之是邊際收益低於邊際成本。經常用來說明這種情況的"公地悲劇"（Tragedy of the Common，哈丁，1968）是對公共產權使用低效率以及私有產權制度起源的一個形象說明。在公共產權制度中，對所有人開放（open to all）的稀缺資源，每個人都可以從對公共資源的利用中受益，但僅僅分攤一部分資源成本，所以"搭便車"行為和"產權擁擠"是普遍現象。"每一個人都被鎖在一個迫使他在有限的範圍內無節制地增加牲畜的制度中。毀滅是所有人都奔向的目的地，在信奉公用地自由化的社會中，每個人都追求各自的最大利益。"[1]值得注意的是，密西根大學一位叫黑勒（Michael Heller）的年輕教授於1998年在《哈佛法學評論》上發表文章，提出了"反公地悲劇（The Tragedy of the Anti-commons）的概念。黑勒的"反公地"正好有相反的產權特性。"反公地"作為一項資源或財產也有許多擁有者，但他們中的每一個都有權阻止其他人使用資源，而沒有人擁有有效的使用權。"反公地"的產權特徵是給資源的使用設置障礙，導致資源閒置和使用不足，從而造成浪費。

---

[1] 轉引自：傑夫. 困局經濟學："反公地悲劇"的終結 [N]. 中國證券報，2009-08-12.

(4)關於國有產權

國有產權是指國家依法擁有對財產的排他性權利，它具有與公共產權不完全相似的屬性。產權歸屬（包括收益權）的唯一性、產權行使的代理性、權利配置遵循縱向隸屬的等級規則、使用權的排他性，是國有產權的特點。

在國有產權下，由於權利是由國家所選擇的代理人來行使的，作為權利的使用者，由於他對資源的使用與轉讓以及最後成果的分配都不具有充分的權能，使得他對經濟績效和其他成員的監督的激勵降低，而國家要對這些代理者進行充分監察的費用又極其高昂，再加上行使國家權力的實體往往為了追求其政治利益而偏離利潤最大化目標，因而又在選擇其代理人時，也具有從政治利益而非經濟利益考察的傾向，因而國有產權下的外部性也是極大的，主要是代理成本包括代理機構的層次設置和對代理人的監督，以及國有產權制度的非經濟利益追求。

在產權經濟學文獻中，認為私有產權總是等於高效率，相應地，公共產權（包括國有產權）一定是低效率。私有產權高效率的邏輯在於：在私有產權的條件下，由個人作出經濟活動的決策並承擔風險；私有產權條件下，每個人都會關心、愛護自己的財產，追求自己的財產利益，從而激勵出有效率的勞動（包括管理勞動），這樣，就可以實現財產價值的最大增值。這個邏輯的關鍵問題是，需要以一種制度安排或機制激勵出有效率的勞動，而私有產權並不是必要條件。因為在市場經濟中，財產運用的普遍形式是委託－代理，有財產的人大多並不是由自己親自經營管理自己的財產；而管理或經營財產的職業經理，也不是為自己財產價值的增值而努力工作。因此，"私有制一定等於高效率"的邏輯並不能得到驗證。同樣，在公共產權的情況下，如果我們能夠在實踐中找到能產生有效激勵，從而使財產價值最大增值的勞動和制度安排，那麼，在共有制條件下也可以實現高效率。

4.產權制度及其功能

從一般意義上講，產權與財產權可以在相同的含義上使用。《中國大百科全書‧法學》1984年版對"財產權"的釋義是："人身權的對稱，即民事權利主體所享有的具有經濟利益的權利。它具有物質財富的內容，一般可以貨幣進行計算。財產權包括以所有權為主的物權、準物權、債權、繼承權以及知識產權等。"[1]財產權概念的核心內涵是所有權，即主體對於客體的最高支配權。在中國的《民法通則》中，對"所有權"概念的表述是："財產所有權是指所有人依法對自己的財產享有佔有、使用、收益和處分的權利。"[2]不論從歷史的角度還是從現實的角度考察，財產權制度構建的核心問題就是財產所有權的確立和保護，即明晰所有權主體，實行終極的、排他的、最高的或不可再追溯的主體定位，使特定的主體擁有對客體加以自由支配的權能，由此在社會經濟生活中建立起一種財產秩序。

財產權制度是財產權關係的制度化，是規範和協調主體在財產佔有行為方面的規則、準則。財產權制度調節的對象是財產利益關係，它通常表現為法律制度，是法律對產權的確認和保障。財產權制度具有多層次性，這是由社會經濟關係或生產關係的多層次性決定的。這種多層次性的財產權制度，可以歸結為對財產的基本制度的法律規定以及對經濟組織及運行過程中財產權行使的法律規定這兩個層次。就人類社會某一特定發展階段來說，客觀上存在著某種佔主導地位的財產所有權形式，它決定與制約著其他非主導的財產權形式和派生的財產權形式，是社會一定發展階段的經濟、政治和意識形態、上層建築的基礎。這種佔主導地位的財產所有權形式，就是財產權的基本制

---

[1] 中國大百科全書總編輯委員會，《法學》編輯委員會，中國大百科全書出版社編輯部. 中國大百科全書‧法學 [M]. 北京：中國大百科全書出版社，1984: 692.

[2] 參見《民法通則》第71條。

度，馬克思把它稱為"普照之光"。從一個社會的生產關係體系來看，它就是被稱為生產關係的基礎或基礎性生產關係的所有制。在一個社會確立的基本財產制度框架內，財產權制度作為規範和協調主體在財產佔有行為及利益關係方面的規則、準則，是形成人們經濟行為合理性和經濟生活有序化的重要的法權基礎。

(二)資源環境產權理論

1.公共資源的產權問題

在目前的產權經濟學文獻中，公共資源的產權問題即是關於公共資源（CPR）的治理和管理的問題，而設立公共產權制度的原因是對私有產權界定、監督、執行或將外部性內部化的成本太高，以至於很難採取有效的行動來對付外部性[1]。

英國倫敦大學的戴維·皮爾斯等人認為，如果土地所有權（Land Tenure）能夠得到保障，那麼土地的擁有者或使用者就會對價格刺激做出積極的反應。如果沒有這種土地所有權或使用權的保證，就會出現財產權失效或體制失效的現象。布羅姆利（Bromley）和塞爾諾（Cerneau）區分了四種獨立類型的財產制度，它們分別是政府的、私人的、公共的和自由進入的財產制度。在第四種情況下，財產概念失去了意義，而在前兩種情況下，資源的所有權和使用權可透過所有人與使用人之間的承租協定方式實現分離。假若協定得到執行，那麼對土地的使用就會受制於有關環境保護的協議。公共財產指集體擁有而被私人佔用的財產制度（集體之外的所有其他人被排除在使用和決策之外），集體中個人擁有權利和責任，當然這種責任和權利不一定平等。C.萬初普（Ciriacy Wantrup）、畢曉普（Bishop）、布羅姆利和塞爾諾等人強調公共財產制度不是土地過度使用的唯一原因。正如朗

---

[1] 埃里克·弗魯博頓. 新制度經濟學——一個交易費用分析框架[M]. 姜建強，羅長遠，譯. 上海：上海三聯書店、上海人民出版社，2006：序言，2-5.

格（Lunge）研究證明的那樣，集體中所有個人都獨立行動從而使自己利益最大化的假設是不恰當的。許多經典案例證明，公共財產制度能夠而且確實顯示了持續存在的能力和良好的環境管理能力。然而，它們也像其他財產制度那樣，容易受到外部壓力（諸如技術進步、與其他集體新的社會經濟關係或自然災害等）的干擾而偏離方向，因此公共財產制度需要建立在一種強有力的集體行動理論之上。有些學者強調，混淆公共財產與自由進入，從而假定在公共財產制度上可能看到"公地悲劇"是一個重大錯誤。如果這個集體不能加強自己的權利來排除外人，那麼情況可能是這樣的。私有化能夠為改善土地和資源提供不斷的刺激，但它也與最優資源退化和擁有者之間外部性的存在相一致。由於自由進入被定義為沒有財產的狀況，在那裡，授權從來不存在，或者以前的權利不能或已無法得到加強，那麼"公地悲劇"就有可能發生。[1]

　　"共同所有的資源指的是那些集體擁有而不是個人擁有的資源。使用共同財產的權利可能有正式的形式，比如有特殊的法律條款規定，或者不具有正式的形式，而由傳統或習慣來決定。共同所有制在確保效率和資源的持久使用上的作用依具體情況不同而不同。這取決於做出集體決策的規則。在共同所有制配置資源方面既有成功的典範，更有失敗的例子。"[2]在奧斯特羅姆（Ostrom, 1990）提供的例子中，瑞士放牧權的分配是一個在共有制下解決問題的成功的例子。在瑞士，雖然農業用地已經被當成個人的私有財產，但放牧權在幾個世紀來都是當成共有權利的，由一個使用者協會共同執行的特殊條款會限制人們的過度放牧行為。但是，這種穩定性往往會在面臨人口壓

---

[1] 穆賢清，黃祖輝，張小蒂. 國外環境經濟理論研究綜述 [J]. 國外社會科學，2004(2).
[2] E. OSTROM. Governing the Commons: The Evolution of Instiutions for Collective Action [M]. New York: Cambridge University Press, 1990.

力、需求增加而資源變得稀缺時被打破。

環境與自然資源往往被看成公共物品。"公共物品（Public Goods），指的是那些具有消費上的非競爭性和非排他性的物品，在環境資源中，公共物品的種類尤爲複雜……很多共有的環境資源就是典型的公共物品，不僅包括艾默森所提到的迷人的風景，也包括清新的空氣和清潔的水以及生物的多樣性。"[1]資源配置的效率是環境與自然資源經濟學研究的核心問題。由於共有的環境與自然資源被看成公共物品，公開進入是基本方式。但是，有學者認爲，公開進入的資源配置體系中有兩個特徵值得我們注意：一是需求足夠大的話，不受限制的進入將會導致資源的過度開發和利用；二是社會的稀缺性租金被浪費掉了，因爲沒有人合理地擁有這種租金，它成了淨損失。爲什麼這一切會發生呢，泰坦伯格認爲，共有資源的非限制性進入即非排他性，不能形成資源利用者保護資源的動機，即使某個人願意爲遏制過度開發而限制自己的行爲，所帶來的好處在某種程度上也被其他人所獲得。"不受任何限制地開發公開進入的資源導致了一種無效配置。"[2]

美國著名學者埃莉諾·奧斯特羅姆提出了"公共池塘資源"概念，她認爲公共池塘資源是一種人們共同使用整個資源系統但分別享用資源單位的公共資源。在大量的實證案例研究的基礎上，她開發了自主組織和治理公共事物的制度理論，從而在企業理論和國家理論的基礎上進一步發展了集體行動理論，同時也爲面臨公共選擇悲劇的人們開闢了新的路徑，爲避免公共事物的退化、保護公共事物、可持續地利用公共事物，從而增進人類福利提供了自主治理的資源產權制度

---

[1] E. OSTROM. Governing the Commons: The Evolution of Instiutions for Collective Action [M]. New York: Cambridge University Press, 1990.
[2] 湯姆·泰坦伯格. 環境與自然資源經濟學 [M]. 5 版. 嚴旭陽，等，譯. 北京：經濟科學出版社，2003: 56-65.

基礎[1]。

　　20 世紀 80 年代以來，由於構建水權交易市場的需要，國外學者對水資源產權進行了系統的研究，包括水權制度的構建和制度績效的分析。但目前對水權尚無統一的定義，人們的水權觀念決定於一系列的正式制度和非正式制度安排，從而水資源可能存在私人物品、公共物品和社區共用物品等形態。一般認爲，水權的界定應包括擁有者、數量、可靠性、可交易性和質量等方面。

　　排污權是一種特殊的財產權利，它是對環境容量這一稀缺資源的明確界定和分配。對排污權的分配並允許其交易，大大減少了環境政策的執行成本，同時，環境資源使用中的產權擁擠問題也得到了解決，使用者在追求自身利益最大化的同時，也將使整個社會的利益實現最大化，使環境容量資源得到高效配置。排污權交易是未來環境政策發展的主要方向[2]。

2.關於自然資源產權的"私有"或"共有"

　　不同類型的自然資源有著不同的產權特徵，這就是關於自然資源產權的"私有"或"共有"。在早期的經濟學文獻中，非私有產權都被歸入共有產權（Common Property），共有產權常被用來專指自然資源的產權特徵。1954 年，斯科特・戈登在他開創性的漁業經濟學論文中，按照持有權利的主體性質，將產權結構劃分爲私有產權和共有產權。現代自然資源經濟學對此問題的標準分析得出的結論是：只要公共資源對一批人開放，資源的總提取量就會大於經濟上的最優提取水平（Dasgupa and Heal, 1979）。20 世紀 70~80 年代，簡單的"兩分法"受到了許多批評，導致了產權結構的進一步細分。比較流

---

[1] 穆賢清，黃祖輝，張小蒂. 國外環境經濟理論研究綜述 [J]. 國外社會科學，2004(2).
[2] 穆賢清，黃祖輝，張小蒂. 國外環境經濟理論研究綜述 [J]. 國外社會科學，2004(2).

行的是產權"四分法"（Bromley, 1989）：國有產權、私有產權、共有產權和開放利用。

西方經濟學對自然資源產權結構的理論描述經歷了三個發展階段：

(1)資源產權的私有、共有"兩分法"。亞當·斯密以來的主流經濟學家所推崇的最有利於國民財富增長的產權結構，是對應於市場機制的私有產權。在早期的經濟學文獻中，非私有產權都被歸入共有產權，共有產權常被用來專指自然資源的產權特徵。1954 年，斯科特·戈登在他開創性的漁業經濟學論文中，按照持有權利的主體性質，將產權結構劃分爲私有產權和共有產權。戈登研究發現，漁業資源由於具有公共產權特性而導致"資源破壞"和"過度利用"。加勒特·哈丁（Garrett Hardin, 1968）將這一現象稱爲"公地悲劇"。"公地悲劇"不僅發生在海洋漁場和集體牧場，還經常發生在我們周圍，如集體林場的亂砍濫伐、生物資源的濫捕濫殺、酸雨問題、河流污染和河道斷流等。現代自然資源經濟學對此問題進行標準分析所得出的結論是：只要公共資源對一批人開放，資源的總提取量就會大於經濟上的最優提取水準（Dasgupa and Heal, 1979）。張五常（2000）將這一現象稱爲"租金耗散"問題。經濟學將自然資源共有所伴隨的"公地悲劇"、"租金耗散"等問題與"市場失效"相聯繫，原因是自然資源難以建立起完備的排他性私有產權，因而不能充分利用市場機制進行最優配置。

(2)產權結構的更仔細地劃分。20 世紀 70～80 年代，簡單的"兩分法"受到了許多批評，許多學者認爲將非排他性產權都歸爲共有產權過於粗糙，不能涵蓋政府擁有的產權、有限群體擁有的集體產權等情形（Ciriacy-Wantrup and Bishop, 1975; Dahlman, 1980），這導致了產權結構的進一步細分。比較流行的是產權"四分法"（Bromley, 1989）：國有產權、私有產權、共有產權和開放利用。

然而，更多的學者（李金昌，1993；張五常，2000）認識到，現實中的產權結構可能是連續的，而不是"兩分"或"四分"這樣離散的。

表 2.1 "四分法"及其特性

	國有產權	私有產權	共有產權	開放利用
用戶進入限制	由國家代理機構決定	有限的和排他性的團體	個人	對任何人開放
資源利用限制	由國家代理機構決定	共有協議	個人決策	沒有限制

(3)接近真實世界的共有產權結構。20 世紀 90 年代以來，學者們對產權結構的複雜性取得了進一步的認識。例如，近海漁業資源一般是當地漁民的共有資源，但是世界各個國家和不同地區的漁民，對當地漁業資源持有權利的特徵差異很大。埃德勒‧施拉格（Edella Schlager）和埃莉諾‧奧斯特羅姆（Elinor Ostrom）對此進行了研究，提出了一度頗為流行的對共有產權進一步分類的方法，如表 2.2 所示。

表 2.2 權利束與產權類型

權利束	產權類型			
	授權用戶	所有者	業主	索取者
進入權和提取權	✓	✓	✓	✓
管理權	✓	✓	✓	
排他權	✓	✓		
轉讓權	✓			

施拉格和奧斯特羅姆將權利束劃分為五種權利：進入權、提取權、管理權、排他權和轉讓權。它們的參與者在很多情況下都只擁有權利束的部分內容。施拉格和奧斯特羅姆在對沿海漁業的調查研究中，根據上述框架，找出了對應於四種產權類型的多種實例，說明了

產權結構的多樣性和複雜性。

在此基礎上,奧斯特羅姆提出了多層次的分析方法。在中國 2000 年出版的由余遜達翻譯的名著《公共事物的治理之道》中,奧斯特羅姆將公共池塘資源的使用規則引入多層次分析,提出了決定產權的三個層次的規則:憲法選擇規則、集體選擇規則和操作規則。圍繞公共池塘資源使用的各種行為分別發生在不同層次上,不同層次之間的規則具有嵌套性,一個層次行為規則的變動,受制於更高層次的規則,所有的層次一起構成了"嵌套性規則系統",對後來的研究者產生了很大的影響。奧斯特羅姆也因此而成為了自然資源制度經濟學的開拓者。

當代自然資源制度經濟學的代表人物查林(Challen, 2000)在奧斯特羅姆的基礎上提出了自然資源制度"產權科層"理論。

表 2.3　"產權科層"思想在國際漁業資源產權分類中的應用

分配問題的範圍	決策實體	產權類型	分配決策的內容
國家之間分配	跨國政府	共有產權	界定水域
區域社區之間分配	國家政府	國有產權	排他性的捕撈區域
個體漁民之間分配	社區成員或代表	集體產權	賦予漁民可轉讓配額
分配捕撈配額或賣給其他漁民	個體漁民	私有產權	私人生產和投資決策

3.自然資源的外部性問題及其治理

環境資源經濟學理論是 20 世紀發展起來的一個新興邊緣學科,其理論基礎仍然是 20 世紀的新古典主流經濟學。近年來,環境資源經濟學主要研究了自然資源配置中技術約束和制度約束、主體的行為選擇、市場配置與政府管制的效率問題等,外部性、產權結構以及政府管制的方式和政策是該學科理論關注的重點。

關於外部性和租金耗散問題,Tietenberg 認為自然資源在使用中的自由進入制度安排會導致兩種外部性(Tietenberg, 1992),例如可耗竭資源的外部性：漁業捕撈中的外部性，因為一個企業的生產產量會影響其他企業的生產函數；後開採的企業的生產函數受到先開採的企業的產出的影響以及代際之間的外部性。當我們考察租金耗散的時候，並沒有考慮儲存問題，而實際上，很多共有資源可以被私人儲存，這種技術上的可能性對共有資源利用的影響是：它加速了資源的開採速度並導致了更大的浪費。Gerard Gaudet、Michel Moreauxhe 和 Stephen W. Salant（2002）對此進行了深入研究。學者們還研究了資源開採的順序：如果同時存在私有產權和共有產權的資源，那麼開採順序和開採成本分離，共有資源會迅速地耗竭。

  關於政府管制問題，Petter Osmundsen（2002）認為共有產權資源開採中的管制有兩個目標，一是進入管制或者說產出能力管制以阻止租金耗散；二是通過稅收的方式佔有租金。產出能力管制的關鍵是防止過度投資，但佔有租金又會降低對投資的激勵，二者之間的權衡在資訊不對稱以及投資具有專用性的時候非常突出。自然資源管制制度演變的主要內容包括：自由進入──→進入管制──→基於個體產權的解決方法（個人配額，IQ）──→可轉讓的個體配額（ITQ）。

  在各國的管制實踐中，自然資源的政策變化與整體經濟理念的變化一致，從 20 世紀 80 年代開始，放鬆管制成為了重要的經濟事件，人們強調市場激勵的作用。自然資源的產權創新也就不再只是理論上的構想，也獲得了豐富的實踐材料。因此，現有的文獻在討論自然資源的制度安排方面十分關心產權問題（這也構成了現代產權經濟學的主要內容），包括使用權與自由轉讓權、對資源的配置具有實際影響的產權內容以及產權界定的技術性問題。

  自然資源的產權問題來自於外部性。外部性是福利經濟學的一個核心範疇，也是市場經濟中政府干預經濟的理論依據之一。"外部性是一個廣泛的概念，它涵蓋了很多市場失靈的情況。"[1]例如，有兩家企業都位於同一條河流邊，在上游的是鋼鐵企業，它把河流當成排污的渠道；在下游的企業需要在河流上開展娛樂專案。因為鋼鐵企業沒有承擔污染河流的成本（它會造成下游企業的客流量減少），它在做出生產決策時沒有動機去考慮這項成本，結果它向河流傾倒過多廢物，這種情況被稱作外部性。"當某些行為人的福利，不管它是企業或家庭，不僅取決於他或她自身的活動，同時還取決於其他行為人的活動的時候，外部性就產生了。"[2]庇古認為可以透過徵稅或補貼來實現外部效應的內在化，這種政策建議被稱為"庇古稅"。庇古認為，在經濟活動中，如果某個廠商給其他廠商或整個社會造成了損失但不需要付出代價，那就是不經濟。這時廠商的邊際私人成本小於邊際社會成本。當出現這種情況而市場又不能解決時，就是市場失靈了，需要政府進行干預。在存在市場失靈的情況下，依靠自由競爭機制是不能達到社會福利最大化的，因此需要政府採取適當的經濟政策。政府採取的經濟政策包括對邊際私人收益小於邊際社會收益的部門實行獎勵和津貼，即存在外部經濟效應時給予企業補貼；對邊際私人成本小於邊際社會成本的部門實施徵稅。庇古認為，透過這種徵稅和補貼，可以實現外部效應的內在化。

新制度經濟學產權理論認為，產權的一個主要功能是提供引導人們將外部性較大地內在化的激勵[3]。科斯解決外部性的思路是，把外部性問題轉化為產權問題，然後討論什麼樣的財產權是有效率的。科斯認為，只要產權配置是適當的，市場可以在沒有政府直接干預的情況

---

[1] 湯姆・泰坦伯格. 環境與自然資源經濟學 [M]. 5 版. 嚴旭陽，等，譯. 北京：經濟科學出版社，2003: 78-83.
[2] 湯姆・泰坦伯格. 環境與自然資源經濟學 [M]. 5 版. 嚴旭陽，等，譯. 北京：經濟科學出版社，2003: 112.
[3] 德姆塞茨. 關於產權的理論//科斯，等. 財產權利與制度變遷 [M]. 劉守英，等，譯. 上海：上海三聯書店，1991.

下解決外部性問題。例如，一個魚塘是公共資源，任何人都可以在魚塘內捕魚而不用支付任何費用。如果魚塘的資源是有限的，一個人從中捕的魚越多，其他人能捕到的魚就越少。在這種情況下，經常發生的現象就是過度捕撈。如果政府重新安排產權，例如把捕撈權授予某個人（或個人以競價的方式獲得），就會有足夠的激勵去有效地捕撈，這時就不會存在外部性。如果魚塘的資源是足夠的，他還可以收費的方式（規定每次的捕撈量）來讓別人使用魚塘的資源。科斯定理中的相關案例都說明，外部性的存在是由於產權邊界不清，只要將產權界定清楚並且這種權利是可以交易的，市場就可以透過價格機制來對權利進行合理配置，從而實現外部性的內在化。因此，並不需要政府直接干預市場，需要做的只是界定產權，然後由市場去實現資源配置的效率。

在發達市場經濟國家自然資源外部性治理的實踐中，政府除了徵稅 界定產權外，還有一個重要的也是最常用的措施，就是行政管制（也稱社會性管制），即制定各種行政法規來解決外部性問題。如利用行政權力來對產權的行使設置一些限制，例如禁止在有可能污染環境或造成其他外部性的地方限制私有產權行使的方式，如政府制定排污標準，等等。行政法規政策往往被看成集體行動，具有權威性和強制性，私有產權在它們面前基本沒有談判能力，只能服從。

三、自然資源所有權制度

(一)自然資源所有權

所有權是指所有人依法享有的對其財產進行佔有、使用、收益和處置的權利。它是所有人在法律規定的範圍內獨佔地支配其財產的權利。所有權又分為自物權和他物權。他物權是在所有權的基礎上產生的，是所有權權能分離的結果。依據法律規定，所有人可以自己行使其所有權，也可以依法和依自己的意志，將其所有權的部分權能分離出去，由非所有權人來行使，從而形成非所有權人的財產權，這種權利主要就是他物權。

國家對自然資源享有所有權，所有權一般由政府代表國家行使。國家對自然資源的所有權包含佔有權、使用權、收益權和處置權四項權能。一般而言，如果這四項權能與所有權人結合在一起，由所有權人直接行使 這種產權被稱爲"完備的產權"。但是，由於人類社會資源的稀缺性以及市場經濟中資源配置的規律（產權配置給使用它能獲得最大經濟價值的主體），加之所有權中每項權能本身具有的相對性和可轉讓性，爲了合理配置資源，所有權的四項權能在所有人不喪失對財產的最終處置權（所有權的核心內容）的情況下，可以與所有權主體發生分離。因此，自然資源的所有權形態，是國家所有權權能的分離，即使用權和部分收益權從所有權中分離出去，由非國家的主體（如礦產資源、森林資源、水資源的開發者或利用者）行使。非所有權人主體依法行使的對所有權人的財產的佔有權、使用權和收益權是一種他物權。確立自然資源物權的意義在於這些權利的行使主體是公民或法人，他們的權利需要得到法律的保障，即保護其排他性，包括排除來自政府的侵害。

(二)自然資源物權及其性質

自然資源物權是隨著生產力的發展與人類對自然資源重要性認識的不斷加深，而將自然資源逐漸從傳統土地物權中分離出來的具有獨立屬性的物權類型。

自然資源的物權關係不同於一般民法意義上的物權。關於自然資源物權的性質，學界有不同的觀點[1]。中國民法專家王利明認爲，自然資源物權是一種特別法上的物權。特別法上的物權，是公民、法人經

1　王利明. 物權法研究 [M]. 北京：中國人民大學出版社，2004: 610

過行政特別許可而享有的可以從事某種開發國有自然資源，或對自然資源進行某種特定利用的權利，如取水權、採礦權、養殖權等，這些權利的行使不只是涉及生態環境的保護和整個社會的可持續發展。對這些權利，不僅要由《物權法》來確認，而且要由特別法進行相應的規制，如《礦產資源法》、《漁業法》、《水法》等。在特別法中，不僅要對權利人的權利予以確認，而且還必須對這些權利主體應對國家和社會承擔的義務進行規定，才能更有效地實現國家整體利益和社會公共利益[1]。

自然資源物權的性質在於它的社會屬性。自然資源的所有權（物權）制度產生於人類社會在發展過程中，對自然資源的需要不斷增長而自然資源存在有限性、稀缺性的矛盾。如果自然資源是"取之不盡、用之不竭"的，就不會產生產權問題。在人類社會長期的發展中，自然資源的產權都沒有引起人們的重視，對自然資源的過度使用，使得人類生存的環境遭到了嚴重的破壞。20 世紀 50 年代後，人們越來越關注資源與人類社會的發展問題，逐步認識到自然資源產權的重要性。透過對自然資源產權的界定，可以保障自然資源的可持續利用，建立人類經濟活動與自然生態良性互動的新秩序。由於一個國家的環境與自然資源的開發和利用關係到它的社會成員，如何與環境和自然資源長期共生發展的根本利益，因而自然資源物權即從所有權中分離出來的使用權（開發權和利用權），其權利的行使都要符合社會公共利益的要求，這是各國自然資源法律制度的基本價值取向。

自然資源物權的社會屬性決定了它不同於一般的民事上的物權，如何利用它的決策要受到政府公權的限制以及社會力量的參與，包括政府、市場、社會組織的相互協調與合作。有學者認為，環境法的社會性質形成了對自然資源物權性質認識的基礎。關於環境法，許多學

---

[1] 王利明. 物權法論 [M]. 北京：中國政法大學出版社，1998: 9-13.

者認為這是"一種公益權,它所保護的是公共利益,具有公益性,它是環境問題的產物,是由環境法來確立和維護的,它的行使目的是維護公共環境利益"[1]。"環境要素與自然資源基本上處於共用狀態,因此,環境權就其本質而言,離不開資源分享概念。"[2]

自 19 世紀中葉以來,絕對權的概念受到了挑戰。由於社會利益和社會公平日益受到重視,出現了所謂"所有權社會化"的改良運動,即承認存在著為社會利益而限制所有權的必要。對所有權規定最為絕對的是 1804 年的《法國民法典》。《德國民法典》雖然也主張所有權的絕對性,但對所有權權能的行使比《法國民法典》規定了更多的限制,其第 226 條規定:"權利的行使不得專以加害他人為目的",開了"禁止權利濫用"立法的先河。不僅如此,德國民法還確立了"所有權的合憲性解釋"和"所有權的社會義務"兩項原則[3]。

在當代社會,各國財產權制度的價值目標和功能發生了很大的變化,其基本趨向是注重社會公益,限制私人自由,強化國家干預。在過去,產權正義原則致力於保護個人財產權利和契約權利的絕對性,而現在強調的是怎樣才能透過對財產權制度的法律調整來保障每個社會成員的生活,法律的根本職能是確保公平分配社會資源,而社會福利制度是這一原則的具體體現,在社會價值觀上,把社會公民享受的"福利權利"看成是他的一種"財產"而非"賞賜"[4]。在過去,私人行使財產權利強調的是保護個人利益,而當代更強調的是個人利益與社會利益的一致,在規定私人財產權行使中的權利和義務時,開始規定與其相應的應該承擔的社會化義務,即實行"公權優於私權"的原則,政府為了社會公共利益,可以透過"公法"限制私人財產權利,

---

1 萬鄂湘. 建立環境公益訴訟制度 推進生態文明建設 [OL]. http://www.enlaw.org/sxkj/200905/t20090508_20326.htm.
2 鄭少華. 生態主義法哲學 [M]. 北京:法律出版社,2002: 108.
3 趙世義. 論財產權的憲法保障與制約 [J]. 法學評論,1995(5).
4 梅夏英. 當代財產權的公法與私法定位分析 [J]. 法律評論,2007(3).

如徵收、國有化、行政法、土地法、環境保護法、城市建設法、自然資源法，等等。在 20 世紀，所有權社會化最典型的事例是現代公司"利益相關者治理"對"股東利益至上"的挑戰。"如果以前財產還意味著權利，那麼 20 世紀 70 年代以後，財產在法律上卻意味著責任。"[1]

(三)自然資源所有權（物權）制度的演變

從原始社會到資本主義社會前期，開發和利用自然資源構成了人類經濟活動的主要內容，並以此推動了人類社會的進步和發展。由於當時科學技術水準和生產力水準低下，人類社會的發展在很大程度上取決於對自然資源的開發和利用水平，社會經濟活動的發展也直接依賴於自然資源的開發和利用規模。與此相應，早期有關自然資源的立法，主要是以促進自然資源的開發、利用為目的的。在這一階段，自然資源的利用一般與土地分不開，社會生產的分工和資源利用技術的發展，還沒有達到需要在法律上對各種資源物權給以專門識別的程度，各種資源的特別物權一般是被包括在土地物權之中的。19 世紀的產業革命發生後，社會經濟中分化出許多新的經濟部門和行業，某些資源專門利用逐漸成長為社會經濟中的獨立行業，如林業、礦業等。為了確認和保護這些行業資源生產要素的財產權利，產生了資源行業法，如林業法、礦業法等，同時形成了土地法、水法、河流法等專項資源法。在這一階段，資源物權從土地物權中分離出來，形成了新的資源物權形態，如林權、探礦權、採礦權等；由於社會的進步和經濟結構的變化，在資源開發和利用中產生了行業管理和資源管理的客觀需要，在對資源開發和利用的純粹私人經濟行為中有效地介入了國家的干預，這使真正意義上的資源物權從其產生起即具有強烈的社會屬

---

[1] 伯納德·施瓦茨. 美國法律史 [M]. 王軍，等，譯. 北京：中國政法大學出版社，1997: 306.

性和公權化特徵[1]。

　　20 世紀 60 年代以來，面對人類此前對資源掠奪性開發所帶來的嚴重資源危機，資源保護主義和資源合理利用主義成為社會的主流思潮，生態學和系統論深化了人們對自然資源的研究，各種資源之間的相互聯繫、共同性質及其有機統一性被更多地揭示出來，產生了整體意義上的自然資源概念，以資源保護和資源合理利用為立法目的成為現代自然資源所有權（物權）立法的發展趨勢，特別是可持續發展觀對自然資源立法產生了重大影響。可持續發展觀是一種新的發展觀。關於可持續發展的概念，1987 年聯合國世界環境發展委員會在《我們共同的未來》報告中將其定義為：既滿足當代人的需要，又不對後代人滿足其自身需要的能力構成危害，使經濟、社會、環境等相互協調地發展。中國政府也在《中國 21 世紀議程》即《中國 21 世紀人口、發展與環境白皮書》中將可持續發展作為發展的目標[2]。其基本內涵包括：①可持續發展並不否定經濟的增長，而是要重新審視和檢討傳統的使用能源和原料的方法，力求減少資源損失，減少經濟活動對環境的破壞作用。②可持續發展是建立在保護環境和自然資源基礎上的發

---

[1] 張璐. 論自然資源物權 [OL]. 武漢大學環境法研究所網站，www.riel.whu.edu.cn, 2002-12-24.

[2] 制定和實施《中國 21 世紀議程》，邁向可持續發展之路，是中國在 21 世紀發展的自身需要和必然選擇。中國是發展中國家，要提高社會生產力、增強綜合國力和不斷提高人民生活水準，就必須毫不動搖地把發展國民經濟放在第一位，各項工作都要緊緊圍繞經濟建設這個中心來開展。中國是在人口基數大、人均資源少、經濟和科技水準都比較落後的條件下追求經濟快速發展的，使得本來就已經短缺的資源和脆弱的環境面臨了更大的壓力。在這種形勢下，中國政府只有遵循可持續發展的策略思路，從國家整體的高度協調和組織各部門、各地方、各社會階層和全體人民的行動，才能順利完成已確定的第二步、第三步策略目標，即在 21 世紀末實現國民生產總值比 1980 年成長了兩倍和 21 世紀中葉人均國民生產總值達到中等發達國家水準，同時保護自然資源和改善生態環境，實現國家長期穩定發展。中國 21 世紀議程管理中心. 中國 21 世紀議程：中國 21 世紀人口、發展與環境白皮書 [EB/OL]. http:www. acca21.org.cn/.

展,可持續發展必須一方面透過經濟的、行政的力量制止對自然資源的過度消耗,另一方面發展科技,使後代有更高的開發和利用資源的能力。③可持續發展以提高全社會成員生活質量為目標,同社會進步相適應。這種發展觀不只適用於一個國家或一個地區、一定時期內,更意味著生產、分配、消費、文化、教育、社會福利等全方位的變化,是一種在數量上豐富、在質量上更高的變化。

聯合國《21 世紀議程》[1]要求各國"必須發展和執行綜合的、有制裁力的和有效的法律和條例,而這些法律和條例必須根據周密的社會、生態、經濟和科學原則"。中國憲法規定"國家維護社會主義法制的統一和尊嚴"。考慮到隨著中國改革和開放政策的不斷推進,以及社會主義市場經濟體制的建立,社會、政治、經濟生活日益走向法制軌道,而且中國已經加入多項有關環境與發展的國際公約,並將繼續積極參與有關可持續發展的國際立法,因此,需要加速與可持續發展有關的立法與實踐[2]。

可持續發展觀對各國自然資源立法的重要影響表現在:可持續發展是一種物質生產方式,它要改變人與自然生產條件的關係。過去,在物質資料生產上,長期奉行的是人類中心論,強調的是人對自然的征服、改造和獲取,不重視保護環境和自然資源,不重視社會發展的

---

[1] 1992 年 6 月,聯合國環境與發展大會在巴西里約熱內盧召開。會議通過了《里約環境與發展宣言》、《21 世紀議程》、《關於森林問題的原則聲明》等重要文件並簽署了聯合國《氣候變化框架公約》、聯合國《生物多樣性公約》,充分體現了當今人類社會可持續發展的新思想,反映了關於環境與發展領域合作的全球共識和最高層級的政治承諾。《21 世紀議程》要求各國制訂和組織實施相應的可持續發展策略、計畫和政策,迎接人類社會面臨的共同挑戰。因此,執行《21 世紀議程》,不但促使各個國家走上可持續發展的道路,還將是各國加強國際合作、促進經濟發展和保護全球環境的新開端。中國 21 世紀議程管理中心. 中國 21 世紀議程:中國 21 世紀人口、發展與環境白皮書 [EB/OL]. http://www.acca21.org.cn/.

[2] 中國 21 世紀議程管理中心. 中國 21 世紀議程:中國 21 世紀人口、發展與環境白皮書 [EB/OL]. http://www.acca21.org.cn/.

長遠利益，不重視在物質資料生產中人與自然的長期共存；在立法趨向上，重視對所有權和使用權排他性的保護和產權使用的效率，不重視對權利與義務及社會責任的規定和調節。可持續發展觀的樹立，必然要求法律體系，特別是各國的環境資源立法的價值取向調整到可持續、整體性、公平性與協調上來，以保證對環境與自然資源的合理開發和利用。

第三章

產權制度安排運用於自然資源管理研究：一個理論模型

在交易費用爲零的假設前提下，在自然資源的管理上，實行政府管制和發揮市場的作用都是有效率的，而如果考慮到制度運行的交易費用，不同的機制就會各有優勢了。本章關注自然資源的技術上的共性對配置效率和制度建設所提出的挑戰，把研究的重心轉向根據產權安排的可能性對自然資源進行分類，即可界定爲私有產權的自然資源和共有產權的自然資源[1]。以此分類爲基礎，重點考察在不同的產權安排下如何利用管制和市場的力量實現效率目標，並提出了自然資源產權制度建設的基本思路。

一、研究目的和政策工具

爲什麼人們關心自然資源呢，當威廉·配第說"土地爲財富之母"的時候，人類就應該已經認識到了自然資源的重要性。現在的經濟學家則發展出了一套學說，認爲自然資源可以提供直接使用價值（即作爲生產產出的投入）、間接使用價值（指那些不直接提供消費品的生態系統服務）以及非使用價值（Non-use Value，包括的是無形的產品，如景觀資源）。但是自然資源真的進入經濟學家的研究日程，卻一定是因爲它們日益稀缺，使得有效率的使用非常必要，而這則可以追溯到馬爾薩斯，可能是他最早強調了自然資源對經濟增長的限制，而且正是對這一問題的關注使得經濟學獲得了"沈悶的科學"的稱呼。在 20 世紀，人們曾經一度認真地討論能源危機，但這些危機都被新探明的儲備和開採中的技術進步和廣泛的替代所消除。是的，資源的價格在危機中的變化激勵了全社會的努力和調整，但是危機過後，企業家已經暫時失去動力，科學家則不應該低估新的危機來

---

[1] 薩繆爾森在其《經濟學》（第 17 版）中分別稱之爲"可劃撥"和"不可劃撥"的自然資源。薩繆爾森，等. 經濟學 [M]. 17 版. 蕭琛，主譯. 北京：人民郵電出版社，2004.

臨的可能性——當然，其中包括經濟學家。

世界性的問題自然也包括發展中國家，尤其值得注意的是，許多的發展中國家的天然資源優勢並沒有轉變成競爭和發展的優勢。這不僅僅因為開採和使用中的過低的技術水準，更重要的是缺乏合理有效的管理制度，使得自然資源在開採和使用當中存在嚴重的無效率。

就中國而言，持續 20 多年的經濟增長已經取得了舉世矚目的成就，但也使得一些矛盾凸顯出來。雖然建設集約型社會、實現可持續發展必須建立在對自然資源的合理開發和有效率的使用基礎之上已經成為共識，中國面對的問題卻是普遍存在的無效率。具體來說，在自然資源的開採中存在無效率的開採對資源的破壞；過快或過慢的開採速度降低了資產的價值；開採的配額與開採效率分離，致使開採成本上升；開採中專用性投資不足導致生產事故頻繁發生；開採中對環境資源的破壞，等等。而在資源的使用中存在經濟增長過高地依靠能源的投入，單位 GDP 的能源消耗率過高；能源的消耗結構缺乏彈性，等等。

這些無效率降低了資產的價值，也就限制了天然資源對經濟增長的貢獻。在經濟學家看來，上述問題都可以歸結為市場失靈，即價格沒有準確地反映資源的相對稀缺性。指導人們決策的價格沒有反映全部的經濟後果，從而沒有傳遞正確的資訊，也沒有提供正確的激勵。但是對於如何解決上述問題，卻有不同的"處方"。

世界銀行 1997 年度報告，把政策工具分成四種：利用市場（Using Markets），包括補貼削減、環境稅費、使用者收費、押金－退款制度和有指標的補貼；創建市場（Creating Market），包括產權與地方分權、可交易的許可證和權利、國際補償機制；環境管制（Environmental Regulations），包括標準禁令、不可交易的許可證和配額；公眾參與（Engaging the Public），包括資訊公開、加貼標籤、社區參與。

出於理論研究的目的，我們選擇把上述工具分成兩個不同的政策取向：一是加強政府的管制，二是充分發揮市場的作用。但是脫離交易費用或者說制度運行費用討論制度安排是沒有意義的，因為在交易費用為零的假設前提下，它們都是有效率的。而如果考慮到制度運行的交易費用，不同的機制就會各有優勢，因此，我們後面的研究將要證明，在很多時候，兩種政策取向下的工具不僅無法截然分開，而且更應該在一個混合制度中發揮各自優勢。

本章並不試圖在一般意義上討論政府和市場的邊界，雖然本章的研究一定可以豐富對於轉型經濟中市場經濟的制度基礎建設的理解。我們關注的是自然資源，但我們的研究趨向影響到我們如何區分不同種類的自然資源。自然資源種類繁多，自然資源經濟學家對自然資源進行了非常仔細的分類，分類的依據包括是否會耗竭、是否可循環、是否可再生、是否可儲存、是否可更新。本章的處理方法是，自然資源在技術上的區別往往可以透過修改一個優化問題的約束方程來體現，而我們則集中關注自然資源技術上的共性對配置效率和制度建設所提出的挑戰。在完成上述步驟過後，我們則把研究的重心轉向根據產權安排的可能性對自然資源進行分類，即可界定為私有產權的自然資源和共有產權的自然資源。以此分類為基礎，我們重點考察在不同的產權安排下如何利用管制和市場的力量實現效率目標。

二、比較基準（政策目標）：最佳開採路徑

在這一部分，我們考察管理自然資源的政策目標，它們也是我們評價現實當中自然資源的開採和使用效率並發現問題的基準。在此，我們僅僅討論作為一種資本（為了理解自然資源的配置效率，我們必須把它們視為資本，並在動態優化的模型框架下加以討論[1]）的自然資

---

[1] 實際上，正是由於缺乏這種方法，自然資源經濟學長期得不到發展。

源的跨期配置效率。在這一節，我們暫時抽象掉生產者的異質性，把任意時刻的總量在成本異質的生產者之間的配置放在以後討論，這樣就可把分析集中在自然資源的總量配置上。

在開始分析之前，我們首先需要說明自然資源的稀缺性的含義。如果開採行為對其儲量影響很小，或者說它們是永不耗竭的，這時就不存在稀缺性，從而也不需要管理，經濟學對此毫無用武之地。稀缺性的關鍵是存在資源耗竭的可能性，但是它和資源是否可再生並沒有直接的聯繫。嚴格來說，所有的資源都是可以再生的，但是就我們所關心的決策時間長度來說，很多資源的增長基本可以忽略，這就被稱為了不可再生的資源。而對於可再生的資源，例如空氣質量、漁業、森林、草原等，如果開採嚴重過度，不僅再生的數量無法補充開採的數量，而且同樣有耗竭（或者說滅絕）的可能性[1]。

因此，資源是否可以再生，僅僅是為了分析方便所作的區分，研究優化配置的原因是因為它們都具有耗竭的可能性。

(一)不可再生資源最優開採路徑

讓我們從最簡單的模型開始，假設：①我們用 s 表示一種不可再生的資源的存量，初始的資源存量為 s_0。②時期 t 的開採數量為 ht，它可以提供最終的消費品 Cht，產生效用 uCht，這樣我們就排除了能源使用的外部性。③開採成本為 TCht。請注意這裡對成本函數的設定抽象掉了跨期外部性的問題，即所謂的存量外部性（Stock Externality），開採成本獨立於資源的存量。④主觀貼現因數為 $e^{-\rho t}$，其中時間偏好率 ρ 的高低反映著決策者是否有耐心或者說是否重視未來。

假設一個中央計畫者，例如能源委員會，關心資源的動態使用效

---

[1] 在有些情況下，破壞是不可逆轉的。而且經驗顯示，生態系統修復和自然資源替代的成本大大高於保護的成本。

率，那麼它的決策目標就是既有的資源在計畫期內提供的持久總剩餘的貼現值最大化。即要求解下面的動態優化問題[1]：

$$\text{最大化} \int_0^T (uCht - TCht)e^{-\rho t}dt \qquad (1)$$

滿足：

$$h \geq 0$$
$$\dot{s} = -h$$
$$s(0) = s_0, S(T) \geq 0 \qquad (2)$$

這個優化問題的現值漢密爾頓函數[2]為 $H = uCht - TCht - mht$，其一階必要條件為：

$$u'C'h - TC'h - m = 0 \qquad (3)$$
$$\dot{s} = -h$$
$$\dot{m} = \rho m \qquad (4)$$

橫截條件為：

$$m(T)e^{-\rho t} \geq 0, m(T)e^{-\rho t}s(T) = 0 \qquad (5)$$

我們知道 m 是用現值表示的資源的影子價格，侯太齡稱之為資源的稀缺租，在我們的模型中反映的是資源的邊際社會總剩餘。一種特殊的情況是，資源並不稀缺，這樣就有 mt = 0，最優的開採在時間上是常數，可以表示為 $h^*t = h^*$，每個時期開採的數量都滿足邊際效用等於邊際成本。進而，資源的儲量時間路徑為 $st = s_0 - h^*t$，並且需要滿足 $sT = s_0 - h^*T \geq 0$。

而我們關心的是稀缺的自然資源，從而 $m(T)e^{-\rho t} > 0$，並且從（4）式可以解出 $mt = c_1 e^{\rho t}$，其中，c_1 為待定的參數[3]，那麼最優開採

---

[1] 這個模型可以看成是 Hotelling（1931）模型的一個變形。
[2] m 為共態變數，在貼現值的最優化問題中用 λ，那麼 $m = \lambda e^{\rho t}$。
[3] 利用起點或終點狀態或者橫截條件可以確定這個參數，但是我們省略了這個內容，而重點關心開採的時間路徑的特徵。而且在本文中始終採取這種處理

路徑滿足：

$$u'C'h - TC'h = m = c_1 e^{\rho t} \tag{6}$$

$$s(T) = 0 \tag{7}$$

結論（6）是說開採的資源的社會價值按貼現率呈指數增長，開採路徑表現爲逐期遞減的特徵[1]。這個結論反映著決策者如下的權衡：因爲人們缺乏耐心，推遲開採必須進行貼現，因此只有價值保持增長才能支援延後的開採。這樣一來，不同時期開採的資源就會提供相同的貼現價值。這個結論正是資源配置的等邊際原則在自然資源跨期配置中的體現。如果對不同時期開採的資源提供不同的貼現價值，就總是可以透過調整開採路徑來增大總的貼現價值。

結論（7）是說計畫期結束的時候用完全部的資源。這是因爲如果在計畫期結束的時候，資源的影子價格爲正，那麼開採完全部的資源符合計畫者的目標。

(二)擴展 1：跨期外部性

上面的模型沒有考慮的一個重要問題是開採中的跨期外部性問題，跨期外部性主要反映在資源的存量對開採成本的影響上。下面我們就重新設定成本函數來引入開採中的負的跨期外部性。

假設開採成本爲 $TC(h, s)$，而且重要的是 $TC_s < 0$，例如隨著開採量越來越多，需要挖掘得越來越深，或者越來越遠離市場。假設其他方面和前面的模型相同，這樣，最優化問題的一階必要條件爲（只列出需要比較的內容）：

$$u'C'(h) - TC_h(h,s) - m = 0 \tag{8}$$

$$\dot{m} - \rho m = TC_s \tag{9}$$

方式。

[1] 這是因爲我們經常假設 $u'' < 0$、$C'' < 0$、$TC'' > 0$。

從（8）式和（9）式可以解出最優的開採路徑滿足：

$$u'C'(h) - TC_h(h, s) + \frac{TC_s}{\rho} = c_2 e^{\rho t} \tag{10}$$

其中 c_2，是待定的參數。

比較（10）式和（6）式，我們就可以認識到跨期存量外部性的作用。其相同之處在於資源開採的邊際社會價值逐期呈指數式增長，其不同之處在於這時計畫者必須要考慮這種外部性，不僅要在邊際效用的基礎上扣減邊際開採成本，而且必須扣減邊際外部成本。也就是說，現期的開採會增大下一期的邊際開採成本，決策者必須把這種效應考慮進來，其結果是同（6）式所蘊含的最優開採量相比，（10）式要求更慢的開採速度和每個時期更少的開採量。

但是實際的情況可能遠比上面的模型複雜，在一個跨期問題中，沒有理由忽略技術進步的可能性。如果技術進步產生於"幹中學"，那麼就會存在正的跨期外部性，積累的開採量上升會降低單位開採成本[1]。當然技術進步也可以獨立於開採過程，例如在開採過程中引入更先進的開採工具。模型化這種技術進步可以透過在成本函數中加入技術因數的方法來處理，例如把生產函數設定為 TC(At, ht, st)。顯然，如果我們能夠給出技術進步的路徑，就需要相應地修正最優的開採路徑。技術進步會刺激更高的開採數量，並且抑制之前的開採數量。

對於某些資源來說，還會存在另一種複雜性。金屬礦產一旦被開採出來，提煉並用於生產用途之後還可以回收再利用、再循環，使得這種資源具有了耐用性。這種耐用性一定程度上會弱化可耗竭資源和可再生資源的區分。如果要在模型中體現這一點，每個時期開採的資源所提供的社會效用就會等於該開採量從開採到計畫期結束的時間內的貼現效用的總和，當然，其社會價值則需要扣減回收再利用的成

---

[1] 現實世界中，石油等可耗竭資源的價值變化和侯太齡模型的不一致可以利用技術進步、開採成本下降等因素來解釋。

本。為了使模型儘量簡化，可以透過加入再循環中的折舊來反映這一點。

(三)擴展 2：開採和使用中的外部性（Bruce A. Forster, 1980）

生態學家更關心的也許是資源的開採和使用中所產生的負的外部性，例如對環境的破壞，顯然，這也應該進入計畫者的考慮範圍。作為一種副產品，如果使用可耗竭資源會產生污染，那麼資源使用的最優時間路徑是什麼呢，模型化這種外部性的方法是假設開採或使用中會產生污染這種副產品。假設污染的生產函數[1]為 $P = P(h)$，並且有 $P' > 0$、$P'' > 0$。這樣社會效用函數就變為 $u(Ch, Ph), u_P < 0$。

為了突出這種外部性對最優開採路徑的影響，我們在這個模型中不考慮跨期外部性，這樣，計畫者面對的問題為：

最大化 $\int_0^T [u(Ch, Ph) - TCh]e^{-\rho t}dt$ (11)

滿足：
$h \geq 0$
$\dot{s} = -h$
$s(0) = s_0, s(T) \geq 0$

同前面的求解方法一樣，最優開採路徑滿足：

$u_C C'(h) + u_P P'(h) - TC'(h) = m$ (12)

顯然，計畫者在決定最優開採路徑的時候需要平衡透過生產消費品帶來的邊際效用與透過產生污染所帶來的邊際負效用，同樣，這也要求放慢開採的速度。

這裡所考慮的負的外部性，主要反映的是開採過程對環境的破

---

[1] 這裡沒有考慮污染的積累和再生，否則就需要構造一個污染的狀態方程——這樣做雖然會把問題複雜化，但它允許考察反污染政策。

壞，還有兩種也許更重要的外部性即我們在資源的開採中會影響生態系統或者自然景觀。例如，如果一個貴金屬礦位於一個自然保護區內，我們如何權衡開采的收益和成本呢，如果一種資源的開採會破壞生態系統，我們又如何評估這種效應呢，理論工作者把前者稱為自然資源的非使用價值，而把後者稱為自然資源的間接使用價值。但是，理清概念只是第一步，關鍵的問題是在實際決策中如何評估的問題[1]。困難在於這種外部性往往跨越一定的地區和時間，對生態系統的影響不僅間接，而且往往要經過一定的時間才會顯現出來。而河流上游的開發往往會給河流下游地區帶來負的外部成本。有時，外部性在國家之間發生，治理則需要國際間合作。一種非常有意思的情況是：有些海洋生物在成長過程當中，會經過多條河流和多個海洋，穿過多個國家和地區。

(四)可再生資源：漁業[2]

不可再生資源的配置效率已經提供了自然資源使用的基本限制，下面我們簡要說明可再生資源的配置效率，這時我們主要關心它們和不可再生資源的細微的區別。我們首先考察漁業。

構建模型的關鍵是引入一個資源的增長函數，理論生態學家和經濟學家通常採用的一個函數[3]形式為 $f(s) = gs\left(1 - \dfrac{s}{\bar{s}}\right)$，其中，g 為固有的增長率（Intrinsic Rate of Growth），為了方便計算，往往假設其為常量；$\bar{s}$ 為最大資源總量，取決於整體生態環境。在這樣的一個增長

---

[1] 本章不涉及經驗研究，但是我們知道，自然資源的價值在沒有市場、需要考慮非市場價值，以及需要考慮未來價值的情況下的核算是經驗研究中的難點。

[2] 奠基性的研究是戈登的論文。H. SCOTT GORDON. The Economic Theory of a Common Property Resource: The Fishery [J]. the Journal of Political Economy, Vol. 62, Issue 2, Apr. 1954: 124-142.

[3] 這個函數往往被稱為 Logistic Growth Function。

函數中做出了如下的假設：只要資源的總量沒有超過社會可以承載的最高水準，資源的總量就會增長，但是由於 $f'(s) = g\left(1 - \dfrac{2s}{s}\right)$，增長率會隨著資源總量的上升而下降。

引入了資源的增長，就使得狀態方程變爲 $\dot{s} = f(s) - h$，這樣，計畫者所面對的優化問題就是（同樣，爲了便於比較，我們簡化掉了各種形式的外部性）：

最大化 $\int_0^T [u(Cht) - TC(ht)]e^{-\rho t} dt$

滿足：
$h \geq 0$
$\dot{s} = f(s) - h$
$s(0) = s_0, \ s(T) \geq 0$

這個優化問題的現值漢密爾頓函數爲 $H = u(Ch) - TCh + m[f(s) - h]$，其一階必要條件[1]爲：

$u'C'h - TC'h = m$
$\dot{s} = f(s) - h$ \hfill (13)
$\dot{m} - \rho m = -m f'(s)$ \hfill (14)

我們主要關注穩定狀態的開採和存量特徵，穩定狀態滿足 $\dot{s} = \dot{m} = 0$，這樣，我們從（13）式和（14）式解出：

$h^* = f(s^*), f'(s^*) = \rho$ \hfill (15)

這就是說，在穩定狀態下，資源的增長率等於時間偏好率，而開採的數量正好等於資源增長的數量。穩定狀態的存量特徵見圖 3.1。

---

[1] 省略了角點解以及橫截條件等。

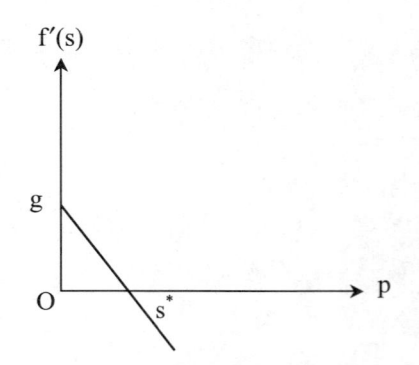

圖 3.1　穩定狀態的存量特徵

穩定狀態的開採數量見圖 3.2。

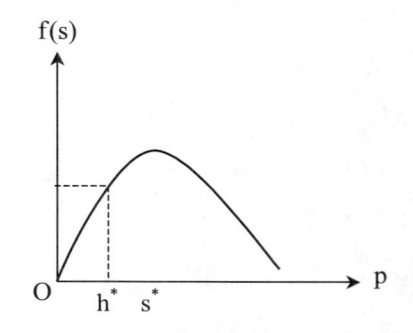

圖 3.2　穩定狀態下的開採數量和存量

下面我們就把跨期外部性加入進來，考察這種外部性如何影響穩定狀態下的存量和開採數量。模型化跨期外部性的方法和（二）擴展1：跨期外部性相同，這樣，經過簡單的計算，我們知道，穩定狀態的存量 s^{**} 滿足：

$$\rho = \frac{-TC_s}{u'C'h - TCh} + f'(s^{**}) \tag{16}$$

比較（16）式和（15）式，我們可以發現[1]，$s^{**} > s^*$。這個結論的經濟學含義也非常明顯：由於需要考慮當期的開採對後期的開採成本

---

[1] 這是因為 $TC_a < 0$, $u'C'h - TCh > 0$，而 $f''(s) < 0$。

的不利影響，因此，穩定狀態下會有更高的存量，以控制開採成本的上升。

(五)可再生資源：森林

首先需要說明，雖然我們把森林資源和漁業資源分開討論，但是所需要回答的問題卻非常相似，都是要回答如何收穫（Harvest）的問題。但是漁業資源的增長受到總量的限制，而對於森林這種資源來說，並不存在生態學上的增長方程中所反映的密度依存（Density Dependence）資源隨著時間積累，其數量（Volume）可以透過函數 $f(t)$ 模型化，而且有 $f'(t) > 0$，$f''(t) < 0$。而我們關心的問題則變成何時收穫，或者說確定最佳的輪植（Rotation）率。

決策者面對的問題[1]是：

最大化 $u[f(t)]e^{-\rho t}$ (17)

其一階必要條件為：

$f'(t) = \rho f(t)$ (18)

（18）式告訴我們，當樹木的增長率等於時間偏好率的時候就是最佳的砍伐時間。而如果給定了計畫期的時間長度，也就可以相應得到輪植的次數。（18）式告訴了我們決策者所需要進行的權衡，推遲砍伐雖然可以獲得資源的增長，但提前砍伐則可以獲得利息收入。

透過比較不可再生資源、漁業、森林的特點，我們可以發現三種資源的區別。樹木與石油等資源不同，它是可再生的資源，它和漁業資源的區別則在於增長主要是一個時間過程。

在決定森林的開採時間和數量的時候，必須把一種重要的外部性考慮進來。森林資源對環境和生態有重要的影響，而且這種影響往往

---

[1] 省略開採成本對結果沒有任何影響，只要假設技術是給定的。我們也省略了森林佔用土地的機會成本，但是這種簡化也不會對結論產生顯著的影響，決策者的權衡在這個簡化模型中已得到充分的說明。

會外溢到其他地區，並具有滯後效應。在模型當中處理這種外部性非常簡單，同模型（三）擴展2（見第75頁）：開採和使用中的外部性一樣，只需要修改和擴展決策者的目標函數以包括這些外部效應即可。

上述的模型對於自然資源的最佳配置提供了一個概述，作為參照標準，它可以幫助人們判斷自然資源在開採和利用中的效率損失。一般來說，效率損失都可以歸納為實際的開採偏離了最佳的開採路徑，並最終降低了資源的長期價值。

上述的效率損失都表現在總量上，而要理解其發生的機制，我們需要考察相關決策者的選擇，尤其是開採者的行為。但是，人們的行為又受到經濟制度的限制，而在各種經濟制度當中，政府對自然資源產權的界定發揮著最基本也是最重要的作用。這就是下面要回答的問題。

三、非私有產權安排與效率損失

讓我們假設經濟體的其他方面都已經有了界定良好的產權安排，問題僅僅出現在自然資源領域。首先我們考察私有產權如何產生於開放進入制度中，然後說明共有產權安排所存在的問題。

(一)開放進入與自由競爭

假設一種自然資源的存量為 s，不存在任何形式的管制，也就是說，向這種資源的進入是開放的。資源的開採量取決於資源的存量和投入的開採努力 E（例如捕魚的船隻、放牧的牛羊，等等），生產函數為 $h = f(s, E)$，滿足 $f_s > 0$、$f_E > 0$、$f_{EE} < 0$。這裡的開採投入 E 是所有開採者投入的總和，設每個開採者的投入為 e_i，那麼 $E = \sum_{i=1}^{n} e_i$。

這樣,實際上,我們就引入了開採中的外部性[1],因為每個開採者的產出都要取決於所有開採者的投入。

在開採之前,所有的資源實際上處於無主的狀態,但是開採者的產出會成為可以自由支配的私人財產。私有化的方式取決於開採者之間的競爭機制,我們下面要說明的是開放進入所導致的競爭會導致資源的浪費性開採,傳統上,這被稱為租金耗散[2]。

為了便於分析,假設產品市場價格為 1,而投入的不變的單位成本為 w,那麼邊際上的開採者面對的決策是:如果利潤為正,就進入;如果利潤為負,就不進入。假設投入可以無限細分,那麼進入後的邊際利潤為 $\frac{h}{E} - w$,這樣,當實現競爭均衡的時候,利潤為零,自然資源提供的產出僅僅補償了開採的成本,自然資源沒有創造任何價值。和(6)式相比較,我們就會發現,開放進入的制度所導致的私有化的競爭偏離了最佳的開採路徑,實際上,這導致了過度開採。

上面的分析當中有一個關鍵的技術假設,即 $f_E > 0$、$f_{EE} < 0$,邊際產量和平均產量的分離產生了外部性。平均產量高於邊際產量,這樣,隨著投入的增加,平均產量不斷降低。決策者決策時依據平均產量,或者說得到的正好是平均產量,而要實現社會最優,則需要考慮邊際產量。

Tietenberg(1992)指出,自由進入制度安排會導致兩種外部性。上面已經考察了漁業捕撈中的外部性,即一個企業的生產產量會影響其他企業的生產函數。另一種外部性發生在代際之間,即後開採的企業的生產函數受到先開採的企業的產出的影響。考察開採和儲量的變化關係,就可以研究這種動態效果。雖然這裡的跨期效應透過生產函

---

[1] 在漁業當中,這被稱為 Boat Externality。
[2] Hardin 的文章構成了理解租金耗散問題的起點。GARRETT HARDIN. The Tragedy of the Commons [J]. *Science*, Vol. 162, No. 3859, 1968: 1243-1248.

數來反映,但和前面用成本函數來考察的效果是一樣的。所以我們省略這裡的分析過程。其結果是從長期來看,這種制度會加快不可再生資源的耗竭,降低可再生資源的總的開採數量。

當我們考察租金耗散的時候,並沒有考慮儲存問題,而實際上,很多共有資源可以被私人儲存。這種技術上的可能性對共有資源利用的影響是:它加速了資源的開採速度並導致了更大的浪費。Gaerard Gaudet、Michel Moreauxhe 和 Stephen W. Salant(2002)對此進行了深入的研究。他們還研究了資源開採的順序:如果同時存在私有產權和共有產權的資源,那麼開採順序和開採成本分離,共有資源會迅速耗竭。

總之,在自由進入制度下,沒有得到良好定義的(Poorly Defined)產權產生了外部性,由於價格沒有真實地反映其稀缺性,無法保證資源的配置效率。

有人可能會感到疑惑不解:自由競爭不是能夠產生效率嗎?問題在於,當我們假設產品價格恆定時,已經排除了產品市場上的扭曲,這樣,總剩餘就和利潤相等了。利潤為零,也就意味著自然資源沒有創造社會價值。

顯然,這裡發生的一切如同科斯所講過的故事。雖然新的進入者會降低所有開採者的產出,但是由於缺乏產權的界定,決策者僅僅考慮行為所產生的私人收益和私人成本。經濟學家所建議的傳統的解決機制是數量管制或者徵收"庇古稅"[1],但我們下面要著重說明的是如何透過建立私有產權來解決問題。

(二)共有產權與合作的可能性

過度進入可以透過限制進入的方式而得到解決,這在地區性的自然資源的情況下尤其可能。但是,如果我們僅僅限制了開採者的數

---

[1] 進入收費應該反映外部成本,正好是平均產量和邊際產量之間的差額。

量，我們稱這種資源為共有資源[1]。一般來說，這種產權安排並不能夠解決問題，因為既定的開採者可以透過增加投入來展開競爭，因此某種數量限制或者收費機制似乎不可避免。但是，共有產權提供了一種可能性，即開採者在長期的重複博弈中可能會選擇合作。

仿照 H. I. Grossman（2001）的做法，假設開採者 i 的產出為 $h_i = \frac{e_i}{E} f(s, E)$，也就是說每個開採者所得到的佔有率就是開採者投入所佔的比例。顯然，我們假設了所有的開採者都是同質的，不存在開採技術上的差別。

給定其他開採者的投入，開採者 i 面對的問題為：

$$\max_{e_i} \frac{e_i}{e_i + \sum_{j \neq i} e_i^*} f(s, e_i + \sum_{j \neq i} e_i^*) - w e_i$$

其一階條件為：

$$\frac{f + e_i f_E}{e_i + \sum_{j \neq i} e_i^*} - \frac{e_i f}{(e_i + \sum_{j \neq i} e_i^*)^2} - w = 0$$

此博弈的納什均衡滿足：

$$\frac{f(s, E^*) + e_i^* f_E(s, E^*)}{E^*} - \frac{e_i^* f(s, E^*)}{(E^*)^2} - w = 0$$

對稱的納什均衡滿足：
$e_i^* = e_j^*, \ \forall i, j$

因此，對稱的納什均衡總投入滿足：

$$\frac{n-1}{n} \frac{f(s, E^*)}{E^*} + \frac{1}{n} f_E(s, E^*) - w = 0$$

---

[1] 共有產權資源是所有權沒有被確定的消費產品或生產要素，僅僅透過取得這種物品就可以確立所有權。這種產權制度通常被稱為開放進入，但實際上兩者的含義並不完全相同，共有資源產權更接近於集體所有產權。

上述的結果是給定開採者的人數，但是可以自由開採的情況下的開採投入的特徵。為了理解這一結果的特點，我們下面給出總剩餘最大化的開採投入應該滿足的特徵，並進行比較。

總剩餘最大化即求解下面的問題：

$$\max_E f(s, E) - wE$$

最優的投入 $\overline{E}$ 需要滿足：

$$f_E(s, \overline{E}) - w = 0$$

為了便於比較，我們把它變化為如下的形式：

$$\frac{n-1}{n} f_E(s, \overline{E}) + \frac{1}{n} f_E(s, \overline{E}) - w = 0 \tag{20}$$

比較（19）式和（20）式，並因為 $f_E > 0$、$f_{EE} < 0$，可以得到：

$E^* > \overline{E}$，即自由競爭的納什均衡結果存在對資源的過度開採。

在同樣的制度下，如果博弈是一次性的，那麼 E^* 是唯一合理的預期，但是如果引入重複博弈，而且博弈或者是無限重複，或者參與者對於博弈結束的時期不確定的時候，合作解就有可能出現。

根據重複博弈的思想，只要貼現率足夠高，也就是參與者足夠重視未來，那麼，下面的觸發策略就可以成為子博弈精練納什均衡：對任意的參與者 i 來說，如果觀察到在時期 t，總的開採投入為 $\overline{E}$，那麼在時期 t+1 選擇投入 $\dfrac{\overline{E}}{n}$，否則從時期 t+1 開始永遠選擇 $\dfrac{E^*}{n}$。

導致合作出現的機制是這一策略中的懲罰機制，在上面給出的策略中的懲罰機制被稱為 Nash Reversion。當然，我們還可以構想更複雜的懲罰機制。上述的思想可以解釋為什麼在有的情況下集體產權機制仍然能夠很好地運作。無論哪種合作機制的實施，都需要能夠觀察到參與者的背離，但是當參與者人數眾多的時候，這會變得非常困難。另一個困難是參與者具有不同的時間偏好率，這會弱化懲罰機制的效力。

上面的分析提醒人們：共有產權安排不足以保證實現資源的最優開採路徑。下面我們要說明，如果僅僅限制了既有的開採者的總量，而沒有把開採量分配給每一個具體的開採者，仍然會存在嚴重的效率損失。

雖然這時的表現不同，但基本的原理仍然是相同的，即由於開採權沒有界定到個體，所以給定的開採量仍然具有共有資源的性質，而對於共有資源的私有化的競爭就沒有被真正地消除。下面我們以漁業為例來說明。保證資源最優開採總量的機制是政府規定在一年之內的捕魚季節內的捕魚總量，一旦達到總量，則漁季結束。這種制度會如何激勵捕魚者的行為呢？顯然，每個捕魚者都希望捕到更多的比率，而且越早捕撈，成本越低。這樣的競爭導致捕魚的總量配額在漁季結束之前就早早被用完了。其結果是，在漁季的早期由於大量的水產湧入市場，市場價格迅速下降；如果要透過冷凍來調節供給，那麼在漁季結束之前，人們就已經買不到新鮮的水產了。顯然，我們可以說，在這個捕魚季節之內，資源仍然沒有得到合理的配置，效率損失是顯而易見的。而如果讓那些魚留在水裡，不僅魚兒會自然地生長和增加，而且還可以節省冷凍儲存的費用。

綜合上述的分析，我們實際上已經回答了為什麼需要利用私有產權制度來實現自然資源的開採效率。接下來的第四部分我們將具體討論私有產權如何作用於自然資源領域。

四、自然資源私有產權制度建設

我們這裡要分析的問題並不是某種特例，實際上，隨著資源日益變得稀缺，共有資源使用中的外部性變得越來越嚴重，從而要求透過產權界定加以治理。這種從共有產權向私有產權的轉變過程，通常被稱爲"公地的圈地運動"（Enclosure of the Commons）。

　　用現代的說法，財產權利是一束權利，Ostrom 和 Schlarger（1996）區分了權利束中的五種權利，它們分別是：①進入權（Right of Access），即使用或享有財產直接效用的權利；②收益權（Right of Withdraw），即有效使用財產以獲取利潤的權利；③管理權（Right of Management），即制定和完善財產使用規則的權利；④排他權（Right of Exclusion），即排除一些使用者並制定進入的規則的權利；⑤轉讓權（Right of alienation），即出售或出租或繼承上述四項權利的權利。

　　區分這些不同權利的目的，是使我們認識到上述五種權利是可以分離的，從而爲優化資源的配置效率提供了廣泛的選擇空間。服從於本章要考察的問題，我們著重說明三種權利的不同安排的可能性。

(一)所有權和開採權是否分離

　　一般來說，所有權和開採權的分離是爲了獲得分工的收益，因爲所有者並不一定是最有效率的開採者。但是，由於在社會主義國家和很多發展中國家，自然資源往往屬於國有，因此，開採權和所有權的分離就顯得尤爲重要，因爲它提供了非私有產權和市場機制之間的聯繫紐帶。需要強調的是，本章認爲私有產權可以在自然資源的開採與利用中發揮重要的作用，但是，這並不意味著需要私有化，足夠長的開採特許權或使用權發揮著非常近似的作用。

　　當然，開採權的私有化並不能解決所有的問題，如同國有企業改革初期的承包制一樣，這裡仍然存在著所有者缺位（即誰來監督監督者）問題，管制者被俘虜導致了特許費偏離的可能性，而過低的特許費是浪費性開採和過度競爭的主要原因。

　　與所有權相聯繫的主要權利是收益權，即所謂的"誰所有，誰受益"。從資源的開採效率來說，特許費並不是必要的，但是，特許權是有價格的，因此，特許權的初始界定就會存在財富分配效應。但是按照福利經濟學第二基本定理所述，財富分配和效率可以分開實現，政府可以利用產權的界定實現任意的公平目標，但必須依靠市場機制實現效率。為了找到最有效率的開採者，需要某種競爭機制來顯示開採者的真實資訊，因此公開拍賣特許權的方式更容易被社會所接受[1]。

Petter Osmundsen（2002）認為共有產權資源的開採中的管制有兩個目標，一是進入管制或者說產出能力管制以阻止租金耗散；二是透過稅收的方式佔有租金。產出能力管制的關鍵是防止過度的投資，但佔有租金又會降低對投資的激勵，二者之間的權衡在資訊不對稱以及投資具有專用性的時候非常突出。

由於所有者和開採者之間存在資訊不對稱，而開採者的行動又會影響所有者的收益，因此，一般需要設計規則以解決資訊不對稱問題。不論要解決的是逆向選擇問題還是道德風險問題，解決機制都需要所有者和開採者（在資訊經濟學中分別被稱為委託人和代理人）分享資源的租金，開採者所得到的租金被稱為資訊租金。

總之，如果自然資源的所有權歸國家或全民所有，那麼，所有權和使用權的分離要有效率地發揮作用，要求所有者和使用者之間必須責、權、利明確。使用者的開採特許權應該得到法律的保護，而所有者的收益權也應該透過特許費的方式得到實現，而不是僅僅收取開採者的稅收。

(二)開採權（或者說進入權）是否具有排他性

開採權的一個極端是自由進入（Free Access）或者說開放進入，我們已經分析了這種制度所導致的效率損失。另一個極端是開採者具有完全的排他權，從而成為獨立的開採者，這樣就消除了開採中的外

---

[1] 政府也可能有收費的偏好，因為收費可以服務於廣泛的再分配目的，或者也可能僅僅因為這樣的制度設計奠定了尋租的制度基礎。

部性。但是，人們可能會擔心排他的開採權會產生產品市場的壟斷，這既可能是因為資源非常稀缺，也可能是因為技術原因導致長途運輸的困難，從而私人開採者就成為了產品市場上的壟斷者。這樣，政策制定者就將面臨這樣的困境：為了解決開採中的外部性而引入的排他的開採權，卻會扭曲產品的市場價格。解決的辦法是：或者規定開採權的最低數量，或者限定產品的最高市場價格。

如果考慮到開採中的規模不經濟，以及界定私有產權的邊際成本過高（這使得消除全部的外部性並不划算），資源往往由多個數量既定的開採者共用開採權，這樣，就排除了潛在的進入可能性。但是我們知道，為了實現效率，不僅需要限制新的進入者，而且需要限制每個開採者的開採數量，而且僅僅進行數量限制還不夠，我們還需要儘量詳細地規定開採的區域以及開採的時間。

但是在具體的實施中，仍然存在無法忽略的成本，因為，如果限制每個開採者的數量配額，就意味著管制者需要能夠測量開採的數量，例如漁業中的捕撈量，當捕撈量難以監控時，替代的選擇是對技術進行規制。但是，技術規制意味著需要監控捕撈的每一個細節：如果漁船的數量受到限制，捕魚者就可能會設法擁有更大的船；當限制漁船的長度的時候，漁船將變成圓形；連形狀都受到限制之後，漁民還可以選擇更高功率的發動機……因此，管制的效果取決於生產函數中不同投入的替代可能性。

(三)開採權是否可以轉讓

理論上，要求把開採的數量以配額的形式排他地分配給開採者，但是在具體操作中，我們遇到的問題是應該把初始權利界定給誰。這裡需要考慮的是成本的異質性。不同的開採者具有不同的成本函數。社會如何分配開採的比例呢？答案非常明顯，有效率的開採要求按照等於邊際成本的原則分配開採的比例，這樣就可以保證社會用最低的成本開採給定的數量。

　　從社會來看，有效率的開採需要利用開採者的成本函數資訊。但是這些資訊都是開採者的私人資訊。我們固然可以透過設計機制來使得開採者提供真實的資訊，但是科斯強調了一種不同的思路。按照科斯（1960）的思想，如果不考慮產權界定的財富效應，只要排他的產權界定清楚了，就奠定了市場交易的基礎。如果產權可以轉讓，從而不論初始產權界定給誰，最終的開採權一定會被最有效率的開採者使用，所有開採者的開採數量可以不同，但都具有相同的邊際開採成本。這就是可轉讓性的好處，不論從靜態來看，還是從動態來看，它都可以保證社會充分利用生產技術。這一思想已經廣泛運用於政策實踐當中[1]，例如，在污染管理上被稱為可交易排污許可證（TEP），在漁業[2]和地下水管理上被稱為個體可轉讓配額（ITQs, Individual Transferable Quotas），可轉讓的放牧權、開採權等也被用於自然資源管理的其他領域。

　　這裡的一個相關問題是轉讓的機制如何設計。例如，政府擁有土地的所有權，但是私人擁有使用權。如果要轉讓土地的使用權，可以設想兩種不同的制度安排。一是必須首先由所有者也就是政府收回，然後再重新分配使用權；二是使用者之間就可以自由地轉讓使用權。爭議的核心往往是價值增值歸誰所有的問題。

(四)特許權的時間長度

　　我們前面的分析都沒有考慮開採過程中的要素投入的性質，從而也忽略了一個重要的問題即特許權的時間長度。如果開採的生產函數

---

[1] 許可證的機制產生於 Cap and Trade Programs：首先確定資源開採的上限，然後確定初始分配的機制，最後是分配好的權利能夠自由地流通。
[2] 對漁業中的可轉讓個體配額的具體實施辦法以及經濟效果感興趣的讀者可以參閱：托馬斯·思德納. 環境與自然資源管理的政策工具 [M]. 張蔚文，黃祖輝，譯. 上海：上海三聯書店，2005: 612-614.

中存在專用性的資產，那麼特許權的時間長度就變得非常重要。按照威廉姆森的思想，特許權的時間長度的確定來自於一個權衡：如果時間過短，就無法激勵專用性投資；但是如果期限過長，又會因爲缺乏靈活性而無法利用外部市場機會。

假設在自然資源的開採或利用當中，需要某種專用性資產以提高開採或利用的效率。如果特許權期限過短，那麼專用性投資在一個特許期限內不會全部折舊，於是專用性投資的部分收益就需要透過討價還價來決定，或者是開採者和政府之間，或者是開採者和新的開採者之間。這種討價還價的結果將是專用性投資的部分收益被攫取，但投資者理性地預期到這一點，從而在初始期就減少了投資的數量，其最終結果則是自然資源開採和利用的無效率。

以土地爲例，爲了提高土地的使用效率，灌漑和施肥以及對土壤的保護是非常重要的，但是如果使用權的期限比較短，就很難激勵農民建設水利灌漑系統，而在特許權要到期的時候，往往可以觀察到施肥不足的情況，農民也不再考慮所種植的作物對次年的產出的影響。

中國的經濟快速增長，對能源的需求也不斷增長，進入 21 世紀，生產安全的問題變得非常突出，僅僅報導出的礦難死亡人數就已經令人瞠目結舌，更別提礦工們所處的惡劣的工作條件了。對於這一問題，人們的理解不同，從而批評也就指向了不同的方面，有批評礦主爲富不仁的，也有批評官商勾結、監管不力的，甚至廣東省政府決定採取鐵腕手段關閉所有的煤礦。

我們對這一問題有不同的看法，人們的行爲不論善惡、好壞，都是制度約束的結果。爲什麼礦主不願意進行安全生產投資呢？原因在於礦主們所擁有的開採權的期限都比較短，至少非常不確定（政府隨時可以要求再談判），而提高生產安全的投資都是長期的專用性投資，二者無法匹配。顯然，延長開採權的期限可以有效地激勵這種投資，因爲它可以保證持續的開採。

五、總結和補充說明

　　自然資源的政策變化與整體經濟理念的變化一致，從 20 世紀 80 年代開始，放鬆管制成為了重要的經濟事件，人們強調市場激勵的作用。自然資源的產權創新也不再僅是理論上的構想，而是獲得了豐富的實踐經驗。自然資源管制制度演變的主要內容包括：自由進入──→進入管制──→基於個體產權的解決方法（個人配額）──→可轉讓的個體配額。

　　造成資源和環境壓力的決定性因素不是經濟的平均增長率，而是所採用的技術以及經濟增長的結構。正因為如此，價格機制可以在提高資源的使用效率和實現經濟的可持續增長中發揮作用，這就要求構建產權制度基礎以保證價格機制的運用。

　　把自然資源視為資產，其最佳配置必須考慮跨期外部效應，由此我們可以得到自然資源的最佳開採路徑。但這只是規範分析。實際上，自然資源的開採和利用決定於相關主體的行為。在自然資源的開採與利用當中，主要的行為主體是作為管制者同時也是資源所有者的政府部門和自然資源的開採者。如果管制失靈，同時又缺乏私有產權約束，開採者的行為就會偏離社會利益。但是，解決這一問題的制度設計有兩個不同的趨向，即優化管制和放鬆管制。在這樣的思路指導下，我們考察了私有產權制度可以在提高效率上發揮的作用，並提出以下兩點建議：

　　第一，政府管制和私有產權是替代性的解決方案，在天平的一端是政府作為自然資源的直接所有者和管理者，在天平的另一端則是自然資源的私有產權安排。但是制度選擇需要考慮交易費用，管制產生監督費用，而私有產權制度會產生產權的界定和實施的成本，因此，私有產權的邊界是產權界定和實施的邊際成本和共有產權安排的邊際監督成本相等的地方。

界定和實施產權的成本因自然資源不同而不同，例如，對於礦山的開採權，可以非常容易地界定排他的開採權；土地、牧場等也不會帶來非常高的費用；但是對於漁業資源，由於水產的游動性質（Peripatetic Nature），完全地消除私有產權之間的外部影響的成本就會非常高昂（Prohibitively Expensive）。因此，在以下兩種情況下，公共資源管理方法會更有吸引力：一是邊際資源的私有產權成本過高，二是技術因素使得公共產權資源生產率更高。

　　第二，界定私有產權的目的，一方面在於提供激勵，另一個方面則是奠定市場交易的制度基礎。由於管制者缺乏必要的資訊，因此需要依靠市場交易實現靜態效率，而這就需要私有產權具有可轉讓性質。

　　我們前面的分析都假設政府當中有一個執行機構，以自然資源的最佳配置爲行爲目標，但是，這個假設可能非常不實際。作爲對本章分析的一個補充，下面我們就打開政府這一"黑箱"，簡要地說明行政體制對自然資源配置的影響。

　　第一，管制者僅僅是所有權的代理人，這會產生嚴重的管制失靈。一種可能性是管制者可能並不會追求自然資源長期收益的最大化，實際出現的可能是短視的管理。試想，在有限的任期內，對經濟增長的貢獻會成爲主要的評價標準，而這就會弱化對自然資源的保護和合理的配置。另一種可能性是如果使用權或開採權的一級市場缺乏監督，就會出現管制者和開採者之間的合謀而導致自然資源資產價值的流失。

　　第二，在自然資源的使用過程中，中央政府爲了能有效地管理自然資源，還必須將使用權分解，向下級代理人分配使用權，然後各級政府再以審批方式向市場中的企業轉讓使用權。這種分權體制和地區間的經濟增長競爭，也會刺激對自然資源的過度和過快的開採，並且會導致跨地區的外部性的治理困難。

第三，有些外部性發生在不同的行政區劃之間，例如，治理黃河和為了對抗長江下游的洪災，黃河和長江中上游的省份都需要參與進來。這時，中央政府則可以發揮協調作用。

　　中國自 1984 年制定第一部自然資源單行法《森林法》以來，以各種單行資源法集合為法群形態的自然資源法律體系已初步形成，如《土地法》、《水法》、《水土保持法》、《森林法》、《草原法》、《礦產資源法》、《漁業法》、《野生動物保護法》和《農業法》等。雖然這一體系對於自然資源的開採、利用和管理做出了積極的貢獻，但是仍然存在改善的空間，我們希望本書的研究能夠對中國自然資源管理制度的建設和發展提供一些啟示。

第四章

我國自然資源產權制度變遷和改革績效評價

我國自然資源的基本特徵是總量豐富但人均量少，自然資源的利用率低且浪費嚴重。隨著經濟的發展和人口的增加，我國經濟增長與自然資源稀缺的矛盾越來越突出。我國經濟增長與自然資源稀缺的矛盾及其加深，其重要原因就是我國現行自然資源產權制度不合理，導致自然資源價格不能反映自然資源的稀缺程度，自然資源配置效率低下。本章以我國自然資源的基本特徵和產權的初始界定為起點，考察了我國自然資源產權制度變遷的過程，並在此基礎上討論了我國現行自然資源產權制度的運行效率及其存在的主要問題。

一、我國自然資源的基本概況及特徵

(一)我國自然資源的基本概況

(1)土地資源。根據土地利用變更調查的結果，2006 年全國耕地面積 12,177.59 萬公頃（1 公頃=10,000 平方米，下同），園地 1,181.82 萬公頃，林地 23,612.13 萬公頃，牧草地 26,193.20 萬公頃，其他農用地 2,554.10 萬公頃，居民點及獨立工礦用地 2,635.45 萬公頃，交通運輸用地 239.52 萬公頃，水利設施用地 361.52 萬公頃，其餘為未利用土地。與 2005 年相比，耕地面積減少 0.25%，園地面積增加 2.33%，林地面積增加 0.16，牧草地面積減少 0.08%，居民點及獨立工礦用地面積增加 1.30%，交通運輸用地面積增加 3.76%，水利設施用地面積增加 0.46%[1]。

(2)礦產資源。我國礦產資源總量豐富，2006 年，全國已查明資源儲量的礦產共 159 種，其中，能源礦產 10 種、金屬礦產 54 種、非金屬礦產 92 種、水氣礦產 3 種[2]。主要的礦產種類有石油、煤炭、天然氣、鐵礦、錳礦等。2006 年各主要礦產儲量分別為：石油

---

[1] 國土資源部 [OL]. http://www.mlr.gov.cn/bbgk/zygk/tdzy/.
[2] 國土資源部 [OL]. http://www.mlr.gov.cn/bbgk/zygk/tdzy/.

275,856.75 萬噸，天然氣 30,009.24 億立方米，煤炭 3,334.80 億噸，鐵礦石 220.92 億噸，錳礦石 22,855.78 萬噸，鉻礦石 521.44 萬噸，釩礦石 1,404.38 萬噸，原生鈦鐵礦 21,379.5[1]。2006 年，全國主要礦產品產量穩定上升，其中原煤產量 23.80 億噸，原油產量 1.84 億噸，鐵礦石產量 5.88 億噸，10 種有色金屬產量 1,917 萬噸，磷礦石產量 3,896 萬噸，原鹽產量 5,403 萬噸[2]。

(3)水資源。我國水資源總量豐富。2006 年，我國水資源總量為 25,330.1 億立方米，地表水資源量（河川徑流量（為 25,358.1 億立方米，地下水資源量為 7,642.9 億立方米，地表水與地下水資源重複量為 6,670.8 億立方米。同時，我國水力資源蘊藏量也很豐富。2006 年，我國水力資源蘊藏量為 6.76 億千瓦，其中可開發量為 3.79 億千瓦[3]。

(4)森林資源和草原資源。我國森林資源總量豐富。2006 年，全國森林面積 17,491 萬公頃，森林覆蓋率為 18.21%，活立木總蓄積 136.18 億立方米，森林蓄積 124.56 億立方米。[4]我國森林面積居世界第 5 位，森林蓄積居世界第 6 位。除香港特別行政區、澳門特別行政區和台灣外，全國天然林面積 11,576.20 萬公頃，蓄積量 105.93。億立方米；人工林面積 5,325.73 萬公頃，蓄積量 15.05 億立方米，人工林面積高居世界首位。[5]我國草原資源也很豐富。2006 年，我國草原

---

[1] 國家統計局 2007 年中國統計年鑒 [OL]. http://www.stats.gov.cn/tjsj/ndsj/2007/indexch.htm.
[2] 國土資源部 [OL]. http://www.mlr.gov.cn/bbgk/zygk/tdzy/.
[3] 國家統計局. 2007 年中國統計年鑒[OL]. http://www.stats.gov.cn/tjsj/ndsj/2007/indexch.htm.
[4] 國家統計局. 2007 年中國統計年鑒[OL]. http://www.stats.gov.cn/tjsj/ndsj/2007/indexch.htm.
[5] 國家林業局 [OL]. http://www.forestry.gov.cn/distribution/2006/09/28/lygk-2006-09-28-2045.html.

面積 40,000 萬公頃，其中可利用面積 31,333 萬公頃。[1]

(5)漁業資源。我國江河衆多、海岸線較長，良好的地理條件爲我國提供了豐富的漁業資源。2006 年，我國內陸水域總面積 1,747 萬公頃，可養殖面積 675 萬公頃，其中已養殖面積 467 萬公頃；海洋灘塗面積 2.08 萬平方千米；大陸架漁場面積 28,000 萬公頃；海水可養殖面積 260.01 萬公頃，其中已養殖面積 109.49 萬公頃；淺海灘塗可養殖面積 242.00 萬公頃，其中已養殖面積 89.37 萬公頃。[2]

我國自然資源分類及現狀見表 4.1 所示。

表 4.1　我國自然資源分類及現狀

自然資源類型	自然資源基本狀況
土地資源	2006 年，全國耕地 12,177.59 萬公頃，園地 1,181.82 萬公頃，林地 23,612.13 萬公頃，牧草地 26,193.20 萬公頃，其他農用地 2,554.10 萬公頃，居民點及獨立工礦用地 2,635.45 萬公頃，交通運輸用地 239.52 萬公頃，水利設施用地 361.52 萬公頃，其餘爲未利用土地。
礦產資源	2006 年，全國已查明資源儲量的礦產共 159 種，其中，能源礦產 10 種、金屬礦產 54 種、非金屬礦產 92 種、水氣礦產 3 種。主要的礦產種類有石油、煤炭、天然氣、鐵礦、錳礦等。2006 年各主要礦產儲量分別爲：石油 275,856.75 萬噸，天然氣 30,009.24 億立方米，煤炭 3,334.80 億噸，鐵礦石 220.92 億噸，錳礦石 22,855.78 萬噸，鉻礦石 521.44 萬噸，釩礦石 1,404.38 萬噸，原生鈦鐵礦石 21,379.5 萬噸。
水資源	2006 年，我國水資源總量爲 25,330.1 億立方米，地表水資源量（河川徑流量）爲 24,358.1 億立方米，地下水資源量爲 7,642.9 億立方米，地表水與地下水資源重複量爲 6,670.8 億立方米。2006 年，我國水力資源蘊藏量爲 6.76 億千瓦，其中可開發量爲 3.79 億千瓦。

---

[1] 國家統計局. 2007 年中國統計年鑒[OL]. http://www.stats.gov.cn/tjsj/ndsj/2007/indexch.htm.

[2] 國家統計局. 2007 年中國統計年鑒[OL]. http://www.stats.gov.cn/tjsj/ndsj/2007/indexch.htm.

表 4.1（續）

自然資源類型	自然資源基本狀況
森林資源和草原資源	2006 年，全國森林面積 17,491 萬公頃，森林覆蓋率為 18.21%，活立木總蓄積 138.16 億立方米，森林蓄積 124.56 億立方米。我國森林面積居世界第 5 位，森林蓄積居世界第 6 位。除香港特別行政區、澳門特別行政區和台灣省外，全國天然林面積 11,576.20 萬公頃，蓄積量 105.93 億立方米；人工林面積 5,325.73 萬公頃，蓄積量 15.05 億立方米，人工林面積高居世界首位。2006 年，我國草原面積 40,000 萬公頃，其中可利用面積 31,333 萬公頃。
漁業資源	2006 年，我國內陸水域總面積 1,747 萬公頃，可養殖面積 675 萬公頃，其中已養殖面積 467 萬公頃；海洋灘塗面積 2.08 萬平方千米；大陸架漁場面積 28,000 萬公頃；海水可養殖面積 260.01 萬公頃，其中已養殖面積 109.49 萬公頃；淺海灘塗可養殖面積 242.00 萬公頃，其中已養殖面積 89.37 萬公頃。

(二)我國自然資源的基本特徵

我國自然資源的基本特徵：一方面是資源總量比較豐富，主要的幾種自然資源如土地資源、礦產資源、水資源、森林資源、草原資源和漁業資源都很豐富；另一方面是我國人口眾多，各種資源人均佔有量較低；我國以佔世界 9%的耕地、6%的水資源、4%的森林、1.8%的石油、0.7%的天然氣、不足 9%的鐵礦石、不足 5%的銅礦和不足 2%的鋁土礦，養活著佔世界 22%的人口。大多數自然資源人均佔有量不到世界平均水平的一半，我國佔有的煤、石油、天然氣人均資源只及世界平均水平的 55%、11%和 4%。近年來，由於一直沿用以追求增長速度、大量消耗資源為特徵的粗放型發展模式，我國在取得經濟高速增長的同時，對各種自然資源的消耗也大幅度上升，導致非再生資源呈絕對減少趨勢，可再生資源也表現出明顯的衰弱態勢，經濟增長與自然資源稀缺的矛盾越來越突出。除了經濟粗放增長中的自然資源高消耗之外，我國的自然資源產權制度自身存在的缺陷也不利於對自然資源的集約使用和保護，並加劇了經濟增長和自然資源稀缺之間的矛盾。

二、我國自然資源產權制度的初始界定

(一)我國自然資源產權的初始界定及其背景

我國的自然資源產權制度是伴隨著新中國的成立而逐步建立起來的，1954年我國第一部《憲法》在規定全民所有制是"國民經濟的領導力量和國家實現社會主義改造的物質基礎"的同時，規定"礦藏、水流、由法律規定為國有的森林、草地和其他自然資源，都屬於國家所有"[1]。很顯然，我國的自然資源產權的國家所有制從制度界定的開始就佔據了統治地位。我國自然資源產權國家所有制的形成，有其特殊的歷史背景：

(1)我國自然資源產權制度是在推翻舊法統確立的自然資源私有制的基礎上建立的公有產權制度，與以往的自然資源產權制度相比，我國自然資源產權制度安排有著更為深刻的制度內涵。自然資源產權制度如何安排，在我國民主革命時期就已成為制度創新的焦點，無論是孫中山領導的辛亥革命，還是中國共產黨領導的人民民主革命，都是以自然資源特別是土地等產權的重新安排為基本要求的。新中國的成立特別是新法統的建立，使這種要求從地下走向公開，從非正式走向正式。經過土地改革、收歸國有等公有化產權變動的操作，自然資源的公有產權制度終於得到確立[2]。

(2)我國在新民主主義革命取得勝利後，開始了新中國的經濟建設。由於缺乏經濟建設的經驗，我國在制度選擇上基本照搬了前蘇聯

---

[1] 1954年《憲法》第5條、第6條、第7條。
[2] 肖國興. 論中國自然資源產權制度的歷史變遷 [J]. 鄭州大學學報：哲學社會科學版，1997 (6).

的計劃經濟模式,在自然資源產權制度上,也基本上仿效了前蘇聯的自然資源產權制度安排。前蘇聯在其建國初期廢除了自然資源私有制,所有自然資源包括土地、礦藏、河流、森林都收歸國有,實行了自然資源的全民所有制。因此,新中國也實行了自然資源公有制,只是相對於前蘇聯的單一的全民所有制,新中國實際上採取了稍微寬鬆的自然資源全民所有制和集體所有制兩種形態,但是仍然以自然資源全民所有制為主。

(二)我國自然資源產權初始界定的影響

特定的歷史背景條件下形成的特殊的自然資源產權制度安排,在新中國成立後,對於國家鞏固革命政權、恢復經濟建設,無疑產生了重要的作用。但是,這種超前的自然資源產權制度安排及其相應的計劃管理體制,並沒有與當時的生產力水平相適應,加上其後的多次政治運動,導致了中國自然資源產權制度低效率運行,一直到改革開放後,自然資源產權制度開始轉變,才有所好轉。具體來說,我國自然資源產權初始安排對我國經濟運行的不利影響主要表現在以下幾個方面:

(1)自然資源成為國家和集體所有權的專有物,自然資源產權交易喪失。憲法在確定國有自然資源主導地位的同時,也規定了國有自然資源的範圍。但直到20世紀70年代末,我國並沒有制定任何一部自然資源法律來對這些資源進行確權,政府行為成為自然資源確權的唯一依據。自然資源的公有性質不可改變,自然資源及資源產品被限制流通。在取消和限制商品生產與交換的做法得到糾正以後,自然資源作為基礎性生產資源仍舊被排除在商品交換之外。自然資源不是商品,也就談不上資源的價值和配置效率,從而使資源無價、資源產品低價成為長期困擾我國經濟增長與發展的一個重要障礙[1]。

---

1 安曉明. 自然資源價值及其補償問題研究 [D]. 吉林大學博士論文,2004:

(2)行政管理部門成為行使自然資源產權安排的唯一主體[1]。雖然《憲法》規定了"礦藏、水流、由法律規定為國有的森林、草地和其他自然資源，都屬於國家所有"，但是，並沒有具體的法律體系對自然資源產權制度做出進一步的安排。我國的自然資源產權制度從一開始就成為行政管理制度，政府對資源產權的行使也就主要表現為資源行政管理。各級政府與部門在向廠商供給、分配資源的同時，透過計劃和指標直接決定企業經營管理。儘管各級政府與部門及其行政管理許可權經過多次調整和變動，行政權力對自然資源的支配和控制卻在進一步加強。資源行政管理替代了資源產權管理，直接破壞了產權追逐經濟效率的動力結構[2]。與此同時，由於沒有相應的法律體系配套，我國的自然資源管理體制沒有法律依據，更缺乏監督。政府行政管理權力事實上行使著法律職能，公權力出現了擴張和濫用，並成為各級政府和部門獲取自身利益的手段。

(3)企業成為國家經營自然資源的車間。國有資源企業是我國自然資源利用與開發的主力軍，佔據了大部分賦存條件好的資源，但是企業的生產和經營活動全部由政府安排、包攬[3]。作為國有資源企業，其生產活動基本上都由各級政府和部門控制。同時，自然資源國有企業與其他類型的國有企業相比，更缺乏成本約束，因為自然資源的使用是各級政府和部門授予的，自然資源沒有價格也就沒有具體的成本度量。預算約束的軟化使得自然資源經營企業失去了成本意識和動力機制，自然資源利用的經濟效益和社會效益低下。

(4)自然資源事實上成為無主物，資源破壞和浪費嚴重。國有產權

103.
[1] 王萬山，等. 中國自然資源產權市場應如何"轉軌"[J]. 改革，2006(6).
[2] 肖國興. 論中國自然資源產權制度的歷史變遷 [J]. 鄭州大學學報：哲學社會科學版，1997(6).
[3] 肖國興. 論中國自然資源產權制度的歷史變遷 [J]. 鄭州大學學報：哲學社會科學版，1997(6).

雖然在形式上非常明確，但是，國家在實際中不可能對自然資源的使用進行完全控制。在不發揮自然資源直接使用主體的積極性和創造性的前提之下，自然資源在開發與利用中逐步弱化了自然資源的產權效力，對自然資源的使用變得混亂。實際的效果是：自然資源是無主的。政府的三令五申也無法有效制止自然資源使用的混亂局面。再加上連續多年的政治運動，使得自然資源遭到了巨大破壞和浪費，這種情況一直持續到改革開放後才得以改變。

三、我國自然資源產權制度的變遷

新中國成立以後到改革開放之前，我國自然資源產權制度沒有實質性的變化。改革開放後，隨著經濟的發展，我國開始了自然資源產權制度的變革。這裡將我國自然資源產權制度的變革主要劃分為兩個階段：一是 20 世紀 70 年代末至 20 世紀 90 年代初；二是 20 世紀 90 年代中期至今。這樣劃分的原因是，20 世紀 80 年代的各自然資源單行法基本上都是在 20 世紀 70 年代末 80 年代初開始起草的，帶有明顯的計劃經濟色彩。隨著經濟的發展和經濟體制改革的推進，特別是十四大明確了建立社會主義市場經濟的目標後，這些法律越來越不適應經濟的發展，因此，在 20 世紀 90 年代，我國相繼開始了對幾個主要自然資源單行法的修改，如《水法》、《礦產資源法》、《土地法》、《漁業法》、《森林法》等，以適應我國市場經濟的發展。需要說明的是，我國自然資源產權制度的變遷，並不完全侷限於法律制度具體規定下的內容，在實際的自然資源產權制度變遷中，自然資源產權制度呈現了比法律上規定的產權制度更加廣泛和更加豐富的內容。在下面的討論中，主要涉及法律規定下的自然資源產權制度變遷。

(一)我國自然資源產權制度改革的第一階段（20世紀70年代末至20世紀90年代初）

這一階段，我國自然資源產權制度的變革主要表現在政府頒佈了一批規範自然資源產權的法律和法規：1982年《憲法》第9條和第10條，1986年《民法通則》第80條、第81條、第83條，除此之外，還有7個自然資源單行法律，分別是：1984年《森林法》、1985年《草原法》、1986年《土地法》、1986年《礦產資源法》、1986年《漁業法》、1988年《水法》、1988年《野生動物保護法》以及大量的行政法規、地方法規和行政規章。這些法律、法規和規章正式安排了我國自然資源產權制度，證明在我國已經形成了以自然資源品種法律為結構體系的法群以及各種自然資源產權制度[1]。在這些法律、法規和規章中，規定了我國自然資源的所有權主體、自然資源使用權的獲得、自然資源管理的一些措施，等等。

1.土地資源產權制度

十一屆三中全會後，為了合理利用和保護土地資源，1986年我國頒佈了《中華人民共和國土地管理法》（簡稱《土地法》），並於1988年12月做了修正。以這部土地基本法為核心，這一階段我國還制定並公佈了許多有關土地的行政法規，其中重要的有：1988年公佈的《土地復墾規定》、1990年公佈的《城鎮國有土地使用權出讓和轉讓暫行條例》、1991年公佈的《土地管理法實施條例》。這些法律、法規和規章的頒佈與實施，奠定了這一時期我國土地資源產權制度的基礎，包括土地的所有權、使用權、承包經營權，等等。其一是土地所有權。1986年的《土地法》和1991年的《土地管理法實施條例》規定，"中華人民共和國實行土地的社會主義公有制，即全民所有制

---

[1] 肖國興. 論中國自然資源產權制度的歷史變遷 [J]. 鄭州大學學報：哲學社會科學版，1997(6).

和勞動集體所有制"[1]。屬於國家的土地包括："城市市區的土地；農村和城市郊區中依法沒收、徵用、徵購、收歸國有的土地；國家未確定為集體所有的森林、草地、山嶺、灘塗、河灘地及其他土地。"[2]屬於集體的土地包括："農村和城市郊區的土地，除法律規定屬於國家所有的以外，屬於集體所有；宅基地和自留地、自留山，屬於集體所有。"[3]其二是土地使用權。1986年的《土地法》規定，"國有土地可以依法確定給全民所有制單位或者集體所有制單位使用，國有土地和集體所有的土地可以依法確定給個人使用。使用土地的單位和個人，有保護、管理和合理利用土地的義務"[4]。其中，國有土地使用權的取得主要有四種方式：依法確定或劃撥取得，即具有相應許可權的政府機構可以依照法律規定將一定的國有土地劃撥或確定給一定的社會組織、經濟組織和個人使用、有償轉讓取得，即城鎮的國有土地依法可以出讓、轉讓、出租和抵押、變賣等方式取得土地的使用權；開發取得，經縣級以上人民政府批准，開發國有荒山、荒地、灘塗用於農、林、牧、漁業生產的，開發單位可因其開發行為取得國有土地的使用權；複墾取得，企業用自有資金或者貸款進行土地複墾的，複墾後可以取得該國有土地的使用權[5]。"集體所有的土地依照法律屬於村農民集體所有，由村農業合作社等農業集體經濟組織或者村民委員會經營、管理。已經屬於鄉（鎮）農民集體經濟組織所有的，可以屬於鄉（鎮）農民集體所有。村農民集體所有的土地已經分別屬於村內兩個以上農業集體經濟組織所有的，可以屬於各該農業集體經濟組織的農民集體所有[6]。"集體所有的土地，農業集體經濟組織自己使用時，

---

[1] 1986年《土地法》第6條。
[2] 1991年《土地管理法實施條例》第3條。
[3] 1986年《土地法》第6條。
[4] 1986年《土地法》第7條。
[5] 肖乾剛. 自然資源法 [M]. 北京：法律出版社，1992: 60.
[6] 1986年《土地法》第8條。

其使用權包含在其所有權之內"，除此之外，"也可以由個人或其他單位取得土地使用權，取得方式主要有依法取得和補償取得"[1]。其三是土地的承包經營權。1986年《土地法》規定了土地的承包經營權，"集體所有的土地、全民所有制單位使用的國有土地，可以由集體或者個人承包經營，從事農"林、牧、漁生產。土地的承包經營權受法律保護"[2]。除此之外，1986年《土地法》還規定了所有權和使用權發生爭議時的解決方法："土地所有權和使用權爭議，由當事人協商解決；協商不成的，由人民政府處理。"[3]

2.礦產資源產權制度

1986年第六屆全國人大常委會第十五次會議透過了《中華人民共和國礦產資源法》（簡稱《礦產資源法》），1987年國務院頒佈了與《礦產資源法》相配套的三個行政法規：《礦產資源勘查登記管理暫行辦法》、《全民所有制礦山企業採礦登記管理暫行辦法》和《礦產資源監督管理暫行辦法》，這些法律和法規，奠定了這一時期我國礦產資源產權制度的基礎，包括我國礦產資源的所有權、探礦權、採礦權，等等。其一是礦產資源所有權。1986年《礦產資源法》規定，"礦產資源屬於國家所有，地表或者地下的礦產資源的國家所有權，不因其所依附的土地的所有權或者使用權的不同而改變"[4]。根據此條，我國領域和管轄海域範圍內的所有礦產資源均屬於國家所有。我國礦產資源國家所有權具有幾個特徵：①主體的唯一性，即不像土地、草原、森林等自然資源那樣，所有權主體除了國家之外還有集體經濟組織，礦產資源所有權的唯一主體是國家；②客體的無限性，即無論任何一種礦產資源，包括已探明的或未探明的礦產資源、現在可

---

[1] 肖乾剛. 自然資源法 [M]. 北京：法律出版社，1992: 60.
[2] 1986年《土地法》第12條。
[3] 1986年《土地法》第13條。
[4] 1986年《礦產資源法》第3條。

以採掘的或者是將來可以採掘的礦產資源，均為國家所有；③權利的獨立性，即礦產資源雖然附著於地表或賦存於地下，但都不因土地的所有權和使用權而改變其國家所有的屬性[1]。其二是探礦權。根據我國 1986 年《礦產資源法》，"勘查礦產資源，必須依法登記"[2]，取得探礦權。但有一些勘查活動不需取得探礦權即可進行。根據 1987 年《礦產資源勘查登記管理暫行辦法》，應取得探礦權的勘查主要包括："1：20 萬和大於 1：20 萬比例尺的區域地質調查；金屬礦產、非金屬礦產、能源礦產的普查和勘探；地下水、地熱、礦泉水資源的勘查；礦產的地球物理、地球化學的勘查；航空遙感地質調查；國家另有規定的勘查活動。"不需取得探礦權的勘查主要為："礦山企業在劃定或者核定的礦區範圍內進行的生產勘探工作；地質勘查及不進行勘探工程施工的礦點檢查。"[3]其三是採礦權。根據我國 1986 年《礦產資源法》，"開採礦產資源，必須依法申請取得採礦權"[4]，取得採礦權後，方能進行礦山建設和從事採礦活動。同時我國法律"允許個人採挖零星分散資源和只能用作普通建築材料的砂、石、粘土以及為生活自用採挖少量礦"[5]。"採礦權不得買賣、出租，不得用做抵押"[6]。

3.水資源產權制度

1988 年第六屆全國人大常委會第二十四次會議透過了《中華人民共和國水法》（簡稱《水法》），除此之外，這一時期我國還頒佈了一批有關水資源管理方面的行政法規，如《水利工程水費核定、計收和管理辦法》、《重要江河防禦特大洪水方案》、《蓄滯洪區安全建

---

[1] 肖乾剛. 自然資源法 [M]. 北京：法律出版社，1992: 60.
[2] 1986 年《礦產資源法》第 3 條。
[3] 1987 年《礦產資源勘查登記管理暫行辦法》第 2 條、第 3 條。
[4] 1986 年《礦產資源法》第 3 條。
[5] 1986 年《礦產資源法》第 34 條。
[6] 1986 年《礦產資源法》第 3 條。

設與指導綱要》等。這些法律、法規和規章制度，規定了我國水資源的所有權、取水權和與水的利用有關的其他權益。其一是水資源所有權（這裡的水資源包括地表水和地下水）。1988年《水法》規定，我國的"水資源由國家所有，即全民所有"，"農業集體經濟組織所有的水塘、水庫中的水，屬於集體所有"[1]。其二是取水權。根據 1988 年《水法》的規定，取水權的取得方式主要有兩種：法定享有和透過取水許可證取得。1988 年《水法》規定：為家庭生活、畜禽飲用取水和其他少量取水的，不需要申請取水許可證。這些不需要申請取水許可證即可從地下、江河、湖泊直接取水的權利，為法定享有的取水權。除此之外，其他從地下、江河、湖泊直接取水的，國家實行取水許可制度，必須取得取水許可證，才能享有取水權。從地下取水的，還必須取得地下水的開採權，才能充分實現其取水權[2]。其三是與水的利用有關的其他權益。由於水運、水能利用和漁業等都與水的利用密切相關，這些行業中有關水的利用的權益，也是水權的重要內容，可以將其稱為水運的水利用權益、水能的水利用權益和漁業的水利用權益。在 1988 年《水法》中，也對這些權益做出了適當規定。

4.森林資源產權制度

1979 年第五屆全國人大常委會第六次會議原則透過了《中華人民共和國森林法（試行）》，1984 年第六屆人大常委會第七次會議透過了正式的《中華人民共和國森林法》（簡稱《森林法》）。1986 年經國務院批準，林業部發佈了《中華人民共和國森林法實施細則》，1987 年林業部發佈了《森林採伐管理辦法》，1988 年國務院發佈了《森林防火條例》，1989 年國務院發佈了《森林病蟲害防治條例》等。[3]這些法律、法規和條例，規定了我國林業資源的所有權、使用

---

[1] 1988 年《水法》第 3 條。
[2] 肖乾剛. 自然資源法 [M]. 北京：法律出版社，1992：97-98.
[3] 肖乾剛. 自然資源法 [M]. 北京：法律出版社，1991: 148.

權。其一是林業資源所有權。林業資源所有權包括：國家森林資源所有權，即國家對林地和林木結合在一起的森林所享有的佔有、使用、收益、處分的權利；國家林地資源所有權，集體、個人所有的林木植於國家所有的土地上時，該林地的所有權仍屬於國家、集體森林資源所有權，即集體所有制的經濟組織或單位對林地和林木結合在一起的森林所享有的佔有、使用、收益、處分的權利；集體林地資源所有權，當集體所有的林地依法由其他社會經濟組織或者個人使用時、進行森林經營時，該林地的所有權仍然屬於原集體經濟組織所有；集體林木所有權，即集體所有制單位因營造林木所取得的林木所有權；個人林木資源所有權，主要包括農村居民在房前屋後、自留地、自留山種植的林木，城鎮居民和職工在自有房屋的庭院內種植的林木，個人承包經營全民所有、集體所有的宜林荒山荒地造林後種植的林木等[1]。其二是使用權。它包括：全民所有制單位依法獲得的對國有森林的使用權；集體所有制單位承包荒地荒山造林後對國有林地的使用權；集體所有制單位對集體森林和集體林地的使用權；個人對依法取得的國有、集體林地的使用權。

5.草原資源產權制度

1985 年第六屆全國人大常委會第十一次會議透過了《中華人民共和國草原法》（簡稱《草原法》）。這一法律的頒佈，奠定了我國草原資源的基本產權制度，主要包括草原的所有權、使用權。其一是草原資源所有權。草原資源所有權包括：國家草原所有權，即國家代表全體人民對草原享有的所有權；集體所有權，即一定的集體經濟組織對一定草原的所有權[2]。其二是草原資源使用權。草原資源使用權包括：國有草原使用權，即一定的社會主體對國家所有權的草原所享有的使用權，按使用權主體劃分，主要有全民單位的國有草原使用權和

---

[1] 肖乾剛. 自然資源法 [M]. 北京：法律出版社，1992: 151-153.

[2] 1985 年《草原法》第 4 條。

集體單位的國有草原使用權以及國有草原的承包使用權；集體草原使用權，即集體經濟組織以外的或集體經濟組織之內的一定社會主體，依法律允許的一定方式取得對集體所有的草原的使用權[1]，集體使用權主要有集體草原的承包使用權和集體草原的臨時使用權[2]。

6.漁業資源產權制度

1979 年，國務院和有關部門分別頒佈了《水產資源繁殖保護條例》、《漁業許可證若干問題的暫行規定》、《漁政管理工作暫行條例》等行政法規，1980 年發佈了《漁港監督管理規則》，1983 年發佈了《海洋捕撈漁船暫行管理辦法》；1986 年第六屆全國人大常委會第十四次會議透過了《中華人民共和國漁業法》（簡稱《漁業法》），1987 年國務院批准發佈了《中華人民共和國漁業法實施細則》，這些法律法規奠定了這一時期我國漁業資源主要產權制度的基礎，其中又以漁業權為主要內容。我國的《漁業法》和相關法律法規所規定的漁業權，主要為水面、灘塗的養殖使用權和內水、海洋的捕撈權。其一是水面、灘塗的養殖使用權，即指一定社會主體為從事養殖水生動植物生產而對國家和集體所有的水面、灘塗進行利用的權利。按養殖使用權產生的基礎劃分，包括國有水面、灘塗的養殖使用權和集體水面、灘塗的養殖使用權。按養殖使用權的主體劃分，包括全民單位的養殖使用權、集體單位的養殖使用權和個人的養殖使用權。其二是捕撈權，即按一定程序取得捕撈許可證，按捕撈許可證的規定在內水、海洋捕撈水生動植物的權利[3]。我國 1986 年《漁業法》規定漁業捕撈實行許可證制度，同時，捕撈許可證不得買賣、出租和以其他方式非法轉讓，不得塗改[4]。

---

[1] 集體經濟組織所有的草原，由該集體經濟組織自己使用時，其使用權包含在草原所有權之內。這裡的集體草原使用權不包含這種情況。
[2] 肖乾剛. 自然資源法 [M]. 北京：法律出版社，1992: 184.
[3] 肖乾剛. 自然資源法 [M]. 北京：法律出版社，1992: 197-199.
[4] 1986 年《漁業法》第 16 條。

7.自然旅遊資源產權制度

自然旅遊資源又可稱爲舒適性自然資源，是指爲人們提供旅遊服務的森林、河流、湖泊、草原等自然生態系統。這種自然生態系統既形成自然景觀，又形成自然環境，依照自然發展規律天然形成，可供人類旅遊享用，寓於一定空間位置、特定的形成條件和歷史演變階段，主要包括地文景觀、水文景觀、氣候生物、其他自然四大類型[1]。自然旅遊資源有著較爲寬泛的範圍，這裡對自然旅遊資源的討論範圍主要集中於世界自然遺產、自然類風景名勝區、自然保護區和森林公園四種類型上[2]。

我國這一時期的自然旅遊資源產權管理主要是根據我國的1982,年《憲法》、1986年《土地法》和其他規定資源所有權的相關法律，以及1985年6月7日國務院頒佈的《風景名勝區管理暫行條例》等法規。這些法規確立了我國部分自然旅遊資源的產權制度，主要包括世界自然遺產和風景名勝區在內的所有自然旅遊資源的所有權歸國家所有，在最終歸屬上屬於全體國民，國務院行使所有者代表的責任和權利，對除此之外的其他權利則基本沒有做出相關規定。

8.簡要評價

20世紀70年代末到20世紀90年代初頒佈的以自然資源品種法律爲結構體系的法群，對我國這一時期的自然資源產權制度做了基本安排。這些法律、法規和規章的實施，表明我國自然資源產權管理走上了法制的道路。這些法律、法規和規章，對我國的主要自然資源

---

[1] 根據中國科學院地理研究所和國家旅遊局計劃統計司1997年制定的旅遊資源分類系統旅遊資源，分爲自然、人文和服務三大景系，其中自然景系分爲地文景觀、水文景觀、氣候生物、其他自然四大景類，人文景系分爲歷史早產、現代人文吸引物、抽象人文吸引物和其他人文四大景類，服務景系分爲旅遊服務和其他服務兩大景類。

[2] 需要加以說明的是，我國的世界自然遺產、風景名勝區、自然保護區和森林公園存在著較多的重疊，比如在風景名勝區中，已列入《世界遺產名錄》的中國國家重點風景名勝區就達16處之多。

（包括土地資源、水資源、礦產資源、森林資源等）的所有權、使用權等做了明確規定，相對於新中國成立後近。30 年以行政控制完全替代法制而言無疑是個很大的進步。這些法律、法規和規章的實施，對這一時期我國開發和利用自然資源，恢復和發展國民經濟產生了重要作用。

但是，隨著社會經濟活動的複雜化和社會主義市場經濟的發展，這些帶有計劃經濟色彩的法律、法規和規章已明顯地表現出不適應性，特別是在有效保障我國自然資源使用效率和促進自然資源市場的發育方面處於無效率或者低效率狀態。具體表現在以下幾個方面[1]：

第一，我國自然資源法律制度安排的所有權主體只有國家和集體。我國 1982，年《憲法》規定，"礦產、水流、森林、山嶺、草原、荒地、灘塗等自然資源，都屬於國家所有，即全民所有；由法律規定屬於集體所有的森林和山嶺、草原、荒地除外"[2]。除此之外，還對基礎性的自然資源即土地的國家所有和集體所有範圍做出了明確的界定。在突出以國有資源所有權為主的同時，還規定了自然資源的集體所有權，明確了自然資源產權安排的二元結構。憲法對自然資源所有權主體資格的限制和規定，使得其他主體無法進入。沒有多元化的市場主體進入和參與，自然資源也就無法交易，自然資源的利用效率就必然受到限制。因此，所有權主體的二元結構決定了我國的自然資源不可能有效地進入市場，這使得我國自然資源市場發展遲緩，一直持續到今天。

第二，自然資源法律安排下的自然資源的使用無代價。我國各主要自然資源單行法都規定，國家所有和集體所有的自然資源可由個人和單位依法開發和利用，包括對自然資源的使用、收益、勘探、開

---

[1] 肖國興. 論中國自然資源產權制度的歷史變遷 [J]. 鄭州大學學報：哲學社會科學版，1997(6).

[2] 1982 年《憲法》第 9 條。

採、採伐、捕撈等活動，還規定了各種自然資源開發和利用的產權如勘探權、採礦權、林業權、漁業權等。這些關於開發和利用的產權，就內容上看顯然具有對自然資源進行支配的性質。這些產權與國家所有權共同存在於同一種自然資源上，對自然資源所有權必然產生一定的限制作用。因此，開發和利用產權的制度安排突破了原有的自然資源產權結構，從法律上開始承認廠商主體資格和地位，使廠商有可能成為自然資源的產權主體。但是，單位和個人所獲得的這些自然資源產權卻是免費地從政府手裡獲得的，政府透過各種許可證形式將自然資源產權無償地授予開發和利用者，同時也就使這種產權具有了公權的性質。在開發和利用者無償取得自然資源產權的情況下，其在開發和利用自然資源時，不考慮取得自然資源本應該支付的成本，隨之出現的自然資源浪費和環境破壞等現象也就屢禁不止，這種情況之下，自然資源產權制度的效率也就自然低下。

第三，自然資源法律制度排斥自然資源交易。排斥了自然資源的交易，自然資源的使用也就失去了經濟效率。1982 年《憲法》規定，"任何組織和個人不得侵佔、買賣、出租或以其他形式非法轉讓土地"[1]，1986 年《民法通則》規定，"土地不得買賣、出租、抵押或者以其他形式非法轉讓"，"國家所有的礦藏、水流，國家所有的和法律規定的屬於集體所有的林地、山嶺、草原、荒地、灘塗不得買賣、出租、抵押或者以其他非法形式轉讓"[2]。除此之外，有的自然資源單行法律還專門規定了懲罰資源交易的條款，如 1986 年《礦產資源法》就規定，"買賣、出租或者以其他形式轉讓礦產資源的，沒收違法所得，處以罰款。買賣、出租採礦權或者將採礦權做抵押的，沒收違法所得，處以罰款，吊銷採礦許可證"[3]。自然資源交易行為的違

---

[1] 1982 年《憲法》第 10 條。
[2] 1986 年《民法通則》第 80 條、第 81 條。
[3] 1986 年《礦產資源法》第 42 條。

法性與受懲罰性是顯而易見的。自然資源產權的不可交易，導致自然資源無法流動，降低了自然資源的配置效率，不利於自然資源的有效利用和社會經濟的發展。

(二)我國自然資源產權制度改革的第二階段（20 世紀 90 年代中期至今）

這一階段的自然資源改革起源於 1994 年的《城市土地管理法》，該法規定了土地使用權交易制度，明確規定了土地使用權出讓、轉讓、出租、抵押制度，並劃出了土地使用權交易劃撥的界線。隨後，我國開展了對幾個主要自然資源法的修改，主要包括：1996 年對《礦產資源法》的修改；1998 年對《森林法》的修改；2002 年對《水法》的修改；2004 年對《土地法》的修改；2004 年對《漁業法》的修改。除了對主要自然資源管理法的修改，這一階段我國還相應地對各主要自然資源制定和頒佈了一系列法律、法規和規章，這些法律、法規和規章共同奠定了我國當前的自然資源產權制度的基礎。

1.地資源產權制度

1994 年第八屆全國人大常委會第八次會議透過了《城市房地產管理法》，1998 年第九屆全國人大常委會第四次會議修訂了《土地法》，1998 年國務院第十二次常務會議透過了《土地管理法實施條例》，2004 年第十屆全國人大常委會對 1998 年修訂的《土地法》做了修正。《土地法》的修改和《城市房地產管理法》、《土地管理法實施條例》的公佈，對我國土地資源的產權制度和管理制度做了重要的調整，主要包括土地的基本制度、土地的使用權、土地的有償使用和土地徵用的補償等。其一是在基本土地制度上做了改動，"國家為了公共利益需要，可以對土地實行徵收或者有償徵用"[1]。其二是在土地使用權上做了更為具體的規定。國有土地和農民集體土地，可以依

---

[1] 2004 年《土地法》第 2 條。

法確定給單位和個人使用。"土地使用權出讓最高年限按下列用途確定：居住用地 70 年；工業用地 50 年；教育、科技、文化、衛生、體育用地 50 年；商業、旅遊、娛樂用地 40 年；綜合或者其他用地 50 年。"[1]國有土地可以由單位或者個人承包經營，農民集體用地由本集體經濟組織的成員承包經營，承包期限為 30 年[2]。其三是對城市土地使用權交易制度做了進一步規定，明確了土地使用權出讓、轉讓、出租、抵押制度，並劃出了土地使用權交易與劃撥的界線[3]。其四是提高對徵收土地的補償標準。徵收耕地的土地補償費由原來的徵收前三年平均產值的 3～6 倍提高到 6～10 倍，徵收耕地的安置補償費由原來的徵收前三年平均產值的 2～3 倍提高到 4～6 倍，土地補償費和安置補助費總和由原來不超過土地被徵用前三年平均產值的 20 倍，提高到不超過土地被徵用前三年平均產值的 30 倍[4]。

2.礦產資源產權制度

1994 年，我國制定了《礦產資源法實施細則》和《礦產資源法補償費徵收管理辦法》，1996 年第八屆全國人大常委會第二十一次會議修訂透過《中華人民共和國礦產資源法》，同時還透過了《煤炭法》，1998 年國務院頒佈了《探礦權、採礦權轉讓管理辦法》。以 1996 年《礦產資源法》為代表的這些法律、法規和行政規章對我國礦產資源的產權制度和管理制度做出了重要調整，這些調整包括強化了礦產資源的國家所有權、突出了探礦權和採礦權的有償取得、放鬆了探礦權和採礦權的交易流轉，等等。其一是強化了礦產資源的國家所有權。在原來礦產資源國家所有權的基礎上，明確了由國務院行使國家對礦產資源的所有權，其他任何單位和個人都不具有對礦產資源的

---

[1] 全國人大常委會法制委員會. 對《土地法》第 9 條的說明 [M]. 北京：法制出版社，2007.

[2] 2004 年《土地法》第 14 條。

[3] 1994 年《城市房地產管理法》第 2 章。

[4] 1988 年《土地法》第 27 條、第 28 條、第 29 條，2004 年《土地法》第 47 條。

所有權[1]。其二是突出了國家實行探礦權和採礦權有償取得的制度。1996年《礦產資源法》規定，"國家實行探礦權、採礦權有償取得的制度"，"國家對探礦權、採礦權有償取得的費用，可以根據不同情況規定予以減繳、免繳。具體辦法和實施步驟由國務院規定。開採礦產資源，必須按照國家有關規定繳納資源稅和資源補償費"[2]。其三是一定程度地放鬆了探礦權和採礦權的交易流轉。1996年《礦產資源法》規定，"探礦權人有權在劃定的勘查作業區內進行規定的勘查作業，有權優先取得勘查作業區內礦產資源的採礦權。探礦權人在完成規定的最低勘查投入後，經依法批准，可以將探礦權轉讓他人"，"已取得採礦權的礦山企業，因企業合併、分立，與他人合資、合作經營，或者因企業資產出售以及有其他變更企業資產產權的情形而需要變更採礦權主體的，經依法批准，可以將採礦權轉讓他人採礦。前款規定的具體辦法和實施步驟由國務院規定。禁止將探礦權、採礦權倒賣牟利"[3]。

3.水資源產權制度

1993年國務院第五次常務會議透過《取水許可制度實施辦法》，2002年第九屆全國人大常委會第二十九次會議修訂透過《中華人民共和國水法》，取代了1988年《水法》。與原《水法》相比，新《水法》進一步界定了我國水資源的所有權，確立了取水權制度，制定了新的水資源管理制度。其一是水資源的所有權。新《水法》明確了水資源的國家所有權。原《水法》中農業集體經濟組織所有的水塘、水庫中的水，屬於集體所有，而在新《水法》中則規定這部分水為國家所有，各集體經濟組織可以使用[4]。其二是以法定的形式確立了取水權

---

[1] 1996年《礦產資源法》第3條。
[2] 1996年《礦產資源法》第5條。
[3] 1996年《礦產資源法》第6條，《探礦權、採礦權轉讓管理辦法》第3條、第6條。
[4] 1988年《水法》第2條、2002年《水法》第2條。

制度。新《水法》規定，"直接從江河、湖泊或者地下取用水資源的單位和個人，應當按照國家取水許可制度和水資源有償使用制度的規定，向水行政主管部門或者流域管理機構申請領取取水許可證，並繳納水資源費，取得取水權"[1]。其三是建立了新型的水資源管理制度。新《水法》規定，國家對水資源實行流域管理和行政區域管理相結合的管理體制，取代了原《水法》中國家對水資源實行統一管理與分級、分部門管理相結合的制度；新《水法》同時還規定，國務院水行政管理部門在國家確定的重要江河、湖泊設立的流域管理機構在所管轄的範圍內行使法律、行政法規規定的和國務院水行政主管部門授予的水資源管理和監督職責[2]。

4.森林資源產權制度

1998 年，第九屆全國人大常委會第二次會議修訂透過《森林法》，取代了 1984 年《森林法》。2001 年，國務院根據《森林法》制定並發佈實施了《森林法實施條例》。這些法律法規的修改和公佈以及 2003 年《中共中央、國務院關於加快林業發展的決定》的頒佈，極大地影響了我國的森林資源產權制度。其一是強化了森林資源的國家所有。1984 年《森林法》規定，我國森林資源屬於全民所有，法律規定屬於集體所有的除外。而新《森林法》規定，我國森林資源屬於國家所有，法律規定屬於集體所有的除外。其二是規定了森林、林木、林地使用權的部分轉讓。新《森林法》規定下列森林、林木、林地使用權可以依法轉讓，也可以依法作價入股或者作為合資、合作造林、經營林木的出資、合作條件，但不得將林地改為非林地，包括用材林、經濟林、薪炭林；用材林、經濟林、薪炭林的林地使用權；用材林、經濟林、薪炭林的採伐迹地、火燒迹地的林地使用權；國務院規定的其他森林、林木和其他林地使用權。其三是對集體林權制度

---

[1] 2002 年《水法》第 48 條。
[2] 1988 年《水法》第 9 條、2002 年《水法》第 12 條。

進行了重大改革。2003 年，《中共中央、國務院關於加快林業發展的決定》頒佈後，部分地區開始了集體林權制度改革，這次改革是從體制上、機制上和制度建設上進行的一次系統而全面地落實林業產權的綜合性改革，從明晰產權入手，確立了農民的經營主體地位，實現了明晰產權、放活經營權、落實處置權、確保收益權，給予了林農真正意義上的物權。

5.草原資源產權制度

2002 年，第九屆全國人大常委會第三十一次會議對《草原法》進行了修訂，2002 年國務院頒佈《關於加強草原保護與建設的若干意見》，2003 年國家發展與改革委員會發佈《21 世紀初可持續發展行動綱要》，2004 年農業部發佈《關於禁止開墾和非法佔用草原的緊急通知》。這些法律、法規和規範性文件的公佈，對草原資源的保護產生了積極作用，同時也奠定了這一時期草原資源的主要產權制度。其一是草原資源的所有權。2002 年《草原法》規定草原屬於國家所有，法律規定屬於集體所有的除外，國家所有的草原，由國務院代表國家行使所有權[1]，從而強化了草原資源的國家所有。其二是草原資源使用權。2002 年《草原法》規定：國家所有的草原，可以依法確定給全民所有制單位、集體經濟組織等使用；集體所有的草原或者依法確定給集體經濟組織使用的國家所有的草原，可以由本集體經濟組織內的家庭或者聯戶承包經營[2]；除此之外，《21 世紀初可持續發展行動綱要》中還強調積極落實草原承包制，明確草原使用的責、權、利關係，使草原資源得以可持續發展。

6.漁業資源產權制度

2002 年，第九屆全國人大常委會第十八次會議透過了修改的《漁業法》，細化了我國的漁業權和捕撈權。其一是對漁業養殖權更為明

---

[1] 2002 年《草原法》第 9 條。
[2] 2002 年《草原法》第 10 條、第 13 條。

確的規定：漁業實行養殖證制度，禁止無證養殖。其二是對捕撈權更為詳細的規定，包括國家控制捕撈制度；實行捕撈許可證並禁止捕撈許可證交易制度；實行捕撈限額制度。與前一時期漁業資源產權制度相比，修訂後的《漁業法》在漁業資源產權制度上的演進並不明顯。

7.自然旅遊資源產權制度

1994年，國務院頒佈並實施《中華人民共和國自然保護區管理條例》，同年，林業部頒佈了《森林公園管理辦法》，這些法規和這一時期的《土地法》等法規規定了風景名勝區、自然保護區和森林公園在內的主要自然旅遊資源的產權制度，其中主要體現在所有權歸國家所有上，其他的權利制度較少涉及。總體上看，自然旅遊資源的產權制度的變遷與其他自然資源產權制度的變遷存在一定差異，其他自然資源的產權制度變遷主要透過法律法規的變化做出相應調整，而自然旅遊資源的產權制度更多的體現在實際的管理和經營活動中。

8.簡要評價

相對於過去的自然資源產權制度安排，自20世紀90年代中期以來，以各種自然資源單行法修改為象徵的我國自然資源產權制度的變革取得了不少成就，具體表現在以下幾個方面：一是進一步明確和強化了各種自然資源的所有者，比如新《水法》、《礦產資源法》和《森林法》規定了水資源、礦產資源和森林資源的國家所有權，並由國務院代表國家行使所有權。二是確立了部分自然資源的有償使用制度，如土地使用權、探礦權和採礦權。三是部分自然資源使用權交易制度，如城市土地使用權交易制度和探礦權、採礦權交易制度。四是部分自然資源管理制度逐漸優化，如制定了更為具體的水資源主管部門和管理體制。

但是也應該看到，我國這一階段的以自然資源各單行法為主所確立的自然資源產權制度，還存在著許多缺陷和不足，這些缺陷和不足使得我國自然資源產權制度的運行效率不高，不能完全適應經濟改革和發展的要求。因此，我們必須重新審視我國當前自然資源產權制度的運行效率，剖析我國當前自然資源產權制度安排的缺陷和不足，以便找到更爲適合我國經濟發展要求的自然資源產權制度安排。

表 4.2　我國自然資源產權制度變遷

時期＼資源類型	計劃經濟時期（新中國成立後到20世紀70年代末期）	改革第一階段（20世紀70年代末期到90年代初）	改革第二階段（20世紀90年代初至今）
土地資源	國家法律制度沒有對土地資源的各種權屬做出正式的界定，行政確權和行政管理成爲各種權屬確定的主要手段。	以1986年《土地法》爲代表的土地資源法律法規對土地所有權、使用權等權利做出了規定。①所有權：全民所有制和集體所有制；②使用權：國有土地可以依法給全民所有制單位和集體所有制單位使用，國有土地和集體所有的土地可以依法確定給個人使用；③承包經營權：集體或者個人可以承包全民所有制單位使用的國有土地和集體所有的土地。	以1998年修訂的《土地法》和2004年修改的《土地法》爲代表的法律法規對土地產權和管理制度做了重要調整。①土地基本制度：國家可以根據公共利益需要，對國有和集體土地實行徵收和有償徵用；②延長了土地使用權出讓年限；③對城市土地使用權交易制度做出了規定；④提高了土地使用費標準。
礦產資源	《憲法》規定礦藏屬於國家所有，基本沒有涉及其他權屬，行政確權和行政管理成爲各種權屬確定的主要手段。	以1986年《礦產資源法》爲代表的礦產資源法律法規對礦產資源的所有權、探礦權和採礦權等權利做出了規定。①所有權：國家所有；②探礦權和採礦權：規定了探礦權和採礦權的依法取得，同時規定了採礦權不可買賣。	以1996年修訂的《礦產資源法》爲代表的法律法規對我國礦產資源的產權制度和管理制度做出了重要調整。①強化了礦產資源的國家所有權；②突出了國家實行探礦權和採礦權有償取得制度；③一定程度上放鬆了探礦權和採礦權的交易流轉。

表 4.2（續）

時期 資源類型	計劃經濟時期（新中國成立後到20世紀70年代末期）	改革第一階段（20世紀70年代末期到90年代初）	改革第二階段（20世紀90年代初至今）
水資源	《憲法》規定水資源屬於國家所有，基本沒有涉及其他權屬，行政確權成為各種權屬確定的主要手段。	以1988年《水法》為代表的水資源法律制度對水資源的所有權、使用權和其他權益做出了規定。①所有權：國家所有和集體所有；②取水權：法定享有和取水許可證取得；③其他權益：水運、水能、漁業利用等權利的規定。	以2002年修訂的《水法》為代表的法律法規對水資源的所有權、取水權和水資源管理制度做出了調整。①進一步界定了我國資源的所有權，明確了水資源的國家所有權；②以法律的形式確立了取水權制度；③建立了新型的水資源管理制度。
森林資源	《憲法》規定森林屬於國家所有，基本沒有涉及其他權屬，行政確權成為各種權屬確定的主要手段。	以1984年《森林法》為代表的法律法規對林業資源所有權、使用權做出了規定。①林業資源所有權：國家森林資源所有權、集體森林資源所有權、集體林地資源所有權、集體林木所有權、個人林木所有權；②使用權：全民所有制單位依法獲得國有森林使用權，集體所有制單位對國有和集體森林、林地的使用權，個人依法取得國有或集體林地的使用權。	以1998年修訂的《森林法》為代表的法律法規對森林資源產權制度做出了調整。①強化了森林資源的國家所有；②規定了森林、林木、林地使用權的部分轉讓；③對集體林權制度進行了重大改革。

表 4.2（續）

時期 資源類型	計劃經濟時期 （新中國成立後到20世紀70年代末期）	改革第一階段 （20世紀70年代末期到90年代初）	改革第二階段 （20世紀90年代初至今）
草地資源	《憲法》規定草地屬於國家所有，基本沒有涉及其他權屬，行政確權成為各種權屬確定的主要手段。	以1985年《草原法》為代表的法律法規對草原資源的所有權和使用權做出了規定。①草原資源所有權：國家草原所有權和集體草原所有權；②草原使用權：國有草原使用權和集體草原使用權。	以2002年《草原法》為代表的法律法規對草原產權制度做出了調整。①強化了草原的國家所有；②規定了草原使用權：國家所有的草原確定給全民和集體經濟組織使用，集體所有的或集體使用的可以由集體經濟組織內的家庭和聯戶承包經營。
漁業資源	國家法律制度沒有對漁業資源的各種權屬做出正式的界定，行政確權成為各種權屬確定的主要手段。	以1986年《漁業法》為代表的法律法規對漁業權做出了規定。①水面和灘塗的養殖使用權：包括全民單位、集體單位和個人的養殖使用權；②捕撈權：實行漁業捕撈許可證制度，規定漁業捕撈許可證的取得、漁業捕撈許可證不可轉讓。	以2002年修訂的《漁業法》為代表的法律法規細化了我國漁業權和捕撈權。①對漁業養殖權做出了更為明確的規定，實行養殖證制度；②對捕撈權做出了更為詳細的規定，實行國家控制捕撈制度，實行捕撈許可證並禁止許可證交易制度，實行捕撈限額制度。
自然旅遊資源	國家法律制度沒有對自然旅遊資源的各種權屬做出正式的界定，行政確權成為各種權屬確定的主要手段。	以1982年《憲法》、1986年《土地法》、1985年《風景名勝區管理暫行條例》等法律法規對自然旅遊資源所有權做出了規定，即自然旅遊資源的國家所有權，對其他的權利則基本沒有做出相關界定。	以1994年《中華人民共和國自然保護區管理制度》為代表的法律法規規定了風景名勝區、自然保護區和森林公園在內的主要自然資源產權制度，其中主要體現在所有權歸國家上。

四、我國現行自然資源產權制度改革績效

以各自然資源單行法為代表的法群體系和相應的法規、規章和制度，奠定了我國現行自然資源產權制度的基本框架。透過對各種法律、法規、規章的推出和修訂，我國自然資源產權制度不斷得到規範。自然資源產權制度的變革為我國自然資源合理有效的開發與利用和國民經濟的快速發展產生了積極的作用。

(一)自然資源各種產權設置逐步明晰

一是自然資源國家所有權和集體所有權的明確界定。我國現行的法律對我國主要自然資源的所有權屬給出了明確界定，即我國自然資源所有權屬於國家和集體。其中，對不同的自然資源又有具體的規定，如新《土地法》規定中華人民共和國實行土地的社會主義公有制，即全民所有制和勞動集體所有制，並對屬於國家和集體的土地做出了明確規定，國家可以依法將集體土地有償徵為國有土地，國務院代表國家對國有土地行使所有權；新《礦產資源法》強化了我國礦產資源屬於國家，其他任何單位和個人都不具有對礦產資源的所有權，並明確了由國務院代為行使國家對礦產資源的所有權；新《水法》明確了水資源的國家所有權，水資源的所有權由國務院代表國家行使[1]。這些新的自然資源法律法規對我國自然資源所有權屬的明確界定，使得各種自然資源擺脫了過去一定程度的無主現象，有利於各種自然資源的統籌規劃、合理開發和有效利用，從而一定程度上緩解了我國經濟發展中的資源能源壓力。

二是自然資源使用權獲得的制度化。現行各種自然資源單行法對各種自然資源使用權的獲得做出了明確規定，單位和個人可以依法獲

---

[1] 2004 年《土地法》第 2 條、1996 年《礦產資源法》第 3 條、2002 年《水法》第 2 條。

得自然資源的使用權，比如新《土地法》規定國有土地和集體所有土地，可以依法確定給單位或者個人使用，並規定了獲取土地的方式、土地的具體用途、土地使用年限等；新《礦產資源法》規定單位和個人可以依法獲得礦產資源的探礦權、採礦權；新《水法》以法律的形式確立了取水權制度[1]。自然資源使用權的依法獲取，除了以上幾種所述的土地使用權、礦業權、取水權之外，還包括林業權、漁業權、捕撈權，等等。同時，現行自然資源法律除了規定各種自然資源使用權的依法取得之外，還規定了主要的自然資源使用權的有償獲得制度，比如城市土地使用權、礦業權、取水權等。雖然各種自然資源使用權的有償使用在具體實踐中並沒有完全合理採用 但是相比於過去自然資源的無償獲得，現行自然資源使用權有償獲得制度對於國家作為自然資源所有者獲得資源使用權出讓利益、對於自然資源的合理利用和生態環境的保護都具有積極的作用。

　　三是自然資源經營權和流轉權不斷放寬。透過對各種主要自然資源法的修訂，我國在一定程度上放寬了對自然資源經營權和流轉權的限制。就經營權來看，現行各種自然資源法都對單位和個人依法擁有經營權做出了規定，如現行《土地法》和《城市土地管理法》規定單位和個人在獲取土地後，可以按照規定經營和利用土地，獲得經營和利用的收益；現行《礦產資源法》也規定企業或單位在依法獲得探礦權、採礦權後可以透過合法經營獲得收益。就流轉權來看，現行自然資源法放寬了部分自然資源流轉權，如現行《城市土地管理法》明確了土地使用權出讓、轉讓、出租、抵押制度；現行《礦產資源法》也規定了探礦權、採礦權可以在規定限制的範圍內轉讓[2]。除了現行自

---

[1] 2004年《土地法》第9條、第14條，1996年《礦產資源法》第3條、第5條、第6條，2002年《水法》第48條。

[2] 2004年《土地管理法》第14條、第15條，《城市土地管理法》第2章《礦產資源法》第6條。

法律做出的具體規定外，我國對自然資源的經營權和流轉權管制的放鬆，還透過其他一些方式體現出來，如部分地區開始推行以土地入股來參與生產經營，並以此增加農民收益；一些地區透過擴大林業資源經營權和流轉權，來增加林農的收益。雖然這些制度剛開始推行且範圍較小，但是從其中可以看出我國自然資源產權制度改革的步伐在不斷隨經濟發展而做出適應性調整。

四是自然資源產權管理體制不斷優化。透過對各種自然資源法的修改和修訂以及新的法規、規章的公佈，我國的自然資源產權管理制度不斷進步，主要體現在管理機構合併精簡、管理科學化、管制程度放鬆以及市場化加強。比如，我國經過行政體制改革，由國土資源部管理土地資源、礦產資源、海洋資源和漁業資源，由水利部管理水資源，改變了過去幾個部門管理同一種資源的管理方式；對水資源實行跨流域管理與行政區域管理相結合，管理更加科學，對自然資源的管制程度放鬆，引入了招標、拍賣等市場化制度，使自然資源的部分權屬得以市場化，提高了自然資源的使用效率和配置效率。隨著我國經濟體制和政治體制的不斷改革，自然資源的管理部門將進一步重組合並，這無疑將對我國自然資源產權制度改革產生積極的作用。

(二)自然資源產權制度的改革提高了自然資源的生產效率

自然資源產權制度的不斷演進、各種權利的逐漸清晰，對我國自然資源的合理利用產生了積極的作用，提高了我國各種自然資源的生產效率，應用在土地資源、水資源、礦產資源、林業資源、漁業資源等資源品種上。下面主要以土地資源、礦產資源和林業資源為代表做簡單描述。

一是土地資源使用權制度改革的生產效率。土地家庭聯產承包經營制度確立以後，土地保持集體所有但由家庭承包經營，農民獲得了土地經營的自主權，可在不改變土地用途的前提下根據市場需求安排農業經營項目，可自主地選擇土地經營內容，自主決策調整種植結構，根據經營內容和結構需求自主地安排勞動力等。這種經營決策的自主性，使農民在生產活動中成為了真正有個性的個人，透過自主安排生產專案，不斷實現與調整預期目標，不斷證實自己的能力，在小規模承包地上不斷地創造財富。同時，土地產權制度改革使農民自覺自願地在所承包地上增加投入，這也促使土地生產力水平不斷提高。對土地的投入由改革開放初期以勞動力投入為主，轉向以科技、資本投入為主。對土地的投入目的和類型可分兩種：①以提高土地生產力水平為目的的科學技術的投入，最典型的是對化肥、農藥、除草劑等的使用，直接改良土地理化性質，使土地生產力水平大幅度地提高；②以提高勞動生產率水平為目的的資本技術的投入，如農業機械、電力等。農村土地承包經營制度建立後，我國土地投入水平呈現出逐年大幅度增加的趨勢，這對農業生產效率的提高起到了很大的促進作用。

　　二是礦產資源產權制度改革的生產效率。礦產資源產權制度的改革對生產效率的提高主要表現在以下幾個方面：①對取得探礦權的企業，在探礦後可以優先取得採礦權的規定，可以有效地提高企業探礦的積極性，促進對礦產資源的勘探和開發。②礦產資源使用權的招標和拍賣，能使最有效率的企業獲得礦產資源的開採權，使開採效率低的企業無法獲得礦產資源的開採權，並逐漸在競爭中被淘汰掉。③企業、集體和個人透過支付礦產資源價款獲得礦產資源開採權後，在礦產資源經營中會更有效率地考慮成本和收益，提高礦產資源的回採率，使礦產資源的使用效率得到更為有效的利用。④礦產資源使用權一定程度的流轉，也能促使礦產資源的開採權向效率最高的企業轉移，促進礦產資源的開採效率。

　　三是林業資源產權制度改革的生產效率。新一輪集體林業資源產權制度改革，相比於以前的制度改革，第一次涉及產權，主要在於明晰界定產權和有效保護產權，希望透過產權制度最大化地激勵林農和其他相關利益主體的經營行為。而產權最重要的權能就是佔有權、使用權、處分權和收益權。可見，有效落實這"四權"將會形成一個更有效率的產權制度安排。新一輪的集體林業資源產權制度改革展開後，林農除擁有原有的自留山和責任山外，更主要的是與農村土地家庭聯產承包經營制相似，有了屬於自己的承包地，可以自主決定生產什麼、怎樣生產。這種產權制度安排就對林業生產效率產生了刺激作用，主要體現在林農對經濟林投入的積極性增加。集體林業資源產權制度改革後，產權明晰，林農不僅有對林地的使用權和經營權，也可從中獲得收益，正適應了經濟林產權可明晰界定且適宜於家庭規模經營的性質，而且不像用材林那樣受國家政策限制，經濟林短期即可取得經濟效益，林農可根據市場需求決定生產什麼、怎樣生產等，那麼林農就有了激勵從事短期，即可取得經濟利益的經濟林的生產，從而對經濟林的生產效率提高發揮積極的促進作用。

(三)自然資源產權制度的改革增加了財政收入、促進了勞動力轉移、提高了從業人員收入

自然資源產權制度的改革，不僅提高了自然資源的使用效率，還提高了自然資源利用的社會績效，表現在自然資源產權制度改革對財政收入的貢獻、促進勞動力的轉移和提高從業人員收入幾個方面。

一是自然資源產權制度改革增加了政府財政收入。隨著自然資源使用權有償獲得制度的逐步實行，政府透過出讓各種自然資源的使用權而獲得相應的收入，其中又主要表現在出讓城市國有土地使用權和礦產資源使用權，特別是出讓城市土地使用權上。2006 年我國全面推行工業用地招標拍賣掛牌出讓和工業用地最低價標準，共出讓土地 22.65 萬公頃，其中招標拍賣掛牌出讓土地 11.53 萬公頃[1]，全國城市

---

[1] 2007 年中國國土資源公報 [EB/OL]. http://www.mlr.gov.cn/qt/gdl/200804/t20080

土地出讓金淨收益 2,978 億元[1]。2007 年全國招標拍賣掛牌出讓探礦權 9,965 個，出讓價款 17.98 億元；招標拍賣掛牌出讓採礦權 9,965 個，出讓價款 32.85 億元[2]。城市土地使用權和探礦權、採礦權的有償轉讓不同程度地增加了各級政府的財政收入，對各地加快經濟建設起到了積極作用。

　　二是自然資源產權制度改革促進了勞動力的轉移。自然資源產權制度改革對勞動力轉移方面的影響，主要體現在農村勞動力的轉移上。一方面，農村土地資源產權制度的改革，使得農村勞動生產率提高，解放了勞動生產力，使得勞動力可以從農業中轉移出去；另一方面，農村土地制度的流轉制度也促進了農村勞動力的解放，農民可以將自己的土地使用權轉讓給他人，從而使自己從土地中解放出來，在全國各地從事各種非農產業。每年，我國都有大量農村勞動力轉移到城市，有力地支援了城市經濟建設。

　　三是自然資源產權制度改革提高了從業人員收入。自然資源產權制度改革不同程度地提高了各種自然資源從業人員的收入，主要包括：①農業從業人員收入增加。改革農村土地制度後，農民有了生產自主權，可以選擇種什麼、種多少，從而激發了農民經營土地的積極性，農民收入增加；同時農村勞動力得到了自由釋放，就業渠道和收入渠道拓寬，農民家庭收入來源和收入水平增加。②礦業從業人員收入增加。改革礦產資源產權制度後，國家、集體和個人都可以依法獲得採礦權，企業和個人有了經濟激勵和市場經濟性，會採用各種有效

---

[1] 2007 年 8 月 30 日（星期四）上午 10 時，國務院新聞辦公室舉行新聞發佈會，請建設部副部長齊驥同志介紹多渠道解決城市低收入家庭住房困難問題等方面情況，並答記者問 [EB/OL]. http://news.hexun.com/2007-08-30/100261524.html.

[2] 2007 年中國國土資源公報 [EB/OL]. http://www.mlr.gov.cn/qt/gdl/200804/t20080416__101261.htm.

手段提高生產效率，並從中實現收入的增加或利潤的增長。③林業從業人員收入增加。林權制度新一輪的改革使林農獲得了與土地家庭聯產承包經營制類似的權利，林農在經濟林種植上有了一定程度的自主權，可以透過經濟林的種植提高其收入。除了以上所提到的自然資源從業人員之外，其他自然資源產權制度改革也一定程度地提高了相應從業人員的收入，包括草地資源、漁業資源、旅遊資源從業者的收入。

我國自然資源產權制度改革績效除了上面提到的之外，還取得了其他一系列成效，比如自然資源產權制度的改革有利於對自然資源的集約使用、有利於對自然資源的有效利用、有利於社會生產的可持續發展，等等。

五、我國現行自然資源產權制度存在的主要問題

我國自然資源產權制度總體效率不高，其主要原因在於我國的自然資源產權制度結構不合理。隨著經濟的發展和市場經濟體制改革的推進，以各種自然資源單行法和相應的法規、規章所確立的自然資源產權體系不斷表現出其不足之處，進而阻礙了我國自然資源配置的優化，限制了我國自然資源利用效率的提高。具體來看，我國現行自然資源產權制度存在的主要問題有以下幾個方面：

(一)以公權為主導的自然資源所有權形式過於單一

根據憲法和法律的規定，我國大部分自然資源以國有產權為主體，國家對大部分自然資源擁有所有權，如水資源、礦產資源、海洋資源等；集體所有制經濟組織對部分自然資源擁有所有權，如集體土地、草原等，有些種類的自然資源不能成為集體所有權的客體，如礦藏、水資源；個人擁有的自然資源產權基本上可以忽略，僅僅是一些

零星的自然資源。總體上看，我國主要自然資源的所有權形式比較單一，即我國自然資源屬於國家所有或者集體所有，所有權形式基本上都是公共產權。

　　在實際運行中，自然資源的公共產權不可避免地出現內在矛盾。一方面，個人是資源的所有者，因爲依照法律，共同佔有即意味著任何個人都擁有財產的所有權，這些所有權的集合構成共同佔有的權利——如果每個人都沒有所有權，也就談不上公共產權。另一方面，個人又不是資源的所有者，因爲在公共佔有的情況下，只有每個人所擁有的所有權同其他一切人的所有權相結合構成公共所有權的時候，才能有效地發揮作用，才能真正實現所有權的價值——作爲個人，他既沒有特殊的權利去決定資源的使用，也不能根據特殊的所有權索取總收入中的任何一個特殊佔有量。當然，他也不能因自己擁有所有權，而拿部分資源和他人進行交換。個人既是所有者又是非所有者，構成了自然資源公共產權的基本矛盾。由於這一特點，使得任何個人都不能單獨行使所有權，即公共所有權的權利主體中沒有任何個別人能行使大家共同擁有自然資源的權利。在此狀況下，人們必須透過某種集體行動來行使，並實現自然資源的公共產權。但是，任何集體活動都是要花費成本的，爲了減少費用即降低交易成本，便需要設立一個常設機構，這個常設機構是代表和行使公共資源產權的社會機構，它必須是統一的和唯一的：它是從"全民"中產生出來的，但又獨立於任何個別人；它來源於每個個人的自然資源所有權，但又超越於每個個人的所有權之上。我們可以把這種社會機構稱爲"自然資源的公有權主體"[1]。一般來說，在國有產權體制下，自然資源的公有權主體就是國家，集體產權的資源公有權主體就是集體組織。

　　當然，自然資源的公有制度並不一定都是無效率的，對一些自然

---

[1] 董溯戰. 論中國自然資源產權制度的變遷[D]. 鄭州大學碩士論文，2000: 18.

資源而言，如果其外部性大、對國家經濟發展和國家戰略有重要意義，採取公共所有的所有權形式安排是有效率的，它可以有效地防止私人所有權形式下的壟斷和外部經濟性，即採取公共所有的所有權形式的成本相對較低。但是對其他一些外部性不大、具有較大競爭性和排他性的自然資源，採取公共所有的所有權形式則可能會大大降低其競爭力和市場效率，不利於市場機制的發揮和提高資源配置的效率，而透過引入私人所有權安排，則可以增加市場的競爭力和發揮市場機制的作用。因此，自然資源產權制度的全部公有或者說過於單一對自然資源的配置並不都適合，應根據自然資源的不同特徵、不同地位安排與之相適應的自然資源所有權制度。事實也證明，過於單一的公共所有的所有權形式，降低了我國自然資源產權配置的效率。

(二)自然資源公權主導形式下導致的委託－代理問題

我國的自然資源產權總體上看是公共產權，即自然資源所有權歸國家和集體所有，作為國家政權的行政機構，政府就名正言順地成為自然資源的管理機構。我國現行法律也明確規定了政府在自然資源管理中的主體地位，如現行的《水法》、《礦產資源法》都規定了水資源所有權、礦產資源所有權由國務院代表國家行使。但實質上，國務院也並不是真正的自然資源所有者，它只是代表國家行使對自然資源的所有權，它也是代理人。國務院不可能控制所有的自然資源，而為了有效地管理自然資源，國務院必須將權力分解，委託中央政府各部門和地方政府管理自然資源，各部門和地方政府也不可能完全控制和管理這些資源，它們也必須尋找代理人來對自然資源進行直接管理。這樣，自然資源的產權必然被層層委託給衆多具體代理人去行使，由此形成一層層的賦權體系，其間經歷了許多個中間環節。

然而，國家和各級委託－代理人之間可能有著不同的行為和利益目標，每個環節的代理人與它的委託人的利益目標也可能存在差異，從國務院到最終的代理人，它們的利益目標差異可能越來越大。一般來說，代表國家行使自然資源所有權的國務院，其目標一方面是希望實現資源的最優配置，實現自然資源經濟利益的最大化，促進國民經濟迅速發展；另一方面又希望盡可能地實現資源的可持續利用，保護自然資源和生態環境，實現整個國家福利的最大化。但是，各級委託－代理人的行為目標往往並不與整個國家的利益目標相一致。對各級政府來說，其目標可能並不一定是整個社會的利益或者福利的最大化。地方政府在實際的自然資源管理中，可能會有其自身的目標，比如透過自然資源的開發，促使地方經濟快速增長由此贏得政績、透過開發自然資源獲得地方稅收增長。越到下一級代理人，其利益目標可能就越偏向於其自身的利益。最終，在自然資源委託－代理鏈條過長的情況下，國家的整體目標和最終代理人的目標可能嚴重背離。

為了協調國務院、中央政府各部門、地方政府和各部門等代理人的目標，國家還需要設立相應的協調、監督機構，同代理機構一樣，各級協調、監督代理機構也都有著各自的行為目標，其目標可能是經濟性的，也可能是政治性的。因此，各級代理人和協調、監督機構在行使其各自職責時，必然要進行利益衡量，也就是要考慮其自身的利益目標，當其行為結果符合其目標時，就會採取積極行動，自然資源公共產權主體的委託目標就會實現，公共產權主體的所有者利益就會得到保護；相反，公共產權主體的利益則會遭到損害[1]。

總之，在自然資源公共產權下，由於作為國家代理人的國務院、中央政府各部門、地方政府和各部門等代理人的行為目標差異，同時由於委託－代理鏈條過長情況下的資訊不對稱問題、監管問題，使得自然資源所有權在委託－代理制度下出現"政府失靈"，導致自然資源配置不當。

---

[1] 王萬山，等. 中國自然資源產權市場應如何"轉軌"[J]. 改革，2002(6).

(三)政府對自然資源管制下出現的尋租問題

在我國現行自然資源管理體制下，國務院、中央政府各部門、地方政府和各部門形成委託－代理關係。由於我國自然資源所有權的公共所有，所有權主要屬於國家，因此這裡的委託－代理關係的實質是自然資源使用權的委託－代理，其運行模式是國務院將自然資源使用權分配給中央政府各部門與地方政府和各部門，然後各級政府和部門再以審批或其他方式，將自然資源使用權轉讓給市場中的企業。目前我國自然資源使用權的獲得，主要還是許可證審批的方式，即企業透過審批獲得資源使用權。在使用權的轉讓中，國家沒有獲得所有權收益，各級政府和部門也沒有獲得應有的使用權收益，國家與各級政府和部門的收益，實際上被獲得資源使用權的企業所得到。企業透過生產將自然資源產品在市場出售，不僅獲得了應得的市場利潤，同時還獲得了本該屬於國家與各級政府和部門的所有權收益和使用權收益，而國家與各級政府和部門的所得僅僅限於稅收。在現行的自然資源管理制度下，這種管制制度減少了國家和地方政府及各部門的總收益。

特別地，由於地方政府實際上掌握著自然資源的使用控制權。而又沒有獲得相應的收益，地方政府監督和管理資源使用的積極性必然大大下降，監督管理效率下降。與監督管理積極性下降相反地，在過長的委託－代理鏈條中，地方政府中的某些人為了使自己的利益最大化，為了獲得自然資源使用權轉讓的收益，利用手中的權力進行尋租的積極性則會增加，也就是會積極利用所掌握的自然資源審批權來獲取好處，私下裡以某種價格出售許可證，或者與企業合謀來獲取自然資源使用權收益。在地方政府和各部門透過審批制度給予企業使用權的過程中，地方政府並未獲得相應的出讓使用權的收益，但是地方政府中的某些人會透過向企業進行勒索或者稱之為"敲竹槓"的方式獲得好處，也就是尋租，比如透過拖延審批時間、故意刁難等，從而從企業那裡獲得一部分所有權和使用權的收益。在現行的自然資源管制制度下，企業實際上並不擔心地方政府中的某些人的尋租行為，相反，企業本身就有賄賂地方政府和部門中的某些人的衝動，這種賄賂的支出實際上本身就是屬於國家、地方政府和部門的收益，只不過換了一種形式，而且透過對地方政府和部門中的某些人的賄賂，企業可以與地方政府中的某些人建立和維持良好的關係，從而可以從政府中的某些人那裡得到某種保護，比如不滿足審批條件的政府中的某些人給予審批、政府中的某些人放寬對自然資源開採企業的開採限制、減少受到上級檢查的機會，最終企業實現自身收益的最大化。特別地，當地方政府或部門中的某些人透過尋租獲得的利益足夠巨大時，地方政府和部門中的某些人與自然資源開採企業的合謀行為就會變得非常嚴重，從而導致自然資源浪費、生態環境破壞與整個社會福利的下降。事實上，我國各地的自然資源的亂采濫挖、自然資源開採事故層出不窮，是與地方政府和部門中的某些人謀求自身利益分不開的。

在自然資源管制中，地方政府和部門在向企業授予許可證的過程中，地方政府和部門中的某些人獲得自身收益，作為委託－代理鏈條的上一級政府，其作用又如何呢？在自然資源管理中，上級政府有監督地方政府和部門的職責，但是，在其將自然資源管理權委託給地方政府和部門時，上級政府並沒有獲得轉讓相應權利的收益，因此，上一級政府的監督管理動力也是不足的。同時，地方政府中的某些人為了持續獲得其收益，還會積極地將部分所得利益讓與上級政府中的某些人，使上級政府給予地方政府和部門更多的自然資源管理許可權，或者減少上級政府的監督管理、降低各項檢查標準。當上級政府中的某些人獲取部分利益時，其監督管理就會更加弱化，政府自然資源的管制功能由於利益關係，即各級政府部門中的某些人尋租的行為而大打折扣。

(四)部分自然資源使用權無償取得下的資源浪費問題

我國自然資源的所有權界定主要是國有產權形式，即主要屬於全體人民所有，人人都是平等的，都是國家的主人，都應同等地享受自然資源帶來的收益。在此假設前提下，人們得出了"公有公用"的概念和邏輯。事實上，我國的自然資源使用權和經營權安排正是基於這種邏輯做出的。"公有公用"的實踐結果是對自然資源的過度開發和浪費使用[1]。由於我國自然資源所有權公有，各級政府和部門在將自然資源使用權出讓時，常常採用無償或者低償的方式，即透過審批的方式，將自然資源的使用權以許可證的方式給予企業，比如水資源的使用、礦產資源的勘探和開採，等等。各種自然資源開發企業以無成本或低成本的代價獲得自然資源使用權，各級政府在出讓自然資源使用權時，無法得到作為所有者的經濟補償，其所能得到的僅僅是輕微的自然資源稅。雖然我國目前已經開始了自然資源使用權有償出讓制度，但其範圍並不大，很多自然資源仍然是無償使用或低償使用。

在資源無償使用條件下，企業就有獲取更多自然資源開發與利用許可證的衝動，企業不會將本該納入成本核算的自然資源價值計入其成本，企業會在規定的範圍內盡可能地開發與利用自然資源。自然資源開發企業無償獲得了自然資源的使用權之後，可以透過企業生產經營活動將自然資源轉換成各種商品並在市場上出售，其利用的自然資源越多，生產的產品就越多，成本就越低，企業在生產經營中獲得的利益就越大。企業這種"理性"行為的結果就是對自然資源的過度開發和浪費性利用。在自然資源無償使用的條件下，各級政府和部門在出讓自然資源使用權時，無法得到自然資源使用權轉讓的收益，相應地，各級政府和部門就沒有積極性監督管理自然資源的使用，也沒有

---

[1] 廖衛東. 生態領域產權市場制度研究 [M]. 北京：經濟管理出版社，2004: 127.

更多的資金對自然資源開採後造成的生態環境破壞進行整治，這就非常不利於對自然資源的合理利用和生態環境的有效保護。

自然資源無償使用這種制度安排的結果是自然資源開發企業獲得了大量好處，社會財富轉移到少數部門和企業中，而整個社會的自然資源使用效率不高，自然資源流失和浪費嚴重，生態環境遭到巨大破壞。我們可以看到，許多從事自然資源開發與利用的企業獲得了巨大的收益，比如從事煤炭、石油、有色金屬開採的企業。而與此同時，由於自然資源開發與利用不當所造成的植被破壞、水土流失、環境污染不斷加劇，給整個國民經濟帶來了許多不利影響。隨著我國經濟的發展和人口的增長，資源短缺的問題越來越明顯，而現行的自然資源使用權轉讓制度不僅不利於問題的解決，反而加劇了問題的嚴重性。如果這種使用權轉讓制度不能被改變，經濟發展與自然資源稀缺和生態環境惡化的矛盾將會進一步加劇，中國經濟和社會的可持續發展將難以實現。

(五)自然資源產權交易嚴格限制下的資源配置低效問題

自然資源產權交易主要包括兩個層面上的交易，一個是自然資源所有權的交易，另一個是自然資源使用權的交易。自然資源產權交易的兩個層面要順利進行，必須具備幾個相應的條件：①要有較為充分界定的產權，即自然資源的所有權、使用權等屬於不同的產權主體；②要有自然資源產權交易的市場體系；③要有自然資源產權制度和產權交易的法律保障。但就我國目前而言，這些條件還不完全具備，自然資源產權交易還受到嚴格的限制。自然資源產權的交易不能有效進行，自然資源就無法得到有效的配置。下面我們分別就我國自然資源所有權和自然資源使用權兩個方面，來看我國自然資源的產權交易缺陷。

自然資源所有權是自然資源產權的核心，自然資源所有權交易是自然資源成爲商品,並最終成爲資本和資產的前提。但是長期以來,我國對自然資源的價值沒有進行有效的估量,而自然資源的價值之所以無法進行有效的確定,則源自於我國的產權制度本身。價值是以交易爲前提的,沒有交易就沒有價值。自然資源作爲自然力存在,本身沒有價值,它的價值來源於交易,當自然資源成爲交易物時,其他商品的價值就會表現在它們身上。交易是以所有權的讓渡爲條件的,自然資源也不例外。我國現行部分法律雖然做出了自然資源開發與利用部分產權交易的安排,但交易的標的物是權利,是某種獲利性的讓渡。由於權利充其量是一種限定物權,而不是一種完全物權,權利的價值與物的價值並不一致。這種交易安排本身並不反映自然資源的價值與價格。只有安排自然資源的所有權交易,才能使價值形態與實物形態達到完整的統一,從而使自然資源成爲名副其實的資本與資產[1]。由於我國自然資源所有權的主體受到限制,我國缺乏自然資源所有權交易的市場,自然資源所有權無法交易,這種交易的缺陷降低了我國自然資源的使用效率。

在我國自然資源產權制度中,我國用法律形式安排了幾種自然資源使用權的交易,包括土地使用權轉讓(1994 年),探礦權、採礦權轉讓(1996 年),森林、林木、林地使用權轉讓(1998 年),海域使用權轉讓(2001 年),而現行的《民法通則》(1986 年)以及其他幾部資源法中禁止使用權出讓的制度安排至今未動,尤其是新修訂的《漁業法》(2000 年)和《水法》(2002 年)尙沒有相應的使用權交易安排[2]。即使在已經安排的一些使用權交易中,也規定了使用權可以交易但不能牟利,如現行《礦產資源法》就規定了探礦權、採礦權可以交易但不能牟利。使用權交易安排的缺失是我國自然資源配置

---

[1] 肖國興. 論中國自然資源產權制度的歷史變遷 [J]. 鄭州大學學報:哲學社會科學版,1997(6).

[2] 謝地. 論我國自然資源產權制度改革 [J]. 河南社會科學,2006(5).

低效的主要制度根源。自然資源使用權不能交易，就相當於否定了市場機制配置自然資源的作用。自然資源使用權無法有效地進行交易，使得市場價格信號的資訊價值和市場競爭動力的效率價值喪失，企業不能從自然資源產權交易中獲取利益，企業就沒有集約使用自然資源的激勵，必然導致對自然資源的浪費使用，比如企業取得取水許可證後，如果取水許可證不能交易，則其就沒有動力去節省用水。企業不能從自然資源產權交易中獲得利益，企業就不會主動進行自然資源產權的市場交易，從而出現自然資源配置效率的損失。

　　總的來說，我國自然資源產權制度經過 50 餘年的制度變遷，至今尚沒有真正走出公共所有、政府管制的計劃供給的模式，自然資源產權市場運行基本還停留在公權市場階段，私權進入和交易自然資源產權僅侷限於一些狹小的領域。這種制度安排無法充分發揮市場經濟調節和配置自然資源的作用，造成了我國自然資源的浪費和損失，降低了我國自然資源使用的效率。

第五章

礦產資源產權制度及其改革

礦產資源是人類賴以生存的重要自然資源，也是社會物質資料生產的重要生產要素，對人類經濟社會的發展有著舉足輕重的影響。建立有效的礦產資源所有權和使用權制度是各國自然資源產權制度建設的重要實踐內容。本章將在礦產資源產權制度的實踐與改革這一領域，梳理礦產資源產權制度的理論研究現狀，從實踐層面上，分析礦產資源產權的各種權利設置及權利內涵，分析我國礦產資源產權制度的變遷及進一步改革的路徑。

一、礦產資源產權制度及其研究現狀

礦產資源是人類賴以生存的重要自然資源，對人類經濟社會的發展有著舉足輕重的影響。從世界經濟發展的現狀來看，各國經濟的快速增長都離不開對礦產資源的大量開採和消耗，而礦產資源的不可再生性以及在各國分佈的不均勻性，決定了礦產資源在當前及今後很長一段時間裡對各國經濟增長、社會發展都具有重要的戰略意義。因此，不論是貧礦國，還是礦產資源相對富裕[1]的國家，都面臨著一個如何探明儲量、高效開採以及充分利用礦產資源的緊迫課題。於是，國家對礦產資源產權制度的供給，以及微觀經濟主體對這一制度的需求便應運而生，其目的就在於透過產權制度的明晰、產權邊界的確定等措施來高效、合理地勘探、開採與使用礦產資源。

目前學術界對中國礦產資源產權制度的研究，幾乎都暗含了這樣一個假設前提：中國礦產資源產權制度的制度供給方是國家（政府），礦產資源產權制度的任何一次演進或變革，都是一次自上而下的國家主導型制度變遷。它的具體表現可以是國家對《憲法》或《礦產資源法》中涉及礦產資源產權制度的規定的修改，也可以是國家根

---

[1] 這裡的相對富裕是指國家間的比較，從世界對礦產資源的巨大需求量及已探明儲量的角度來看，礦產資源的短缺對任何國家來講都是不言而喻的。

據建立現代礦產資源產權制度的基本要求即"歸屬清晰、權責明確、保護嚴格、流轉順暢"十六字方針對探礦權、採礦權、礦山企業產權制度以及礦區土地產權制度等的具體調整。因此，North 意義上的"國家悖論"[1]似乎不可避免——國家一方面要自上而下地主導礦產資源產權制度的安排、實施，另一方面，國家的行政強制實施能力往往又不同程度地阻礙著礦產資源產權功能的正常發揮。這種"成也國家，敗也國家"的悖論的出現，使得我國研究礦產資源產權制度的學者往往更關注以下一些問題：

(一) 中國礦產資源產權制度的基本性質：公有制基礎上的委託－代理關係

對於礦產資源產權制度的基本性質，《憲法》或《礦產資源法》裡有很明確的規定，即礦產資源歸屬國家所有。在康繼田看來，這種對礦產資源產權制度性質的本質性規定，證明礦產資源所有權的國家主體和礦產資源客體都是唯一的。"已勘探查明和待勘探查明的量和質都難以準確地統計的礦產資源，囊括成整體性的礦產資源客體，與抽象性的國家主體相對應。這一客觀事實並不影響物權法理論關於客體必須是獨立的和特定的物權原則"[2]。但是孟昌[3]的研究證明：礦產資源產權制度，或者更明確地講，礦產資源的國家所有權制度是一種

---

[1] "國家悖論"是諾斯提出的國家具有雙重目標的特殊屬性，即一方面透過向不同的勢力集團提供不同的產權，獲取租金的最大化；另一方面，國家還試圖降低交易費用，以推動社會產出的最大化，從而獲取國家稅收的增加。國家的這兩個目標經常是衝突的。另外，由於存在著投票悖論（Paradox of Voting）、理性的無知（Rational Ignorance），加之政治市場的競爭更不充分和交易的物件更難以考核等因素，政治市場的交易費用極其高昂。政府作用的結果往往是經濟增長的停滯。D. NORTH. Institutions, Institutional Change and Economic Performance [M]. New York: Cambridge University Press, 1990.

[2] 康繼田. 論國家在礦業制度中的民事主體地位 [J]. 中國煤炭，2007(3).

[3] 孟昌. 對自然資源產權制度改革的思考 [J]. 改革，2003(5).

公有制基礎上的委託－代理關係。其論據在於：礦產資源產權的國家所有制特徵在"中國語境"下很自然地表現爲全民和集體所有，但在實際操作中，則具體由各級部門或地方政府代理管理，有關企業、事業單位或個人成了這些礦產資源的經營使用者。礦產資源作爲事實上的國有資產，其產權制度的特殊規定性，使所有者與經營者職能發生了分離，在二者之間出現了代理和租賃關係，最終形成公有制基礎上的委託－代理關係。張維迎在 1995 年就從一般原理的角度證明過，這種公有制條件下的委託－代理關係的低效率性質[1]。並且這種低效率的性質也廣泛地存在於礦產資源產權制度改革的領域中。我們認爲，其根源在於礦產資源公有制條件下的委託－代理關係缺乏明確的人格化所有者，礦產資源各項權利所對應的收益，理論上講是屬於全體人民或有關集體的，但它們卻沒有支配、轉讓等產權所有者應有的任何權利。由國家安排的這種礦產資源產權制度，由於其行使者是國務院及其有關部門與地方政府及各部門，而不是虛擬的全民或集體，這更像是某種"政府產權"。一方面，這種制度安排爲體現各級政府、部門的利益產生了不可或缺的作用；但另一方面，由於理論上與事實上的產權制度規定不一致，使得產權的基本經濟功能——如形成有效的激勵、約束機制，優化資源配置，降低交易成本等，不能或不完全能得到充分實現，這就抑制了礦產資源的使用效率，從而不利於經濟增長。North 所說的"國家悖論"現象在礦產資源產權制度改革領域是表現得非常充分的。

---

[1] 張維迎. 公有制經濟中的委託人－代理人關係：理論分析與政策含義 [J]. 經濟研究，1995(4).

(二)礦產資源產權制度的基本結構："權利集合"的觀點漸成主流

許抄軍等[1]認爲：學術界對礦產資源產權制度結構的研究經歷了一個逐步明確化的過程。例如，陳希廉、徐嵩齡等人把礦產資源產權分爲："所有權、勘查權與發現權、轉讓權與開採權、處置權、經營權與收益權，且勘查權、發現權與轉讓權屬勘查單位；開採權、處置權和經營權屬開採企業。"[2]這裡的使用權主要是指開採使用權。上述學者對礦產資源產權的區分是比較模糊的，他們所定義的礦產資源產權雖然表面上像是一束權利集合，但這種並列式的權利排列方式不能或不完全能反映出中國礦產資源產權制度中所有權、使用權與其他權利的區別，有的權利如開採權僅是礦產資源使用權的派生權利，如果也並列於礦產資源產權的定義之中，顯然不能反映產權權利的層次性特徵，當然也就難以適應礦業實踐發展對礦產資源產權制度明晰化的基本要求了。礦產資源產權結構研究的轉捩點發生在 1996 年，在這一年，國家對《礦產資源法》做出了適當修正，在法律上確定了探礦權和採礦權獲得的有償性及有限的流轉性。這"爲礦產資源產權結構的明確化提供了制度保護。之後，我國學術界一般把礦產資源產權分解爲礦產資源的所有權和礦業權，其中礦業權由礦產資源所有權派生出來，礦業權又進一步分爲探礦權和採礦權。持這種觀點的學者較多。儘管有的學者提出了不同的觀點，把礦產資源資產的產權分爲所有權和使用權。但他這裡的使用權包含了探礦權和採礦權，相當於前面所說的礦業權。也就是說，礦產資源產權由礦產資源所有權及其派生的礦業權（探礦權和採礦權）等權利組成的權利集合的觀點已成爲主

---

[1]　許抄軍，等. 我國礦產資源產權研究綜述及發展方向 [J]. 中國礦業，2007(1)
[2]　陳希廉. 礦產經濟學 [M]. 北京：中國國際廣播出版社，1992: 序言，2-3；
　　徐嵩齡. 論市場與自然資源管理的關係 [J]. 科技導報，1995(2).

流"[1]。

(三)關於明晰礦產資源產權制度的研究

建立適應市場經濟發展要求的現代礦產資源產權制度,首先要求明晰礦產資源產權。但是源自於計劃經濟時期的傳統的礦產資源管理制度,對今天礦產資源產權制度建設的影響依然很深。它表現在"礦產資源管理仍然是以地礦行政主管部門的行政管理為主,國家作為國有礦產資源所有者的地位模糊,所有權實際上被專業和綜合部門多元分割,所有權管理被使用權管理所代替,因此造成產權關係不清,責任主體不明,管理混亂"[2]。並且這種以行政管理代替或擾亂明晰的產權制度的現象目前依然存在,不同的是,現在的礦區行政管理體系更多地是以一級黨委和政府牽頭,按照社區化的組織形式,來安排礦業的生產、經營,在這種社區化的管理體系中,行政干預滲透到礦產資源產權制度功能發揮的各個方面,這種管制的結果是造成國有礦產資源的無價和無償開發與使用,不利於按照國家對節能減排的最新要求來開發礦產資源,直接導致礦產資源開發的高損耗,綜合利用率低,經營效益低下,生態環境惡化,代內與代際的礦產資源消耗得不到補償,亂採濫挖屢禁不止,無人對資源保護、土地復墾以及生態環境惡化負責,"礦竭城衰"現象層出不窮[3]。上述現象與我們在北方 H 省內的 J 礦區與 F 礦區的調研結果[4]非常相似,例如,J 礦區與 F 礦區的政府在社區化的行政管理體系中組織某些礦山企業,實行較為粗放的

---

[1] 許抄軍,等. 我國礦產資源產權研究綜述及發展方向 [J]. 中國礦業,2007(1).
[2] 許抄軍,等. 我國礦產資源產權研究綜述及發展方向 [J]. 中國礦業,2007(1).
[3] 路卓銘,等. 短缺與可持續雙重視角下資源開發補償機制研究——兼論我國資源型城市可持續發展的長效機制 [J]. 財經研究,2007(9).
[4] 筆者 2008 年 4 月份到北方 H 省境內的兩大典型礦區進行了專題調研,為便於行文分析,在本書的論述中我們將這兩大礦區命名為 J 礦區和 F 礦區,其中,J 礦區在 F 省省會 S 市以西幾十千公尺車程,屬於資源枯竭型礦區;而 F 礦區則在 H 省省會 S 市以南約數百千公尺車程,屬於資源開發中期型礦區。

生產經營活動，把經濟效益建立在不惜代價、不顧後果的掠奪式開採活動中，忽視了礦區的社會效益和生態環境效益，妨礙了礦產資源產權制度明晰化的進程，限制了礦產資源產權制度功能的正常發揮。基於上述現象，國內學者如徐風君、張文駒、夏佐鐸等、覃蘭靜等[1]均著文提出必須透過明晰礦產資源產權制度，界定清楚圍繞礦產資源產權而存在的政治主體（政府及其相關管理機構）與經濟主體（勘探單位、不同所有制類型的礦山企業、個人開採者、礦區居民）的責、權、利關係，防止政治主體透過行政手段干預經濟主體所享有的礦產資源產權權利，充分發揮產權的激勵功能、約束功能、外部性內部化功能和資源配置功能，促使礦產資源產權制度明晰，達到高效的、可持續利用的目的。這也是相關理論文獻的共識。

(四)我國礦產資源的使用現狀

儘管國外尤其是發達國家的礦產資源產權制度，因國情不同而存在這樣或那樣的差異，但由於其礦產資源產權制度的設計、安排起步較早，且相關配套法律措施和政策比較完善，因而發揮出了礦產資源產權制度的經濟績效——理順了圍繞礦產資源產權而存在的所有者、勘探者、採掘者以及消費者之間的利益關係，實現了礦產資源的科學開採以及礦產資源型地區的可持續發展。同國外的礦產資源產權制度安排相比，中國的礦產資源產權制度的建立與實施有著它的特殊性：一方面，從總量上看，現在我國已經不再是一個儲量意義上的礦產資源大國了[2]，相反地，我國是一個礦產資源消耗大國卻已成為了毫無爭

---

[1] 徐風君. 我國礦產資源產權制度亟待改革 [J]. 中國地質礦產經濟，1997(6)；張文駒. 我國礦產資源財產權利制度的演化和發展方向 [J]. 中國地質礦產經濟，2000(1)；夏佐鐸，等. 建立礦產資源產權委託－代理制的建議 [J]. 中國人口・資源與環境，2002(4)覃蘭靜，等. 中國礦產資源產權改革的方向──市場化 [J]. 資源・產業，2004(2).

[2] 對中國礦產資源總量的看法，不少學者還持有中國是一個儲量意義上的礦產

議的事實。舉例來說，我國 95%以上的一次能源、80%以上的工業能源、大部分農業生產資料和 1/3 的飲用水都取自礦產資源[1]。據國家發改委預測，2020 年我國一次能源需求量爲 25 億～33 億噸標準煤，這種礦產資源的巨大消耗使得供求矛盾十分尖銳。同時，我國資源使用的效率也是相當低的，以 2003 年爲例，當年中國的 GDP 僅佔世界的 4%、出口額僅佔世界的 6%，卻消耗了全球 48%的水泥、27%的鋼鐵、35%的鐵礦石、近 30%的鋁和銅，等等[2]，而據董慧凝等（2007）的統計，我國金屬礦山採選回收率平均比國際水平低 10～20 個百分點，礦山資源綜合利用率僅爲 20%，尾礦利用率僅爲 10%，我國的能源利用效率約爲 33%，比發達國家低 10 個百分點，單位產品的能耗偏高，有八個高能耗行業的單位產品能耗比世界先進水平高出 20～50%。由此觀之，同樣使 GDP 增長一個百分點，我國所消耗的礦產資源比發達國家多得多，經濟增長與發展的代價相當沈重。因此，如何更好地科學使用、集約使用礦產資源也就必然成爲了一個非常緊迫的課題。顯然，儘快理順礦產資源產權制度、充分發揮產權制度的經濟功能，以更好地利用礦產資源，就有著重大的現實必然性。另一方面，從我國人均礦產資源擁有量以及重要戰略性礦產資源（如石油、

資源大國的觀點。我們不同意這種看法，因爲從實際礦產資源供不應求的狀況來講，中國的礦產資源短缺雖然談不上"全面危機"，但至少不能盲目地認爲我國礦產資源還很"豐富"。董慧凝等（2007）的統計表明：我國礦產資源總量佔世界的 12%，根據對未來礦產資源需求量的預測，到 2002 年，我國 45 種主要礦產可利用的儲量能保證消費需求的僅有 9 種，其餘 36 種礦產則難以保證需求，特別是石油、鐵礦石、銅、鋁土礦、鎳、鉀鹽等關係到國家經濟安全的大宗礦產將長期短缺。同時，我國礦產資源的枯竭化態勢日益顯現，在全國 415 個大中型礦山中，有 50%面臨保有儲量危機和即將關閉，全國有 47 個礦業城市探明儲量枯竭。董慧凝，等. 論資源制約及資源導向的循環經濟[J]. 財經問題研究，2007(9).

[1] 王贊新. 礦業權市場與礦產資源可持續發展——國際經驗與中國對策 [J]. 資源與產業，2007(3).
[2] 呂煒. 轉軌的實踐模式與理論範式 [M]. 北京：經濟科學出版社，2006: 223.

煤等）的儲量與分佈的角度來看，我國既是一個人均資源極度匱乏的國家，又是一個資源分佈不均勻的國家，尤其是具有戰略意義的礦產資源短缺（中國的資源分佈情況參見表 5.1、表 5.2、表 5.3），石油和煤等戰略性礦藏在長年無節制的開採過程中，已經顯露出貧瘠化的趨勢。這種情況使得僅僅依靠理順礦產資源產權制度，還不足以緩解日益嚴重的資源約束瓶頸、濫開濫採、生態惡化甚至礦難頻發等因素對經濟發展的負面影響，顯然，中國需要進行全方位的礦產資源綜合治理。

表 5.1　中國各省、市、區礦產資源分佈特徵

協作區	省、市、區	探明礦種數	優勢礦產數	關鍵礦產	主導礦產
華北區	北京	43	5	鐵、煤	鐵、石灰岩
	天津	10	2	石油	石油
	河北	57	13	鐵、煤、石油、天然氣	鐵
	山西	90	8	煤、鐵、銅、鋁土	煤、鋁土
	內蒙古	72	13	鐵、銅、煤	鐵、稀土、煤
東北區	遼寧	63	13	鐵、煤、石油	鐵、菱鎂礦、滑石
	吉林	70	12	石油、天然氣	油頁岩、鉬、鎳、金
	黑龍江	48	11	石油、煤、銅	煤、煉焦煤、金、石墨
華東區	上海	7	5	鐵、銅、石油、天然氣	
	江蘇	45	8	煤	灰岩、高嶺土、岩鹽
	浙江	50	11		石墨、膨潤土、明礬石
	安徽	46	8	鐵、銅、煤	鐵、銅、硫、釩
	福建	59	12		鑄型用沙、葉蠟石等
	江西	82	12	銅、硫	銅、鎢、金、稀土、鈾
	山東	67	13	煤、石油、鐵、銅、硫	煤、鐵、金、金剛石
中南區	河南	76	13	煤、石油、天然氣、鋁土	鉬、鋁土、煤、鎢
	湖北	77	18	鐵、銅、磷	鐵、磷、岩鹽
	湖南	113	17	磷	鎢、銻、鉍、錫、鉛、鋅
	廣東	116	24	石油、天然氣、硫、磷	鉻鐵礦、鍺、大理石等
	廣西	82	16	銅、鋁土	錳、鋁土、錫、銀
	海南	30	6	天然氣、鐵	富鐵礦、玻璃用沙等

表 5.1（續）

協作區	省、市、區	探明礦種數	優勢礦產數	關鍵礦產	主導礦產
西南區	四川	82	21	天然氣、鐵、硫	鐵、天然氣、釩鈦、硫
	貴州	59	13	鋁土、磷、煤	汞、鋁土、磷、錳等
	雲南	74	23	銅、磷、煤、鉀鹽	鉛、鋅、錫、磷、煤、銅
	西藏	26	11	鉻鐵礦、銅	鉻、銅、鹽、金
西北區	陝西	58	18	銅、煤、天然氣	煤、汞
	甘肅	52	16	鐵、銅、煤	鎳、銅、鋅、金
	青海	56	15	銅、鉀鹽、石油、天然氣	鉛、鋅、石油、鉀鹽
	寧夏	17	5	煤	煤、石膏、玻璃用沙
	新疆	67	10	煤、石油、天然氣、銅	煤、石油、天然氣、金

〔資料來源〕王偉中. 發展的基礎——中國可持續發展的資源、生態基礎評價[M]. 北京：社會科學文獻出版社，2004: 164.

表 5.2　東部、中部、西部三大地區主要礦產品生產空間變化趨勢
（1952～2000 年，佔全國%）

項目	年份	全國（方差值變化，31 個省、市、區）	東部地區	中部地區	西部地區
煤炭	1952	100.0 (18.07)	44.4	46.2	9.4
	1980	100.0 (17.82)	29.0	52.6	18.4
	2000	100.0 (17.92)	25.9	56.1	18.0
石油	1952	100.0 (20.77)	54.8	0.0	45.2
	1980	100.0 (19.72)	40.6	53.6	5.8
	2000	100.0 (18.61)	42.8	38.7	18.5
鋼	1952	100.0 (21.36)	85.5	10.5	4.0
	1980	100.0 (18.13)	60.3	28.0	11.7
	2000	100.0 (17.73)	60.1	27.6	12.4
水泥	1952	100.0 (18.96)	79.6	18.5	1.9
	1980	100.0 (17.56)	50.2	33.2	16.6
	2000	100.0 (17.62)	57.2	26.5	16.3

表 5.2（續）

項目	年份	全國（方差值變化，31個省、市、區）	東部地區	中部地區	西部地區
化肥	1952	100.0 (23.69)	99.5	0.5	0.0
	1980	100.0 (18.49)	62.3	25.5	12.2
	2000	100.0 (17.60)	36.1	34.1	29.8

〔資料來源〕國家統計局. 中國統計年鑒（各年）[G]. 北京：中國統計出版社，各年. 全國各省、自治區、直轄市歷年統計資料彙編 [G].

表 5.3 全國六大經濟區礦產資源豐度及人均量比較

	項目	單位	全國	東北	華北	華東	中南	西南	西北
豐度	潛在價值比重[a]	%	100.0	9.19	40.65	2.06	7.35	31.69	9.06
	人均擁有量指數[b]		1.00	1.00	1.64	0.16	0.28	1.92	1.28
	礦產資源總豐度[b]		85.37	71.85	192.81	13.57	33.87	184.18	80.43
關鍵礦產	鐵礦人均量	噸/人	42.1	119.8	48.8	12.3	21.6	55.1	30.6
	銅礦人均量	噸/人	0.050	0.038	0.021	0.017	0.062	0.096	0.081
	鋁土礦人均量	噸/人	1.247	0.086	1.385	0.006	0.069	1.580	0.146
	自然硫人均量	噸/人	0.263	—	1.003	—	—	0.000	0.008
	磷礦人均量	噸/人	11.341	1.778	6.020	0.643	14.937	29.020	7.878
一次能源	資源總量	億噸標準煤	6063.8	201.64	3299.14	76.34	314.66	1050.5	1118.6
	人均量	噸標準煤/人	590.10	219.05	1229.90	61.30	104.60	657.20	1591.7
	人均擁有量指數[b]		1.00	0.37	2.08	0.10	0.18	1.11	2.70
	總豐度[b]		24.29	8.64	26.32	2.76	7.53	34.15	54.96

注：a)為 45 種礦產工業儲量計算的潛在價值；

b)為人均擁有量指數和總豐度，均無量綱。

〔資料來源〕劉再興. 中國區域經濟：數量分析與對比研究 [M]. 北京：中國物價出版社，2002.

二、礦產資源產權與其衍生權利——礦業權之間的區別與特徵述要

(一)概念區別

"礦產資源產權"與"礦業權"是名稱相似但含義迥然不同的兩個概念。簡單地說，礦產資源產權就是礦產資源的財產權利；而礦業權則是指探礦權＋採礦權，二者是上位概念與下位概念、原生概念與衍生概念之間的關係。我國的法律體系對這兩個概念都進行了非常明確的區分，並且主要從物權的角度對礦產資源產權與礦業權的關係做出了定位：

(1)2007年3月16日第十屆全國人大常委會第五次會議透過的《中華人民共和國物權法》第46條規定"礦藏、水流、海域屬國家所有"。第123條規定"依法取得的探礦權、採礦權、取水權和使用水域、灘塗從事養殖、捕撈的權利受法律保護"。

(2)在《民法通則》第五章第一節中規定："國家所有的礦藏，可以依法由全民所有制單位和集體所有制單位開採，也可以依法由公民採挖。國家保護合法的採礦權。國家所有的礦藏、水流，國家所有的和法律規定屬於集體所有的林地、山嶺、草原、荒地、灘塗不得買賣、出租、抵押或者以其他形式非法轉讓。"

(3)《中華人民共和國礦產資源法》規定："礦產資源屬於國家所有，由國務院行使國家對礦產資源的所有權……勘查、開採礦產資源，必須依法分別申請，經批準取得探礦權、採礦權，並辦理登記。"等等。

從上述權威的法律條款中可以看出：

(1)礦產資源產權不能僅僅理解為礦產資源的所有權，而應當理解為國家作為礦產資源所有者依法對屬於它的礦產資源享有佔有、使用、收益和處分的權利，因而它是"一束權利"或"一組權利"，而

非僅僅表現為單一的所有權。當然，在這一組權利中，所有權是礦產資源產權的核心，它體現為一個國家的"主權"[1]；而受益權則是礦產資源國家所有權的具體體現，也就是說，國家要憑借對礦產資源的所有權獲取收益，沒有收益的國家所有權就是虛化的，就失去了"國家所有"的意義。

(2)礦產資源產權這一權利束的某些部分可以進入市場流轉，如同上述法律條款所言，礦產資源屬於國家所有，由國務院行使礦產資源的所有權，因而所有權不存在任何形式的轉讓。進一步說，礦產資源產權束中能夠轉讓的是包括與使用、收益以及處分等權利相匹配的諸如探礦權、採礦權、礦山企業產權、礦山土地使用權等，這部分內容我們將在後文中專門討論。

(3)礦業權（即探礦權＋採礦權）不過是礦產資源所有權派生出的一項權利（衍生權利），是所有者賦予礦業權人對礦產資源進行勘查、開發和採礦等一系列經濟活動的權利，是礦產資源所有權主體經濟利益的部分轉讓而非全部贈予，並且，後面的分析還表明這種利益的轉讓是有條件的，即必須給予所有者經濟補償。很明顯，上述分析表明，不能將礦產資源產權和礦業權等同起來，礦業權僅僅是礦產資源產權的派生權利或衍生權利，礦產資源產權是包含著礦業權的。

(二)特徵述要

首先，礦產資源產權作為一組權利束，它包含了產權的一般特徵：

(1)排他性——不同礦產資源產權主體不能同時擁有控制同一客體（礦產資源）的權利，是指礦產資源產權主體的對外排斥性或對特定權利的壟斷性：當一個主體擁有礦產資源的產權時，其他主體則不能

---

[1] 人們之所以存在"礦產資源產權＝礦產資源所有權"的誤解，從根本上說，還是由於所有權的重要地位引起的。

同時擁有該礦產資源的這一產權。

(2)有限性[1]，指礦產資源產權的行使是有限制的。即任何礦產資源產權只能在契約或法律規定的範圍內行使，並受社會制約，它與別的產權之間的界線也必須是清晰的，否則礦產資源產權的行使將無法有效地進行，利益也無法實現，進而將導致無窮無盡的糾紛。同時，任何礦產資源都有嚴格特定的儲量，對特定礦產資源的全部產權都可以定量，都必須有一個限度。

(3)礦產資源的基本特性還有可交易性、複合性和可分解性，等等。其次，由於礦業權是礦產資源所有權派生出的一項權利，它的基本特徵也應該包括上述礦產資源產權的各項特徵，即排他性、有限性、可交易性、複合性和可分解性。同時，由於礦業權主要由探礦權與採礦權兩項權利組成，因而對它的具體特徵還需要單獨展開論述。

(三)礦業權的兩個分支——探礦權與採礦權辨析

1.概念

探礦權與採礦權的概念不存在交叉和易混淆的地方，它們是人類利用礦產資源的兩個階段的權利，一般而言是遵循先探後採的基本規律的。《礦產資源法》中明確規定："探礦權，是指在依法取得的勘查許可證規定的範圍內，勘查礦產資源的權利。採礦權，是指在依法取得的採礦許可證規定的範圍內，開採礦產資源和獲得所開採的礦產品的權利。"

2.對比分析

(1)權利主體的區別與聯繫

探礦權主體，即申請取得探礦權的單位。在我國，它一般是指具備以下五項條件的地質隊：①依法設立；②具有必要的財產；③具有必要的技術條件和人員；④有自己的名稱、組織和場所；⑤能獨立承

---

[1] 張凡勇. 礦權概念辨析 [J]. 西安石油大學學報：社會科學版，2004(3).

擔民事責任。而採礦權主體一般為符合主體資格的國有礦山企業、集體所有制礦山企業和個體開採者。當然，由於國情的特殊性，對於一些特別複雜的、難以正規開採的礦床，在採取邊探邊採或滾動開發的過程中，探礦權主體與採礦權主體又可以合二為一。其具體形式可以是地質隊與礦山企業聯營，也可以是地質隊以地勘成果入股等方式合二為一的聯營模式。如果拋開這類聯營的模式不算，那麼，在我國，探礦權主體一般具有一元性，即符合法定主體資格的地質隊。而採礦權主體則是多元的，不同所有制性質的企業、符合法定資格的其他主體均可以成為採礦權的主體。當然，上述觀點僅僅是理論上的，實踐層面與理論上還有較大的出入——無論是探礦權主體，還是採礦權主體，都是多元而複雜的，例如，據《第一財經日報》2007 年 11 月 19 日報導[1]，當時山西省民間煤炭老闆手裡至少有 4,000 億元的資金在尋找新的投資出路（如進入新疆），導致這些資金入疆的直接原因是，山西本地煤炭資源日益減少和政府對私人小煤礦的嚴厲政策實施，而這些資金的投向大部分分佈在新疆烏魯木齊附近和南疆腹地開掘煤礦，並且福建、浙江的南方買主也參與了進來。據山西省政府駐新疆辦事處負責人介紹，"他們（指南方各省的買主）不管什麼煤礦，先買下來再說，也不開採，而是等著日後倒手再賣"，由此可見，大量民間主體的介入（無論其最終動機如何），使得無論探礦還是採礦，其主體都多元而複雜化了。

(2)權利內容的聯繫與區別

首先，從探礦權與採礦權權利內容的聯繫角度來看：①探礦權與採礦權同屬於礦業權範疇；②探礦權與採礦權均是一種物權、他物權、限制性物權、不動產物權；③探礦權與採礦權均是從國家礦產資源所有權中派生出來的一種權利，其內容均是對礦產資源一定程度上

---

[1] 傅航. 山西煤老闆擬投資 4,000 億開發新疆煤礦 [N]. 第一財經日報，2007-11-19.

的利用和收益；④探礦權與採礦權的取得、變更、終止均必須遵循嚴格的要式主義；非經申請登記程序，探礦權主體與採礦權主體均不得取得、變更、終止探礦權和採礦權[1]。

其次，從探礦權與採礦權權利內容的區別角度來看：①探礦權的內容是對礦產資源進行普查、詳查和勘探。而採礦權的內容則指採礦權人對礦產資源進行開採。開採包括採掘礦產資源、獲得礦產品、銷售礦產品等內容。②探礦權與採礦權是礦產資源開發與利用過程中不同階段上的兩項權利。探礦權是礦產資源勘探工作階段的權利，採礦權則是繼勘探工作結束後開採工作階段的權利。簡單地說，就是二者的手段不一樣。

(3)權利行使的過程和結果

首先，就權利行使的過程而言。探礦權行使中無需向國家繳納費用，相反地，對於一些重要戰略性礦床的勘探，國家反而還要給予財政補助，如果勘探獲取超預期的重大地質成果，國家對相關技術人員和地質勘探單位還要給予適當的獎勵。而採礦權的行使中，採礦權人必須向國家繳納礦產資源補償費和資源稅。礦產資源補償費是指國家憑借礦產資源所有權對採礦權人徵收的費用。資源稅是指國家基於礦山級差收益對採礦權人徵收的費用。關於礦產資源稅費機制改革的問題也相當複雜，我們將在後文中詳細論述。

其次，就權利行使的後果而言。探礦權人行使探礦權的結果是地質成果報告，如普查報告、詳查報告和勘探報告等，它屬於無形財產，是一種智力成果，更是一種知識產權，是有價的。採礦權人行使採礦權的後果則是獲得礦產品，如石油、天然氣，它屬於實物商品，是有形財產。

應當指出，探礦權與採礦權的關係在不同的國家有不同的情況，

---

[1] 李志學. 我國礦業權出讓與流轉制度研究 [J]. 西安石油學院學報，1999(1).

尤其是在政治經濟體制不同的國家的差別更大。在市場經濟國家，探礦權主體與採礦權主體都是私營企業，且企業形式多元化。如在澳大利亞，探礦權主體有個體找礦者、單純型勘探公司、合約型勘探公司以及探採合一的大型股份公司。另外，在市場經濟國家，探礦權與採礦權的區別也有其特點，探礦權的取得一般為無償取得（不包含土地使用費），而採礦權的取得則是有償的。如在美國，取得採礦權必須繳納紅利、租金和權利金，等等。

(四)探礦權與土地所有權、土地使用權的關係

1.區別

土地所有權是指土地所有者依法享有對土地的佔有、使用、收益、處分的權利。在我國，土地所有者有兩類。一類是國家。凡城市市區、法定的農村和城市郊區的土地歸國家所有。另一類是集體。凡農村和城市郊區的土地，除法律規定屬於國家所有外，其他土地歸集體所有，如宅基地、自留地、自留山等均歸集體所有。由於探礦權的行使均是在國有或集體的土地上進行的，因此，分析探礦權與土地所有權、土地使用權之間的關係，就是理論與實踐上不可迴避的重要問題[1]。

(1)主體區別。我國土地所有權的主體是國家和集體。探礦權的主體是符合法定主體資格的地勘單位。

(2)權利屬性和內容的區別。土地所有權是一種完全物權，其內容是所有人對土地的佔有、使用、收益和處分。而探礦權則是一種限制性物權，其內容是對礦產資源進行普查、詳查或勘探。

(3)權利客體的區別。土地所有權的客體是土地。土地雖然不能再生，但可以重複使用。探礦權的客體是礦產資源。礦產資源既不可再

---

[1] 由於探礦權與土地所有權、土地使用權是捆綁在一起的，實踐上不存在產生糾紛的可能性。

生又是一種耗竭性資源，只能使用一次。

土地使用權是指使用權人依法對他人所有的土地享有佔有、使用、收益的權利。依《土地法》的規定，我國的一切國有、集體企業、事業單位，農村各種集體經濟組織及個人均有依法申請使用國家所有和集體所有土地的權利。土地使用權的上述規定性決定了它與探礦權的異同點。其區別點在於：

(1)權利主體不同。土地使用權的主體，明顯比探礦權的主體更具有廣泛性和多元性。

(2)權利的屬性和內容也不同。

(3)權利客體也不同。但是就某些權利的性質而言，兩者具有相同之處，例如土地使用權和探礦權都是一種他物權、限制性的物權，都可以在使用權的層面上進行流轉。

2.聯繫

探礦權與土地所有權、土地使用權之間技術上的區別是顯而易見的。而研究它們之間的聯繫則是一個相當困難而意義重大的命題。眾所周知，礦產資源與土地的關係異常密切。礦產資源的存在形態有二。一是存在於土地表面，二是埋藏於土地之下。礦產資源與土地的這種天然姻緣關係規定了建立在二者之上的權利也有某種相關性：①礦產資源所有權與土地所有權之間的關係。這裡要解決的問題是：擁有土地所有權是否自動等價於擁有該土地（地表及地下）礦藏的探明與開採權利。②作為礦產資源所有權派生權利的探礦權與土地所有權之間的關係。這裡要解決的問題是：探礦成果是歸屬地勘單位（上繳國家），還是要與土地所有權人分享。③探礦權與作為土地所有權派生權利的土地使用權之間的關係。這裡要解決的問題是：是否一定要先取得土地使用權才能進行礦產勘探。④最後一個問題是：土地使用權價值因探明優質礦藏存在，而升值的收益如何在土地所有權人、土地使用權人與探礦單位之間分配。

關於第一種關係，我國現行法律已有妥善處理：礦產資源屬國家所有，地表或者地下的礦產資源的國家所有權，不因其依附的土地所有權或者使用權的不同而改變。

關於第二種關係，其實質是：探礦權的取得是否必須以取得土地所有權為前提。對此，我們認為：①我國《憲法》和《土地法》明確規定，我國的土地只能由國家和集體所有，任何其他組織和公民個人不得享有土地所有權。所以，探礦權人不得成為土地所有權人。②發展礦業，合理開發礦產資源是我國國民經濟發展的重要內容，作為大工業基礎的礦業應得到優先發展。從這種經濟觀念出發，土地所有權不得對抗探礦權。所以，探礦權的取得無需以取得土地所有權為條件。

關於第三種關係，其關鍵所在是：探礦權的取得是否應以取得土地使用權為前提。一方面，為了優先發展礦業，土地所有權不得對抗探礦權；但另一方面，也不能忽視土地所有權人的經濟利益。隨著我國實行土地有償使用制度，土地所有人與土地使用人之間的利益關係越發重要，妥善，合理地協調兩者之間的利益關係是一個不可迴避的問題。我們認為，為了公平、合理地解決探礦權人與土地所有權人（主要是集體土地所有人）之間的利益關係，不妨採用探礦用地有償使用制度，以取代傳統的徵地制度。換言之，探礦權的取得應以取得土地使用權為前提，實行探礦用地有償使用制度。當然，協調探礦權人與土地所有人之間利益關係的辦法還有很多，如西方市場經濟國家普遍使用的"土地作價入股"和"租地"等。

關於第四種關係，我們認為，如果土地市場價值的增加是因為已探明存在優質礦藏的話，那麼，土地自然增值的價值分配應當"公私兼顧"：借鑒杜能的土地增值理論[1]，若土地純收入 $N = P + \Delta P + T$

---

[1] 轉引自：呂亞榮. 對於農地轉非自然增值分配若干問題的基本認識 [N]. 中國經濟時報，2007-02-01.

+W，其中，P 為未探明優質礦床存在時的土地市場價格；T 為運費；W 為土地用於經營農業的淨收入（當然也可視為商業開發的收入，二者居其一），而 ΔP 是發現新礦床後土地的市場溢價，那麼 ΔP 這部分收益應當在土地所有者、土地使用權人和地勘單位之間合理分配，充分地照顧國家、集體、地勘單位與土地使用權人的利益訴求。至於具體的分配比例，可以根據實際情況妥善安排，因地制宜。

3.探礦權與相鄰土地使用權的關係：避免負外部性糾紛與理順正外部性的收益分配關係

相鄰土地使用權是指相鄰土地所有人或使用人雙方對各自土地或土地上的自然物、建築物行使所有權或使用權時，因相互間應給予方便或限制而發生的權利和義務關係。我國《民法通則》第 83 條規定："不動產的相鄰各方，應當按照有利生產、方便生活、團結互助、公平合理的精神，正確處理截水、排水、通行、通風、採光等方面的相鄰關係。給鄰方造成妨礙或損失的，應當停止侵害，排除妨礙，賠償損失。"該條文中包括了相鄰土地使用權。相鄰土地使用權的上述內容，決定了它與探礦權在主體、內容和客體方面的區別。同時，也規定了它與探礦權的相關性，即探礦權的行使必然涉及相鄰土地使用權。顯然，上述法律規定的經濟學解讀即是，要避免探礦權行使後造成的負外部性糾紛，也要理順探礦權正外部性收益的分配問題，說到底就是必須建立探礦權主體和相鄰土地使用權主體之間的利益整合機制，防止或規避潛在的利益衝突轉化為現實的利益糾紛，降低社會成本。

(五)礦山企業產權與採礦權產權的界定與分析

1.礦山企業產權的構造分析

礦山企業是開採礦產獲得收益的法人企業。其法人財產的要素組成包括資源產權、投資產權、工業產權以及債權等，主要是資源產權。資源產權來源於採礦權。康繼田認為，礦山企業透過市場購買採礦權，或者採礦權人以礦產作價投入企業轉化為股權，也有採礦權人組織礦山企業等[1]。無論如何，採礦權隨著礦山企業開採權的形成，礦產的佔有方式發生改變，採礦權轉變為企業資源產權，礦產的原採礦權人成為債權人或股東而不復存在，二者之間存在著一定程度的繼承關係。

　　礦山企業產權按性質分為兩類。第一類，資產可分割並由企業排他性支配的產權。礦山企業設立時投入的礦產開採設施設備、技術和安全措施、礦區及其建設等資產，屬排他性獨立使用又不因分割而改變其使用屬性。第二類，不可分割產權。由企業和社會他人形成相鄰權利的互有資源的不同屬性分別佔有。互有資源分為三大塊：①地下使用權。地下部分垂直支撐著地表權，它同時又是礦產的賦存體。②環境使用權。採礦、選礦、煉礦時利用環境的吸納性而排出廢物，礦山企業排出廢物所需要的環境體，又是社會他人生存、發展須臾不能離開的自然資源。③勞動力使用權。由勞動者所有的人力資本可以分為專用性和通用性兩類，礦山企業雇傭工人是利用人力資本的專用性（家庭存在和發展是利用同一人力資本的通用性，因為從礦井裡出來的礦工還要回家裡種田和從事其他勞動）。顯然，由以上論述，我們可以得出結論，礦山企業可以看成由資本、勞動、礦產資源、礦山環境使用權等要素投入，而形成的一組新古典生產函數，其與一般企業的不同之處在於，礦產資源這一要素投入不是無限的，而是要耗竭的；而環境使用權則存在外部性問題，以破壞環境為代價的礦山開採活動，其企業生產力的社會貢獻是會遭遇環境負外部性阻礙的。因而，礦山企業作為一種新古典生產函數，就面臨著集約取用要素（礦產）與保護環境的重要課題，這也是我們從理論上探討礦山企業產權

---

[1]　康繼田. 採礦權制度的產權分析 [J]. 行政與法學論壇，2006(9).

的歸宿之一。

2.現階段礦山企業產權的行使，要經過行政許可和全過程管理

礦山企業行使其資源產權很容易產生負外部性效果：礦井的掘進造成房裂與地陷、環境被污染與破壞、礦難與礦工職業病等。生產的負外部性是市場失靈的表現，市場配置的侷限性主要表現爲無法內部化生產成本的外在化或收益的外溢。政府作爲"看得見的手"，必須在市場失靈時進行規制，特別是在礦業領域，政府對其進行全過程管理尤爲重要。例如，澳大利亞農業與資源經濟局在向聯邦政府提供的一份採礦報告中認爲：政府對採礦及礦產品加工部分進行政策干預的最主要目的之一，就是糾正明顯的市場失靈。

礦山企業的外部性產生在企業對資源產權的行使過程中，而且主要是礦山企業資源使用時，企業與市場沒有明確的邊界，企業在行使權利時容易造成對他人的損害。美國的經濟學家史普博認爲："在公共礦床的情況下，外部性來自於每個企業的開採行爲。"[1]政府干預的對象就是礦山企業的開採行爲，即對私有產權的行使給予一定限制，防止權利濫用造成對他人的損害。從這裡我們可以看到，對所謂界定或明晰"礦產資源產權"的含義應當予以深化，它不僅僅是對礦產資源這種物的權利的明晰，更深一步，它也說明，界定礦山企業產權即明晰企業、市場、政府邊界有著同樣重要的意義。

由於開採行爲產生的負外部性影響反應遲滯、影響廣泛、影響後果難以補救，而且產權界定後因交易成本和資訊收集而無法進行私人談判，這就決定了政府干預只能選擇政府進行直接管制和全程監督。直接管制的方式主要是行政許可中的行政特別許可，即由政府對進入市場開採礦產的企業設立進行嚴格的審查（資格與資質的審查），根據其資質和法定標準決定申請者是否可以設立並行使開採權。准入制

---

[1] F. 史普博，等. 管制與市場 [M]. 余暉，何帆，譯. 上海：上海人民出版社，1999: 57.

的政府"事先管制，透過阻止妨害的製造者出現而把外部性成本減少到最少"[1]。從世界範圍來看，絕大多數國家，都制定了專門的礦業法，礦業法的"重點是礦山環境的保護和管理、礦山安全的管理，以期達到經濟效益、社會效益、資源效益和環境效益的統一"[2]。環境保護和管理的事先管制是行政特許。如《法國礦業法》第 22 條規定："礦山的開採，即使是地表主人的開採，也只能是依特許權或開採許可證而進行。"[3]私人所有的礦產同樣不允許擅自開採。顯然，中國礦山企業產權的具體行使也應嚴格行政許可制度，政府要嚴把企業的主體、資質關，盡可能地使技術先進、管理科學、產權明晰的企業進入礦山開採的隊伍中，儘量避免企業資質魚龍混雜，防止市場失靈現象發生。

3.企業產權與採礦權產權的區別

目前，學術界和法律規定都以採礦權取代採礦企業，或者以採礦權作為礦產使用權與礦山企業的上位權，實際操作中突出地表現為公共權力的採礦許可證代替採礦權產權證。權力與權利重合，在財產權因缺乏穩定性而實行短期行為造成資源大量浪費的同時，迫使權利尋租於權力，政府部門權力錯位、缺位、越位現象相應出現。"權利產生權力"退化為"權力劃撥權利"是中國礦產資源管理制度的一大弊端。因此有必要區分礦山企業產權與採礦權產權。

首先，企業產權主體的特殊性。礦山企業設立的市場准入制比其他生產性企業更為嚴格。美國"一般一個環境影響報告書要經過 4～5

---

[1] 羅伯特・考特. 法和經濟學 [M]. 張軍，等，譯. 上海：上海人民出版社，1994: 246.
[2] 國土資源部地質勘探司. 各國礦業法選編 [G]. 北京：中國大地出版社，2005: 733.
[3] 國土資源部地質勘探司. 各國礦業法選編 [G]. 北京：中國大地出版社，2005: 1122.

年的時間才能走完全部的程序，直至各方都滿意，方可動工開採"[1]。同時，除了單位法人能夠組織礦山企業外，個人不具備資質。而取得採礦權時，法人、自然人都可以參與市場競拍。應當嚴格設立並準確界定礦山企業法人與自由設立的採礦權人的標準，以明確其權利和責任，特別是明確責任歸屬非常重要。進行這種明確界定的目的是為了避免今後可能產生的重要糾紛，即使糾紛出現也會有據可依。有學者認為："因開採活動強行給他人生產、生活造成損失的，採礦權人應當負責賠償。"[2]這種讓採礦權人承擔礦山法人的民事責任的錯位，來源於《行政許可法》對採礦權取得時的錯位，其實質依然是沒有處理好產權的外部性問題。該法第 53 條規定："行政機關按照招標、拍賣程序確定中標人、買受人後，應當作出准予行政許可的決定，並依法向中標人、買受人頒發行政許可證件。"這顯然也是把行政許可（採礦許可證）當成採礦權產權證來處理了。這一做法最大的隱患在於，未來的採礦風險直接或間接地轉移到了政府（發證機關）手裡，採礦風險（如污染、生態惡化等）的製造者——採礦人本身則有可能規避應盡的環境恢復、污染治理等責任。

其次，企業產出的獨佔性。開採礦山的目的是獲取礦產品，礦產品價值由礦山企業各個投入組成，也包括轉化了的採礦權的成本投入。美國著名經濟學家阿爾奇安認為，"企業常常被作為一個產出形成的黑箱來對待，它是各個合作性所有者的資源透過合約所形成的相關集合。而產出並不是每個特定的合作性投入的分產出之和，而是由一個團體所生產的不可分解的沒有歸屬的價值。因此，對於一些由分別所有的資源所聯合生產的物品，不可能識別或確定在最終產出價值

---

[1] 國土資源部地質勘探司. 各國礦業法選編 [G]. 北京：中國大地出版社，2005: 1166.
[2] 楊立新，等. 物權法 [M]. 北京：中國人民大學出版社，2004: 243.

中每一種資源分別產出了多少"[1]。但是，學者們都不反對"透過開採活動使礦產與土地及礦床相分離，形成礦產品。該產品係採礦權行使的結果，歸採礦權人享有。採礦權人直接取得該礦產品的所有權"[2]。而且法律也如此認可，如《礦產資源法實施細則》第 6 條規定："採礦權，是指在依法取得的採礦許可證的範圍內，開採礦產資源和獲取所開採的礦產品的權利。"這是個很大的陷阱，這裡的矛盾在於採礦權人未必都是以企業形式存在的，或者採礦權人僅僅是礦山企業的一個局部的生產團隊，但它卻要佔有礦山開採的成果，這是不公平的。舉例來說，如今的一些國有礦山企業將具體的開採任務也發包給私人和個體礦主開採，名義上都屬於一個企業，但礦產資源卻被這些私人經營者採走，然後高價倒賣，而原有礦山企業的基礎設備投入的成本卻得不到抵扣，國有企業對礦產品的獨佔性要求得不到滿足，國有礦山企業產權已名存實亡了。

　　最後，實踐中還存在國有企業壟斷與採礦權許可證爭奪的問題。一方面，在石油產業，礦權爲三大國有企業壟斷，卻經常"佔而不採"。年勘探投入只有標準要求的一半，已經違反了關於最低勘查投入的規定。而有資金和技術實力的其他國有企業或民營企業，則被排除在外。這種現狀使得國內開發的新油田的進展緩慢，加劇了石油供

---

[1] 阿爾奇安等在《生產、信息費用與經濟組織》一文中，曾經對團隊生產的界定和計量問題做了經典的敘述。他們指出：在團隊生產的條件下，如果僅僅觀察總產出，就很難確定單個人對他們聯合投入的產出所作出的貢獻。按照定義，產出應歸屬一個團隊，而且它還不是每個分成員的分產出之和。團隊生產 Z 至少包括兩種投 Xi 和 Xj，$\partial 2Z/\partial Xi\partial Xj \neq 0$。其生產函數也不能分解爲僅包括投入 Xi 或 Xj 的兩個生產函數，因此不能將 Z 的兩個分生產函數之和作爲團隊生產函數 Z。這裡的奧妙就在於 Z 所獲得的一些生產技術大於 Xi 或 Xj 分別生產 Z 時的情形。如果透過團隊生產所獲得的產出大於 Z 的分生產之和加上組織約束團隊生產成員的成本，就會使用團隊生產。阿爾奇安. 生產、信息費用與經濟組織//科斯，等. 財產權利與制度變遷 [M]. 劉守英，等，譯. 上海：上海三聯書店，1994.

[2] 崔建遠. 準物權研究 [M]. 北京：法律出版社，2003: 24、232.

給的不足狀況[1]。另一方面，在煤炭行業，大量民間資本湧入產煤區。許多煤老闆爲了不斷轉手許可證以迅速攫取高額利潤，不惜重金爭奪新的採礦權證，這使得採礦權證發放中存在大量尋租與許可證爭奪行爲，造成了整個礦業市場一度比較混亂的局面。

三、國外礦產資源產權制度的歷史沿革與實踐安排

(一)國外礦產資源產權制度形成與發展的歷史沿革

1.礦產資源產權制度的起源

從歷史發展與演變的過程來看，礦產資源產權制度是起源於《羅馬法》的。曹小凡等人指出，《羅馬法》中提出了物權的概念，即"物權是權利人直接支配其標的物，並享受其利益的排他性權利"[2]。在古羅馬時代，礦產資源就被歸爲物的範疇，於是可以從所有權和他物權中引申出最古老的礦產資源產權和礦業權意識。實際上，在古羅馬時期，國家就享有了礦產資源所有權，但國家可以把某些礦產出租給貴族和私人開採。如在馬其頓，很多自由人直接從國家和私人的礦產中租下單個礦坑，這些小礦主要向國家繳納一定數量的產品或賦稅：凡願意開採的自由人，個人可得每個礦坑中產品的一半，另一半歸國家（或以等價賦稅形式繳納）。但是，我們認爲：在前資本主義時代，不論是奴隸社會，還是封建社會，財產權利和政治權力都是難以分清的。既沒有公有制，也沒有現代意義上的私有制，"朕即國家"的思想廣泛存在於以農業經濟爲主的奴隸社會、封建社會裡，礦產的所有權問題與礦業的勘探、開採和流轉問題總體上對社會的政治經濟生活影響不大（這是由當時社會生產力水平低下決定的），因此，在前資本主義時期談礦產資源產權制度與礦業權制度的意義也不

---

[1] 謝地. 論我國自然資源產權制度改革 [J]. 河南社會科學，2006(5).
[2] 曹小凡，等. 礦業權制度的歷史沿革 [J]. 資源環境與工程，2006(4).

大。應當說，真正意義上的礦產資源產權制度是起源於資本主義工業化時期的，這也是我們應當著重研究、回顧的重要歷史時期。

2.資本主義工業化初期礦產資源產權制度安排

英國工業革命拉開了資本主義工業化的歷史序幕。隨著英國的紡織業由人工向機械化轉移、主要動力系統轉換為蒸汽動力以及新的交通運輸方式（蒸汽機車、船）的發明，大型工商企業對礦產能源燃料的需求不斷上升，作為基礎工業的冶鐵業和煤炭業也先後發生了技術革命：由於冶煉用的燃料為木炭，而森林資源卻接近枯竭，故而傳統的冶鐵業從 17 世紀中期起就逐漸衰落，鐵產量下降。18 世紀上半期，冶鐵業出現了技術性突破——經過工廠主達比父子兩代人的努力，發明了焦炭煉鐵的方法。在 18 世紀 60 年代加裝了鼓風設備以後，這項技術開始被廣泛採用，造成了冶鐵業的大發展。1784 年，工程師科特發明了生產熟鐵的攪拌法和生產鋼的碾壓精煉法，提高了煉鐵的質量和效率。焦炭煉鐵技術的推廣、蒸汽機的應用和城市人口的增長等因素促進了原煤的生產，在煤炭業中也出現了許多新技術發明。例如，採煤開始使用鑿井機、拽運機、蒸汽抽水機、安全燈等。這時，礦產資源的不可再生性（以煤炭為代表）、稀缺性與礦產資源產權制度安排的重要性便逐漸顯現了出來。由於資本主義國家從建立伊始就以私有制作為國家的基本制度，這一制度框架決定了礦產資源產權制度建立的所有制基礎是私人所有。由於許多國家都實行礦產資源依附於土地的制度，所以土地私有化也帶動了礦產資源的私有化。例如，美國為了開發西部，曾經在 19 世紀時把國有土地大量地賣給私人。這些私人土地的所有者，也就同時成了礦產資源的所有者。這就造成了礦產資源所有制存在"多種經濟成分並存"的結果，使得工業化初期的資本主義國家對於礦產資源沒有完整的所有權，國家不能充分依靠財產權利參與礦業開發中的收益分配，這時的礦產資源產權制度沒有體現出礦產資源對國家經濟增長、發展的重要性，礦產與其他財物的產權制度安排沒有本質上的區別。換言之，當時的產權制度安排沒有體現出礦產資源的戰略意義來。

3.當代資本主義國家礦產資源產權制度安排的二元化特徵

進入 20 世紀以來，礦產資源產權國有化成為世界性的發展趨勢。發達資本主義國家的礦產資源產權制度在這一歷史背景下也進行了一些調整，顯示出二元化的特徵：首先是礦產資源產權與土地分開，在保持土地私有化的同時實行礦產資源國有化，德國是較為典型的例子；其次是限制土地私有化的發展，例如美國從 1930 年起停止向私人出賣國有土地（至於過去已經出賣的，私人土地所有權包括礦產資源所有權仍然有效，即"新人新辦法，老人老辦法"）。這樣，資本主義國家就普遍強化了對礦產資源的所有權，礦產資源產權制度的重要性大大提升了，這種產權制度安排也就與礦產資源在國家經濟增長與發展中的重要地位相匹配了。下面我們將對目前發達國家礦產資源產權制度的具體安排形式進行分類分析。

(二)國外礦產資源產權制度的分類與比較分析

就目前發達國家礦產資源產權制度的具體安排形式來看，其礦產資源產權制度主要分為兩個部分：一是礦產資源所有權制度；二是礦產資源使用權制度。由於各國的社會制度與國情不同，因此礦產資源產權制度的具體安排也存在較大差異。

1.礦產資源所有權制度分類

從各國礦產資源所有權制度的具體安排來看，大體上可以分為四類：

(1)以英、美等國為代表的土地所有者產權模式

這部分國家從法律上規定礦產資源為土地的組成部分，所以土地所有權人當然享有土地中蘊藏的礦產資源所有權，政府對土地所有者有一定的抑制權（即不能違反憲法與法律的條款以及政府的一些特殊

规定）。沈滢[1]將這種模式歸納爲"地下權與地表權完全統一"的模式——享有土地地表權的土地所有者，亦享有地下礦藏所有權。實施這種模式的只有英國和美國等少數西方國家。在這些國家，把部分礦產財產權授予私人，例如在美國所有的州，享有地表權者一般也享有地下礦產權，可以隨意處置埋藏在其所屬土地之下的礦產資源。以美國爲例，對於在私人所有的土地上進行資源開發工程來說，聯邦政府基本上處於消極地位，只要土地所有者和礦產公司能滿足環境方面的要求，那麼在開發工程中，聯邦政府唯一的重要收入可能就是徵收聯邦所得稅。顯然，在這種礦產資源所有權制度下，礦產資源和土地是捆綁在一起的，而礦產資源所有者和土地所有者同歸一體，沒有法律上的衝突，土地所有權人可以按照自己的意志處置屬於自己的礦產資源。

(2)以德、日等國爲代表的礦產資源土地所有者和國家共有產權模式

以德國《礦藏法》規定爲例，土地所有權人只對依附於其土地的指定種類的礦藏、礦物（如土、沙子、石頭）有先佔的權利，其他礦藏一律爲國家所有，並由國家礦產管理局頒發勘探開採許可證。獲該許可證的人，才能進入特定的礦場進行勘探和開發。可見，這一模式雖爲共有，但國家的管理力量已經大大強化了。

(3)以法國、巴西等國爲代表的國家所有產權模式

世界上大多數國家實行礦產資源國家所有制度，如法國《礦業法》規定，土地所有權人不享有某些地下礦藏開採權利，它們屬於國家，國家可自行行使或特別許可其他人行使。只有露天礦產歸土地所有權人所有，但開掘或將露天礦產採礦權轉讓給第三人仍需經過行政授權。沈滢（1996）指出，這種礦產資源所有權制度是"地下權與地

---

[1] 沈滢. 國外礦產資源產權制度比較 [J]. 經濟研究參考，1996(16).

表權完全分離"的模式——以憲法或法律形式規定礦產資源歸國家所有，不因其依附的土地的所有權或使用權的不同而改變。也就是說，地下資源所有權不能給予私人或私人公司，即使在土地私有或有償轉讓的條件下，礦產資源的所有權亦不發生改變，國家作爲礦產資源的實際所有者發揮作用。除了巴西、法國而外，採用這種模式的國家還有玻利維亞、智利、印度尼西亞、馬來西亞、秘魯和泰國等。在這些國家的礦產資源開發中，政府產生十分重要的作用，它不僅是稅收的徵收者，而且是探礦權、採礦權的出租人，甚至是礦產資源勘探的實際操作者，直接控制著作爲其經濟命脈的礦產資源。

(4)地下權與地表權有限統一產權模式

在這種模式下，法律規定某些地區允許存在對某些礦種的私人或部落所有制（沈瀅，1996）。也就是說，在某些地區對某些礦種，地下權與地表權可以統一，擁有該地區地表權者亦享有地下的規定範圍內的礦種所有權。但這種統一只是有限的，只限於少數地區與少數礦種，國家依然掌握著大部分礦產資源的財產權，即地下權與地表權在很大程度上仍是分離的。採用這種模式的國家相對較少，主要有哥倫比亞、加納、巴基斯坦等國。

表 5.4　國外礦產資源所有權制度分類

模　　式	國　　家
土地所有者產權模式	英國、美國等
土地所有者和國家共有產權模式	德國、日本等
國家所有產權模式	法國、巴西等
地下權與地表權有限統一產權模式	哥倫比亞、加納、巴基斯坦等

2.礦產資源使用權制度分類

世界上絕大多數國家都透過市場機制來運作礦產資源產權，實行礦產資源所有權與使用權相分離的模式，其核心是對礦業權制度的運作。由前文的理論分析可知，礦業權是礦產資源所有權派生出來的權利即探礦權和採礦權，是自然人、法人和其他社會組織依法享有的，在一定的區域和期限內，進行礦產資源勘查或開採等一系列經濟活動的權利。簡單地講，就是礦業權的兩個分支——探礦權與採礦權的使用問題。

世界上大多數國家在運作礦業權的過程中，都形成了以下形式：①一級出讓市場——由國家壟斷，有償、有條件地出讓礦業權，其中的條件限制包括期限限制和面積限制等；②二級流轉市場——國家允許礦業權的兩個分支——探礦權和採礦權以現金、紅利、權利金等形式授予、協議出讓或租讓（招標、拍賣）以及委託等方式進行流轉，流轉過程完全按照市場機制運作。當然，由於國情不同，有些國家仍舊採用礦業權無償使用制度。但是，鑒於無償使用制度已經不太適合礦產資源稀缺的現實狀況與礦產資源產權制度的發展趨勢，故這裡略去不談。我們將著重分析發達國家已經比較成熟的礦產資源有償使用制度的幾種主要形式（其中，美國兼有幾種形式）：

(1)以俄羅斯、美國為代表的礦產資源有償佔用制度

礦產資源有償佔用制度是指礦山開採者採走礦產時，向資源所有者支付一定的有償佔用費。沈瀅（1996）指出，有償佔用的形式主要有兩類：其一是以俄羅斯為代表的儲量消耗補償模式，在這種模式下，以消耗的可開採經濟儲量為對象徵收礦產開採權取得費用的方式，建立起資源有償佔用制度，其徵費對象是已登出的地下礦產可採經濟儲量。俄羅斯實行的地質勘探補償制度也包含著儲量消耗補償的含義，其地勘費用補償方案中考慮了地勘費淨投入及消耗的儲量（開採量加定額損失量）。其二是以美國等西方國家為代表的開採量補償模式，即按實際開採量作為徵收費用的對象。此種模式，按計徵方法分為三種類型：①固定租費，是指資源所有者將採礦權以一固定金額出售給採礦者，可分期收回，亦可一次收回。這種費用水平與採礦者的條件（投資規模、投資收益、企業資質等）均無關係。這種收費形

式通常是根據礦山的估算價值（貼現值）採用拍賣（招標）的辦法，適用於小規模礦山。②從量礦區使用費，即按產出、售出或使用的礦物單位實物量徵收的費用，通常以噸作為計量單位。這種方法主要用於工業礦物、煤炭及其他地質構造簡單、產品價格低的常見礦產。從量礦區使用費徵收方法撇開了市場供求狀況、價格、市場盈利水平變化因素，其管理與徵收比較簡單，但其缺陷是重要戰略性礦產如採用從量徵收模式則不能反映其稀缺性，其徵收金額不足以達到補償的標準。從價礦區使用費，即按生產或採出的礦物價值（價格）徵收一定的比例費用。此方法是目前使用最普遍的礦產資源有償佔用徵費方式。由於考慮到了價格因素，從價法管理比從量法複雜，徵費時還要規定計費地點和計費價格（存在市場波動因素），對所有者來講，管理的風險也比較大，但只要制度設計得當，就能夠利用價格機制來調控資源配置。一般認為這是較為理想的模式。

(2)以法國、美國為代表的資源耗竭補貼制度

資源耗竭補貼是指在每一個納稅年度中，從淨利潤中扣除一部分給礦山、油田的所有者或經營者作為專項基金，用來補償為找尋和探明與上一生產週期同等儲量礦床而投入的地質勘查勞動增量，以尋找新礦體，替代正在耗竭的礦產資源。這種制度的理論依據是，地質勘查風險難度將隨礦業的發展和資源消耗的擴大而呈日益增長的趨勢，這必然導致在礦業生產後續週期循環中，即使僅僅為了維持簡單再生產而探明等量礦產儲量，其所需的地質勘查勞動耗費在其他社會條件不變的條件下，還必須有個增量投入（沈瀅，1996）。這一措施與汪丁丁 1993 年提出的"使用者成本"（User Cost）和"產權使用費"（Royalty）[1]的思路，來實現礦產資源最優化開採的目的是一脈相承的。只有憑借已耗減的地質勘查費用的補償和增量投入二者的共同支

---

[1] 汪丁丁. 資源經濟學若干前沿問題//湯敏，茅于軾. 現代經濟學前沿專題：第二集 [M]. 北京：商務印書館，2002.

援，才能保證地質勘查的總投入與礦產資源簡單再生產相適應，避免因礦產資源保證程度不足而導致礦業生產的萎縮。資源耗竭補貼制度目前只在美國、法國等少數發達國家實行。以美國為例，目前有兩種補貼方法，即成本耗竭法和比例耗竭法。成本耗竭法的補貼基礎是取得礦權的費用和發現礦床時的勘探開支，目前僅限於大的石油公司使用；比例耗竭法是根據法律規定的耗竭比例和納稅年度的總收入得出的，適用於其他大部分礦種。

(3)以美國為代表的礦產資源勘查費用補償制度

礦產資源勘查費用補償制度是指礦山企業向地勘單位支付一定的費用，以彌補地勘部門為探明所採礦區的礦產儲量而消耗的社會必要勞動，其受益人是提交該礦區地勘成果的單位，其經濟性質是地勘單位的勞動收入，其用途是用於地勘部門的再生產。以美國為代表的西方國家，礦山企業主要由私人資本經營，礦產勘查特別是礦產勘探被視為礦山開發的前期準備工作，往往由礦山公司自行投資進行。擁有勘查子公司的礦山公司，勘查費補償是在其公司內部實現的，即母公司對子公司提供勘查投資，子公司對母公司提供地質勘探報告。在探、採分離的條件下，礦業公司必須向獨立的勘查公司購買地質勘探成果，或將地質勘查成果折為股本，從而直接或間接地實現礦產勘查費的補償。

總的來說，國外礦產資源產權制度的發展趨勢是越來越注重國家對戰略性礦產資源所有權的控制以及對有償勘探、開採的使用權制度的強調。這一發展趨勢是和當前礦產資源稀缺的現實狀況緊密聯繫在一起的。也就是說，礦產資源產權制度最終是服務於集約、高效使用礦產資源的最終目的的。中國的礦產資源產權制度改革也應當順應這一歷史潮流，在結合中國實際國情的條件下，借鑒國外成功的改革方案，使中國礦產資源產權制度的改革更加有的放矢。

表 5.5　國外礦產資源使用權制度分類

模　　式	國　　家
礦產資源有償佔用制度	俄羅斯、美國等
資源耗竭補貼制度	法國、美國等
礦產資源勘查費用補償制度	美國等

四、我國礦產資源管理制度與產權制度的發展演變

　　新中國成立以來，我國的礦產資源管理制度隨著經濟體制改革由計劃向市場轉型的路線而不斷推進，大體上可以分為兩個階段：第一階段是計劃經濟時期高度集中統一管理模式（無償開採）的時期；第二階段是黨的十一屆三中全會以來，逐漸向市場化管理模式轉變（有償開採）的時期。而礦產資源產權制度的萌芽、發展又是在改革開放以後才逐漸開始的。下面，我們分兩個階段來回顧、評價不同時期礦產資源管理制度與產權制度演進的情況：

(一)1949～1978 年：計劃經濟時期的無償開採制度

　　從 1949 年中華人民共和國成立起，到黨的十一屆三中全會召開之前，我國的礦產資源管理都實行的是無償開採的制度。目前學術界的不少專家學者在反思這一段歷史時，大都對這種無償開採的制度頗多指責，其理由在於無償開採不利於礦山企業科學、集約地規劃使用礦產資源，從而造成了極大的浪費。但我們認為，還需要全面、客觀地評價這一段無償開採的歷史，特別是不宜用今天的觀點來審視、評價甚至苛求當時人們作出的礦產資源管理制度的選擇，而應當站在歷史的高度來回顧與評價這一段無償開採的歷史。

　　應當說，無償開採作為當時中國礦產資源管理制度的選擇，是同高度集中的計劃經濟體制與國內外經濟形勢相適應的。在當時的人們看來，這一制度選擇也許不是最優的，卻是最能在實踐上行得通的。

原因在於：

第一，新中國的經濟體制是模仿前蘇聯模式建立起來的，國家的所有資源（當然也包括礦產資源）都是透過國家計劃直接調控的。由於不存在商品、市場調節的機制，因而諸如礦產資源產權制度等市場機制下的管理模式是不存在建立與發揮作用的空間的。由於前蘇聯當時進行的是礦產資源無償開採的管理制度，所以我國制度模仿的結果也必然是無償開採。

第二，計劃經濟時期的地勘單位、礦山企業都被國有化或集體化了，微觀經濟主體經濟利益關係不能或至少不完全能得到滿足與實現。例如，地勘單位的地質勘探成果必須上交國家地勘主管部門，而國有礦山企業的利潤則必須上交財政部門，並且要在完成當年的計劃指標後，才能得到國家對該地勘單位或礦山企業的財政撥款，地勘單位與礦山企業的職工工資、獎金與後續發展資金才能得到保障。這種微觀經濟主體經濟利益的單一化、線性化使得有償開採失去了意義，因為開採利潤最終是上繳國庫的，"肉爛了還在鍋裡"，因而對礦產資源必然實行無償開採。

第三，地勘單位與礦山企業之間也不存在任何經濟利益關係，二者是平行的行政單位，沒有利益制約，更不存在利益衝突，作為客體的礦產資源也就失去了有償開採的理由。

第四，重工業優先發展的國家"趕超戰略"[1]使然。從當時中國面臨的國際形勢來看，發達國家對中國進行了多年的經濟封鎖，同時，前蘇聯在20世紀60年代又撤走了大部分援華專家與設備，當時我國選擇的又是重工業優先發展的"趕超戰略"，因此，國家的經濟發展在很大程度上只能依靠自力更生。而礦產資源尤其是戰略性礦產如石油、煤、鐵等的大量開採對重工業經濟增長有著基礎原料、燃料供應

---

[1] 當時選擇重工業優先發展戰略，與其說是主動選擇，不如說是被動選擇，是由當時國際國內政治經濟形勢所決定的。

的作用，爲了降低重工業優先發展的經濟成本，實行礦產資源無償開採也是必然的選擇（儘管這確實違背了比較優勢發展戰略），實際上無償開採的制度選擇反倒促進了我國完備的重工業體系較早地形成。

當然，上述分析表明，計劃經濟時代選擇無償開採制度具有某種無奈性，但這並不代表我們認爲無償開採制度也適應於今天中國的經濟建設。實際上，任何事物都有兩面性，當改革開放尤其是 1992 年社會主義市場經濟取向的改革序幕拉開以後，無償開採礦產資源、不考慮基本經濟關係與微觀經濟主體經濟利益的管理模式的弊端就凸顯出來了，但問題或弊端出現後並不會自動得到解決，尤其是不可能在計劃經濟框架中得到解決，因爲礦產資源管理體制改革實踐的發展已經超出了計劃經濟體制所能解決的範疇。同時，礦產資源管理制度市場化改革進程中又出現了一些源自於市場機制本身的新問題（如市場失靈等），新問題的出現和老問題的遺留決定了全方位調控的必然性。下面我們將就改革開放以後礦產資源管理制度及產權制度改革的歷程作一簡要回顧。

(二)1978 年至今：轉型進程中礦產資源管理制度與礦產資源產權制度改革的探索

轉型時期礦產資源管理制度與產權制度的演進是以幾部重要法律法規的頒佈爲標誌的。它大體上又分爲三個階段：

1.礦產資源有償開採的歷史萌芽與第一代資源稅制度

1982 年 1 月，國務院發佈了《中華人民共和國對外合作開採海洋石油資源條例》。該條例規定，"參與合作開採海洋石油資源的中國企業、外國企業，應當依法納稅，繳納礦區使用費"。這可以看成有償開採的萌芽，也標誌著我國礦產資源產權制度向著國際慣例改革的起步。

1984 年 10 月，國務院發佈了《中華人民共和國資源稅條例》，並決定先對開採石油、天然氣和煤炭的企業開徵資源稅，徵收基數是銷售利潤率超過 12%的利潤部分。比起 1982 年的礦區使用費制度，1984 年的資源稅徵收礦種增加了一個煤炭，徵收地區從海洋擴大到了陸上，納稅人從中外合作企業擴大到所有企業[1]。它可以看成第一代資源稅制度的形成。

2.礦產資源市場化管理制度正式形成的標誌：《礦產資源法》的頒佈與實施

1986 年 10 月 1 日，《礦產資源法》正式頒佈，其中第 5 條明確規定："國家對礦產資源實行有償開採。開採礦產資源，必須按照國家規定繳納資源稅和資源補償費。"這標誌著我國礦產資源管理制度開始向市場化過渡。1986 年《礦產資源法》的主要貢獻，是確立了有償開採的原則，但有償開採的具體形式還不完備。最大的不足是，該法雖然明確提出了探礦權、採礦權等概念，但這兩項權利仍是不允許流轉的。在這之後 10 年的時間裡，隨著我國經濟體制改革的不斷深化和礦業經濟利益主體多元化的發展，我國的礦業管理出現了嚴重的條塊分割、私挖濫採和掠奪性開發等現象，礦業秩序一度十分混亂，礦業糾紛更是層出不窮。國家對礦產資源的所有權被虛化了，造成國有礦產資源大量流失。同時，合法探礦權與採礦權人的經濟利益得不到保護，礦業投資環境十分惡劣，有償開採制度的績效即合理配置礦業資源及其開採的功能未能得到充分發揮。

3.有償開採制度逐漸完善與礦業權市場的初步建立

1996 年 8 月 29 日，第八屆全國人大常委會第二十一次會議透過並公佈了《全國人民代表大會常務委員會關於修改〈中華人民共和國礦產資源法〉的決定》，這一決定於 1997 年 1 月 1 日起正式施行。這次修改，使我國的礦產資源產權制度向著市場經濟方向前進了一大

---

[1] 張文駒. 我國礦產資源財產權利制度的演化和發展方向 [J]. 中國地質礦產經濟，2000(1).

步，主要表現在以下兩個方面：

第一，確立了探礦權和採礦權有償取得的制度，從而使有償開採制度在結構上趨向完善，強化了國家的所有權。1998年2月，國務院發佈《礦產資源勘查區塊登記管理辦法》和《礦產資源開採登記管理辦法》，對兩權的有償取得進行了具體規定。略顯不足的是，探礦權使用費和採礦權使用費都是各按統一標準繳納，沒有體現出差別。雖有繳納探礦權價款和採礦權價款的補充規定，但那只是對國家投入資本的補償，對於佔用優質資源產地而有可能獲得的級差收益，沒有體現國家的受益權（張文駒，2000）。因此，後續的改革應注重在戰略性礦產資源稅費制度的改革基礎之上，使有償開採制度更加完善。

第二，在有限的範圍內放開了探礦權和採礦權的轉讓，象徵著礦業權二級市場雛形出現。1986年《礦產資源法》對於探礦權的轉讓沒有提及，對於採礦權的轉讓則明確禁止——如第3條第4款規定，"採礦權不得買賣"。1996年的修改決定改為有一定限制的授權性條款，這是一個顯著的進步。而國家所有權的強化、對他物權人財產權利的進一步保障和加強，則在1998年國務院頒佈《探礦權、採礦權轉讓管理辦法》時，才得到了具體的規定。

就我們的調研情況而言[1]，中國北方H省的礦業權設置和管理就是一個典型的例子。H省的礦業權設置基本狀況是礦業權分為探礦權和採礦權兩部分，其探礦權主要仍掌握在政府手裡，而採礦權則透過各種手段由國、有企業、集體企業和個體私營企業獲得。採礦權按照礦產資源儲量與生產規模來確定，就煤炭資源採礦權而言，採礦權的年限分別是：小型煤礦的採礦權最多為5年，中型煤礦的採礦權最多為20年，大型煤礦的採礦權最多為20年。在期限屆滿後，獲得煤礦

---

[1] 2008年4月，本書課題組到中國北方H省的J礦區和F礦區進行了調研，重點考察了這些礦區的發展建設狀況，探礦權、採礦權配置狀況以及各種資源稅費的徵收情況。

開採權的企業可以續期，即有優先使用權。H 省礦業權管理經歷了由無償到有償的過程，由完全的行政審批到行政審批、招（標）拍（賣）掛（牌）相結合到 2006 年逐漸取消行政審批實行招（標）拍（賣）掛（牌）制度。到目前為止，H 省的礦業權的配置主要分為兩種情況：一種是大中型礦藏實行國家統一配置或協議價格出讓，小型礦藏實行招（標）拍（賣）掛（牌）制度。在礦業權出讓的過程中，政府獲得規定的各種稅費，相應的，獲得礦業權的企業支付各種稅費。這些稅費主要包括資源所得稅、登記費、價款、使用費、資源補償費、環境恢復保證金和安全保證金，等等。

(三) 展望：十七大以後礦產資源管理制度與礦產資源產權制度的改革趨勢

2007 年 10 月 15 日，黨的十七大報告中多處涉及礦產資源管理制度與產權制度改革。例如，要"建設生態文明，基本形成節約能源資源和保護生態環境的產業結構、增長方式、消費模式。循環經濟形成較大規模，可再生能源比重顯著上升"；"要加強能源資源節約和生態環境保護，增強可持續發展能力。堅持節約資源和保護環境的基本國策，關係人民群眾切身利益和中華民族生產發展。必須把建設資源集約型、環境友好型社會放在工業化、現代化發展戰略的突出位置，落實到每個單位、每個家庭。要完善有利於節約能源資源和保護生態環境的法律和政策，加快形成可持續發展體制機制。落實節能減排工作責任制。開發和推廣集約、替代、循環利用和治理污染的先進適用技術，發展清潔能源和可再生能源，保護土地和水資源，建設科學合理的能源資源利用體系，提高能源資源利用效率，等等"[1]。

---

[1] 胡錦濤. 高舉中國特色社會主義偉大旗幟 為奪取全面建設小康社會新勝利而奮鬥——在中國共產黨第十七次全國代表大會上的報告 [R]. 北京：人民出版社，2007.

從十七大報告的這些表述中可以知道，對資源的集約利用、科學利用已經成為落實科學發展觀的重要表現之一。與之相適應，我們的礦產資源管理制度與產權制度改革也必須統籌到這一框架中來。具體地講，應當做到：①繼續完善礦產資源有償開採制度，透過對價格、財稅機制的合理設計，使礦產資源的使用、礦業權的轉讓的價格反映出其稀缺性來，使資源稅費制度的操作更加科學合理，以適應新時期改革發展的需要；②深化礦產資源產權制度改革，這裡，主要應圍繞礦業權流轉、礦山土地使用權流轉、礦山企業產權改革等難點問題有步驟、有重點地展開，理順各種產權主體之間的利益關係，保證國家作為礦產資源所有者的根本權益。形成科學的礦業開採觀與和諧的礦產資源產權關係，使科學發展觀在礦業改革領域進一步落實，完成黨的十七大所提出的各項要求，是當前及今後一段時間礦產資源管理制度和礦產資源產權制度改革的緊迫任務，必須抓緊落實。

五、我國礦產資源產權制度改革：面臨的難題和改革的路徑

(一)關於礦業權流轉制度的改革——礦業權市場化建設與規範問題

礦業權市場化流轉具體是指探礦權與採礦權的有償轉讓、抵押的經濟活動。但這僅僅是理論上的闡述，實際的流轉原因和過程非常複雜。從原因的角度來講，探礦權與採礦權的市場化流轉可能是由於：①礦山企業兼併導致的礦業權轉讓；②企業拍賣破產導致的採礦權轉讓；③企業的市場化與規模擴張需要引致的礦業權轉讓；④礦山土地使用權流轉附帶的礦業權轉讓協議；⑤為獲取銀行貸款而將礦業權抵押給銀行帶來的抵押轉讓問題。從過程角度來講，既有礦業權一級市場框架下，國家（政府）有管理、引導的相對規範的礦業權流轉；也

包括二級市場上，市場主體之間的礦業權流轉（目前還不太規範）。以 1999～2003 年的統計數據為例。從礦業權一級市場情況看，勘查許可證和採礦許可證發放總體呈遞增趨勢，其中，勘查許可證的發放，從 1999 年的 4,320 個，遞增到 2003 年的 7,178 個。採礦權許可證從 1999 年的 28,043 個增加到 2003 年的 35,217 個。從礦業權二級流轉市場的情況看，探礦權和採礦權轉讓分別從 2001 年的 54 宗和 509 宗增加到 2003 年的 493 宗和 1,066 宗，交易金額也從 2001 年的 1.07 億元和 14.09 億元增加到 2003 年的 9.52 億元和 37.36 億元（見表 5.6）

表 5.6　礦業權市場交易情況

	年份	1999	2000	2001	2002	2003
	勘查許可證（個）	4320	4689	5688	5910	7929
	採礦許可證（個）	26073	35802	32749	29899	35217
探礦權	轉讓宗數（宗）	197	44	54	163	493
	交易金額（萬元）	20385	35133	10706	53706	95283
採礦權	轉讓宗數（宗）	540	253	509	2388	1006
	交易金額（萬元）	11559	123301	140951	312949	373597

〔資料來源〕中國國土資源經濟研究院. 我國商業性礦產勘查現狀、問題及政策分析//王贊新. 礦業權市場與礦產資源可持續發展 [J]. 資源與產業，2007(3).

儘管市場的發育較快，但由於市場法規不完善、主體資格不充分等問題，上述流轉過程在操作中體現出"雙軌制"的特徵，不公平競爭、價格機制扭曲，甚至尋租、設租活動盛行等因素還大量存在。總體來說，不規範是其主要特徵。因此，僅僅依靠《礦產資源法》中有償開採等條款還不足以應對實際礦業權流轉市場中出現的問題。我們認為，深化礦業權流轉市場化改革應當作為今後改革的一項重要工作。它包括如下幾個方面：

1.礦業權流轉市場機制規範應當從理順基本的經濟關係著手

礦產資源產權作為一種權利束,它代表著礦產資源產權主體之間的一種經濟利益關係,從而是一種特殊的社會生產關係。現階段礦業權流轉市場之所以不規範,之所以出現這樣或那樣的問題,其根源就在於圍繞礦產資源產權市場形成的基本經濟關係沒有理順,產權主體之間的權、責、利關係歸屬不清。因此,首要的任務是理順各種經濟關係,明晰權、責、利。

首先是理順國家與礦業權人之間的關係。作為礦產資源所有者的國家要透過礦業權人實現所有者權益,但這種權益不應從探礦權人身上實現。國家與探礦權人之間是一種合作關係,雙方互相需要,互惠互利。國家收取探礦權出讓金,並不是實現資源所有者權益,而是因為探礦權也存在稀缺性(不是任何主體都可以勘探礦產資源),所以,稀缺性必然導致價格的形成。如果探礦權不稀缺,國家還要給願意獲得這種權利的人予以補貼,這在不同時期、不同國家均存在過。國家的所有者權益只能從採礦權人身上實現。採礦實際上是一種生產過程,這種生產過程必須運用礦產資源、地質資料、資本、勞動力和企業家才能等要素,其產出是礦產品。因而國家要從中獲取礦產資源的要素收入,探礦權人要從中獲取地質資料的要素收入,採礦權人要從中獲取資本等要素收入。可見,法律維護國家作為礦產資源所有者的權益只能是在採礦權出讓的過程中實現,而不應透過探礦權出讓來實現這一權益。

其次是將市場競爭機制引入對礦產資源的勘探和開採中。我國礦產資源的勘探和開採,在過去採取的是高度集中的計劃管理模式。全國的地質勘探工作,由中央一級地質工作管理部門確定和下達,地質勘探人員和物資的分配,屬於條條管理,地質勘探投資由中央財政統一包幹,礦產資源的開採則由各級礦業主管部門安排計劃,礦山企業缺乏生產經營的自主權。這導致了勘探單位和礦山企業沒有壓力和動力，造成了勘探的低效率和礦產資源開採的高浪費（如棄貧採富等）。而美國早在 1920 年，在《礦產租賃法》中就對可出租礦產的開採實行競爭性投標（在允許可租賃的礦區），並需繳納紅利、租金和權利金，保證了礦產資源所有者的經濟利益和國家的利益，也避免了礦產資源的損失和浪費。隨著我國社會主義市場經濟秩序的建立，對礦產資源的勘探和開採實行市場競爭機制，對礦業權實行招標的方法，不僅是必要的，而且也是可能的，只要招標制度公開、透明且競價機制合理，就應當鼓勵改革試點，然後逐步推廣開來。

　　再次是中央政府與地方政府之間的關係。在礦業權一級市場上，礦業權出讓的收益應當歸所有權人即國家。然而，對於國家出讓的礦業權收益，究竟是歸中央政府還是歸地方政府，至今在法律上還沒有明文規定。按現行法律條文，礦業權出讓的收益應該全部歸中央政府，但這不利於調動地方政府的積極性，也不利於區域經濟發展和提高資源配置效率。為充分調動基層地方政府的積極性，給予地方政府一定的收益權是十分必要的，但是這樣的話，中央政府的收益權又受到了一定的削弱。因此，有必要建立中央政府和地方政府分別代表國家行使礦產資源所有權的分級所有、分類管理新辦法。並在此基礎上，針對不同礦種礦業權出讓的收益，分別確定適宜的中央和地方財政之間的分配比例。

　　最後是礦業權與土地物權之間的關係。由於礦業權必須依附在相關的土地物權上，而我國目前對土地使用權的流轉缺乏相應法律措施的有力保障，特別是我國大部分礦山處於農村鄉鎮，集體土地三種用途管制限制了集體土地進入市場，使得礦業權流轉不能和土地使用權流轉很好地結合，再加上當地交通、人力、政策方面的影響，使得異地採礦權申請人、投標人、競買人很少，不利於統一、開放的礦業權市場的形成。因此，有必要透過積極的制度創新安排來破除礦業權與土地流轉權利之間的分隔，協調各主體之間的利益關係，消除土地因素對礦業權市場發展的制約。

2.在維護礦業權人經濟利益的同時，國家要運用經濟槓桿加強宏觀調控維護礦業權人權益，使礦業權人的投資回報得到有效保障，是實現礦業權投資主體多元化與礦業權市場健康發展的關鍵所在。

　　一方面，要建立起嚴格的地質資料有償使用制度，維護探礦權人權益。地質資料是探礦權人進行探礦的目的與結果，其實質是描述礦產資源品種、品質、分佈形態的技術知識產權。但是這種技術知識產權不同於一般的技術知識產權。對於一般的技術知識產權來說，只要其他的主體獲得這種技術，就可以運用這種技術複製生產過程，因此要透過保密或申請專利權來保護技術開發者的權益。而探礦所形成的地質資料所特有的特徵是：每一塊礦產地都具有其獨特的地質資料，地質資料只能在其特定的礦產地上使用，才能體現其技術知識價值。因此，探礦權人的權益沒有必要透過地質資料的保密來實現（這樣也會阻礙資訊流通，阻礙市場發展），而應透過控制地質資料的使用來實現。在獲得評估鑒定機構的有效性認可後，探礦權人的成果和資料完全可以公開，讓任何有興趣的人查詢，不必擔心其權益受到侵害。但必須透過法律明確：探礦權人在取得探礦權時，必須向探礦權人支付地質成果的使用費，否則便不能取得探礦權。

　　另一方面，要提高社會公衆對礦業權資產屬性的認識，加強礦業權的資產化管理。要改變礦業權的資產屬性沒有被社會普遍認知的狀況，必須加大宣傳力度，提高公衆對礦業權資產屬性的認識，使礦業權人和礦業投資者知道礦業權和其他財產一樣，也是可以給投資者帶來收益的一種資產，讓他們重視運用礦業權資產來交換勞動、融通資金、合作經營及分擔風險。並且還要制定對礦業權資產的形成、利用、交易、收益的財務管理制度和行政管理制度，使礦業權作爲一種資產進入企業所有者權益帳戶。企業在清產核資、改組改制時，要把礦業權資產作為企業的財產來進行評估和處置[1]。

  政府還應透過宏觀經濟手段來管理、調控礦業。一部分發達國家的礦產資源的所有權也屬國家所有，但對礦產資源的管理則由國家和省（州）分別管理。省（州）自行立法，中央政府承認和尊重省（州）政府對它們轄區內礦產資源的管理權，不直接干預各省（州）對礦產資源的管理，而是透過徵收所得稅或使用其他經濟槓桿，對全國的礦業進行宏觀經濟調控，以維護國家對礦產資源的所有權。我國的礦產資源管理模式存在著"條塊分割"的弊病。長期以來，中央政府對礦產資源的開發管理實行的是行政性直接經營管理方式，造成了勘探、採掘企業吃國家的"大鍋飯"，國家不僅不能從礦產資源的管理中獲取收益，反而背上了沈重的財政包袱，造成了大量久拖難決的礦權糾紛，這非常不利於礦業經濟的持續穩定發展，形不成礦業經濟的可持續發展態勢。因此，只有改變這種計劃經濟條件下的僵化的管理方式，用適應市場經濟的宏觀調控手段來協調各種利益關係，才能真正理順各種矛盾，做到宏觀管理、微觀搞活。

  3.積極配套發展關聯產業，完善市場體系，形成良性的產業鏈條

  礦業權市場發展既是一個市場化的過程，又是一個依託相關產業形成市場體系的過程，說到底是一個一般均衡的問題。加快礦業權的市場發展，應該圍繞礦業權的市場交易，建立一個貫通交易場地、仲介服務、資訊系統等在內的完善的市場體系和產業鏈條。不能沿襲過去那種"以礦養礦"的產業生存局面，而是要在礦產資源開採枯竭形成以前就做好產業轉型的準備，以實現礦產資源型經濟的可持續發展。

  首先，應儘快建立起具有獨立法人資格的礦業權市場交易機構或場所，在全國範圍內形成一個比較完善的市場交易體系。無論是一級

---

[1] 王贊新. 礦業權市場與礦產資源可持續發展 [J]. 資源與產業，2007(3).

市場的礦業權出讓，還是二級市場的礦業權轉讓，都應該按照公平、公開、公正的原則，實行進場交易、規範操作。其次，大力培育和發展社會化的礦業權評估、資訊服務、代理、法律諮詢、經紀等仲介機構，鼓勵企業、私人、社會組織和外資採取多種形式，開展礦業權評估、資訊服務、代理、法律諮詢和經紀等業務。最後，充分利用現代資訊網路技術，建立一個高效暢通的現代化資訊網路，爲礦業權市場交易提供一個快速、便捷的資訊平台。這樣就不僅能規範礦業權市場本身，而且在未來產業轉型時也能提供一個透明的資訊、市場平台，避免資源枯竭後的"經濟塌陷危機"發生。

4.探索建立礦業權證券化融資體系，培育礦業權資本市場

雖然我國礦業投資多元化趨勢已經顯現，但真正與礦業權市場發展相適應的礦業資本市場在我國還沒有形成。而礦業權資本市場，特別是礦業權證券化市場是礦業權市場完善和發展的內在需要，也是礦業權市場發展的希望所在。只有將整體的、缺乏流動性的礦業權資產證券化爲單元化、面額小、流通便利的證券形態的資產，才能使礦業權的價值得到最充分的表現，才能更廣泛地吸納社會公衆資金，才能解決礦業權不可分和礦業權資產可流動之間的矛盾。當然，從現實狀況來講，我國目前還缺少大規模開展礦業權證券化的基礎和條件，但應積極著手爲礦業權證券化的推行創造條件和打好基礎。從建立政府支援體系、培育礦業投資者、完善市場環境等方面著手，紮紮實實地做好礦業權證券化的基礎工作。在此基礎上統籌兼顧，逐步推進，對礦業權物權證券化與債權證券化模式進行積極探索與實踐，最終形成反映資源配置關係的礦業權資本市場。我們的初步思考是，中國的礦業權資本市場應當包括：①礦業企業直接發行債券或者股票；②礦業企業進行礦業專案證券融資；③發放抵押貸款的金融機構將貸款證券化等方式。這樣的制度架構有利於資本的彙集，也可使原來流動性不強的礦產資源財產權轉化爲流動性較強的證券。

(二)根治礦難頻發：跳出唯產權改革的實踐模式

1.我國礦山企業安全生產狀況呈惡化趨勢——以煤礦業為例

近年來，有關礦難的新聞經常佔據著我國各大媒體的頭條，其發生頻率之高、人員傷亡之慘重，令人震驚。以 2003 年為例，2003 年全球煤礦事故死亡人數約 8,000 人，其中 80%在我國，為 6,434 人；該年我國百萬噸死亡率接近 4 人，是美國的 100 倍、南非的 30 倍（同年美國為 0.039 人，俄羅斯為 0.34 人，南非為 0.13 人）[1]。而 2004 年 10 月至 2005 年 2 月間，短短幾個月，河南大平煤礦、陝西陳家山煤礦和遼寧孫家灣煤礦相繼發生死亡人數均在百人以上的特大安全事故，使礦難一躍而成為引起中央政府高度重視的重大公共事件[2]。另外，郭朝先（2007）的一項研究認為，從 20 世紀 80 年代至今，我國煤礦的百萬噸死亡率呈下降趨勢，但百萬個工作日死亡率卻呈現出先下降後上升的態勢（參見表 5.7）。

我們認為郭朝先的研究雖然反映出了一些問題，但還不全面，因為他主要以國有及重點煤礦的數據作為樣本，而沒有考慮眾多的中、小煤礦問題，但中、小煤礦的礦難發生率卻更高。我們這裡僅以 2007 年礦難發生的事故與頻率對他的研究作一補充，以證明當前礦難發生頻率居高不下的現實狀況確實不容樂觀。

……2007 年 1 月 12 日 14 時左右，山西省忻州市寧武縣化北屯鄉牛心會煤礦發生瓦斯爆炸、13 人死亡；2007 年 1 月 28 日 0 時 20 分，貴州省盤縣水塘鎮迤勒煤礦發生特大瓦斯爆炸，16 人死亡；2007 年 3 月 18 日 0 時 0 分，山西晉城市城區西上莊苗匠聯辦煤礦，井下發生瓦斯爆炸，21 人遇難。2007 年 5 月 23 日 21 時 40 分，四川瀘州市瀘縣興隆煤礦井下發

---

[1] 鄭風田，等. 根治礦難：產權改革能否有效——兼析山西臨汾、呂梁的煤礦產權改革試點 [J]. 經濟學家，2007(4).

[2] 鄭風田，等. 根治礦難：產權改革能否有效——兼析山西臨汾、呂梁的煤礦產權改革試點 [J]. 經濟學家，2007(4).

生瓦斯爆炸，13 人死亡、7 人受傷；2007 年 6 月 3 日 19 時 10 分，山西省忻州市靜樂縣杜家村鎮泥河嶺煤礦發生瓦斯爆炸，13 人死亡；2007 年 8 月 25 日 2 時 10 分，內蒙古自治區霍林郭勒市利源煤礦發生瓦斯爆炸，7 人死亡……[1]

表 5.7　我國煤礦企業安全生產狀況的基本數據（1980～2005 年）

年份	全國煤礦			國有重點煤礦				
	死亡數（人）	煤炭產量（萬噸）	百萬噸死亡率（人）	死亡數（人）	煤炭產量（萬噸）	百萬噸死亡率（人）	原煤全員效率（噸／人）	百萬個工作日死亡率（人）
1980	5067	62013	8.17	1559	34439	4.53	0.91	4.13
1985	6659	87228	7.63	1561	40626	3.84	0.94	3.61
1986	6736	88056	7.65	1236	41392	2.99	1.00	2.99
1987	6726	91228	7.37	1082	42020	2.57	1.05	2.71
1988	6469	95412	6.78	1091	43445	2.51	1.09	2.74
1999	6877	103031	6.67	795	45830	1.73	1.16	2.01
1990	6515	105766	6.16	686	48022	1.43	1.23	1.76
1991	5446	104400	5.22	508	48060	1.06	1.26	1.33
1992	4942	106109	4.66	488	48126	1.01	1.33	1.35
1993	5283	107689	4.91	498	44664	1.11	1.40	1.56
1994	7016	125529	5.59	551	43799	1.26	1.59	2.00
1995	6387	123290	5.18	517	44659	1.16	1.52	1.76
1996	6404	137408	4.66	515	46880	1.17	2.00	2.34
1997	6753	132525	5.10	665	46716	1.42	2.08	2.96
1998	6134	122167	5.02	479	44146	1.09	2.18	2.37
1999	6342	104363	6.08	475	46969	1.01	2.26	2.29
2000	5798	99917	5.80	700	48498	1.44	2.53	3.65
2001	5670	110559	5.13	749	61857	1.21	2.78	3.36
2002	6995	141530	4.94	904	71458	1.27	3.12	3.96

---

[1] http://www.ichina.net.cn/Html/Article/Nmagazine/focus/7525072072342.shtml [OL].

表 5.7（續）

年份	全國煤礦 死亡數（人）	全國煤礦 煤炭產量（萬噸）	全國煤礦 百萬噸死亡率（人）	國有重點煤礦 死亡數（人）	國有重點煤礦 煤炭產量（萬噸）	國有重點煤礦 百萬噸死亡率（人）	國有重點煤礦 原煤全員效率（噸／人）	國有重點煤礦 百萬個工作日死亡率（人）
2003	6434	172787	3.72	894	81405	1.10	3.54	3.68
2004	6027	199735	3.08	854	93880	0.93	3.76	3.50
2005	5938	215132	2.81	984	102421	0.96	4.11	3.94

注：百萬個工作日死亡率（死亡人數／百萬個工作日）＝百萬噸死亡率（死亡人數／百萬噸產量）×原煤生產全員效率（噸／人）。

〔資料來源〕根據《中國煤炭志＋綜合卷》、《中國煤炭工業年鑒》各期、《中國煤炭工業統計資料彙編（1949～2006）》整理。轉引自：郭朝先. 我國煤礦企業安全生產問題：基於勞動力隊伍素質的視角 [J]. 中國工業經濟，2007(10).

2.根治礦難頻發的產權改革試點：山西案例及反思

為解決礦難頻發的頑症，國家先後採取了多項整治措施，但礦難依舊此起彼落地發生著。在根治礦難問題的政策建議上，許多專家都認為：只有啓動產權改革方案，才能徹底解決礦難頻發的問題。並且在已有的試點中，山西省走在了前面，例如臨汾、呂梁等地區相繼啓動了以"明晰產權、整合資源、有償使用、強制採改、確保安全"為目標的礦產資源產權改革試點。其改革的具體做法如下[1]：

(1)透過協議轉讓的方式將煤礦轉讓給原來的直接經營者，只有在後者不願接手時才公開競價。

(2)轉讓按儲量一次性賣斷。總額 1,000 萬元以上的先交 1,000 萬元，餘款按比例 6 年內付清。

(3)關於儲量的確定，臨汾在方案公佈前緊急封存了所有檔案，由

---

[1] 苗元禮. 搞好採礦權有償使用試點" 推進煤炭業健康有序發展 [J]. 今日中國論壇，2005(11)；肖華. 山西煤礦產權改革起步 [N]. 南方周末，2005-08-11.

相關人員在一間賓館裡"閉關"3天3夜計算得出。

(4)如何分配這些轉讓礦權所得價款？這是另一個比較重要的問題。山西與國家之間的約定是，新增煤礦在試點期間的價款按 8：2 分成，以後調整為 7：3，至於舊有礦，山西爭取到的結果是國家不介入。至於省內的分配比例，協議轉讓的省、市、縣按 3：2：5 公開競價出讓的按 2：3：5 比例分成。

(5)此外，臨汾市對年產 9 萬噸以下的煤礦全部進行整合或關閉，對尚有開採價值、資源位置相鄰的煤礦實行資源整合，由政府統一規劃，企業自願聯合，透過兼併、重組等方式整合為單井年產 15 萬噸以上的煤礦。呂梁市的做法是將採礦權出讓與資源整合相結合，透過技術改造建設了一批年產 30 萬噸以上的主要礦井。

(6)堅持強制採改。對全市所有煤礦強制實行了採煤方法改革，對積極進行採改的煤礦給予重獎。

顯然，山西煤礦產權改革可以視為現階段礦產資源產權制度改革的一個縮影。其目的就是要徹底理順煤礦資源產權，建立責、權、利相統一的經營體制，使煤礦的產權制度改革按照黨的十六屆三中全會上提出來的"歸屬清晰、權責明確、保護嚴格、流轉順暢"[1]，十六字方針建立現代產權制度。但是，對於產權改革的"單兵突進"是否能真正緩解目前礦難頻發的態勢還存在著一些爭論，已經有部分學者就此提出了一些質疑。他們的觀點如下：

楊宜勇等[2]認為礦難分佈範圍之廣、災情之嚴重，從根本上證明了我國煤礦業在管理上、制度設計上存在重要問題。顯然，他們是將礦難問題歸結到行業規範與管理制度的設計上，當然就不僅僅限於產權改革了。他們認為，應當透過加大政府支援力度、開拓多渠道的技術

---

[1] 中共中央關於完善社會主義市場經濟體制若干問題的決定 [R]. 北京：人民出版社，2003.

[2] 楊宜勇，等. 對中國礦難的制度分析 [J]. 發展，2005(6).

支援途徑等措施來建立制度化的管理體系，使制度設計更能保障弱勢群體——礦工的安全及福利，這樣才能從長期、規範的角度減少礦難。顯然，在他們看來，產權改革只是根治礦難的一個局部方案而已。鄭風田等[1]則指出了一些產權改革所無法解釋的現象，例如：

(1)從宏觀的角度來看，煤礦開採高事故率、高死亡率並不是只有中國才有的特殊現象，而是經濟高速發展時期各國的普遍規律。以美國這個私有產權制度非常明晰的國家為例，其在19世紀末20世紀初也經歷了一個事故多發期。當時每年有6%的礦工死亡、6%殘廢、6%暫時失去勞動能力，加起來每100個人裡有18人會碰到這樣的事。後來，美國在制定和完善與煤礦安全有關的法律法規、建立和健全煤礦安全監察體系、加強監管、教育和培訓礦工、推動礦工和工會發揮作用以及依靠先進科技手段保障安全等方面進行了卓有成效的工作，美國的煤礦安全事故才穩步下降。此外，澳大利亞、德國、英國、俄羅斯以及南非等礦業大國，也都經歷了一個由"高產量、高死亡率"到"高產量、低死亡率"的經驗過程。顯然，這不是僅僅由產權制度改革所能解釋的。換言之，這可能是經濟發展進程中的一個規律。

(2)從微觀角度看，即使在相同的產權制度環境下，不同的煤礦企業的礦難發生率與死亡率也大不相同。以產權獨立、明晰、流轉順暢的美國為例，美國國家科學院在1981年對美國國內最大的19家煤礦企業進行了調查，結果顯示，不同煤礦企業的安全記錄存在很大差異（見表5.8）。

---

[1] 鄭風田，等. 根治礦難：產權改革能否有效——兼析山西臨汾、呂梁的煤礦產權改革試點 [J]. 經濟學家，2007(4).

表 5.8　1978～1980 年美國 19 家大型煤礦企業因事故造成的工傷率

煤礦企業	工傷率（人）	煤礦企業	工傷率（人）
馬普科	4.4	皮博迪	12.3
歐德本	4.5	羅徹斯特・匹茲堡	13
Island Creek	6.1	東部聯合	15
伯利恆	7.6	賽格勒	15.2
美國鋼鐵	8	弗里曼聯合	15.4
固本	8.3	美國電力	15.7
阿拉巴馬	9.1	Republic	18.7
瓊斯・勞佛林	11.8	Valley Camp	18.9
皮特頓	11.9	威斯特犀蘭	21.1
北美	21.8		

〔資料來源〕NATIONAL ACADEMY OF SCIENCES, Toward Safer Underground Coal Mines [M]. Washington D.C.: NAS, 1982.

　　從表 5.8 中可以看出，這 19 家煤礦企業的工傷率差異很大。安全記錄最好的 3 家企業的平均工傷率爲 5 人，而安全記錄最差的 3 家企業的平均工傷率爲 20 人，二者相差了大概 4 倍。其中最好的企業工傷率爲 4.4 人，最差的企業工傷率爲 21.8 人，數據相差近 5 倍。這些數據證明，產權明晰程度與礦難發生頻率之間並不是簡單的線性關係，不能認爲產權明晰了礦難發生頻率就會自動下降。美國的經驗數據證明，即使是全美排名靠前、產權清晰的大型煤礦企業，也曾存在高事故率、工傷率的情況，這的確值得我們深思。

　　(3)產權改革與煤礦經營者是否主動增加安全技術投入無必然聯繫。即使產權清晰了，煤礦經營者主動增加安全技術投入，變短期經營爲長期經營的行爲，也未必就會發生。因爲煤礦經營者是否增加安全技術投入，不是取決於產權的清晰程度，而是取決於：①煤礦經營者的投資能力。煤礦開採的安全技術等前期投入非常高，動輒以千萬元計，而且這種投資是否能收回還是未知數，資質差的煤礦經營者不會主動出資負擔經營風險。②煤礦經營者的投資意識。有了投資能力，還要看煤礦經營者是否具備進行安全技術投入的投資意識。根據經濟人理性假設，如果沒有一定的激勵制度設計，煤礦經營者不會有動力付出安全技術保障的鉅額投入，短期經營、竭澤而漁現象的出現並不奇怪。②關鍵的問題是安全技術投入的成本 C 與其帶來的收益貼現 R^1 的對比，經濟學意義上叫做成本－收益分析。這裡有一個未來各期開採收益貼現與初期安全成本－收益的比較問題，只有當 R－C＞0，且煤礦廠商能夠受到這樣的激勵時，才會選擇投入安全技術設施。顯然，這又是一個不僅僅限於產權制度設計的問題。就我們在中國北方 H 省的調研情況而言，中國北方 H 省礦區煤礦安全生產的制約因素主要有兩個：一是礦區的安全技術投入（物的因素），例如，煤礦的永久性和臨時性安全設備如風機功率、巷道、風扇與液壓支柱、高級瓦斯防爆系統、水泵、電機等，只有按照嚴格的標準投入安裝並正確使用這些設備從事礦業生產，才有可能將安全事故的發生率降低到國家所規定的百萬噸死亡率之下；二是礦區的管理體制（制度與人爲的因素）。礦區安全生產與安全事故的發生，不僅僅是安全投入多寡這樣的技術性問題（儘管這確實很重要）造成的，更多的則是制度或人爲的因素造成的，這是需要引起我們高度重視的問題。

從採礦權配置、業主使用與監管的角度來看待對礦難的影響，我們所調研的 H 省礦區表現出了一些共性的特徵：①採礦權配置給礦山企業的年限較爲固定，並主要是以保有儲量來決定長短：該省小型礦一次最多配置 5 年、中型和大型礦一次最多配置 15 年或 20 年，年限

---

[1] 這裡的 R 我們強調爲未來各期收入的貼現，以區別於鄭風田（2007）提出的一般意義上的收入，這樣，$R = R_1/(1+i) + R_2/(1+i)^2 + R_3/(1+i)^3 + ... + R_n/(1+i)^n = \sum_{n=1}^{k} \frac{R_n}{(1+i)^n}$，i 爲貼現率，k 爲未來的期數。當 $\sum_{n=1}^{k} \frac{R_n}{(1+i)^n} - C > 0$ 時，煤礦廠商才會選擇安全技術投入。這種成本－收益比較在投資經濟學意義上叫 NPV 法（淨現值法）。

屆滿後原礦主在滿足相關法律規定和安全生產條件的前提下可優先續期（或轉讓）；②從規模上看，凡年產量 3 萬噸以下的礦井都要關停；③從獲得採礦權應繳納的配套稅費來看，大致有登記費、使用費、資源補償費、價款、資源稅、安全保障金、環境污染治理金，等等。從 H 省礦區的實際情況來看，由於其處於礦產資源開發的中後期或枯竭期，故採礦權配置、使用與監管方面顯示出較為謹慎的特點，被調研的對象普遍認為礦山開採的安全問題、礦難問題與採礦權的時間、稅費、規模配置並無直接的線性聯繫，因此，他們現在的主要工作是調整礦區的產業佈局，爭取在儘早的時間內擺脫純粹依靠資源產業作為經濟發展主動力的現狀。

(4)產權改革本身面臨實際操作的難題。其一，準確確定轉讓價格和儲量存在困難。礦產資源產權改革，最大的挑戰是：資源如何定價、儲量如何清晰確定。價格定得太高，購買者無法接受，即使購買了也無力再追加安全技術投入。價格太低，顯然也不合理，因為它背離了資源有償使用的改革初衷。山西臨汾、呂梁的改革試點，定價偏低，儲量的計算方法也不盡如人意。這反映出我國權威礦業權評估機構的缺乏，這是我國礦產資源產權制度改革的技術性障礙之一。其二，轉讓方式存在弊病。山西的產權改革方案為產權交易的尋租和設租提供了平台和空間。黃少安[1]認為，在我國的產權改革和產權重組中，承包制、股份制、兼併、合併、拍賣、租賃等形式，存在"雙向尋租"的極大可能。煤礦產權改革也存在同樣的問題，一方面，政府希望儘快轉讓出煤礦的產權以遏制礦難的多發；另一方面，不同於政府的另一些主體（煤礦經營者或潛在投資者）也在努力爭取獲得這些產權，產權的交易存在競爭性，同一競標物在面對多個買家時本應按照"誰出價高（價格相同時誰的資質更好）誰獲得產權"的原則施

---

[1] 黃少安. 國有中小型企業產權重組過程中的"尋租"分析 [J]. 財經研究，1996(10).

行，但在實際操作過程中，由於個別政府官員設租以及潛在煤礦經營者積極尋租行為的存在，很可能的結果是資質差的潛在煤礦經營者透過"暗箱操作"以低價拿到了產權（價格差被尋租活動消耗了），最終造成礦產資源產權交易市場上的"劣幣驅逐良幣"現象。其三，非法所得合理化和國有資產流失的可能。產權改革的一個重要目的是產權主體的多元化，以期能引入競爭，建立可交易的產權市場，這對資源的合理流動與最優配置都具有重要意義。但臨汾、呂梁採取的優先轉讓給原經營者的做法，使產權轉讓只在政府與原煤礦的承包者之間進行，內部人優先買斷限制了外部競爭者的進入[1]。這樣，由於缺乏競爭，產權交易過程中也就不存在價格調節機制了，達不到合理的產權配置效率（即產權由具有最優資質的煤礦經營者來獲得）。其四，合理確定國家出讓收益分配比例的難題。對於國家出讓的礦業權收益，究竟是歸中央政府還是歸地方政府，法律上並沒有明確規定，用主流經濟學的辭彙來說，這是一個"大國分權的難題"。按照"誰所有，誰受益"的角度來理解，出讓收益當然應當歸中央政府，因為我國現行法律規定"由國務院行使國家對礦產資源的所有權"。但是很明顯，在山西臨汾、呂梁的試點過程中，煤礦採礦權出讓的收益，給予了縣一級政府較多的收益權。這種改革方式是否合理，是否損害到了作為代表國家行使礦產資源所有權的中央政府的利益，還值得進一步探討。

以上的論述證明，礦產資源產權制度不改革不行，因為傳統的管理體制的運行效率實在太低。但僅僅靠單一的礦產資源產權制度改革也不能完全解決礦難頻發的問題。鄭風田等（2007）認為這是我國礦產資源管理制度市場化改革進程中，政府職能轉變滯後造成的。但我們認為，這也只是原因之一，更深層次的原因還涉及中央政府與地方

---

[1] 雖然我們不能武斷地認為山西煤礦產權改革存在地方保護主義，但不引入外部戰略投資者的做法至少違背了公平競爭的產權改革原則。

政府分權、政府與企業分治以及潛在礦業權經營人、土地使用權主體甚至礦業地周邊居民之間分利、分風險的諸多因素，核心的問題是利益關係沒有理順——該激勵的沒得到激勵，該約束的沒受到約束，使得無論探礦、採礦還是礦業權的轉讓過程中，都存在大量的事前機會主義和事後道德風險，遭殃的不過是沒有任何生命力的礦產資源和生態環境——其實，最後還是我們人類遭殃。顯然，礦產資源管理制度的市場化改革不只是等同於產權改革，"唯產權改革"無論是在理論上還是在實踐上，都存在很大的問題。從政府的角度來說，礦業權不是"一賣了之"就"萬事大吉"了的。礦難問題還需要全面的綜合治理（即跳出唯產權改革的實踐模式），這裡既要借鑒國外尤其是發達國家的管理經驗，又要結合中國的國情，按照科學發展觀的要求設計出更加全面合理的管理制度，才能最終解決礦難頻發的問題。

(三) 產權、價格、稅費機制改革的聯動：破除資源型省、市、區 "資源之咒" 現象的根本途徑

在中國由計劃經濟向市場經濟轉型的過程中，有一個現象越來越引人注意，那就是礦產資源越豐富的省、市、區，其經濟發展反而越落後，並且在 18 世紀 90 年代以後，這一趨勢愈演愈烈。《財經文摘》雜誌的記者 2006 年在湖南、四川、河北、內蒙古、陝西、山西等地進行了實地調研，並在《資源越富，百姓越窮？》一文中用大量的事實描述、證實了上述問題。這使得我國資源型省、市、區 "資源之咒"（Curse of Resource）的發展命題越來越凸顯出來，即地區自然資源的豐裕程度與當地經濟增長呈負相關關係[1]。換句話說，在排除

---

[1] 該命題又稱 "荷蘭病"，源自 20 世紀 60 年代。當時，已是製成品出口主要國家的荷蘭發現了大量天然氣，於是政府大力發展天然氣產業，出口劇增，國際收支出現順差，經濟顯現繁榮景象。可是，蓬勃發展的天然氣產業卻嚴重打擊了荷蘭的農業和其他部門，削弱了出口行業的國際競爭力，到 20 世紀 70 年代，經濟反而停滯不前，國際上稱之為 "荷蘭病"。參見：鄧可斌，等.

其他因素影響的條件下，自然資源的豐裕反而阻礙了經濟的增長。徐康寧、王劍[1]的研究認為："資源之咒"命題在中國各地區層面存在，資源豐富的省份、城市，其豐裕的自然資源並未成為經濟增長的動力，反而制約了經濟增長。他們指出，資源採掘業中產權安排的不合理會導致政府出現尋租行為和政府干預現象，同時產權的不合理和由此導致的政府干預行為還會加大貧富差距，進而影響勞動力和資本作用的發揮。那麼，這是否意味著進行產權改革就能一勞永逸地解決中國各地區的"資源之咒"問題呢，我們認為，這顯然是不夠的。我們將從礦產資源價值構成的角度，來探討如何解決"資源之咒"問題，基本的結論是：只有使產權、價格、稅費機制的改革產生聯動效應，才能實現上述目標。

1.礦產資源價值 V 構成的二維屬性

路卓銘等[2]在對自然資源價值及其構成的理論探討中指出，對資源價值定性源於效用價值論。資源價值的量不僅取決於社會生產和再生產，而且取決於自然生產與再生產和資源的供求關係。資源主要價值的構成取決於社會歷史條件。在可持續發展理念下，應從稀缺和可持續這兩大重心來對自然資源進行二維定性，簡單地說，自然資源既是經濟資源，又是生態環境的一個有機構成部分。進而，他們認為自然資源的價值規定性可分為經濟價值、生態價值和環境價值。我們也贊同這一劃分方法，由於礦產資源是自然資源的一部分，顯然它也具有這種相同的價值規定性，按照路卓銘等的做法，我們認為礦產資源的價值構成可參見表 5.9。

政府干預、自然資源與經濟增長：基於中國地區層面的研究 [J]. 南開經濟研究，2007(3).

[1] 徐康寧，王劍. 自然資源豐裕程度與經濟發展水平關係的研究 [J]. 經濟研究，2006(1).

[2] 路卓銘，等. 短缺與可持續雙重視角下資源開發補償機制研究——兼論我國資源型城市可持續發展的長效機制 [J]. 財經研究，2007(9).

表 5.9 礦產資源的價值構成

礦產資源的二維屬性		經濟價值	天然價值 （N：產權價值）	來自自然生產和再生產過程	礦產資源的價值構成 V
	1. 經濟資源屬性 ↓ 市場經濟下的稀缺性		人工價值 （L：生產價值）	來自社會生產和再生產過程	
			代內及代際補償價值 （G：不可再生價值）	來自資源不可再生產下的代際公平	
	2. 生態環境屬性 ↓ 可持續發展觀下的稀缺性	生態價值	外部補償價值 （G：補償生態環境）	資源開發後，這兩個價值就演變為外部補償價值或補償生態環境價值	
		環境價值			

〔資料來源〕根據路卓銘等的相關研究修改得到。路卓銘，等. 短缺與可持續雙重視角下資源開發補償機制研究——兼論我國資源型城市可持續發展的長效機制 [J]. 財經研究，2007(9).

由表 5.9 可知，礦產資源的經濟價值包括天然價值 N、人工價值 L 和代內與代際補償價值 G 三部分，而生態價值和環境價值可合併成（外部）補償價值 E。因此，礦產資源價值 V＝N＋L＋G＋E。這裡，天然價值 N 是指自然資源作為經濟資源本身所具有的、未經人類勞動參與的價值，其價值量大小取決於自然資源的豐裕度、品質及所處區位等因素。它主要反映資源的生產成本。資源天然價值的形成對應著資源的自然生產和再生產過程，資源人工價值 L 的形成對應的則是資源的社會生產和再生產過程。代內與代際補償價值 G 反映的是不可再生資源在同代人之間及代際之間的公平與補償問題。之所以提出代內與代際補償的問題，說到底就是不能再進行資源開採的"竭澤而漁"了。這裡需注意的是，可再生資源一般不存在在代內和代際補償問題，有無代內及代際補償價值是可再生資源與不可再生資源價值構成上的根本區別，這也是礦產資源的特殊性所在。如果進行資源開發，資源存在時所具有的生態價值和環境價值就可能部分或全部滅失，因而，可將這兩個價值合併為外部補償價值 E，它強調的是在資源開發實現的總價值裡，要有對生態價值和環境價值進行補償的部分。

2.政策措施：產權、價格、稅費機制改革聯動

顯然，從礦產資源價值 V＝N＋L＋G＋E 的價值構成規定性分析來看，資源型省、市、區破除"資源之咒"現象的政策選擇，就不應再侷限於產權改革了，因為產權改革只能解決天然價值 N 這部分權利的界定問題，而對資源人工價值 L、代內與代際補償價值 G 和外部補償價值 E 的政策選擇，顯然就不僅僅是產權改革所能應對的了。下面，我們將從產權、價格、稅費機制改革聯動的角度來談一談如何促進資源型省、市、區的可持續發展。

(1)產權制度改革

產權改革所針對的是解決天然價值 N 這部分權利的界定問題。後續的改革應當做到：

①進一步明晰礦產資源的所有權，防止礦產資源國家所有權的利益被削弱。例如，在公有產權內部，清晰界定國家所有權與集體所有權的界線，防止集體所有權對國家所有權的侵蝕。當然，更要防止私人採礦者對國有礦產資源進行開採，同時要嚴厲打擊偷採、濫採國有礦產的違法行為。

②活化礦產資源使用權。a.要清晰界定使用權的界線，防止侵權行為發生。b.要保持使用權的長期穩定性：一是要適當延長使用權期限，使之與資源開發和利用的經濟週期相匹配；二是保持相關法律、政策的穩定，儘量避免在使用權期限內頻繁調整。c.放鬆對使用權的過多限制，給使用者以自主的使用權、經營權。d.拓寬使用權的取得途徑：除了劃撥、承包經營、頒發許可證外，還可以採取租賃、招標、拍賣、合資、合作、入股等多種形式取得使用權。e.積極探索有效行使使用權的方式，培養自主組織與自主治理的能力。

③保障礦產資源的收益權。應當合理界定收益權，提高使用權收

益所佔的比重。在權利束中，礦產資源所有權、使用權都是可以且應該取得相應收益的權利，即存在所有權收益和使用權收益。判斷收益權界定合理的標準，就是對礦產資源平均收益影響更大的一方取得剩餘權的比例也應當更大[1]。

④啓動礦產資源產權的轉讓權。a.設立相應的轉讓權制度安排，擴大轉讓權所涉及的資源範圍。b.適當放鬆對轉讓權的不合理限制。目前，有一部分已作出轉讓權安排的礦產資源產權，其轉讓的內容與邊界都受到了一些不合理的限制，特別是對受讓主體的限制，這造成了人爲的不公平，需要逐步放鬆這部分限制。c.建立完善的產權交易市場。產權交易市場是礦產資源產權交易的活動場所，完善的產權交易市場應該由所有權市場（出讓與交易市場）和使用權市場（出讓和交易市場）構成。鑒於礦產資源在我國始終是國家所有的，所以後續的改革重點應當放在使用權市場的一級市場（出讓）和二級市場（交易）建設上，爭取用不太長的時間將這個使用權市場培養成爲啓動礦產資源轉讓權的重要平台，最終提高資源型省、市、區產權交易的效率，爲這些地區的可持續發展奠定堅實的礦產資源產權制度基礎。

(2)資源價格形成機制改革

《南方周末》記者 2005 年報導，中國的礦產資源價格體系處於扭曲的狀態，其主要表現是：①目前的礦產品成本中有三個最重要的組成部分沒有被包括進去：礦業權的取得成本、環境的治理和生態的恢復成本、安全投入成本 '這裡實際上已經涉及 L、G、E 等部分；②礦業權無償取得，導致資源浪費和使用效率低下；透過行政審批發放礦業權，引致了大量的腐敗；③我們的企業只要取得了礦業權，造成的污染就可以不用管了。這就形成了企業成本的外部化和私人成本的社會化，這些未計入企業的成本就體現爲企業很大的一塊利潤，這一

---

[1] 謝地. 論我國自然資源產權制度改革 [J]. 河南社會科學，2006(5).

套機制絕對是不可持續的惡性循環機制。資源有償使用制度尚未形成，資源的破壞式開採或過度開採形勢比較嚴峻。因此，必須加快推進資源價格形成機制的改革步伐，建立起市場化的資源價格形成機制。

第一，要切實建立起反映市場供求、資源稀缺程度以及環境污染損失成本、代內與代際公平成本的價格形成機制；第二，要加快培育、完善基礎市場、產品市場和期貨市場的統一、開放、競爭、有序的資源市場體系；第三，要積極培育礦業權評估機構、專業經紀公司等市場仲介組織，降低市場交易費用、提高交易效率；第四，要大力推進資源型企業改革，透過加快企業法人治理結構、現代企業制度建設，建立健全企業激勵和約束機制，尤其要注重對資源型國企進行改革，同時要規範民營、外資企業的開採權限、範圍——限制或禁止對一些不可再生的重要礦產資源的開採，限制或禁止高物耗、高能耗、高污染的外資專案進入。[1]

(3)資源稅費制度改革

據《上海證券報》2007年11月1日報導[2]，我國新一輪資源稅費改革方案已基本定型：新的資源稅改革方案已經上報國務院，徵收方式擬由"從量計徵"改為"從價計徵"。據稱，新的改革方案擬首先把原油、天然氣、煤炭等資源由現在的從量計徵改變為從價徵收，同時把原來不徵收資源稅的礦泉水等也列入了資源稅徵收範圍。這一做法，可以使稅收與資源的市場價格直接聯繫在一起。但是，我們認

---

[1] 據《上海證券報》2007年報導，國家發改委和商務部於11月7日聯合頒佈了《外商投資產業指導目錄（2007年修訂）》，指出：對我國稀缺或不可再生的重要礦產資源，新目錄不再鼓勵外商投資；一些不可再生的重要礦產資源也不再允許外商投資勘查開採；限制或禁止高物耗、高能耗、高污染外資專案進入。此外，大豆和油菜籽食用油脂加工、生物液體燃料生產要求由中方控股，玉米深加工則被列入限制類目錄。趙陽，等．不再鼓勵外商投資建設普通住宅 [N]．上海證券報，2007-11-8．

[2] 何鵬，薛黎．新資源稅改革方案已報國務院改為"從價計徵" [N]．上海證券報，2007-11-01．

爲，由"從量計徵"改爲"從價計徵"的稅費改革方式雖然重要，但這顯然是不夠的。資源稅費制度改革的關鍵在於理順資源收益分配關係，實現對資源型省、市、區各種價值規定性的合理補償[1]。

　　首先，要實現對所有者（國家）的補償。以前國家作爲資源所有者的身份與作爲社會管理者的身份不分，致使本來應該以權利金形式收取的資源出讓價款變成了帶有濃重管理收費色彩的資源使用補償費。另外，資源的級差收入體現在主要作爲地方稅種的資源稅中也有問題，因爲從法理上講，它最應該體現在所有者權益中。路卓銘等人（2007）的建議是，將資源補償金與資源稅合併爲資源權利金，按消耗資源儲量從價徵收，並適當提高收費標準。在使用方式上，建議國家設立"衰退資源城市激進轉型專項促進基金"，以大部分權利金充實該帳戶；預留出少部分權利金，建立"資源開發特大環境災難補償

---

[1] 林毅夫（2007）在北京大學舉行的"CCER 中國經濟觀察第十次報告會"上也指出，目前我國資源稅費極端不合理，不僅成爲導致中國目前收入差距擴大和收入分配不均的主要癥結之一，也進一步加劇了中國經濟發展所面臨的資源與環境壓力。統計數據顯示，2006 年我國國內生產總值佔全球總量的 5.5%，但能源的消耗佔世界總量的 15%，給環境造成了很大壓力。林毅夫認爲，資源稅費低是加劇我國當前環境和資源壓力的一個重要原因。改革開放後，我國允許民營和"三資"企業進入資源開採業，但由於國有礦山企業背負著退休人員和冗員等社會負擔，爲了補貼國有礦山企業，國家只徵收極少的資源稅和資源開發補償費。儘管 20 世紀 90 年代初礦產資源價格開始和國際接軌，但我國資源稅費仍然維持在原來水平而沒有改變，開礦因此變成了一個暴利行業。林毅夫建議，應該把資源價格提高到一個合理的水平，對於環境的要求應該有比較高的標準，提高對違規的懲罰力度和執行的強度，使守法成本低於違法的成本。此外，應按照科學發展觀的要求制定幹部考核和升遷指標，使得地方幹部在推動地方經濟發展時有積極性去引導、監督企業節約能源、保護環境。據悉，目前財政部也在研究改革資源稅制度，完善資源稅計稅依據，調整資源稅稅負水平，增加資源地的財政收入，促進資源節約、環境保護和增長方式轉變，並將調整污染收費政策，促進"兩高一資"產品承擔其應承擔的社會成本，進一步實施節能降耗以及資源環保方面的財稅激勵政策措施，實現節能者、減排者受益，高耗能、高排放者受罰。林毅夫. 資源稅費不合理是收入分配不均主因之一 [OL]. 新華網，2007-07-30。

基金"，用於因資源開發所帶來的超出資源開發企業和資源城市應對能力的危及整個地區甚至跨區域、跨流域的特大生態環境危害。顯然，路卓銘等人的政策建議考慮到了發達國家所走過的"先企業污染，後國家治理"這種老路的前車之鑒，而要求實現對所有者——國家的補償。說到底，就是不能將微觀經濟主體採礦的負外部成本全部攤到國家財政身上，收取權利金是用經濟手段將這種負的外部成本由微觀主體與國家共同分擔，這樣就可以避免企業的短期性、"竭澤而漁"式的開採行為了。

其次，要實現對資源型省、市、區可持續發展能力的補償。在所有補償中，它應該是最重要的，這也是我國資源稅費制度改革的重點。資源開發帶來的生態改善、污染治理、土地復墾工作、水土流失防護、地質災害治理等，目前只能靠政府財政"兜底"。除生態環境補償外，接替主導產業及其配套產業的培育成本、社保資金儲備、社會救助體系建設成本、重點基礎設施建設成本等事關資源型省、市、區可持續發展能力的補償專案，也應該成為資源稅費制度改革的要點。可以嘗試將礦業權使用費、礦業權價款等稅費合併一體，構成資源型省、市、區發展基金，重點用在有利於產業轉型的新興高科技產業的扶持投入、重大生態環境惡化的生態治理、社保體系完善和強化基礎設施建設等方面，以方便資源型省、市、區資源枯竭後順利完成產業轉型，避免"礦竭城衰"的惡性循環後果。

最後，確立資源產業在國民經濟中的基礎性產業地位，以及對資源開發微觀經濟主體補償等問題需要改革稅費制度。一是改革企業增值稅，將此項稅負降到略低於製造業的真實稅負水平或將資源產業的生產型增值稅改為消費型增值稅，並在所得稅前提取一定比例銷售收入來設立資源型企業可持續發展基金（路卓銘等，2007），該基金用於企業技術研發、企業破產後的職工安置等支出，還可用於企業產業轉型和並購支出。總之，要切實改變"靠礦吃礦"的企業發展觀，使資源型企業走出傳統的企業生命周期，避免資源枯竭後把企業的破產安置成本全部拋向社會。二是從企業資源銷售收入中提取一定比例成立"企業環境修復與生態補償治理基金"，這一基金具體是由政府部門代管還是歸企業自己處理，可以根據實際情況靈活規定，但一定要注重對基金專款專用的監管，必須用於資源開發後不可避免的環境污染治理，使資源開發的外部成本內部化。三是針對資源型企業因資源價格短期巨幅波動而獲得的暴利設立特別收益金[1]，進入中央財政專項支配，用於我國資源企業的國際化戰略和新能源開發（路卓銘等，2007）。這樣既有利於提高我國資源產業的國際競爭力，也能透過對國際資源的有效整合來保障我國的能源安全。

從我們在中國北方 H 省各礦區調研並反饋回來的情況看，地方政府對資源稅、價款、資源補償費、安全保障金、環境污染金這類礦山企業必須，繳納的稅費等都有具體的規定，有的按面積徵收，有的按儲量徵收，有的則按國家前期的地勘投入徵收，等等，而這些具體規定是國家性的法律、法規中沒有明確說明的，換言之，H 省的具體做法放到其他省份也許就不合適。從關停小煤礦的情況來看，H 省既嚴格執行了中央的規定（即 3 萬噸以下的中小煤礦到 2007 年底必須關停），又根據地區的實際情況做了合理的調整，例如該省 F 礦區就因地制宜地整合了若干中小煤礦，使其統籌為年產在 15 萬噸以上的中等煤礦，這種變通的規劃不失為既不浪費資源，又可提高規模經濟效應的可行舉措，這種整合提升了部分設備，使小、散、亂的開採格局

---

[1] 在財政部設計的礦產稅體系中，特別收益金是新增加的。特別收益金又稱"暴利稅"，是針對行業取得的不合理的過高利潤徵稅。透過測算各種資源的成本、各種費用以及利潤空間，保證留給企業足夠的收入用於可持續發展的開支後，計算出暴利階段。比如石油，假如每桶 40 美元，生產成本每桶 8~10 美元，對環保、工人安全等綜合因素考慮計算後，超過 40 美元以上則進入暴利階段，就要徵稅。王延春，等. 財政部完成礦產資源稅改革設計"可能開徵"暴利稅"[N]. 經濟觀察報，2005-11-19.

得到了遏制，礦山規模化、集約化開採程度得到了提高，有利於提升該省的可持續發展能力。

總而言之，無論是礦產資源產權改革、資源價格形成機制改革還是資源稅費機制改革，都應該在科學發展觀的指導下，按照形成資源節約和保護生態環境的要求來改變資源型省、市、區的"資源之咒"現象，避免"礦竭城衰"的不可持續的開採行為，使地區的經濟發展、產業轉型能夠順利進行[1]。可以採取產權、價格、稅費等制度的聯動改革，積極試點，並根據實踐反饋，爭取在不太長的時間內將這種聯動的改革全面鋪開，最終破除地區經濟發展的"資源之咒"。

---

[1] 國務院總理溫家寶於 2007 年 11 月 28 日主持召開國務院常務會議，研究部署促進資源型城市可持續發展工作。會議認為，長期以來，以本地區礦產、森林等自然資源開採、加工為主導產業的資源型城市，為國家建設做出了重要貢獻。但這些城市在發展過程中累積了許多矛盾和問題，主要是經濟結構單一、缺乏發展後勁，環境污染、生態破壞嚴重，失業和貧困人口多。中央政府和地方政府都要重視資源型城市，尤其是資源枯竭型城市的發展，加大支援力度，儘快建立有利於資源型城市可持續發展的體制和機制。會議提出了五點有針對性的措施，值得我們參考：第一，建立資源開發補償機制和衰退產業援助機制。按照權益與責任相一致的原則，明確企業的資源補償和環境保護主體責任。加快資源價格改革，把環境治理、安全設施投入、企業退出和轉產費等列入資源產品的成本構成。第二，發展壯大接續替代產業。用高新技術、先進適用技術改造傳統產業，積極培育新興產業。安排國債資金和中央預算內基本建設資金，集中扶持建設一批接續替代產業。第三，著力解決困難群眾生活問題。認真落實就業再就業扶持政策，大力開發公益性工作崗位，鼓勵自主創業和企業吸納就業，支援發展職業教育。完善社會保險制度和社會救助制度。加快改造棚戶區，抓緊解決廠辦大集體等歷史遺留問題。第四，加強環境整治、環保監管和生態保護。新建礦區要加強環境影響評價，對可能造成嚴重生態破壞和重大經濟損失的，應禁止開採。積極推廣先進適用的開採技術、工藝和設備，大力推廣清潔生產技術。第五，加大政策支援力度。設立針對資源枯竭型城市的財政性轉移支付。改革資源稅制度，調整資源稅負水平，增加資源開採地的財政收入。鼓勵金融機構對資源型城市和資源型企業提供金融支援，設立可持續發展專項貸款。會議強調，資源型城市的可持續發展工作由各省級人民政府負總責，各有關部門要切實履行職責，抓緊落實配套政策措施。溫家寶主持常務會 部署資源型城市可持續發展工作 [OL]. 新華網，2007-11-28.

第六章

水資源產權制度及其改革

一、水資源與水資源產權理論

(一)水權理論研究

1.水資源及水權的演進

根據聯合國教科文組織（UNESCO）1977年的建議，水資源指可利用或有可能被利用的水源，該水源應具有足夠的數量和可用的品質並能夠在某一地點為滿足某種用途而被利用。這些水資源包括了江、河、湖泊，陸上地下水，冰川雪原，海水和海底地下水及其水體[1]，以及土地所有者或使用者修建或所屬的人工河、湖、水庫、水塘、水池、水渠等人工水體[2]。許多國家將水資源規定為水產業[3]。

在人類開發和利用水資源的早期階段，對水資源的利用長期以來採取的是"即取即用"的方式，因而被認為是自由物品而非經濟物品，它與空氣一樣是取之不盡、用之不竭的。無價的水資源當然無需水資源產權制度。

隨著人口和經濟的增長以及開發活動的頻密，水資源逐漸從自由物品變成了有價的物品。但水的價格仍是極其低廉的。斯密在《國富論》中提到的"水－鑽石之謎"說的正是水資源價格的低廉。同時，由於水的流動性即流動、蒸發及滲漏使其產權的界定和計量頗為困

---

[1] 水體是指由水、水中生物和其他物質、水岸、水底等共同形成的水生態系統。

[2] 有法學界的學者認為，水、水資源和水體是三個不同的概念。由於物權的要件包括物權的客體必須是有體之物、必須是單一之物、必須是獨立之物和必須是特定之物，因此對照水、水資源和水體的特徵以及民法物權理論，水權之"水"應該是"水體"而非"水"或"水資源"。但本書認為該研究對實踐以及經濟發展的價值尚有待進一步深入研究和考察，因而仍將"水資源"視為水權的客體。

[3] 比如西班牙《水法》（1985年）規定，西班牙國有水產業包括：內陸水（地表水和可恢複的地下水）；連續的或不連續的自然河流的河床；湖泊和池塘的基底，公共河道上的地表，水庫的庫盆；地下含水層。

難；加之水的重量及其高儲蓄和運輸成本使和水有關的交易費用很高，這些因素加上水權及其投資的水文和法律特性，導致了水權制度的創設成本高於收益，這時人們不會有動力去制定規則和界定產權，因此水資源產權長期沒有被界定。

直至進入工業化社會以後，隨著城市化、現代化進程的加快，用水需求不斷增加，水資源越來越稀缺。與此同時，由於水資源的不可替代性、功能的多樣性以及使用的廣泛性等特點，世界上許多國家都規定水資源屬全民或國家所有[1]。在水資源國家所有的初始規定下，爲了有效利用水資源，人們需要進一步明晰產權，否則，隨著用水供需矛盾的加劇，將不可避免地出現一系列的社會經濟和生態環境問題。而且，由於水資源的需求彈性小，不存在替代效應，導致了水資源的相對價格上升，因而對水資源進行產權界定的相對成本大幅度下降，爲此，以水資源爲特別調整對象的水權及水權制度就作爲解決特定地區社會系統衝突的制度而產生了。

從理論上來講，產權完全界定帶來的成本下降應該等於產權沒有完全界定時的租金耗散，所以人們總會不斷地界定產權，直至二者在邊際上達到相等，形成暫時的制度均衡。由於自然、經濟、社會條件始終處於動態變化當中，界定水權的成本－收益函數也不斷隨之變化，這導致了原來的水權均衡界定水平被打破，水權體系產生了向新的均衡演變的動力[2]。在這個意義上，水權界定是一個水資源產權不斷被界定、外部性不斷內部化、產權行使效率不斷提高的連續的制度變遷過程，也是產權制度均衡不斷被打破、產權制度創新不斷湧現、產權制度不斷變遷的過程，其中水資源稀缺程度的提高是制度變遷的最

---

[1] 由於水在國民經濟和人民生活中的重要性，1976年在委內瑞拉由國際水法協會召開的"關於水法和水行政第二次國際會議"提出一切水都要公有，或直接歸國家管理，並在水法中加以固定。

[2] 資源稀缺程度加劇、人口變化、技術條件變化、制度需求改變或其他制度安排改變，都會產生制度變遷的動力。

根本的動因。

2.水權的內涵

(1)水權概念的界定

儘管不同學科對水權概念的內容、定位和思路都十分不同，但是經濟學領域的研究者基本上是從產權的一般理論出發來展開對水權的研究的，這些關於水權概念的界定無論論證思路還是理論基礎都比較類似，只是表述不盡一致。概括起來主要有以下一些觀點：①水權概念自產權概念延伸而來，因而水權就是水資源的所有權、使用權、用益權、決策權和讓渡權等所組成的一組權利束[1]②。水資源產權即水權。因此水權包括所有權、經營權和使用權以及其他一些衍生權利[2]。③水權是與水資源用益權（例如分配和利用）相關的決策權。它反映各種決策實體在水資源用益權中相互的權利與義務關係[3]。④水權是水資源所有權和各種用水權利與義務的行為準則或規則。⑤水權是水資源所有權、水資源使用權、水產品與服務經營權等與水資源有關的一組權利束的總稱，是調節個人、地區與部門之間水資源開發與利用活動的一套規範[4]。⑥水權是保護水資源合理開發、經營、轉讓與消費的制度安排，也是配置水資源的制度選擇[5]。⑦水權即由國家的法律制度所決定的權利主體關於水的財產權利和公共管理部門管理水事所形成的權利的總稱[6]。

---

[1] 沈滿洪. 水權交易制度研究——中國的案例分析 [D]. 浙江大學博士論文，2004: 829.
[2] 葛顏祥. 水權市場與農用水資源配置 [D]. 山東農業大學博士論文，2003: 46.
[3] 王亞華. 水權解釋 [M]. 上海：上海三聯書店，2005: 316.
[4] 劉偉. 中國水制度的經濟學分析 [M]. 上海：上海人民出版社，2005: 246-251.
[5] 朱淑枝，吳能全. 論水權的起源及其管理 [J]. 學術研究，2004(5).
[6] 楊力敏. 水權定義與水權轉讓路徑探索——兼論取水權轉讓的理論和現實基礎 [J]. 水利發展研究，2000(6).

(2)水權概念的內涵

綜上所述,我國學者大多認為水權是一組權利束,這是一種共識。但如果進一步細分的話,他們關於水權內涵的理解卻有所不同,大致可劃分為以下五種:

①"單權論"。具有代表性的觀點有兩種,一種認為"'水權'一般指水的使用權……考慮到水資源的隨機性,使用權在本質上就是優先使用權"[1];或者說是指我國非水資源所有者依法直接享有的或依法定方式從水資源所有者處原始取得的,直接汲取或使用自然水體中的水資源或經人工改造的水體中的水資源的權利"[2]。另一種則認為,經濟學研究產權的出發點是客觀的經濟關係,沒有法定意義,產權與所有權是等同的,並將產權界定為選擇的權利即"決策權",認為"事實上的選擇(決策)權即事實上的產權"[3]。因此,該語境中的水權其實是水資源決策權。這兩種觀點均把作為研究理論基礎的權利束的水權縮小為某一具體權利的"水權"。

②"雙權論"。這類觀點也有兩種代表性主張,一種主張水權即為水資源的所有權和使用權[4]。進一步地,有的學者在此基礎上提出了水資源權屬的層次劃分理論。他們將水資源的使用權進一步劃分為自然水權和社會水權,其中自然水權包括生態水權和環境水權,社會水權包括生產水權和生活水權[5]。這種水權"二權說"基本上屬於應用性研究,它是在我國的水法和水權改革實踐的基礎上加以闡述的。[6]

---

[1] 傅春,等. 國內外水權研究的若干進展 [J]. 中國水利,2000(6);周霞,胡繼連,等. 我國流域水資源產權特性與制度建設 [J]. 經濟理論與經濟管理,2001(12).
[2] 趙紅梅. 水權屬性與水權塑造之法理辨析 [J]. 鄭州大學學報,2004(3).
[3] 王亞華. 水權解釋 [M]. 上海:上海三聯書店,2005: 31-33.
[4] 汪恕誠. 水權和水市場 [J]. 中國水利,2000(11);傅春,等. 水權、水權轉讓與南水北調工程基金的設想 [J]. 中國水利,2001(2).
[5] 李煥雅,祖雷鳴. 運用水權理論加強資源的權屬管理 [J]. 中國水利,2001(4).
[6] 我國《水法》明文規定:"國家保護依法開發與利用水資源的單位和個人的

另一種則將水權分爲水資源水權和水利工程供水水權兩種。水資源水權是國家的政治權力，而水利工程供水水權是所有者的財產權利。擁有這類水權的具體實質性象徵是：前者擁有全面收取水資源費的權利，而後者擁有水費變水價的權利。擁有權利的水權相應應承擔的義務分別是，前者需治理棄水、洪水等，減輕或免除水災；後者應防治退水、廢污水等，確保水環境潔淨[1]。

③ "三權論"。以姜文來爲代表的學者認爲，水權是指水資源稀缺條件下人們對有關水資源的權利的總和，其最終可歸結爲水資源的所有權"經營權和使用權[2][3][4]。

④ "四權論"。持該論者主要是從產權理論的一般原理入手來討論水權問題，但表述上有所不同。有的認爲，水權的理論基礎即產權是以所有權爲基礎的一組權利束，可以分解爲所有權、佔有權、支配權和使用權[5]。有的認爲產權涉及使用權、收益權、處分權和自由轉讓權等[6]。有的則認爲產權就是對財產的所有權（廣義的），因此，與此對應的水權也就是水資源的所有權、佔有權、支配權和使用權等組成的權利束[7]。還有人針對我國的公有制特點，將水資源產權問題分爲水資源所有權、水資源使用權、水資源工程所有權和經營權四種類型[8]。

合法權益。"雖然這裡沒有直接提水資源的使用權，但已經明確包含著這一層意思。
[1] 董文虎. 淺析水資源水權與水利工程供水權 [J]. 中國水利，2001(2).
[2] 姜文來. 水權及其作用探討 [J]. 中國水利，2000(12).
[3] 劉偉. 中國水制度的經濟學分析 [M]. 上海：上海人民出版社，2005: 246-251.
[4] 當然，有學者堅持認爲只有在有了使用權的前提下，才能談經營權，所以水權最主要的是所有權和使用權。汪恕誠. 水權和水市場 [J]. 中國水利，2000(11).
[5] 石玉波. 關於水權與水市場的幾點認識 [J]. 中國水利，2001(2).
[6] 張範. 從產權角度看水資源優化配置 [J]. 中國水利，2001(6).
[7] 沈滿洪，陳鋒. 我國水權理論研究述評 [J]. 浙江社會科學，2002(5).
[8] 馮尙友. 水資源持續利用與管理導論 [M]. 北京：科學出版社，2002: 147-

⑤ "多權論"。有的學者傾向於認為除了所有權、經營權和使用權以外,水權還應該包括其他一些衍生權利[1],譬如說用益權、決策權和讓渡權等[2]。也有學者認為,水權是由水資源所有權、水資源使用權(用益權)、水環境權、社會公益性水資源使用權、水資源行政管理權、水資源經營權、水產品所有權等不同種類的權利組成的水權體系,水資源產權是一個混合性的權利束[3]。

3.水權的特徵和屬性

(1)水權的特徵

關於水權特徵的研究文獻不多。姜文來在《水權及其作用探討》一文中對此作了闡述,認為水權與一般的資產產權不同,主要表現在以下幾個特徵上[4]:一是水權的非排他性,即從法律層面上來看,法律約束的水權具有無限的排他性,但從實踐上來看,水權具有非排他性;二是水權的分離性,即根據我國的實際情況,水資源的所有權、經營權和使用權存在著嚴重的分離,這是由我國特有的水資源管理體制所決定的;三是水權的外部性,水權具有一定的外部性,它既有積極的外部經濟性,也有消極的外部不經濟性;四是水權交易的不平衡性,即交易的雙方是兩個不同的利益代表者,其地位不同。周霞等也提出了水資源產權的非排他性、外部性、水權交易的不平衡性等特性[5]。

但沈滿洪和陳鋒則認為,水權的特徵不能簡單地等同於水資源本

151.

[1] 葛顏祥. 水權市場與農用水資源配置 [D]. 山東農業大學博士論文,2003: 46.

[2] 沈滿洪. 水權交易制度研究——中國的案例分析 [D]. 浙江大學博士論文,2004: 829.

[3] 蔡守秋. 論水權體系和水市場 [J]. 中國法學,2001(增刊).

[4] 姜文來. 水權及其作用探討 [J]. 中國水利,2000(12).

[5] 周霞,胡繼連,等. 我國流域水資源產權特性與制度建設 [J]. 經濟理論與經濟管理,2001(12).

身的特徵。他們首先分析了姜文來及有關論文存在的一些概念上的模糊和認識上的錯誤[1]：一是混淆了"水權"和"公有水權"的概念，以"公有水權"替代"水權"。並且認爲《憲法》和《水法》都明確規定了水資源歸國家所有，即我國的水權制度屬於公有水權制度。公有產權本來就是具有非競爭性和非排他性的，不存在所謂"法律約束的水權具有無限的排他性"的說法。二是根據姜文來自己對水權的定義，水權本來就是一組權利束。因此，分離性並不是水權的特性，而是產權的共性。三是外部性並不是水權所致，而是公有水權所致。之所以這種現象普遍存在，是由於在水資源的稀缺程度不高的情況下，將水權界定爲私有所需要的成本，往往會高於公有水權可能引起的外部性。四是實際上水權交易的不平衡性並不是永恒的法則，而僅僅是一種特例。由此得出如下結論：水權具有一般的產權所具有的有限性、可分解性、可交易性等屬性（而非特性），除了水資源區別於其他資源的特性（如流動性等）外，從產權角度看，水權並無什麼特徵可言。類似地，劉斌等學者也認爲，水權同時也是一項財產權，與其他財產權具有相同的特性[2]。

(2)水資源的經濟特性及水權的屬性

水資源具有多重特性：一是可循環再生但儲量有限，並需要滿足生態需要的自然特性；二是水供給具有區域自然壟斷性且上游地區處於自然領先地位的生產特性；三是彈性較小的基本用水和彈性較大的多樣化用水的消費特性；四是水利服務同時具有私人物品屬性和公共物品屬性的混合經濟特性；五是水資源循環體系的完整性客觀上要求統一管理，具有獨特的區域特性。

最重要的是，水資源具有明顯的公共性和經濟性。首先，水資源是人類生存的必需品，同時自然賦存於江河、湖泊等地表，容易被人

---

[1] 沈滿洪，陳鋒. 我國水權理論研究述評 [J]. 浙江社會科學，2002(5).
[2] 劉斌，楊國華，等. 水權制度與我國水管理 [J]. 中國水利，2001(4).

採集，即使是地下水也不難採集，這就決定了水資源的消費容易表現出非排他性、非競爭性和免費性。從水資源作爲物的本質屬性看，水資源的公共性是不容置疑的，問題是當水資源短缺、不可能無限滿足公共需要、有效率地開發和利用已經成爲延長或合理滿足公共需要的當務之急時，水資源的經濟性必然顯現出來。各國的用水實踐已經證明，有效率地開發和利用水資源，不僅可以避免水資源消費中的"公地悲劇"、延長水資源的使用年限，還對水資源供給與分配有積極的效果。經濟性可以彌補公共性的不足，刺激公共性的實現。雖然公共性是第一位的，水資源以公共性爲主，以經濟性爲輔，但經濟性絕不是可有可無的，有時甚至會成爲滿足公共性的基礎或前提[1]。

可見，在特定的資源稀缺程度、人口變化、技術條件變化、制度需求改變或其他制度安排條件下，水資源既有私人物品的屬性，又有公共物品的屬性（參見圖 6.1）[2]。前者表明水資源是透過競爭來消費

---

[1] 世界環境發展大會爲此曾達成了如下共識："水是生態系統的組成部分，水是一種自然資源，也是一種社會經濟商品，水資源的數量和品質決定了它的使用性質。""在開發和利用水資源時，必須優先滿足基本需要和保護生態系統。但是，超出這些要求時，就應該向用戶適當收費。"有關水資源的國際會議也一貫倡導採用適當收費、合理定價等經濟刺激手段管理水資源，有效率地開發和利用水資源。"因爲水是有限的寶貴的資源，而且它的開發需要高額投資，所以對它的利用必須是有效的，並且達到國家收益最大可能的水平。制定有效的法律以促進水和與水有關的生態系統有效的、合理的利用和保護。""達到財力上和環境上可持續性，更有成效和更有效率地提供水服務……以高效、公平和可持續方式滿足各種用戶的需要……"，"水在其各種用途裡具有經濟價值，應作爲商品對待。過去，未能認識到水的經濟價值，導致了水資源的浪費和環境危害。把水作爲商品來管理，是達到有效、和平地用水的一個重要手段，也是鼓勵水資源保護的一個重要手段。"爲衆多激烈競爭中的用戶最有效地分配水資源"，"賦予水以價值"，"應實現水資源優化配置……最大限度地提高水的利用效率，提高經濟效益。"參見：肖國興. 論中國水權交易及其制度變遷 [J]. 管理世界，2004(4).

[2] 根據物品的消費特徵，我們可以按照排他性和競爭性對物品進行分類：第一，公共物品（非排他性和非競爭性），需要政府爲消費者提供免費的生產和服務；第二，私人物品（高排他性和高競爭性），可以運用市場化的手段

的物品，後者表明水資源是消費機會均等的物品，二者在消費機會的取得上明顯存在矛盾與衝突。例如，當水不稀缺時，如處於自然狀態的河流、湖泊、水庫中的水，就可以看成是公共物品，或免費品；當水稀缺時，自然狀態的水資源和地下水就會出現競爭性使用，由於難以提高排他性，就發生了"抽水競賽"，產生"公地悲劇"；城市自來水由於其管網具有高排他性，用水戶能夠分享供水服務，而非用水戶都不能獲得和使用這種物品，因此可以看成是俱樂部產品；而透過一定設施提供集水、生產服務的水，如瓶裝水、私人井水、淡化水、處理過的水等都可以看成是私人物品；對於小型水庫、支渠灌溉渠道，由於服務於特定的人群，可以認為是共有或共池產品。因此，水可以透過一定的過程實現物品屬性的轉化，需要針對不同情況按照不同的機制提供生產和配置服務。

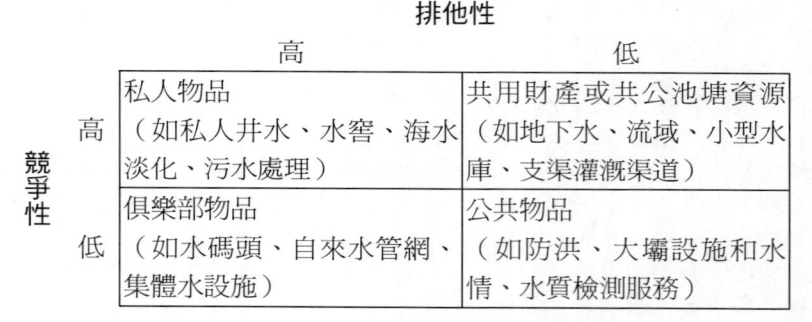

		排他性	
		高	低
競爭性	高	私人物品（如私人井水、水窖、海水淡化、污水處理）	共用財產或共公池塘資源（如地下水、流域、小型水庫、支渠灌溉渠道）
	低	俱樂部物品（如水碼頭、自來水管網、集體水設施）	公共物品（如防洪、大壩設施和水情、水質檢測服務）

圖 6.1 水資源的物品屬性及其典型實例

水資源的多重特性決定了水資源的私人物品和公共物品屬性，繼而決定了水權的雙重屬性：一方面，許多國家把水資源作為一種特定

提供；第三，俱樂部物品（高排他性和低競爭性），這樣的物品可以由私人部門提供，透過收費為成員提供服務；第四，共用財產或共池資源（低排他性和高競爭性），可以透過組織制度安排以集體行動的方式生產。對於水資源來說，競爭性主要透過水的稀缺性表現出來，而排他性主要透過水設施來體現。

的自然資源，正逐漸將其從土地資源中分離出來，作為一種公共資源來進行規範，法律中規定水資源為國家所有或地方所有；另一方面，又對水的部分使用權進行分配，促使水資源優化配置。水權制度的變遷過程也就是在共有產權和私有產權之間尋求最佳契合點的過程。

4.水權界定的原則

按出現的先後順序，國外流行的水權界定規則主要有三類：一是先佔或優先佔用原則（Appropriation Doctrine），二是河岸原則或沿岸所有權原則（Riparian Doctrine）[1]，三是平等使用或比例分享原則。先佔原則認為水資源在無人使用（佔有）它之前不屬於任何人，而第一個使用（佔有）它的人也就成為了它的所有者，其前提是最初的權利持有人要以不損害他人（包括公共）權利為限度，體現的是"時間上領先，權利上優先"的法律準則；河岸原則認為每個河岸所有者有權憑他對河岸的產權，擁有水源的有限使用權（要以不妨礙下游使用者為限），並且對水的使用權只限於在他自己的土地上使用，其目的是為了防止非生產性的、投機性的河岸產權；平等使用原則認為河岸所有者在沒有不合理干擾其他使用者的合理利用的前提下，可以任何方式利用水資源，該原則現已成為國際上權威性的水權界定原則。可見，以上三類原則都強調了不得損害他人的利益，其宗旨是水資源配置的優化和利用效率的帕累托改進。

而我國目前是公共水權法律制度[2]。一般認為，公共水權學說包括三個基本原則：一是所有權與使用權分離，即水資源屬國家所有，但個人和單位可以擁有水資源的使用權；二是水資源的開發和利用必須遵守國家的經濟計劃和發展規劃；三是水資源的配置和水量的分配一般是透過行政手段進行的。公有水權必然涉及水權的初始分配與初始

---

[1] 如果以地表水法為例，佔有原則和河岸原則均屬於私有水權領域。
[2] 原始意義上的公共水權古已有之，但現代意義上的公共水權理論及其法律制度源於前蘇聯的水管理理論和實踐。

分配之後的再分配，後者屬於水權交易範疇。國內學者的關注點主要集中在初始水權的分配原則上。例如，常云昆等提出了可持續原則、效率原則以及補償原則[1]；姜文來也提出了大體相同的原則：可持續利用原則、效率至上原則、公平交易原則（與上述補償原則的內涵基本相同）[2]。

(1)可持續發展原則。水是社會經濟發展的重要資源，是社會可持續發展的物質基礎和基本條件[3]，所以，水權界定應力圖達到水資源利用和水環境保護的協調和統一。

(2)效率原則。水資源使用權的界定應堅持效率優先，兼顧公平。效率原則包括兩層含義：一是水資源使用權的界定能夠起到節約用水、提高水資源利用效率的激勵作用；二是從全流域整體出發，水資源使用權的界定不能絕對平等，而應在優先保證各地區基本生活用水的基礎上，適當向水資源利用效率高的地區傾斜，這樣將有利於引導水資源向優化配置的方向發展。

(3)補償原則。如果水權的界定導致流域地區不同省區在水資源利用上的收益變化，則收益大的省區應向收益受損的省區進行適度補償。只要從總體上看，收益的增加大於部分地區的損失，水權的界定就是符合社會福利最大化原則的。

現行的《中華人民共和國水法》第 12 條"任何單位和個人引水、蓄水、排水，不得損害公共利益和他人的合法權益"，第 13 條"開發和利用水資源……兼顧上下游、左右岸和地區之間的利益"，第 21 條"興建跨流域引水工程，必須進行全面規劃和科學論證，統籌兼顧引出和引入流域的用水需求，防止對生態環境的不利影響"，

---

[1] 常云昆，韓綿綿. 中國水問題與水權制度 [J]. 人文雜誌，1999(5).
[2] 姜文來. 水權及其作用探討 [J]. 中國水利，2000(12).
[3] WHITTLESEY, NORMANK, G. RAY, HUFFAKER. Water Policy Issues for the Twenty－first Century [J]. *American Journal of Agricultural Economics*, 1995(77): 1199-1203.

這些對水資源的使用所做出的相應法律規定很好地體現了上述原則。

(二)水權結構研究

從產權體系的角度看，根據各國法律，水權結構主要包括如下幾種權利：

1.水資源所有權

關於水資源所有權及其與水權的關係，目前民法學、環境資源法學和經濟學論者之間尚未形成共識，甚至有的還存在重大分歧。

(1)水資源所有權論爭

首先，所有權的概念在民法理論上有較為統一的界定，一般是以對物的全面支配權能為內容的權利。作為民事權利的水資源所有權的內容，包括水資源所有人依法對自己水資源享有佔有、使用、收益和處分的四種權能。為此，水資源所有權是指國家、單位（包括法人和非法人組織）和個人對水資源依法享有的佔有、使用、收益和處分的權利，是一種絕對的物權。水資源所有權的客體是水資源或水體，是水體中的水的所有權和土地的所有權的統一。如果從法律上將水資源所有權、使用權與水資源地（包括水資源的底土、岸邦及與水資源相鄰的土地）的所有權、使用權分割開來，則應該考慮、確定水資源相關土地的所有權、地上權、地役權、岸邊權。從理論上看，水資源所有權應該適用於水資源的全部功能。但是，傳統民商法、經濟法上的所有權重在佔有、使用、收益和處分水資源的經濟功能，即對水資源的經濟佔有、使用、收益和處分，而沒有將環境功能和社會功能包括在內[1]。

其次，許多經濟學論者認同水權歸根究柢是一組關於水資源的權利束的總稱。這一組權利束，派生於水的所有權而形成一組由使用權、收益權和轉讓權所組成的權利束。在現實的運用過程中，它的歸

---

[1] 蔡守秋. 論水權體系和水市場 [J]. 中國法學，2001（增刊）.

屬實際上是無足輕重的，關鍵是要界定清楚這三種權利，而這些權利的界定問題，直接取決於相關的約束條件對於它的限制和支援程度[1]。然而，西方產權學者研究產權問題的方法、範圍各不相同，使用的概念也互有出入，甚至經常將產權和所有權兩個概念混爲一體[2]。由此出現了不同的對水權的理解：

水權＝水資源產權，產權＝所有權，所以：水權＝水資源所有權。

或者：

水權＝水資源產權，產權＝所有權，所以：水權＝水資源所有權＋水資源使用權＋水資源收益權＋……

當然，也有論者指出所有權與產權是有區別的。所有權是指財產所有者支配自己財產的權利，而產權理論研究的是財產所有者是否有權對別人造成傷害，即兩種平等的所有權之間的責、權、利關係。

而從政治經濟學的觀點看，"所有"是一個歸屬問題。作爲所有者，可以按照自己的意志處置歸自己所有的生產資料。在歷史上，對於一定的對象物來說，所有與佔有、支配、使用並不是分離的，所有者也就是佔有者、支配者和使用者。隨著社會經濟的發展，佔有、支配、使用取得了相對獨立的含義。對於"所有"而言，"佔有"是一種有條件的歸屬關係，即佔有者不能任意處置所佔有的生產資料（如

---

[1] 楊洋. 水資源、水權以及產權關係 [J]. 水利發展研究，2007(4).
[2] 《牛津法律大辭典》認爲：產權"亦稱財產所有權，是指存在於任何客體之中或之上的完全權利。它包括佔有權、使用權、出借權、轉讓權、用盡權、消費權和其他與財產有關的權利"。David Me Walder. 牛津法律大辭典 [M]. 北京社會與科技發展研究所，譯. 北京：光明日報出版社，（S. Pejovich）認爲產權就是所有權，並把所有權解釋爲包括廣泛的因財產而發生的人們之間社會關係的權利束。P. 阿貝爾認爲產權是一個比所有權更爲寬泛、包含一切關於財產權能在內的範疇。他認爲，產權包括所有權、使用權、管理權、收益權、轉讓權和其他權的權利. 轉引自：李會明. 產權效率論 [M]. 上海：立信會計出版社，1995: 6-10.

不能出賣），但在一定條件下（如給予所有者一定的經濟利益）和一定期限內他實際上佔有生產資料，並且具有排他性。支配是指對生產資料的處理和管理，由所有和佔有決定。在現實經濟中，所有者和佔有者可以同時是支配者，也可以透過他人支配，如股份公司中執行職能的經理。使用是指人的勞動對生產資料的直接作用，是人們運用生產資料進行的生產活動[1]。在社會經濟運行過程中，人們在生產資料上所形成的所有、佔有、支配、使用等關係，受到成文或不成文的法律的承認和保護，在法權方面就分別表現為所有權、佔有權、支配權和使用權。

　　為此，在我國社會主義公有制的國體性質和目前的法律體系下，水權包括對水資源的所有權、使用權、佔有權、支配權，其中所有權由國務院代表國家行使。國家對水資源的佔有、使用、支配和收益的權利，將透過國家由國務院代表行使對水資源所有權進行管理的方式來實現，如水資源配置、徵稅等。其中，國家對水資源的使用權利將轉化為消費者對水資源的使用權，因為通常國家並不直接使用水資源。也就是說，從法律上規定國務院是水資源所有權的代表，則地方各級人民政府不是水資源所有權的代表，無權擅自處分其境內的水資源，只能依法負責本行政區域內水資源的統一管理和監督，並服從國家對水資源的統一規劃、統一管理和統一調配的宏觀管理。在此前提下，水權最大的優點是具有可分解性，使用權、佔有權、支配權與所有權相分離，這樣，才給水資源市場的發展提供了廣闊的空間，同時，水資源管理中引入市場機制也才名正言順。

(2)水資源所有權與水權關係的認識分歧

　　與水資源所有權的討論緊密聯繫在一起的，是它與水權的關係問題。概括起來，學界關於水權與水資源所有權關係的觀點基本有三大

---

[1] 逄錦聚，等. 政治經濟學 [M]. 北京：高等教育出版社，2002: 20.

類：水權爲並列於水資源所有權的一種權屬形態[1]；水資源所有權爲水權的權能之一[2]；水權爲水資源所有權的權能之一[3]。水資源所有權是否包括在水權範圍內是這三類代表性觀點最大的分歧所在[4]。而在水權是否涵蓋水資源所有權的研究中，又有以下兩種觀點：

一種觀點認爲，"水資源所有權不應當排除在水權概念範疇之外"[5]。首先，水權是產權運用到水資源領域的產物，脫離水資源的所有權談水權只能是無本之木；其次，水資源所有權是實現水資源使用權的前提，是其他水權利的起點和基礎，水資源使用權和其他權利都是水資源所有權的具體體現；最後，以禁止水資源所有權交易爲由將其排除在水權範圍之外是不合理的。

另一種觀點認爲，水權包括水資源所有權等權益的觀點值得商榷[6]。首先，它違反了財產權體系內部的位階關係。水權屬於財產權，而在財產權體系中，水資源所有權的上位權利是財產所有權，再上位權利是物權，而不會是水權。水權概念如果有存在的必要，邏輯上只能是水資源所有權的下位概念。其次，如果一個人既對水資源享有所有權，又自己利用該水資源，那麼在法律上只需有水資源所有權制度而無需水權制度；只有在非所有權人爲自己的利益而需要使用水資源時，爲清楚界定權利邊界，才有設置水權制度的必要。在這種背景下的水權，只能是從水資源所有權中派生出來的，係分離該所有權中的使用、受益諸權能而形成的他物權。再次，水資源所有權具有排他性

---

[1] 李景麗. 物權法新論 [M]. 北京：西苑出版社，1999: 208.
[2] 汪恕誠. 水權和水市場 [J]. 中國水利，2000(11)；姜文來. 水權及其作用探討 [J]. 中國水利，2000(12)；關濤. 民法中的水權制度 [J]. 煙台大學學報：哲學社會科學版，2002(4).
[3] 吳志良. 水權與環境保護 [OL]. http://www.riel.whu.edu.cn/show.asp? ID=1177.
[4] 黃錫生. 水權制度研究 [M]. 北京：科學出版社，2005: 70.
[5] 黃錫生. 水權制度研究 [M]. 北京：科學出版社，2005: 70-73.
[6] 崔建遠. 物權：生長與成形 [M]. 北京：中國人民大學出版社，2004: 304-305.

而水權原則上無排他性。在物權理論上，不會有一項物權同時具有排他性和非排他性。最後，水權包括水資源所有權的觀點不符合《中華人民共和國水法》的立法意圖。從比較分析的角度看，通說都主張水權不含有水資源所有權。

綜上所述，從目前的論爭看，問題的關鍵在於不同論者在研究中往往不自覺地引入了不同學科的相關範疇，所使用的方法也各不相同，並且在研究中勢必會涉及所有權、財產權和產權等範疇，而它們本身就是一些難以明確界定的概念，因此使得儘管論者討論的核心均為水資源所有權研究，但在不同的語境下探討的內容與定位卻相去甚遠。

2.水資源使用權（或用益權）

目前我國法律尚沒有明確水資源使用權的概念。但是根據我國《民法通則》和《水法》的有關規定[1]可知，水資源的使用權是從所有權中派生並分離出來的一項權利，在不改變水資源所有權的前提下，由非所有權人向所有權人支付一定費用後取得利用並收益所有權人擁有的水資源的權利。這種權利，在大陸法系國家稱為用益物權（即在不毀壞物的實體的情況下使用他人物品並收穫其孳息的權利）。根據對水資源的使用方式，水資源使用權或用益權可以分為取水權、水運權、水電權、放牧權、養殖權、旅遊觀光權等各種開發與利用水域或水體或水資源的權利。由於我國長期沒有從法律上區別國有水資源所有權人、使用權人和管理權人的界線，上述各類水資源使用權在過去一般只被視為行政許可的產物。

水資源的使用權一旦從所有權中分離出來，其權利主體就不再是

---

[1] 《民法通則》第 80 條和第 81 條規定，使用權是指民事主體對於國家或集體所有的土地等自然資源依法享有的使用和收益的權利；使用權派生於所有權。《水法》第 3 條僅規定"國家保護依法開發與利用水資源的單位和個人的合法權益"。

抽象的國家,而是具體的使用者。水資源使用權,是指權利主體按水資源的性能對其進行利用的權利,包含兩個層次:生活使用權和生產使用權。生活使用權是公民生活用水的權利,又可以分為兩個層次:一是基本生活用水使用權。生存權是人類最基本的權利,公民基本生活的水需求屬於公民最低生活保障的範疇,應由政府無償提供保障,這部分權利無從交易。二是其他生活用水,包括娛樂、享受用水。生產使用權是法人、自然人在生產、服務活動中用水的權利,根據權利與義務對等原則和商品經濟的客觀規律,該使用權帶有商品的根本特性,權利主體只有在支付水資源管理經營的合理成本及政府稅負的基礎上才能使用。

這裡值得注意的是,水資源使用權中的社會公益性水資源使用權,即在防火、搶險、救災、治病、療養、衛生、體育、文化、科研、教育、劃界、國防、軍事等社會公益事業中用水的權利,這對人類生存和發展有著不可替代的意義,故不能納入水權交易體系。此外,單位或個人透過各種活動獲得的已經與原有水體分離的一定質和量的水的所有權,如裝在桶中的純淨水、礦泉水,與一般意義的財產無明顯差別,其交易應遵循一般財產買賣合約的要求。

3.水經營權

所謂水資源的經營權,是指法人、自然人基於政府授權或合約約定,透過自身的投入,利用市場手段獲得收益的權利。水資源的經營權是連接所有權與使用權的橋梁,透過它,抽象的國家所有權被部分地轉化為具體的消費者使用權。經營權的權屬主體通常是開發和經營水資源的企業,包括從事水資源的開發、輸送、加工、配水等活動的企業或機構,在市場經濟條件下,這些企業或機構的性質都應該是經營性的。

水資源的經營權包括對水資源的開發、設施的使用權和對商品水的出售權三層含義。水資源的管理經營主要有水資源的開發(如修建水庫、打井)、輸送(渠、溝)、加工(淨水廠)和配水(管網)、節水服務、水體治理、保護等。水資源經營權的交易,有助於引入競爭機制,提高經營效率和服務水平,這是水權交易的重點所在,近年來在我國開始起步,並得到了一定程度的發展。

水資源開發與經營的投入主體是多樣的,包括政府投入、企事業法人投入與自然人投入。政府投入方向主要為重點工程投入,包括防洪排洪工程、供水工程、排污治污工程等;企事業法人和自然人投入方向主要是以參股、買斷等形式對中小型水利工程進行經營性投入。跨流域、跨地區的重要供水工程、防洪工程、排污治污工程的管理經營權事關國計民生,不能成為交易性質的水權,而區域性、局部性地方供水工程、防洪工程、排污治污工程、中小型農田水利工程的管理經營權則可進入市場。在多數情況下,從事水經營的企業還同時擁有對開發設施的所有權,但並不擁有對水資源的所有權。

4.水環境權

水環境權具體包括:①享受、親近、欣賞、體驗適宜的水生態環境的資格和自由,如有享受水自然景觀、清潔水體以及親水等權利;②利用水環境資源或水環境功能以維護其自身基本生活、生存發展需要的資格和自由,包括利用水體的自淨功能而排放適量污染物的資格和自由(如向水體排放生活、生產廢物);③要求維持河流流量和湖泊正常水位的權利;④透過對環境權的行使而獲得水環境效益、經濟效益和社會效益的權利,如獲得江、河、湖、海的恩惠,獲得安全、無污染、無害、清潔的水環境條件等效益。

水環境權過去被當成一種自然權利、天賦權利,很少受到關注。直到最近幾十年,隨著水體污染和受破壞程度的加重,侵犯水環境權的現象時有發生,各國對於水環境權的研究才逐漸興起。目前相關理論很多,但無論是哪種理論,水環境權作為一種公共權利都是被廣泛認同的。這種公共性不僅超過了包括國界在內的地區界線,而且超過了代際之間的界線。爲此，越來越多的國家透過法律規定了公民的清潔水權、親水權、淨水享受權或公民水環境權，甚至還將保障公民的水環境權作爲限制濫用水資源所有權、水資源使用權和水資源產權的重要條件。

　　在一些國家，與水環境權相關的還有非人類生命體的水權，即水生物基本用水的權利。爲了保護水生物的正常生長和維持水生態系統的生態平衡，許多國家明確規定必須保證江、河、湖和地下水體的自然流量或生態用水的需要。例如，美國許多州規定了維持河流基本流量和湖泊正常水位的權利。這使當地的生態環境獲得了很好的保護，野生動植物特別是水生生物也因此而受益；由於河流流量和湖泊水位保持在合理的水平上，居民可以充分享受河流和湖泊的美麗景色，當地的旅遊業、水上娛樂行業也得到了長足發展。

5.水資源行政管理權

　　目前關於水資源行政管理權的專門論述不多。不過根據資源行政管理權的一般含義，水行政管理權可理解爲國家水資源行政管理機關爲實現國家水資源所有權益，保護水資源及其相關權益者合法權利的基本要求所進行的行政管理。水行政管理權既有屬於地方政府的部分，也有劃給各個水管理機構的部分。

　　與水權的三種基本權利劃分相類似，對水權進行管理的權力也可分爲三種基本類型，即水資源配置權、水經營特許權和水管理監督權。這三種權力的管理物件、範疇和性質通常是不一樣的。

　　(1)水資源配置權

　　水資源配置權可理解爲分配權與處置權的總稱，是國家對水資源所有權和使用權進行管理的基本權力。水資源的所有權只有透過配置才能轉變爲使用權，而配置的合理與否，不僅關係到水資源利用的效率與效益，還關係到消費群體的切身利益和社會公平。水資源的配置權兼有環境、經濟、社會和政治等多重屬性，是水權管理的核心權力。根據《水法》規定，水資源配置權的行為主體是國務院或國務院授權的有關機構，水資源配置結果的法律地位通常以取水許可證的形式予以確認。

從管理的角度看，水配置權是公共機構或公共代表透過組織協商和簽訂協議的形式，將公共領域中一定數量和品質的水資源分配給特定的用水戶（包括用水組織或用水個人）的權力。從用水戶的角度看，配置權是該用水戶根據自身擁有的現實人口數量、資源狀況、經濟發展潛力和水生態環境狀況等條件，在一定的水資源流域或區域中，對一定數量和品質的水的獲得和消費的權利。在這裡，配置權是連接所有權和使用權的橋梁，是建立水資源優化配置和借助市場機制提高水資源使用效率的基礎和前提。在實物性可交易和視覺化的經濟活動中，水資源市場是不存在的，然而根據一定原則由各責任方所簽訂的具有法律效力的水資源分配協定，可以說是對水資源稀缺性和獲得權的直接而明確的反映和描述。在此協議基礎上形成的市場框架下，用水方式集約、經濟效率和比較效益較高的用水戶，就有可能將其節約出來的或因自身調整用水計劃而多餘出來的用水額度，拿到市場上轉讓。這樣，既提高了用水效率，又提高了水資源配置的合理性。

(2)水經營特許權

水經營特許權是對水資源經營權進行管理的一項基本權力。特許權的行為主體是政府或政府委託的有關部門，特許行為的表現形式是政府與被委託企業之間簽署的委託經營合約。簽署合約後，若被委託的企業有違約行為，政府可按合約對其進行處罰並取消其經營資格，收回經營權。關於水經營的特許管理在國際上有許多經驗，而在我國城市供水領域也有了一些探索的實例。

(3)水管理監督權

水管理監督的主要對象是擁有水資源配置權和特許權的機構，監督的主要內容是這些機構行使權力的行為及其後果。水管理監督權的作用，一是保證水資源分配公平、公正、公開、合理，不出現權力濫用和腐敗行為；二是確保水資源使用方式、方法在既符合自身發展需要的同時，又不危害他人及子孫後代的利益。行使監督權的主體，通常是各級人民代表大會及其下設的專門委員會或各級人民代表大會授權的相關機構，也可以是社會公眾，但裁決水權管理問題的主體應該是具體與水權分配和獲得各方沒有任何利害關係的獨立司法機構。被監督的重點應該是上游取用水便利的地區和易對水源造成污染的地區。

(三)水資源市場與水權交易研究

1.水資源市場

當可開發的水資源已經被分配完了的時候，人們開始關注現有水權的再分配問題。再分配的渠道一般有兩種，一是行政或司法干預下的公共部門用水，二是透過銷售、轉讓、租借、協商等形式調整的私人部門用水[1]。

所謂水資源市場，是水資源如江河湖水體、地下水體以及人工水庫、水渠的交易市場，這種水市場交易的是一定量的、不斷供應的水資源的使用權，主要是一種水資源即水體的使用權交易。廣義的水市場，包括水產品市場和水資源市場兩類。所謂水產品市場，即純淨

---

[1] S. Bonnie Colby 和 David B. Bush 提出，水權的市場交易因水權的法律特徵、交易與開發的成本和買者與賣者的偏好的不同而存在不同的類型。他們將水權交易分成四種基本類型：一是水權的出售（Sale），這是包括收益、成本、義務、風險等在內的永久性的交易；二是水權的租賃（Leases），這是時間長度從單個季度到幾十年的暫時性的交易；三是水權的選擇（Option），這是兼有出售和租賃性質的水權交易合約；四是水權的協商調整（Negotiated Adjustments），這不是水權從一個參與者向另一個參與者的轉移，而是各個參與者之間一致同意。S. BONNIE COLBY, DAVID B. BUSH. Water Markets in Theory and Practice [M]. Westview Press, 1987.

水、蒸餾水和自來水等商品水的交易市場，這種水市場交易的是一定量的水而不是水資源（水體），是一定量的水或水產品的所有權，是一種水的實物即水的所有權交易。

　　國外水市場包括水資源市場和水產品市場、正規水市場（主要在北美和南美）與非正規水市場（主要在南亞，透過用水戶協會分配水權）、現貨水交易市場（Sport Market，在巴基斯坦，21%的打井戶出售地下水）、應急市場（Contingent Market）和永久性水權轉讓市場、水權租賃市場、地面水市場和地下水市場等不同的類型。

　　國內關於水資源市場問題總體上有三種觀點：

　　(1)無市場論。這種觀點下有兩種類型：一是由於水資源的公共性、外部性等特性，使得市場在水資源配置中失靈，所以市場不起作用；二是由於水資源配置的市場失靈，水資源配置完全由政府替代，所以無需市場。不用市場機制就用政府干預，例如透過強有力的流域統一管理模式，透過流域立法，利用法律約束機制調節經濟主體之間的利益衝突。水權理論誕生前，這種觀點在國內佔據著主導地位。張岳在回答記者提問時就明確指出，中國目前沒有形成水市場[1]。

　　(2)市場論。市場經濟轉型的進程使得市場在資源配置中的作用範圍大大擴展，包括水資源在內的自然資源都有可能透過市場機制來配置。陳安寧在分析我國自然資源產權制度改革現狀的基礎上，明確提出，要確立符合市場經濟體制的自然資源的流轉制度，自然資源產權制度改革的目標模式就要使其交易逐步實現市場化。法律上應允許使用者之間按市場規則來進行自然資源使用權的自由交易[2]。《瞭望》新聞周刊記者提出，水資源作為一種稀缺的經濟資源，其配置可以不完全依賴於政府的指令性分配，也可以充分利用市場加以配置，而市場

---

[1] 蔡方. 水價‧水權‧水市場 [N]. 中國環境報，2001-03-26.
[2] 陳安寧. 論我國自然資源產權制度的改革 [J]. 自然資源學報，1994(9).

配置資源是有效率的[1]。可見，他們都主張自然資源（包括水資源）配置的市場化。這種觀點就是把水資源當成一種商品，透過界定清晰的產權，利用市場加以配置，從利益機制出發，建立流域激勵約束相容的水管理機制。

(3)準市場論。更多的領導和學者認為，我國經濟體制的變遷是一個漸進的過程，與此相適應，資源產權市場的制度變遷也將是一個漸進的過程。在經濟轉軌期，我國的水市場只能是一個準市場。汪恕誠認為，水市場不是一個完全意義上的市場，而是一個"準市場"[2]。胡鞍鋼也認為中國的水資源配置應採取既不同於"指令配置"，也不同於"完全市場"的"準市場"。這種思路的實施可以由政治民主協商制度和利益補償機制等輔助機制來保障，以協調地方利益分配，達到同時兼顧優化流域水資源配置的效率目標和縮小地區差距、保障農民利益的公平目標[3]。石玉波則認為，水市場只是在不同地區和行業部門之間發生水權轉讓行為的一種輔助手段。因此，我們所謂的水市場或水權市場是一種"準市場"，表現為不同地區和部門在進行水權轉讓談判時引入市場機制的價格手段，而這樣的市場只能是由國務院水行政主管部門或其派出機構——流域水資源委員會來組織[4]。汪恕誠還指出了之所以水市場是一個"準市場"的四大理由：一是水資源交換受時空等條件的限制；二是多種水功能中只有能發揮經濟效益的部分才能進入市場；三是資源水價不可能完全由市場競爭來決定；四是水資源開發與利用和經濟社會緊密相連，不同地區、不同用戶之間的差別

---

[1] 《瞭望》雜誌記者（未署名）．黃河水資源分配應重新洗牌——建立"水市場"勢在必行[J]．瞭望，2000(28)．
[2] 汪恕誠．水權和水市場 [J]．中國水利，2000(11)．
[3] 胡鞍鋼，王亞華．轉型期水資源配置的公共政策：準市場和政治民主協商[J]．中國水利，2001(11)．
[4] 石玉波．關於水權與水市場的幾點認識 [J]．中國水利，2001(2)．

很大，難以完全進行公平競爭[1]。

其實，上述三種觀點在一定條件下都是正確的，只是適用條件有所不同。面對公共池塘問題，市場往往無能爲力，而會採取社會機制來解決"公共池塘悲劇"[2]；當水作爲商品水時，市場可以充分發揮作用，例如，礦泉水、純淨水等水資源的配置就是依靠市場機制實現資源配置的；如果初始水權是界定給單個經濟主體所有的，那麼，水資源的配置也可以完全市場化。可見，"準市場"配置水資源僅僅是在經濟轉軌過程中具有過渡性的配置模式。

2.水權交易

(1)水權交易的類型

水權交易最早出現在美國西部的部分地區，如加利福尼亞、新墨西哥等州，具體做法是允許優先佔有水權者在市場上出售富餘水量。近年來，由於水權交易的理論逐漸被人們接受，越來越多的國家已經開始或者準備實行水權交易制度，例如，除了美國的西部地區外，智利和墨西哥分別於 1973 年和 1992，年開始實行水權交易制度，中東的一些缺水國家也正在討論或準備實行這種制度[3]。

水權的交易可以是消費性的，也可以是非消費性的；可以是持續的；也可以是非持續的；可以是永久的，也可以是短期的或偶爾的。雖然水權交易本身應該是永久的或很長時期的，但爲了確保安全性，水權的轉讓不能夠是永久的；水權應該是一個季節、一年或多年的出租、抵押或典當等。

從國外水權交易的實踐來看，水權的交易既包括地表水資源，也

---

[1] 蔡方. 水價・水權・水市場 [N]. 中國環境報，2001-03-26.
[2] 埃莉諾・奧斯特羅姆. 公共事物的治理之道 [M]. 余遜達，譯. 上海：上海三聯書店，2000.
[3] SHATAWI, MUHAMMAD. Evaluating Market – Oriented Water Policies in Jorden: A Comparative Study [J]. Water International, 1995(20): 88-97.

包括地下水資源[1]。水權的交易既可以是正規的，也可以是非正規的。根據水權交易的不同類型及對社會經濟和環境等影響程度的不同，有些水權交易是不需要向政府有關部門申報的，如灌區之間或灌區內部農民之間的交易，水權交易前後不改變水資源用途的交易，以及其他一些由政府有關部門特許的不需申報的交易。而其他一些水權交易是必須向政府有關部門申報的，特別是部門之間（如農業和工業部門之間）地區之間或流域內部較大範圍內的水權交易等。向政府部門申報水權交易是政府干預水權市場、防止水權交易造成對第三者和環境等潛在負面影響的十分有效和常用的辦法。

　　國內學者大多是從不同交易主體之間的水權交易來展開各自的研究的。按交易主體的不同可以將水權交易分為：①政府與政府之間的交易，例如東陽市政府與義烏市政府之間的水權交易。②政府與廠商（企業或農戶）之間的交易，如浙江省永嘉縣農業局與三個農民之間關於楠溪江水資源的租賃交易；在水權私有制度下，政府為了公共事業建設需要購買私有水權也屬於這種情況。③廠商與廠商之間的交易，如甘肅省張掖市民樂縣洪水河灌區農戶之間的水權交易、上海市閔行區企業之間的水污染權交易等。

(2)水權交易的前提條件

　　水權交易的基本前提是水資源在不同用水戶之間具有不同的邊際淨收益。從邊際淨收益低的用水戶流向邊際淨收益高的用水戶，可以促使水資源的配置效率提高[2]。水權交易的實施前提是：相對較小的交

---

[1] ROSEGRANT, W. MARK, RENATO GAZMURI SCHELEYER. Tradable Water Rights: Experiences in Reforming Water Allocation Policy, Irrigation Support Project for Asia and the Near East [R]. Sponsored by the U.S. Agency for International Development, 1994.

[2] T. TIETENBERG. Environmental and Natural Resource Economics [M]. Fifth Edition. Bejing: Tsinghua University Press, 2001.

易成本；出售的水權是私人擁有的[1]。

我國學者也對水權交易的條件進行了大量研究。例如在經濟學領域內，劉文等從新制度經濟學的角度闡釋了"水權轉讓需要一定的體制背景和資源條件"。他們認為，只有在市場經濟條件下和水資源稀缺的情況下，明確規定水權才是有意義的[2]。孟志敏從資訊經濟學的角度認為，水權市場有效運作的基本前提是對供求關係有非常清楚的基本資訊[3]。張郁等從合約經濟學的角度強調了"合約在水權交易市場中的作用"，認為水權交易合約化有利於形成供求平衡機制、有利於穩定價格、有利於企業克服盲目性[4]。劉文強等以新疆塔里木河流域為例，強調了水權交易的非價格制度保證條件。這些條件包括法律制度、管理機構、社區機制、計量技術等。他們指出，水權制度的建立和完善需要付出成本。只有當水資源的稀缺性超過一定程度，建立水權制度在經濟上才是可能的[5]。可見，水權交易問題不僅涉及制度問題而且涉及技術問題、經濟學理論（主要是新制度經濟學）和法律，是一個綜合性的問題。

---

[1] CHAN CHANG, RONALD C. GRIFFIN. Water Marketing as a Reallocative Institution in Texas [J]. Water Resources Research, 1992, 28(3); O. W. TEMPTER. The Evolution of Texas Water Law and the Impact of Adjudication [J]. Water Resources, Bull 17, 789-798.
[2] 劉文，黃河，王春元. 培育水權交易機制促進水資源優化配置 [J]. 水利發展研究，2001(1).
[3] 孟志敏. 水權交易市場 [J]. 中國水利，2000(12).
[4] 張郁，呂東輝，秦麗傑. 水權交易市場構想 [J]. 中國人口・資源與環境，2001(4).
[5] 劉文強，翟青，顧樹華. 基於水權分配與交易的水管理機制研究 [J]. 西北水資源與水工程，2001(12).

二、水資源產權制度實踐的國際經驗

(一)國外典型初始水權分配制度分析

如前文所述，有關地表水權主要存在以下三種界定原則（或水權體系）：一是先佔原則或優先佔用制（Appropriation Doctrine，也有譯作"專用權"的），二是河岸原則或沿岸使用權制（Riparian Doctrine）[1]，三是平等使用或比例分享原則（Proportional Sharing）。美國的水權制度十分複雜，其中以河岸權與先佔權及其混合形式為主，代表了西方國家水權的演變過程，具有較強的代表性。下面將就美國水權制度中的河岸權制和先佔權制作詳盡的分析；而實施比例分享制的地區則以澳大利亞為代表。

1.美國初始水權分配制度分析：河岸權制與先佔權制

與其他自然資源法律不同，美國的水資源法律以州法律為主，而不是體現為統一的聯邦法律。所以說，人們不能依照某個單一的法律體系來確定如何獲取、分配和利用水資源。儘管還有一些聯邦水法律的概念存在，但絕大多數水法律已在各州為滿足當地水需求而分別建立和發展起來。

初始配置需要公權力把自己對水資源的處分權力分配給水權人，讓這些水權人憑藉財產權進入市場。"水這樣的自然資源，一種財產權的標準的制度設計包含三項基本屬性：排他性、讓與性、可執行性。"[2]因此，初始配置產生的水權必須具備這三個特性。以下我們將考察美國在水權排他性、讓與性、可執行性上的制度安排。

(1)美國水資源河岸權與先佔權的排他性分析

①河岸權[3]的排他性分析

---

[1] 如果以地表水法為例，佔有原則和河岸原則均屬於私有水權領域。
[2] L. A. TERRY. Continental Water Marketing [R]. Fraster Instiute, 1994: 119.
[3] 採用河岸使用權許可體系的一些州：阿肯色、特拉華、佛羅里達、喬治亞、

河岸權制與鄰近水邊的陸地聯繫在一起，授予土地所有者使用流過其土地的一定比例的用水的權利。它主要用於水資源較為豐富的東部地區的 31 個州[1]，一些採用混合水權制的州也將河岸權制中的某些要素作為其水權體系中的一部分。

　　河岸權制原來僅保護岸邊土地所有人的河岸權水權。它附屬於土地、不附期限、不需要履行申請程序、不需要透過佔有來保有水權，其涵蓋的水量不明確。後來，許可證成為該原則產生新水權的唯一方式。

　　該原則相當於為同一水源維繫的全部水權人共用一塊"公地"提供了法律保護。它維護的是"排他性積極社區"的產權模式[2]，實際上並不存在完全獨立的私有水權。許可證交易僅僅是社區成員身份證的交易。這個制度往往承認各種許可證都是平等的，彼此之間不存在排他性[3]。也就是說，在枯水季節，水權人之間不能主張排他權，從而禁止他人取水。很多州的許可證也沒有明確許可證獲得的取水數量。這樣，一旦河川水量減少或沿岸取水量增加時，就會發生競爭取水的紛爭，比如在上游大量抽水，下游很可能就抽不到足夠的水，發生外部效應問題，此時下游的土地雖然同樣也依附著溪流，卻受到上游的影響而取不到水。可見依附水岸就有絕對的水權並不是很確定的，產權制度自身不能對取水需求與內徑流需求的衝突進行調整。

　　伊利諾伊、印第安那、愛荷華、肯塔基、馬里蘭、麻塞諸塞、明尼蘇達、新澤西、紐約、北卡羅萊納、賓夕法尼亞、南卡羅萊納以及威斯康新。許可條件的內容和範圍在各州有所不同。

[1] J. FRANK. Cases and Materials on Water Law, Resoruce Use and Environmental Protection [M]. West Pub. Co. 1974: 127. 事實上，原來採用岸邊權原則的東部，由於水權缺乏排他性，正在轉變為先佔原則。

[2] 排他性的積極社區是指人類社會分成多個群體。每個群體對共有物享有排他的所有權，可以禁止其他群體的成員進入。成員之間不存在排他性。

[3] 存在一些例外。例如，喬治亞州規定一些地上水許可證優先於一些地下水許可證。但是這種非常有限的優先性規定在水權之間產生的排他作用很小。

隨著河岸權水權產生方式變成依靠許可證創設新水權時，河岸權在東部地區的重要性也遠遠不及許可證水權了。尤其是現在東部各州法律開始按照簽發順序排列許可證，使水權之間產生了排他性。例如喬治亞州《旱災保護法》規定：每年3月1日州環保局局長有權宣佈本年夏季是否會發生旱災。如果認為會發生旱災，他有權決定多少英畝田地不得引水灌溉，從而保護內徑流。之後舉行拍賣會，允許自願減少灌溉面積的水權人提出價格、面積。如果自願減少灌溉的面積超過要求，他可以從最便宜的價格往上劃定要求的面積；反之，如果面積不足，他就得採取強制措施來補足要求的面積。灌溉面積非自願減少的方式是：從簽發日期最近的許可證開始，依次往前禁止取水，直到被強制減少的灌溉面積補足保護內徑流要求的面積。這就是所謂"後進先出原則"[1]。如果說這種"先到者權利優先"的順序排列還需要政府積極介入的話，那麼，《喬治亞州法典》規定了州政府是河流的信託所有權人，所以它有權按照普通法的公共信託原則保護用於環保、漁業、通航、商業的水流。它可以用這個原則確認更優先的通航、生態等用水權。這些水權能夠保護內徑流，並且可以透過"後進先出原則"自動排除後面的許可證。公權力從此可以完全退出水資源分配領域了。這種調整，就使岸邊權原則實際上變成了先佔原則。但是在豐水的東部，大部分岸邊權、許可證水權都不會受到優先序列影響，制度變遷成本很小。隨著水資源稀缺程度增強，東部各州將陸續發生這種制度變遷。

　　②先佔權的排他性分析

　　先佔權制是在乾旱和半乾旱的西部各州建立和發展起來的，適用

---

[1] NANCY A. NORTON. Enhancing Instream Flows in the Flint River Basin: Does Georgia Have Sufficient Policy Tools?//Water Policy Working Paper 2001-2002[R]. Georgia State University Andrew Young School of Policy Studies and Albany State University Flint River Water Planning and Policy Center, 2001: 3.

於中西部的 19 個州，主要是為了解決這些缺水地區的用水問題。該水權制度允許儲存水資源用於那些無法獲得水資源的地方；還允許將水資源從有水的地方向需要的地方進行轉讓。

先佔權制的精髓是在水源水量不足時，維護水權的優先順序，具有優先權的水權擁有者可以優先取水。在先佔權制下，水權的優先順序可按用水標的制定（如中國[1]），也可按取得水權時間的先後制定（如美國加州[2]）。水權優先順序創造了水權的排他性，也為枯水季節水資源的分配提供了依據。

水量和同一水源上所有用水戶的關係是所謂的"一損從後損、一榮從前榮"，即：在枯水季節，僅有那些被排在後面的部分水權人被剝奪用水權，其他人不受影響；而在豐水季節，先於該水權成立的其他水權首先得到滿足。舉例來說，根據俄勒岡州《內徑流水權法》，州魚類和野生物種局、州環境質量局、州公園和消遣地局有權向州水資源局申請內徑流水權。如果申請獲得批准，那麼提交申請之日就是水權優先權日[3][4]。又由於該法頒佈於 1987 年，所以優先權日不可能

---

[1] 按照《水法》第 14 條，生活用水權排第一位；農業、工業、航運用水權排第二位；耗水量大的工業、農業用水權排第三位。按照《黃河水量調度管理辦法》第 10 條，生活、重要工業用水權排第一位；農業、工業、其他用水權排第二位；沖沙、環境用水權出現了，但是優先位置尚不明確。

[2] 美國加州的水權制度十分複雜，其中以河岸權（Riparian Right）與專用權制（Appropriative Right）最為重要。在乾旱缺水期間，擁有河岸權的用水人都有同等的用水權利，因而可以平均共用可用水量；但持有專用權的用水人的水優先順序，則按取得水權的先後順序為準。換言之，取得水權在先者可優先用水，取得水權在後者必須暫時停止用水，直到取得水權在先者滿足其用水為止。

[3] 水權優先權日是佔用權產生的日期、被批准的許可證申請提交的日期、法律生效的日期、聯邦設立保留地的日期等。

[4] 優先權除與先佔權授予時間有關外，還與實際行動的時間有關。也就是說，對於同時獲得優先權的兩個用戶，如果其中一個引水工程先投入使用，那麼其水權級別就高於另一個水權用戶，這就是優先專用權中的"相關溯及原則"。

早於 1987 年。這樣，在枯水年份，1987 年以前獲批的取水權人有權把水全部用光。如果事實如此，那麼此時上述內徑流水權就會變得沒有意義[1]。當然，這種水權優先於其後成立的取水權，所以在一些年份，它可以透過排除這些取水權而保護內徑流。

(2)美國水權的讓與性分析

美國中西部已建立起世界上最發達的水權交易市場以及水市場。水市場的交易對象是永久性水權、季節性水權、合約水權、臨時水權。作為私人物品，水權的交易主要是取水權交易，1975～1984 年，有 6 個州提交的取水權永久轉讓申請共計 4 917 件[2]，且以私有水權交易為主。涉及州際以及城市之間的水權交易也在逐步增多，如亞利桑那州最近簽署協定，把《科羅拉多河協定》、《波爾得峽谷工程法》分給自己的科羅拉多河引水佔有率分割出一部分賣給加利福尼亞州、內華達州。隨著加利福尼亞 Imperial 灌區節水技術的發展，很多水被節省下來。德克薩斯州的巴斯兄弟購買了這些節約下來的水權佔有率 25 萬畝尺（Acre-Foot，1 畝尺即面積為 1 英畝、水深、英尺的水體。1 英畝約為 4 048 平方米，1 英尺約為 0.305 米），並賣給了聖地牙哥市。在美國東部，許可證水權往往可以自由交易。人們獲得岸邊權水權的方式主要是購買臨岸土地。

(3)美國水權的可執行性分析

20 世紀中期以前，水權排他性極少發揮作用，水權交易也很少。因此，先佔原則其實和岸邊權原則一樣，都是維護積極社區的產權模式。為此，雖然美國中西部水權主要是佔用權，但一直沒有做成產權

---

[1] JAMES D. CRAMMOND. Leasing Water Rights for Instream Flow Uses: A Survey of Water Transfer Policy, Practices, and Problems in the Pacific Northwest [J]. Environmental Law, Vol. 26, No. 1, 1996: 227.
[2] TERRY L. ANDERSON, PETER J. HILL. Water Markeging－the Next Generation//The Political Economy Forum [M]. Roman & Littlefield Publishers Inc., 1997: 81-82.

證書。然而，隨著水的稀缺程度增強，水權的排他性、讓與性需要真正發揮作用了。這時，政府發現市場需要一個證書系統賦予水權以"可執行性"。於是，20 世紀 60～80 年代，中西部的 19 個州先後開始進行水權裁決。法院的裁決活動結束後，水權人獲得統一格式的水權證書。當然，這類裁決非常緩慢，許多河流流域及其支流的水權裁決一直到現在仍在進行中。例如在 Pecos 流域的 Roswell 小流域，法院正在重新裁決 1947 年前的地下水優先權日。1946 年及以前的地表水權人提交了水權證明，法院正在審查這些證明。有的地區，裁決持續了 30 多年仍未結束。比如在 Rio Grande 流域的 Rio Rojoaque 河網的 Pojoaque 河及其支流，其水權裁決自 1966 年至今一直在進行。有的地區涵蓋了聯邦水權、印第安人保留水權，但是裁決也未結束。其他各州的情況基本類似。

(4)結論和補充說明

①河岸制、先佔制的並存

由上述可知，美國早期的水權制度著重於建立秩序並解決不確定性，但在用水方面卻不具有經濟效率。河岸權制雖然確保了依河而居者對水的權利，但因用水順序仍具有不確定性，用水者沒有保養水資源的動力；同時，由於河岸權制的精髓是先要有河岸地權才有水權，依"河岸"來界定用水權利，往往會忽視大多數"非河岸"土地的發展權利。譬如說，按河岸權原則，只要沿著溪流買下兩岸的土地，就可以控制所有非河岸土地的利用與其價值；同理，只要擁有綠洲的地權，也就可以控制其他大片的沙漠。美國西部開拓歷史中就曾有類似的壟斷水源情形發生，引發了不少地方性的爭執與民怨，河川上下游或左右岸因爭水而引起的訴訟也層出不窮。

所以在缺水條件下和乾旱地區，人們更傾向於使水權與地權分開，用水的權利經由另外的手續申請，與地權無關。通常，為了公平起見，水權的申請尊重先登記的人先用，即先佔權制。一般而言，先佔權制中，先登記的人在枯水期比較不會缺水，而後登記者缺水的風險則比較大，優先使用原則對用水的時間、地點、用水方式、設備、數量、用途等各方面，都要有十分詳細的規定，才能避免用水的無效率或甚至有人搶先登記水權而佔有水資源，發生囤積居奇現象。

"河岸權制"可能囤積的是河岸土地，而"先佔權制"囤積的則是水權，很難相互比較誰優誰劣。1866年，美國加州曾經針對河岸權制或優先權制進行公投（Lux V. Haggin 判例），公投的結果判定優先權制與河岸權制可以共存，這一判例創造了"California doctrine"，也就是在同一流域內有兩種不同的水權制度共存，他們認爲這樣的制度安排可以合理且有效地使用有限的水資源。至今美國西部有加利福尼亞州、堪薩斯州、密西西比州、內布拉斯加州、北達科他州、奧克拉荷馬州、俄勒岡州、南達科他州、德克薩斯州、華盛頓州十個州採用"共存"制度。

②關於公共產權和水環境權

在美國中西部，政府原來大規模提供私人物品（低價供應、無償提供水資源）的結果是：建造了"和那片乾旱的土地不相稱的物質文明"[1]。後來，各級政府透過協議、合約，把它們原來控制的取水權進行了分配，雖然獲得水權的很多還是地方政府機構，但是水權佔有比例已經固定。水權許可制形成之後，其所衍生的水權交易制度提高了水資源在私有產業中的使用效率，並且水權交易價格也是由市場決定的。政府用行政手段供應私人物品的時代已經基本結束了。但是隨著社會大眾對公共利益的重視，尤其是環境保護理念的盛行，水質問題、河道內用水[2]、濕地保護、遊憩需求等用水問題逐步浮現出來。爲

---

[1] ERIC T. FREYFOGLE. Water Rights and the Common Wealth [J]. Environmental Law, 1996(26): 27.

[2] 從河流中取出的用於農業灌溉、工業用水等多種用途的水，稱之爲河道外用水（Offstream Water Uses，也譯作"離川用水"），同樣，留在河流中用於漁業、遊憩、航運以及水生物生存保障、野生動物飲水、景觀、釣魚、游

提高用水效率和公平，目前各級政府已經把主要工作轉變爲認領、主張水權中的公共物品佔有比例或者說公共水權，其中包括航運、漁業以及其他用於商業目的的地表水使用權，近年來還增加了遊泳、水上娛樂、休閒、科學研究以及爲滿足生態和環境要求對河道內的水資源進行保護等方面的內容。

有關水資源利用方面的公共利益還包括爲滿足環境和生態要求進行水資源的保護。在乾旱和半乾旱的西部各州，水道內的水在一年中的某些時期會乾枯，因此，對河流內水的利用便是至關重要的。這些州採用兩種措施保護河流內的水資源。一種是將河流內的水資源劃爲專用，這種專用一般由某個州立機構負責實施；另一種措施是從指定區域內抽取足夠的水來補充河流內的水資源。

而且，水作爲資源，和環境具有一體性。水環境權作爲一種公共權力是被廣泛認同的。這種公共性不僅超過了包括國界在內的地區界線，而且超過了代際之間的界線。因此，美國國會 1980 年爲環保局設立了"超級基金"[1]，環保機構可以使用這個基金在全國各地對違反有關環境法律規定的用水行爲發動民事訴訟。這樣，公權力就可以依靠私法提供公共物品了。

③聯邦政府水權及其與州政府的關係

聯邦政府一般是透過聯邦法律影響各州的水資源利用，進而影響各州的可分配水資源量及其水權佔有比例和州際水權糾紛的。而聯邦政府有關水資源及其水權使用的法律一般都是針對水質和環境保護的。聯邦法律大都不對水資源及其水權的分配進行規定。但也有些例外值得注意：

泳、劃船、運輸、發電等多種用途的水，稱之爲河道內用水（Instream Water Uses，亦譯作"留川用水"或"內徑流"）。

[1] LUCY SERIES. Business Law and the Regulatory Environment-Concepts and Cases [M]. 6th Edition. Ricitard D. Irwin Inc. 1986: 1291.

第一，聯邦保留的水權。如上所述，先佔權制的建立主要是基於聯邦政府承認對其所屬公共土地上的水體享有專用權、承認將公共土地所有權與水體所有權分開，以及將分配用水的最高權力授予西部各州。但也有例外，這個例外即由法院規定的聯邦保留水權，最初用於印第安人保留區的開發，其後又用於其他聯邦所屬保留區的開發，如軍事地區、國家公園、電廠及國家森林保護區等。聯邦保留水權在範圍上受到相應的限制。只有在需要開闢一個公共區域作為專用時才可以設立聯邦保留水權。而且，這種保留水權只針對為實現保留區主要目標所需的用水，而不考慮其他目的的用水。聯邦保留水權自保留地批准之日起優先使用。

第二，聯邦優先權。在美國，各州的水權在不與聯邦法律衝突的前提下歸各州解釋，但是包括水法在內，聯邦法律優先於州法律，不過也有一些例外。比如在愛荷華電力公司與聯邦電力公司簽署的協議中，聯邦最高法院規定《聯邦電力法》優先於州水法，但該法第 27 節還是留有餘地地規定了保留州對其輸送的水資源的專有利益或所有權給予保護的權利。

第三，州際間水的分配。某些水道是跨州的，各州之間圍繞這些州際水源的水資源分配是聯邦法律規定的一個內容。州際水資源的分配透過下列方式之一實現：一是由州與州之間簽訂州際水資源分配協議，並經過國會批准；二是有關州際水資源分配的訴訟提交聯邦最高法院進行裁決；三是國會針對州際水資源分配制定專門的法律。

案例：加利福尼亞州水資源產權制度

加州的水資源政策可分為供給面管理和需求面管理兩種類型。供給面管理基本上是維持水量的穩定供給，過去的做法大多著重於修建水庫、攔河壩、圳道等水利設施的開源政策。經過 100 多年的發展，加州的水利工程在全美國已是規模最大、供水、發電、防洪功能齊全。除州水利工程（State Water Project, SWP）[1]，和中央峽谷工程（Central Valley Project, CVP）[2]這兩個最主要的工程外，全州還有水壩和水庫 1,200 多座以及多條引水渠。這些引水渠大都是從水庫引水，甚至有多個調節水庫，也有少數幾個是直接從河道引水，加州大部分用水就依賴於這些水利設施。至於需求面管理政策則包括甚廣、從價格策略、水量管制策略、水權的轉移或交易到用水技術的改善，以至於水資源保護之宣傳與教育等都在內，主要是透過各用水部門的用水效率改善與調整以及各用水部門間的調配，達成集約用水與有效分配水資源的最終目標，從人口增長、產業發展[3]和自然氣候變遷等因素看，目前很多學者、專家認為，水資源管理政策的重點急需從供給層面管理轉向兼顧需求面管理，才能讓有限的水資源得到有效率的運用。

(一)加州水權制度的特點

在美國、各州的水權在不與聯邦法律衝突的前提下歸各州解釋，因此加州也有自己的一套水法，加州水法規定：水歸人民集體所有，個人和實體只有水的使用權[4]。加州的水權可以分為地下水權

---

[1] 州水利工程在加州是一個十分重要的水利工程，大約 2,000 萬人口（佔該州總人口的 2/3 左右）用水量的一半來自於它。州水利工程完全是自籌經費，歸州所有，由加州水資源局管理。其主要功能是將加州北部多餘的水調往缺水的中部和南部地區，水量的 71%供給城市，30%供給農業。

[2] 中央峽谷工程作為全美的一個大型水利工程，幹流長約 643.6 千米（400 英里），包括 20 座水庫和大壩，其中有加州最大的水庫——薩克拉門托河流上的沙斯塔（Shasta）水庫和 11 個水力發電廠。其主要功能是防洪、供水，同時兼顧航運、旅遊、發電、生態效益。據估計，該工程產生的效益已是當初投資的 100 倍。工程由墾務局建設完成，而工程產權歸聯邦政府和加州政府共同所有。

[3] 加州的產業結構從最初採礦業最發達的階段，相繼經歷了農業、航空航太業、電影業、電子工業等產業佔主導地位的不同發展階段，其中，農業至今仍是加州很重要的一個產業，1995 年農業用水量佔總用水量的 43%，預計到 2020 年農業用水仍佔 39%，它對加州水資源的開發和管理有很大的影響。

[4] 美國各聯邦、州機構對通航、內徑流、生態用水權等享有所有權，但是對水

和地表水權兩種。其中，對地下水權的規定相對要簡單一些[1]，對地表水權的規定則相當完備、複雜，同時還有其獨特性。

  1.先佔權與河岸權制並存（Hybrid System; California Doctrine）

  1880年，美國西部各州農業開始發展，當時西部水權多採用先佔權制，但農民仍認為有權引用水流灌溉流域周邊的農田，因此制度隨之而調整。1886年，加州為此舉行了河岸權制或先佔權制的公投（Lux V. Haggin判例），公投的結果判定先佔權制和河岸權制共存（Coexist），該判例創造了"California Doctrine"，即在同一流域內可以有兩種不同的水權制度共存，而其他州的水權大都只有佔有權一種。"共存"制度的管理原則是合理有效使用。

  2.許可制（Permit and License System）

  從理論上講，水權作為物權的一種，越能明確界定，越有助於促使資源配置達到最優效果。然而，水權具有許多不確定性，例如實質水權沒有登記、水量超估以及未來用水的不確定性等。尤其是1903年以來，隨著水資源的日益相對減少，由水權不確定性所衍生的相關訴訟層出不窮。為了減少水權的爭議並完善相關法規，美國Conservation Commission在1911年經過一系列的調查之後，建立了水資源的基礎數據庫。同時建議使用許可制進行管理、將所有已佔有或未佔有的水權資訊都列入管理，防止用水的浪費及繁瑣的訴訟，同時便於查驗水權人所擁有的水資源。這一建議立即被加州州政府所採納，並於1914年成立了州水資源管理局（Satate Water Resource Control Board），專門負責核發水權許可證，管制和協調水權人的用水、同時維護水權人的權益。換言之，為獲得水權，申

---

[1] 沒有所有權。水的所有權屬於各州及各州人民，是一種公有產權。這與人們對地下水的所知有限有關。關於地下水的形成與補注資料是最近20年才逐步受到重視的，美國地下水分佈地區、蘊藏量及年補注量等基本資訊業至今仍未完備，因此近100年來，美國地下水管理及其水權制度仍在一連串試錯試驗當中。

請者必須提出書面申請,提供事實證明並接受他人的質詢和反對;申請過程由水資源管理局控制,包括接受申請、舉行聽證、頒佈決議等一系列程序,類似於司法判決。這個過程往往充滿矛盾和爭論,有些甚至要上訴到聯邦最高法院。但判決生效後,各有關用水戶必須遵照判決執行,並由水資源管理局專門的管理員監督其執行情況。

加州水權管理制度的演進對美國聯邦政府的水資源分配制度產生了深遠的影響。在 1914 年之後,美國許多州不論對河岸權制還是先佔權制的水權都設計了精細的許可證,具體包括用水量[1]、取水時間、地點、用水方式、設備、數量及用途等內容。而這一明確的水權許可證,也為 20 世紀 80 年代用水需求結構改變後各用水戶要求建立水市場奠定了基礎。

(二)水權交易

加州最初的水權交易需求是伴隨著金礦業的發展而來的。金礦的增多,使得金礦主之間爭奪同一河流上的水權,引發了許多爭端。為解決這些水權爭端、政府必須制定相應的法律。隨後農業灌溉用水的增長使人們對水的爭奪變得更加激烈,農業用水較金礦業用水要多得多,灌溉面積的增加,使得人們不得不去興建新的蓄水引水工程。海岸地區工農業經濟的發展和人口繼續增長,當地較容易利用的水資源很快就被用光,這就迫切需要從州內水多的地區或用水戶那裡進行水權的交易。水權以年引水量、引水速度、引水季節、引水方式、引水口位置、使用目的、使用地點等形式表現出

---

[1] 如何進行水權的量化是一個很重要的問題。美國西部很多州規定,水權的數量與水權擁有者的直接用水量相同,而加州規定水權數量與其有益利用的水量相同,它包括合理的運輸過程中的損失。這樣可以避免造成過多的低效率用水,因為低效率者多用一方水就會多一分浪費,結果是損害了別的高效率用水戶的權益。因此,這種界定既有利於水權擁有者節水,又保護了其他合法用水戶的權益。

來。加州現在的水權交易大致有兩種形式，一種是大範圍的調水，另一種是用水戶個體或組織之間水權的直接交易。

1.跨區域（流域）調水

由於加州南部和西部地區缺水，從水多的東部和北部地區調水是必然的需求。大範圍的調水，實際上也是水權的交易。調水初期遇到了一些困難，由於豐水地區的農民和灌區已經建立了自己的水利設施，很多情況下，當地農民對出售自己的水權並不感興趣，也不願意城市的各種機構捲入到本地的水事務中。解決問題只能透過複雜的協商程序甚至於訴諸法律，儘管城市最終還是得到了自己所要的水，但由此便造成了農村和城市之間的矛盾，這種矛盾一直持續了很多年。

2.個體或組織間的水交易

這種水交易是更直接的水權交易。透過水交易，整個水系統可以實現水資源的合理配置，用戶沒用完的富餘水可以直接賣給需要用水而沒有水用的用水戶。對於個體來說，這也是理智的選擇，因為這樣可以減少水資源浪費，最大化水資源的利用效率。對水交易過程中涉及的水權和水權交易問題以及相應操作步驟，州水資源管理局制定了專門的指導建議。

（三）"水銀行"

20世紀80年代末90年代初，加州經歷了持續近5年的大旱，降雨僅有正常年份的28%，水庫蓄水只有其蓄水容量的32%，州水利工程和中央峽谷工程被迫急劇減少供水，州水利工程只能按正常供水量的10%供應城市用水，其農業供水被迫停止。為緩解乾旱造成的緊張局面，1991年2月，"水銀行"這一應急措施被提了出來，這是首個政府仲介水權交易的創新。

水銀行在水市場中同時為水權的買方亦為賣方，可自休閒耕地所保留的灌溉水、抽取的地下水和地區水庫的剩餘水等的權利人手中購買水權，並在乾旱時期以一個高於買水價的價格，將水售給需水者[1]。其成員可以是公司、共同用水組織或者是負責工農業和環境供水的公共機構，它們必須符合嚴格的條件才能成為水銀行的成員（比如用完了所有能被利用的水），用水戶必須保證不浪費水，也不能購買超出需要量的水。出乎預料的是，45 天內水銀行竟買到了10 億立方米水，其買入價是 10 美分／立方米，賣出價是 14 美分／立方米，這些水大多數來自休閒耕地用水和地下水。從全局來看，水銀行可以盡最大可能減少乾旱造成的全州經濟損失，更合理地進行水資源的配置。據估計，水銀行帶來的經濟效益達 3.5 億美元[2]。

---

[1] Postel 將其定義為：農民或其他用水戶把水存儲於銀行，希望另外的人以一定的價格租用它，以給儲蓄者產生收益。水銀行的優點在於為農民提供應變能力，他們通常要面對特殊年份水需要的不確定性。Winpenny 則認為，水銀行是一個基本的方法，它在不需要的時候儲存水，以便以後可以取出，或同時由需求量大的人取出。最簡單的一種水銀行允許將暫時不需要的地表水補給到地下水層，以便在將來抽出。其他形式的水銀行允許其他人暫時和永久地使用儲蓄水。

[2] Dixon、Moore and Schechter（1993）的評估報告曾指出下列水銀行對售水地區與買水地區的經濟影響：第一，在售水地區，生產成本與農產品銷售總額均顯著減少。在售水地區，生產成本大約減少 1 770 萬美元（減少幅度約為 11%），農產品銷售總額則減少 7 710 萬美元（減少幅度約為 20%），這對農業投入的供應商及農產品加工業者造成了負面影響（即所謂的"對第三者的影響"）。第二，對農業部門並未造成顯著的波動。第三，售水農戶的農場投資增加。由於售水戶可獲得高額的水價，農戶（包括自耕農或佃農）的農場投資增加了 570 萬美元，此投資的增加，大約抵銷了先前減少的生產成本的 32%。就投資專案而言，則因契約形式而有差異：採用休耕方式者的主要投資專案為農場設備添購和修護（佔 54%）、農舍維修（佔 25%）、灌溉與排水改善工程（佔 15%）；採用地下水替代者，則以地下水井設施裝置與維修（佔 67%）及農場設備添購與修護（佔 26%）為主。第四，農戶及公家水利事業單位均受益。據估計，採用休耕方式的農戶，因為有優厚的水費補償，平均每畝尺的農場收益增加 35 美元（採用地下水替代者則較少，約為每畝尺 17 美元）。一般認為，每畝尺高達 125 美元的水價，確實有點高了，這也是 1992,年水價巨幅下降的原因之一。

但水銀行也帶來了一些爭論，如環境用水如何保證、對農業的負面影響以及對稅收和財政的影響等[1]。

為此，加州議會頒佈了特殊的管制規範予以修正。例如，針對"建立管理第三者環境影響效果的機制"，法令中的特殊規範包括：①對轉讓水權者課稅，以補償受損的第三者；②水權交易時、除合約所定的水量外，要求留存環境生態用水；③面對買方獨買、賣方完全競爭的水權市場，由州政府補貼出售水權者；④轉讓水權時需召開聽證會，並由州政府與受影響的第三者核定方可進行交易；⑤監測第三者所受的損失；⑥限定僅能轉讓用水戶的富餘水；⑦為保障第三者，必要時可由主管機關重新定義水權。

值得一提的是，儘管加州的水權系統已發展得較為完備，但是直到 20 世紀 90 年代還沒有建立起水市場。加州政府在 20 世紀 90 年代的 10 年間，把水市場作為解決日益增長的城市用水需要的措施，提出了很多提案，欲對水市場立法，以促進水市場的發展，但仍缺乏能獲得立法通過的提案。提案的反對意見主要來自農業方面。農業用水佔大多數，農民有自己的水權，但很多農民在觀念上認為建立水市場是在逼迫他們出售水，水市場的建立對小農場主不利，因此不同意這些提案。所以，要想建立起水市場，必須根據公平的原則，照顧弱勢群體即小農場主的利益，給予適當補償。也有

---

[1] 這些負面效應還包括：第一，對各郡的所得與就業的分配效果不一。根據 Howitt、Moore and Smith（1992）的估計，1991 年的休耕使得售水地區損失的所得達 1,150 個工作機會。Coppock and Kreith（1993）也指出，在 Solano County 與 Yolo County 的農業所得分別減少了 3.5%和 5.0%，表明負面效果居多。第二，忽略了對第三者的影響。因為水銀行運作引起了地方農資供應商與加工業者對售水農戶的怨言；部分地主和佃農也為售水所得的分配而產生了衝突，造成地方社區的嫌隙；部分受到顯著負面衝擊（包括經濟衰退與地下水超抽）的郡，也對水資源管理局頗為不滿。第三，自由市場運作的機制不足。這是因為在水銀行運作下的買賣價格，都由州政府的水資源管理局統一制定，而非真正由市場機制來建立。

人建議，建立水市場最好讓賣方和買方直接談判，同時要建立起一定框架條款，根據這些條款，談判雙方必須考慮交易所涉及第三方的利益。

(四)水權費

美國加州除了允許水權交易之外，同時也向申請水權人收取因用途及取用許可用量而異的申請費[1]、許可證發證費及其他申請規費等（申請費費率及相關規費的收費標準見表 6.1）。

表 6.1 美國加州撥用水許可申請費費率表

費別	用途	用水量（X）（立方英尺每秒）	申請費費率（美元）
使用許可申請費	直接引用	1 ≤ X ≤ 100（每秒不足 1 立方英尺者，以 1 立方英尺計）	10
		100 < X ≤ 500	12
		500 < X ≤ 2000	15
		X ≥ 20100	20
	動力用	一般發電計劃[a]	每理論馬力 2 美元，最高以 200 馬力為限
	儲備用	不超過 1000 英畝	每英畝[2] 0.10 美元
		1000 < Y ≤ 5000 英畝	每英畝 0.12 美元
		5000 < Y ≤ 1000000 英畝	每英畝 0.15 美元
		Y > 1000000 英畝	每英畝 0.20 美元

---

[1] 加州 Water Code 第 8 章（Fees）第 1 條（Application Fees）規定，任何申請撥用水許可（Permit）的人，在遞交申請書時，必須繳送件費（Filling Fee）100 美元（第 1525 款）。Water Board 於收件後五天內，以掛號信通知申請人應補交的送件費，申請人如未在時限內（自送件日起算 30 天內）繳清，其申請書將被否決（第 1527 款）。如果申請人在收到繳費通知後自行撤銷申請，或因為在法定時限內未繳申請費而致申請許可被否決，則申請人在撤銷或申請許可被否決之日起六個月內，將不得就相同水源再送件申請撥用許可（第 1527.5 款）。撥用申請獲許可後，申請人必須繳納申請費，以支付相關機關評估並處理該申請書所需的合理成本（第 1525.5 款），如應納申請費超過 100 美元，則可扣除原繳送件費（第 1526 款）。

[2] 一畝尺的水足夠美國一個四口之家用一年。

表 6.1（續）

規費：

年費	若因申請人請求或所需資料欠缺而致申請過程長達二年以上者，申請人在第二年後需按年繳納年費，其金額等於原有送件費之一半
發證費	以申請費之半數核計，最低額為 100 美元，於發許可證時繳納。申請人在繳費通知寄出之日起 30 天內若不繳納，其申請書將被否決（第 2 章 Application Fees，第 1540 款）
延期申請費	申請延長開工、完工或取水日期者，於提出申請時繳納，每件 50 美元（第 2.1 章 Other Fees，第 1546 款）
變更申請費	申請變更引水地點或用水地點許可者，於提出申請時繳納，每件 100 美元（第 2.1 章 Other Fees，第 1547 款）
轉移申請費	申請水或水權越域轉移許可者，於提出申請時繳納，每件收費按應納許可證申請費的 25%計（第 2.1 章 Other Fees，第 1547.1 款）

注：(a)對於小規模發電計劃而言，必須於申請送件後 30 日內支付 1 000 美元，其餘則必須等候通知繳納。

〔資料來源〕黃宗煌，劉奇佳，周嫦娥. 可用水量不確定下的水權配置制度的比較利益分析[J]. 農業經濟，2005(77): 139.

水權費與水權交易的相對效率或其中的選擇問題，也是經濟學者很感興趣的焦點。蕭代基、戴雅明（1996）考慮了資訊不確定性因素的有無，並比較了這兩種制度下用水量的差異。他們認為，在資訊確定的情況下，二者的用水量可達到帕累托最優效率的用水量；但在資訊不確定的情況下，水權交易制度優於徵收水權費的方式。不過，水權交易制度下也有不可忽視的障礙，其中，交易成本[1]影響了該制度的潛在效率[2]。這些有關二者利弊的比較研究、經濟與

---

[1] 交易成本的主要專案包括：尋覓交易機會的成本、交易協商過程的成本、監督"第三者效應"的成本、輸水過程的成本以及解決糾紛的成本。

[2] Colby（1990）分析美國西部的水市場與河道內用水間的關係時指出，由於交易成本直接影響交易雙方的利潤，因而影響水市場的交易。雖然河道內用水較河道外用水擁有較高的價值，但因其交易成本較高，故有河道內水權（或稱留川水權）的交易。B. G. COLBY. Enhancing Instream Flow Benefits in Era

環境影響以及相互關聯都正處於研究階段,往往令主管機關對水權費與水權交易難以抉擇(有關二者的比較,見表6.2)。事實上、這些政策工具可以具有互補甚至加強效果,因此可以同時並用,加州的做法就是一個很好的實證例子。

表 6.2　水權交易與水權費的比較

	比較專案	水權交易	水權費
	產權歸屬	隱含財產權歸水權人所有	隱含財產權歸國家所有
	潛在職能	管制用水總量,提升用水效率	兼具"成本回收"、"開閉稅源"、"經濟誘因"以及"租稅替代"等功能
	財政收入	除以拍賣方式核發水權外,並無收入	有水權費收入,可專款專用於水資源開發、利用以及水利事業的經營與管理的改善,亦可用於綠色租稅改革
不同點	決策變數	以制定水權核發總量及水權量為主(故稱數量法則,Quantity Rule)	以制定水費費率為主(故稱價格法則,Price Rule)
	價格的穩定性	水權的價格取決於市場,故確定性較低,常有水權市場壟斷、投機而致交易價格飆漲的問題	費率由主管機關制定,並於事前公告,故確定性高
	用水人的成本負擔	因管制總量及水權初期的分配方式而異,初期成本負擔主要源於水權量可能被大幅削減。但在長期中,則與水權費制無異	取決於費率的高低。在短期中,初期成本負擔較大,在長期中則與水權交易制無異(換言之,費率將等於交易價格)
	社會正義	除採用水權拍賣外,承認既有水權的合法性未必符合社會正義	符合使用者付費或受益者付費的公平原則
	執行阻力	阻力可因現有水權人取得產權而較小,但分配性障礙的阻力仍不可忽視	阻力因水權人必須付費而較大

of Water Marketing [J]. *Water Resources Research*, 1990, 26(6): 1113-1120.

表 6.2（續）

	比較專案	水權交易	水權費
不同點	用水減量效果	兼具數量管制與經濟誘因的優點，故減量效果立即而直接，但水權市場若被壟斷，可能出現水權過度集中的現象，並產生市場失靈的後果 減量效果的實現取決於水權市場的效率或交易成本的大小	只靠價格機制運作，廠商需經較長時間的調適，故減量效果不能立竿見影，當水資源需求價格彈性低時，減量效果更不明顯，但不必擔心水權市場壟斷的現象 減量效果的實現取決於費率的高低
	成本有效性的來源	用水人除了可自行調整用水策略與技術之外，還可在水權市場從事交易，故提升用水效率的彈性較高	用水人只能參考其用水成本而在內部自行調整用水策略與技術，提升用水效率的彈性較低
	政策工具推動後的主要業務	主管機關以協助或便利相關業者之交易為主	主管機關以執行收費及其相關業務為主
相同點	成本有效性	在有效率的交易市場中，可達到成本有效性的必要條件	可達到成本有效性的必要條件
	使用者付費或受益者付費原則	除了初期的所得分配效果不同於水權收費制外，長期內仍能符合左列原則	符合左列原則

〔資料來源〕黃宗煌，劉奇佳，周嫦娥. 可用水量不確定下的水權配置制度的比較利益分析 [J]. 農業經濟，2005(77): 139.

2.澳大利亞水權分析：比例分享制

在水權初始配置當中，水權的優先原則是水權制度中的重要組成部分，各個國家因水權制度不同，對水權的優先順序安排常常也有很大的差異。如前所述，優先權的存在是客觀而又必然的，但是也帶來了效率問題，同時用水優先順序的設定還造成水權的異質化，形成水資源調度的障礙。為此，比例分享制是在先佔權制的基礎上，既取消了地權與水權的聯繫，又取消了優先權原則中水權之間的等級之分，按照認可一定比例的原則，將水權界定為河川或渠道水流的一種比例關係，水的使用權表現為每單位時間的流量。

比例分享制的精髓，可以概括為"各水權擁有者按其水權份額取水"。"會計年度的配水制度"（Annual Accounting System）是自1980年初起在新南威爾士州（New South Wales，以下簡稱NSW）相當普遍的水量佔有比例的分配製度，在這一制度下，政府採用"按量"的原則先將水分配給具有優先權的水權人，其餘部分則按水權持有比例分給其他水權人。在水權交易及其制度出現之前，無論採取依據歷史用水量還是依據過去所核發的水權量的分配方式，在水權人之間並沒有太大爭議；但實施水權交易制度之後，水資源透過市場機制提升了其原有價值，也因此而出現了對水資源的分配方式的不同爭議。例如配額不敷使用的水權人主張將可引用水量按"歷史用量"比例分配；而沒有充分利用所持有的水權量的瞌睡水權人（Dozers）則主張，分配比例應反映現存審核許可的水權量。這種衝突在瞌睡水權人佔有鉅額水權量的地區尤為嚴重。

此外，在這一分配方式下，由於沒有其他人可以享用已分配卻未被利用的水資源，所以未被使用的水資源往往無謂地損失，從而衍生出諸多不良後果。這些後果包括：缺乏提高水資源利用效率的誘因；限制用水人規劃用水與應對長期需求的調適能力；造成水價的扭曲；造成季末用水量激增的假象）因部分用水人企圖儲藏未用配額）[1]。為解決上述爭議和問題，NSW 各界曾提出了多種方案[2]，但在決策中卻

---

[1] 為舒緩上述問題，部分地區在過去幾年曾增訂"遞延（Carryover）條款"，允許水權人將前一年底未用完的水權量延到下一期使用。雖然如此，這種配水方式仍未脫離按"會計年度"計算的本質。為進一步改善這種按年度算帳的方式，因而形成了"連續會計年度（Continuous Accounting System）的配水制度。在這一制度下，不再有"年末"的概念，因為水權人在當年未用完的配額，只要累計量足夠時，仍可超額用水。

[2] 這些方案包括：第一，由政府根據社區偏好來決定佔有比例；第二，採用水權交易的方式，由有超額需求者向能超額供給者購買水權；第三，參考歷史用量與原核定水權量，重新分配水權量；第四，採用"買回機制"（Buy

是眾說紛紜。如何選擇一個適當的方案，成為 NSW 推動水權改革的亟待解決的重要課題之一。

"比例分享制度"則是另一種提升用水效率的配水制度，在這一制度下，各水權人的份額分為"水庫蓄積量份額"（Share of Dam Storage Volume）、"水庫進水量份額"（Share of Dam Inflows）、"支流進水量份額"（Share of Tributary Inflows），而且這三種份額都分開列帳記錄。這時的"份額"不再以"水量"為標的物，而是一個百分比的概念。這一制度不但具有"連續會計制度"的優點，同時還大幅度提升了水資源使用與管理的彈性，各種配水方式的比較見表 6.3。

表 6.3　水資源分配制度的特點——以澳大利亞 NSW 為例

特　點	會計年度的配水制度	連續會計年度的配水制度	比例分享制度
效率性	★	★★	★★★
用水彈性	★	★★	★★★
可操作性與成本有效性	對現有制度改變不大	對現有制度改變不大	需大幅改變現有制度
對充分使用配額的用水人的負面影響	★	★★	★★★
與現有管理措施的一致性	★★★	★★	★

注：星號的多少反映各項特點的強弱程度。
〔資料來源〕黃宗煌，劉奇佳，周嫦娥. 可用水量不確定下的水權配置制度的比較利益分析[J]. 農業經濟，2005(77): 139.

Back），由政府或用水人向瞌睡水權人或熟睡水權人購回部分水權，以便能重新調整水權量；第五，減少水權出售人一定比例的水權量；第六，由政府投資改善水系統的效率，等等。具體可參見：黃宗煌，劉奇佳，周嫦娥. 可用水量不確定下的水權配置制度的比較利益分析 [J]. 農業經濟，2005(77): 139.

採用比例分享制，可以使所有用水人分擔缺水風險，增加節水動力，同時也有利於水權交易。所以，早在 1983 年，NSW 就開始允許"短期性"的水權轉移（Temporary Transfer），1989 年起，進一步開放了"永久性"的水權轉移（Permanent Transfer）。近年來，NSW 所推動的水資源政策改革中，擬將交易標的擴大到未調節河川的水權及地下水水權，允許政府持有水權並買賣水權，甚至將水權進一步細分並詳細界定水權的內涵，允許個人分別持有不同的水權專案以提升水權交易的彈性與效益。根據 NSW 的經驗，水權交易發揮了如下功能：使新增加或潛在的用水人有機會取得所需的水資源，而不至於造成阻礙經濟增長的後果；水權交易也使有超額需求的現有用水人得以取得所需的水資源；使水權人得以享受提高用水效率所產生的經濟效益（參見表 6.4）；使水資源可以轉用於具有更高經濟效益的用途上；使水權成為一項優價的資產，從而提高水資源的資產流動性。

表 6.4　新南威爾士州水轉讓的容量和經濟價值（1984～1991 年）

年份	1984	1985	1986	1987	1988	1989	1990	1991
已轉讓的水容積（$10^6 m^3$）	5.2	34.9	50.7	80.6	342.4	87.6	110.0	140.0
轉讓的價值（澳元$\$10^6$）	0.7	1.8	4.8	4.7	17.0	1.1	10.5	8.0
每單位水的經濟價值（澳元$/m^3$）	0.135	0.051	0.094	0.058	0.049	0.012	0.095	0.057

〔資料來源〕根據 Pigram 等的文章（1992, 27～31）計算。轉引自：DINAR A. ROSEGRANT, M. MEINZEN, R. DICK. Water Allocation Mechanisms — Principles and Examples [R]. Washington D.C.: WORLD BANK, 1997.

　　此外，澳大利亞 NSW 在實施水權交易的同時，還向各用水區分別收取水權證照費[1]、量水費[1]、水費[2]和水資源管理費[3]等費用，以回

---

[1] 用以回收 DLWC 擔任水資源管理者的角色所需負擔的部分成本，包括水權合

收土地與水資源保護廳（Department of Land and Water conservation, DLWC）的成本費用。

(二)國外水權交易制度分析

水市場的交易物件是私人物品，交易主體對其必須享有所有權。國外水市場的交易物件是受法律保障的水權。因此想要建立水權挪用、轉讓的交易制度，水權人[4]將會敦促社會制定更安全的水權財產制度[5]。反過來，隨著用水需求的不斷增加，加上水權許可制的成立，亦在制度上助長了水權的商品化、市場化。

1.水權交易的方式

在國際上，是否允許水權轉讓還存在著極大的爭議。許多國家禁止或不提倡水權轉讓，水權轉讓只在極端的情況下才被允許；一些國家的水權轉讓還處於民間自發交易的階段，且只在缺水地區的極端缺水時期才會存在；澳大利亞在改革水管理的過程中，正在嘗試逐步引入市場機制，但由於與水價改革相關聯，存在著較大的爭論。以美國為代表的水權轉讓和交易的方式主要有買斷、租賃、選擇權和協商等方式，也可以證券方式在特定的市場中進行期貨交易。

法的成本與管理的成本，是一個固定的金額，約為澳元$75。

[1] 用以回收 DLWC 擔任水資源管理者的角色所需負擔的部分成本，例如測量用水量時的部分勞務成本，該費用以量水費費率乘以用水量計算，且量水費費率因地而異。

[2] 用以回收 DLWC 擔任水資源管理者的角色所需負擔的部分成本，例如從事運輸、配水業務以及水庫操作時的成本，該費用以水費費率乘以用水量計算，且水費費率因地而異。

[3] 用以回收 DLWC 擔任水資源管理者的角色所需負擔的部分成本，該費用以水費費率乘以用水量計算，且水費費率因地而異。

[4] 水權人可以是水使用者協會、水區、自來水公司、地方自治團體、個人等。凡是水權人，均有資格進行水權的買賣。

[5] M. W. ROSEGRANT, H.P. BINSWANGER. Markets in Tradable WATER Rights: Potential for Efficiency Gains in Developing Country [J]. *Water Resource Allocation*, 1994(22): 1613-1625.

(1)水權的買斷或租賃（Sales or Lease/Rental）為水權的使用形態、使用區位和飲用水量的永久（買斷）或暫時（租賃）的轉移，只要這種改變不影響溪流中其他水權持有者即具有可行性，這種類型的轉移在美國西部已行之有年[1]。

(2)水權選擇權（Options）根據 Michelson 及 Young 的研究[2]，選擇契約只是一種使用收益權的預約性或暫時性的轉移，水權並沒有真正轉移，因此購買選擇契約所付出的代價是受益人所付出的水租，而非買水的價格。所以交易次數可以在契約期限內根據需要多次進行，並不限定為一次，也不一定用水。當然交易次數的多少，也會受到可供應水量多少的限制。以美國德克薩斯州 Rio Grande 河谷近 20 年來的經驗，有 45%的都市用水是由農業用水移用或轉移而來的，當地市場上的水權價大約是水租的 30 倍。

(3)水權協商（Negotiated）。水權的傳統協商轉讓形式為輪流交換制，根源於傳統農業的季節性輪灌（Seasonal Wheeling）；當水力發電廠設立之後，輪灌又被應用於水力發電公司與地區居民之間輪流用水（Operation Wheeling），當地居民為擁有較為便宜的用電，先將水資源提供給電力公司發電使用，再灌溉作物，如此可大幅提升水資源的使用效率；發展至今，許多地區性輪灌或交換使用是基於環境生態的限制或為了水質的考量而進行水權的暫時性移用或交換[3]。

(4)附屬協定（Subordination Agreements）亦為水權交易方式之

---

[1] C. W. HOWE, P. K. ALEXANDER, R. J. MOSES. The Performance of Appropriative Water Rights Systems in the Western United States During Drought [J]. *Natural Resoruces Journal*, 1982 (22): 379-388.

[2] A. M. MICHELSON, R. A. YOUNG, Option Agricultural Water Rights for Urban Water Supplies During Drought [J]. *American Journal of Agricultural Economics*, 1993(75): 1010-1020.

[3] WAYLAND J. EHEART, R. JAY LUND. Water-Use Management: Permit and Water Transfer Systems//Water Resources Handbook [G]. McGraw-Hill Publishers, 1996: 32.1-32.34.

一。附屬協定建立在先佔權制的基礎之上，允許優先順位權自由地在市場中出售，這種交易順位權的方式可以降低缺水的風險。

2.水權交易的作用

(1)提高水資源的利用效率。如果交易制度受到合理規範與管制，那麼相較於早期僵化的河岸權制或先佔權制中僅有少數土地所有者或先佔者能夠擁有水權而言，水需求者可以遵循市場機制取得所需水量[1]。同時，交易制度透過市場機制可以使水資源的使用權轉移到用水效率較高的用戶手中，有助於促使各部門用水的邊際價值趨於一致，達到最高效率的境界[2]。

(2)促進水資源的可持續利用。健全的水權交易制度的建立，有利於促使人們基於自身利益而重視保障自身私有產權，所以 Rosegrant 和 Binswanger 認為水權交易制度可促進水資源的可持續利用[3]。

(3)提供安全有保障的水權。水權制度的建立，有賴於對水資源財產權的清晰界定以及相關法律法規對它的有效保護。反過來，在水權轉讓交易制度的形成和建立過程中，水權持有人也會敦促社會建立更加安全的水權財產制度[4]。

---

[1] NEIL S. GRIGS. Water Resources Management－Principles, Regulations, and Cases [M]. Mcgraw-Hill Publishers, 1996.

[2] R. A. YOUNG. Why are There so Few Transactions Among Water Users? [J]. *American Journal of Agricultural Economics*, 1986(68): 1143-1151.

[3] M. W. ROSEGRANT, H. P. BINSWANGER. Markets in Tradable Water Rights: Potential for Efficiency Gains in Developing Country [J]. *Water Resoruce Allocation*, 1994(22): 1613-1625.M. W. ROSEGRANT, H. P. BINSWANGER. Markets in Tradable Water Rights: Potential for Efficiency Gains in Developing Country [J]. *Water Resoruce Allocation*, 1994(22): 1613-1625.

[4] M. W. ROSEGRANT, H. P. BINSWANGER. Markets in Tradable Water Rights: Potential for Efficiency Gains in Developing Country [J]. Water Resoruce Allocation, 1994(22): 1613-1625.M. W. ROSEGRANT, H. P. BINSWANGER. Markets in Tradable Water Rights: Potential for Efficiency Gains in Developing Country [J]. *Water Resoruce Allocation*, 1994(22): 1613-1625.

3.水權交易的問題及其所衍生的規範

水資源作為一種重要的自然資源，具有公共財產、共有資源以及外部性等特性，由這些特性引發的市場不完全競爭及外部不經濟，成為水權進行轉讓、交易時面臨的主要問題。

(1)不完全市場

許多學者指出，水權未被清晰界定，而且轉讓時有高昂的交易成本，加上水權交易市場中買方與賣方數量都不多，或賣方為完全競爭市場而買方卻為壟斷市場[1]，造成水權市場趨向於不完全競爭（Imperfect Market）。

(2)對第三方以及環境的影響

放任水權交易經常造成對河道內水量、水質的影響[2][3]。Young[4]與Eheart及Lund[5]也說明了水權交易制度明顯忽略了城市周邊綠色地帶的價值以及保留荒野資源非使用的效益，並指出水權交易也會影響地區產業結構，進而對第三方和生態環境產生負效應（Third-party and Environment Impacts）。這些潛在的因水權交易而造成的負效應包括：下游城市用水、景觀旅遊產業；農場工作者、農業相關產業、農村零售商店及服務業、下游農場、地方政府；以及魚類及野生動物的

---

[1] J. R. HAMOLTON, N. K. WHITTLESEY, P.HALVERSON. Interruptible Water Markets in the Pacific Northwest [J]. *American Journal of Agricultural Economics*, 1989(72): 1200-1204.

[2] R. C. GRIFFIN, S. H. HSU. The Potential for Water Market Efficiency When Instream Flows Have Value [J]. *American Journal of Agricultural Economics*, 1993(75): 292-303.

[3] 之所以把對留川水量的影響特別提出，是由於通常最小留川水量具有公共財產性質，因此其重要性往往被忽視了。

[4] R. A. YOUNG. Why are There so Few Transactions Among Water Users? [J]. *American Journal of Agricultural Economics*, 1986(68): 1143-1151.

[5] WAYLAND J. EHEART, R. JAY LUND. Water-Use Management: Permit and Water Transfer systems//Water Resources Handbook [G]. McGraw-Hill Publishers, 1996: 32.1-32.34.

棲息、地層下降和水井乾枯等潛在危機、地下水質惡化的潛在危機，等等[1]。

對於這些負面效應，美國進行了相應的管制，如相關法令規定：對水權交易者徵稅，用以補償受損的第三方；交易水權時，除契約所約定的水量外，要求留存一定的生態用水；面對買方壟斷、賣方完全競爭的水權市場，由州政府補貼出賣水權者；水權交易前要召開聽證會，由州政府和受影響的第三方核準才能進行交易；檢測第三方所受的損失；限定只能交易富餘水；爲保障第三方利益，必要的時候應當由主管機關重新界定水權。

4.水市場建立的配套條件

水資源的需求同其他經濟物品的市場需求一樣，可以市場機制進行分配，只是水市場的建立應特別注重如下幾個配套條件[2]：

(1)明確所有權，即水權人必須擁有轉讓水權的權利。

(2)水資源屬於區域性的資源，因此實行集體管理是必要的，並且只有這樣才能避免產生外部效應損及無辜者利益。

(3)如果能夠擴大集體管理的範圍，那麼大規模跨流域的引水更具可行性，也更能彰顯其成效。

(4)水市場的建立還應包括完成氣象、水文、用水成本等相關資料數據庫的建立，充分的資訊不但能使水市場競爭性更爲完全，同時也是使市場機制更靈活、更成功的要件。

(5)水權管理制度還應包括教育功能，教導水利區內用水者學會提高用水效率、降低用水成本及獲取集約用水的利潤。

---

[1] WAYLAND J. EHEART, R. JAY LUND. Water-Use Management: Permit and Water Transfer systems//Water Resources Handbook [G]. McGraw-Hill Publishers, 1996: 32.17.

[2] C. W. HOWE, P. K. ALEXANDER, R. J. MOSES. The Performance of Appropriative Water Rights Systems in the Western United States During Drough [J]. *Natural Resources Journal*, 1982(22): 379-388.

(三)總結及其對我國的啟示

1.總結

　　各國解決水資源供需矛盾的辦法主要有兩個：一是增加物質要素投入；二是增加制度要素投入。前者的成本主要是指供水工程的投入，屬於供給層面的管理；後者的成本主要是規避政治風險、解決地區衝突、分割與認定水權份額的費用，屬於需求層面的管理。一般來說，供水規模持續增加，這相當於私人物品佔有比例不斷侵佔公共物品佔有比例，不利於水權及其市場邊界的劃定，河流自然稟賦淪喪的狀況也會繼續蔓延。為此，對物質要素的投入應該有個限度，並應從水權制度投入角度尋求解決水資源供需矛盾的最終辦法。

　　水權可以是公共物品[1]，也可以是私人物品[2]。前者用於保護水環境，後者用於解決水的分配問題。嚴格地講，水市場交易的對象也是水權，而不是水。在我國，諸如《水法》、《取水許可制度實施辦法》等相關法律法規都沒有創設真正的私有財產權，而僅僅設計了一套公權力配置私人物品和公共物品的規則。與我國不同，美國中西部乾旱地區由市場按照私法供給私人物品，不僅如此，當地政府也用私法供給公共物品，私人也可以用私法供應公共物品。美國東部地區正

---

[1] 這裡，公共物品、私人物品都是水權，而不是水。其原因在於：公共物品、私人物品都要有所有權人。美國各聯邦、州機構對通航、內徑流、生態用水權等享有所有權，但是對水沒有所有權。水市場交易的對象是私人物品，交易主體對其必須享有所有權。美國水市場交易的對象是水權，交易主體僅僅對水權享有所有權，對水則沒有所有權。水的所有權屬於各州、各州人民，是一種共有產權。我國和美國類似：水權可以被私人擁有，但是所有權屬於國家、集體經濟組織。嚴格地講，水市場交易的都是水權，而不是水。例如，美國水市場的交易物件是永久水權、季節水權、合同水權、臨時水權。臨時水權的交易對象主要是水。約翰·R. 特林克，M. 中島. 水的分配·水權·水價——美國和日本的例子 [M]. 劉春生，等，譯. 南京：河海大學出版社，1997: 36.

[2] 《黃河水量調度管理辦法》第 10 條的沖沙、環境用水權是公共物品。現行《水法》第14條的生活、工業用水權是私人物品。

在逐步吸收這些制度的優點。

為此，我們認為，作為水權制度的公共物品部分，乾旱地區可以僅設立沖沙、環境用水權；而豐水地區則應當設立審美、消遣、通航、魚類、內徑流等類水權。對於作為私人物品的水權，可以按照排他性、讓與性和可執行性三個方面進行水權制度的建設。

2.對我國現行水權制度的啟示

新中國成立以來的水管理制度演變至今，我國目前已經形成了一套基於行政手段的共有水權制度。我國現行的水權制度主要包括水資源所有權和取水權制度。在我國，水權的公共性往往被當成公共水權進行制度安排，水資源所有權屬於國家，取水權為國家政府部門授予。因而，我國水權制度的發育顯得很緩慢，成為我國現行自然資源法中體現計劃經濟思路，特別是政府供給自然資源思路最為充分的制度安排。

(1)從產權制度安排來看水資源的產權結構：所有權現狀

我國水資源產權安排堅持水資源的公有制理論，整體上屬於國有水權制度，水資源所有者即國家。我國《憲法》第 9 條規定：礦藏、水流、森林、山嶺、草原、荒地、灘塗等自然資源，都屬於國家所有，即全民所有；法律規定屬於集體所有的森林和山嶺、草原、荒地、灘塗除外。我國《水法》第 3 條也明確規定：水資源屬於國家所有，水資源的所有權由國務院代表國家行使。

與所有採取國有產權制度安排的自然資源的產權結構相類似，儘管水資源產權法律上屬於國家，但真正的權利所有者是各省、市、區各級政府機構，地方政府是流經本地區的流域水資源所有者的利益代表，各個地方政府都具有使用水資源的權利。但使用水資源產生的某些成本不會集中於當地政府身上，所以我國現行的水權制度對各級地方政府來說，不僅是免費的，甚至存在過度引水的激勵，即所謂的"公地悲劇"。

又由於政府的自然資源所有權與行政權是結合配置的，在國有水權的制度安排下，政府對水資源所有權的行使主要表現為政府代表或代理國家支配中國大部分水資源，並且從中央到地方的各級政府都設立了完整的水資源行政管理部門，帶有嚴重的以水資源行政管理替代水資源產權管理的色彩。

(2)從產權制度安排來看水資源的產權結構：使用權現狀

我國對水資源的使用依法實行取水許可制度和有償使用制度，並由國務院水行政主管部門負責全國取水許可制度和水資源有償使用制度的組織與實施。取水許可制度實際上是一種形式上對水權的初始分配，是在國家享有水資源所有權的前提下，賦予用水戶對水資源的使用和收益的權利，取水權也是中國目前水權體系中最核心的權利，具有主要透過水行政部門的許可權批准進行行政管理的特徵，並且缺乏市場機制的調節和用水戶的參與，不能涵蓋所有水資源的使用行為。

我國現行法律禁止水權的交易與轉讓，對取水權也沒有交易安排的具體規定。國務院於 1993 年公佈的《取水許可制度實施辦法》規定："取水許可證不得轉讓，取水期滿，取水許可證自行失效"（第 26 條），"轉讓取水許可證的，由水行政主管部門或者其授權發放取水許可證的部門吊銷取水許可證，並沒收非法所得"（第 30 條）。2006 年頒佈實施的《取水許可和水資源費徵收管理條例》則取消了上述這些規定，並與 2008 年，月正式實施的《水量分配暫行辦法》互為補充，意在總量控制的前提下，透過在不同行政區之間進行水量分配，對各地水資源使用權即初始水權做出明晰的界定。在此基礎上，2008 年底，水利部政策法規司起草並充分討論了《取水權轉讓管理暫行辦法》，已提交水利部審議。該文件著眼於培養水權交易市場，並對透過市場完成的二次配置進行規範。

在水資源所有權、使用權糾紛的處理方面，我國《行政復議法》進行了明確規定，即實行行政處理在先原則。

(3)對我國現行水權制度排他性、讓與性、可執行性三項基本屬性的啓示

①排他性

我國水權制度主要有四種：自由佔用制度、即時佔用的均水制度、許可證制度、水量統一調度制度[1]。其中僅有水量統一調度制度能夠產生排他性水權，而且主要適用於黃河、黑河幹流並僅僅在單一幹流分配水權。由於缺乏在全流域大小河流上統一設置一個排他性的水權系統，導致了在我國很難建立起真正具有排他性的水權制度。例如，在同一條幹流上，即使國家承認下游地區有固定水量的水權份額，但由於上中游地區在支流上仍然可能在枯水季節攔截水量以優先

---

[1] 一是自由佔用制度。從《取水許可制度實施辦法》第 3 條和地方性法規看，自由佔用制度把水資源作爲"公地"，用水戶之間沒有排他的權利。二是即時佔用的均水制度。即時佔用的均水制度分強制性均水及保護性均水兩種。強制性均水源於清陝甘總督年羹堯首定的黑河均水制度，當時主要依靠軍事壓力消除甘肅省的內部水事糾紛。新中國成立後，黑河均水制度歷經變遷，但是基本維持到了 2000 年。其具體做法是：政府在河流沿途分水並規定其期限，期限屆滿後陸續關閉分水口，強制讓河流下洩。該制度禁止沿河地區之間產生排他性水權，各獲水地區自由引水灌漑，內部不創設獨立的排他性水權。保護性均水的主要特點是政府花錢供水，用水戶自由使用，彼此之間不存在用水排他權。譬如在沿黃灌區，各地方政府爭取到引水份額後，供本地區農民自由使用。該制度不可能在獲得份額的地區內部產生排他性產權。雖然地方政府的引水比例、份額可能是固定的，而且還可能是付費的，但政府支付的費用其實主要是工程費用，而不是水權費用。且這些份額僅由行政命令提供保護，份額之間也沒有財產權賦予的排他性。三是許可證制度。由地方水利部門、各流域管理局簽發的許可證，都沒有排他性。四是水量統一調度制度。這是國家根據其對水資源的所有權，劃定供水總量、用水地區、用水戶水權份額及其優先權順序的制度。目前其典型形式是國家透過行政管理權分配單一幹流水量。我國從 1999 年、2000 年開始分別對黃河、黑河幹流進行正式的水量統一調度。黃河水量調度辦法是：各沿黃省、區、市年度用水量實行按比例豐枯增減的調度原則，即根據年度黃河來水量，依據 1987 年國務院批准的可供水量各省、區、市所佔比重進行分配，枯水年同比例縮減。黑河水量調度辦法是根據鶯落峽來水數量，國家規定當年正義峽最低下洩水量。這個制度能夠賦予水權以排他性。

保障其農業灌溉用水，這樣，下游地區的水權份額將難以得到保證。爲此，我國應適當考慮在流域層面上建設排他性的水權系統，分割固定水量的水權份額（兼顧公共物品份額），並以讓用水地區簽訂合約或者以法律規範等方式安排水權優先權順序，在地區內禁止其後水權人取水；在區際禁止其他地區取水超出該地區獲得的許可證總量。這樣，當水資源供需矛盾增大時，與美國先佔原則一樣，水權排他性會自動地發揮作用。

②讓與性

我國自由佔用制度、即時佔用的均水制度完全沒有創設水權，不存在水權交易問題。許可證制度表面上和美國中西部、東部的許可證制度類似，但是其不能交易，沒有創設財產權。2004年《水法》廢除了許可證交易障礙，在沒有實行水量統一調度的水資源上，我國已建立了和美國東部類似的許可證制度。而目前實行統一調度的水資源，水權份額不存在交易障礙，既可以臨時轉讓，也可以永久轉讓。但是目前絕大部分黃河幹流用水戶還沒有獲得許可證水權。

③可執行性

我國新《水法》及其相關政策法規已經賦予了水權讓與性，只要其再設計一個優先順序賦予水權排他性，我國水權制度就和美國中西部的水權制度基本相同了。此後，結合行政部門在乾旱地區分割水權份額、在豐水地區簽發許可證的活動，學習美國中西部水權裁決的方法，對沒有產權證書的用水戶簽發水權證書，我國水權就有可執行性了。借助於這個證書系統，水權交易可以和房屋、土地產權的交易一樣暢通無阻，水權排他性也會得到實現。

三、我國水資源產權制度變遷與績效評價：
　　總體分析

(一)我國水資源產權制度的建立與歷史演進

　　悠久的農業文明總是與先進的灌溉技術和水制度分不開的。在中國傳統農耕文化的影響下，中國封建社會的水制度在世界上非常先進。傳說大禹治水後，曾開墾土地，發展水利，灌溉農田。自春秋、戰國、秦、漢、唐、宋、元、明、清，一直到民國，我國歷朝歷代都比較重視水利事業的發展，修建了大量的水利工程，制定了較為詳細的水事法律制度，建立了水事管理組織。我國古代的水制度是由國家的正式制度和以鄉規民約為主的非正式制度相互補充構成的。它受到我國政治、經濟、文化、技術發展程度的影響，有其獨特性[1]。西漢以前的中國古代社會是沒有水權立法的。到了西漢時期，隨著古代勞動人民開發與利用水資源的能力不斷增強，出現了《水令》，象徵著中國出現了最早的水權立法。此後，伴隨著水資源開發規模和範圍的擴大，關於水權的立法不斷完善，如元代已有關於農田灌溉的《均水約束》。再後來，針對建設規模稍大的調水灌渠和運河，有關水權的立法越來越完善。

　　1942 年，國民政府在繼承了歷代傳統制度安排，同時大量借鑒國外經驗的基礎上，制定了《中華民國水利法》，這是中國近現代史上的第一部全國性水法。這個時期的水行政立法和地方立法比較完善，對水事管理的法規十分詳細和明確；水權制度方面的規定內容豐富、具體，具有可操作性，在我國水制度的變遷史上具有重要意義。遺憾的是，該水制度沒有能夠在全國實施。

　　新中國成立後，中國實行了高度的計劃經濟管理模式，在水利事

---

[1] 張勇，常云昆. 國外水權管理制度綜合比較研究 [J]. 水利經濟，2006(7).

業上把工程建設放在首位，而不太重視管理和制度建設。直到黨的十一屆三中全會之後，隨著國家改革開放和向市場經濟的轉軌，開始逐漸把市場經濟的管理手段引入水事管理中，並以制定《中華人民共和國水法》為起點，逐步完善水利法律制度和政策措施，表現出與整個經濟體制轉軌相符合的水權制度變遷。因此，新中國水權制度變遷可以分為計劃體制和轉軌體制兩個時期[1]。

1.計劃體制下的水權制度安排（1949～1978 年）

(1)政府控制的公共水權體制

1949 年，水利部在各解放區水利聯席會議上的總結報告中提出了一些關於水權制度的基本原則：所有江、河、湖、泊均為國家所有，為人民公有，應由水利部及各級水利行政機關統一管理。不論人民團體或政府機構舉辦任何水利事業，均需先行向水利機關申請取得水權——水資源使用權和受益權。雖然在新中國成立後我國沒有水利管理的全國立法，但是這些水權制度的基本原則表明水資源使用權的取得是必須經過允許的，我國水資源實行的是國家統一管理制度。

(2)開發取向的水政策制度

水利工程建設專案的選擇標準往往沒有考慮經濟回報的因素，而由政治因素決定；專案實施的決策則由各級政府作出。計劃時期的水利工程建設可分為四個階段：

①新中國成立初的"三年恢復"和"第一個五年計劃"期間（1949～1957 年）

這個時期水利工作的方針與任務是防治水害、興修水利，重點是防洪排澇、整治河道、恢復灌區。在受洪水威脅的地區著重於防洪排水，建設了多項大型水利工程；在乾旱地區著重於開渠灌溉，使全國灌溉面積發展到 4 億畝（1 畝約為 666.67 平方米，全書同），發展了

---

[1] 水利部. 水利輝煌 50 年 [M]. 北京：中國水利水電出版社，1999：序言，1-2.

農業生產。

②"大躍進"時期（1958～1960年）

這一時期，全國範圍興起了大煉鋼鐵、大辦水利的運動。水利工作提出了以小型工程為主、以蓄水為主、以社隊自辦為主的"三主方針"，興起了大規模的興修水利群眾運動，建設了大量的水利工程。據統計，"大躍進"期間，修建了900多座大中型水庫，主要集中於淮河、海河和遼河流域，全國灌溉面積從4億畝增加到5億畝，對當時的防洪、抗旱、排澇產生了很大的作用。但是在"左"的思想指導下，實行"邊勘探、邊設計、邊施工"，忽視了客觀規律，水利建設規模過大，留下了許多半調子工程，許多工程質量很差，造成了許多後遺症。

③"三年調整"和"第三個五年計劃"時期（1961～1966年）

經過 1961～1963 年對"大躍進"時期遺留問題的調整，加上1963 年和 1964 年發生在海河流域的大洪水，水利工作得到了迅速恢復。1961 年中央批轉了農業部、水利部《關於加強水利管理工作的十條意見》，1964 年全國水利工作會議針對當時暴露的突出問題，要求消滅中小型工程無人管理和管理中亂指揮、亂運用、亂操作現象，建立正常的管理秩序。為了解決糧食問題，全國大搞農田基本建設，提出了"發揚大寨精神，大搞小型，全面配套，狠抓管理，更好地為農業生產服務"，即"大、小、全、管、好"的"三五"時期工作方針，要求糾正"四重四輕"即重建輕管、重大輕小、重骨幹輕配套、重工程輕實效的缺點，建設穩產高產農田。

④十年動亂時期（1966～1976年）

為了解決糧食問題，透過開展"農業學大寨"運動，在全國開展了大規模的農田基本建設，全國灌溉面積增加到了7億畝，農業生產條件有所改善。而同時，從 1966 年開始的十年浩劫卻使水利管理遭受到大破壞，撤銷了許多管理機構，下放了許多技術人員，大批技術資料、檔案被銷毀，管理制度被廢止。在農田基本建設中，出現了不少形式主義和"瞎指揮"現象，浪費嚴重。在工程投資、農民參與、水使用等方面，水利基本實行"國家投資、農民投勞、社會無償享用"的辦法。在水費制度上，雖然 1965 年國務院批轉了水利電力部制定的《水利工程水費徵收使用和管理試行辦法》，有了全國第一個統一的水費制度，但是由於十年動亂，不僅沒有得到及時修改，而且也沒有得到貫徹執行，形成了水利重社會效益、輕經濟效益；重建設、輕管理；水利資產產權不清，運行不計成本，行業吃"大鍋飯"，社會喝"大鍋水"的局面。到 20 世紀 70 年代末，全國範圍內普遍存在水利工程老化失修的現象，許多水利設施的運行已難以為繼。

(3)政府集權的水行政管理體系

1949 年中華人民共和國成立後，設立了中央人民政府水利部，主管全國水利行政和水利建設工作。地方政府也成立了相應的水利管理部門。全國組建了長江、黃河、淮河三個流域管理機構，除黃河外，多偏重於流域規劃、重點建設方面。

2.轉型體制中的水制度演進（1978 年至今）

(1)注重水法體系建設

1988 年頒佈了《中華人民共和國水法》，隨後又先後頒佈了《中華人民共和國水土保持法》、《中華人民共和國防洪法》，並於 2008 年 2 月 28 日第十屆全國人大常委會第三十次會議修訂透過了《水污染防治法》2002 年對《中華人民共和國水法》又進行了修改，並經第九屆全國人大常委會第二十九次會議審議透過，於 2002 年 10 月 1 日起施行。國務院陸續頒佈了《河道管理條例》、《取水許可制度實施辦法》等 16 項行政法規。水利部制定了 70 多個部門規章。各地方人大和政府制定的地方性水法規 規章和規範性文件達 700 餘件。

(2)水政策改革開始起步

一是在水利投資體制上,改變了單純依靠國家投資的模式,形成了多元化、多層次、多渠道投入的新格局,水利投入不足的矛盾得到了一定緩解。二是在水資源配置上,進行了水資源的宏觀分配,制定了部分流域分水方案。三是在水權市場的建立健全上,規定了水資源使用權的轉讓範圍。1987年首次提出了由中央政府批准的黃河可供水量分配方案。1998年,進一步對該方案進行了完善。另外,國務院於1989年批准了海河流域漳河分水方案,1998年批准了黑河幹流水量分配方案。四是實施了取水許可制度。1993年,國務院頒佈《取水許可制度實施辦法》後,水利部制定了《取水許可申請審批程序規定》、《授予各流域機構取水許可管理許可權的通知》等,全國已有24個省、市、區分別制定了《取水許可制度實施管理辦法細則》。隨著取水許可制度的推行,明確提出了水權、水使用權、使水資源的合理分配、有效利用有了可操作的行政措施,促進了高效用水。五是實行水資源有償使用制度。1982年開始,首先在大中城市實施了水資源有償使用制度,對直接從城市地下取水的用戶徵收水資源費。1988年以國家立法形式對水資源收費進行了規定,2002年修訂的《中華人民共和國水法》進一步作了規定。五是制定了水利產業政策。1997年國務院頒布實施了《水利產業政策》,1999年水利部組織制定了《水利產業政策實施細則》。六是進行了水資源評價和水中長期供求計劃工作。1980年,水利部牽頭完成了《中國第一次水資源評價》和《中國水資源利用》,第一次查明了全國水資源的數量、品質及其時空變化的規律,並把地下水與地表水作為一個統一整體進行分析。1989年,進行了北方缺水7省、市、區的水供求計劃編制,1997年完成了《全國水中長期供求計劃》,並對2000年和2010年社會經濟各部門的需水量進行了預測。對於水資源使用權的轉讓範圍,2005年制訂的《關於水權轉讓的若干意見》進行了限制:①取用水總量超過本流域或本行政區域水資源可利用量的，除國家有特殊規定外，不得向本流域或本行政區域以外的用水戶轉讓；②在地下水限採區的地下水取水戶不得將水權轉讓；③對生態與環境分配的水權不得轉讓；④對公共利益、生態與環境或第三者的利益可能造成重大影響的不得轉讓；⑤不得向國家限制發展的產業用水戶轉讓。

(3)水行政管理機構與體系繼續延續

水利部作為國務院的水行政主管部門，負責全國水資源的統一管理，七大流域管理機構作為水利部的派出機構，在流域範圍內代表水利部行使水行政職能。各地方政府也相應成立了水行政管理部門，延續了計劃經濟時期的全國水行政管理體系。

(4)城鄉水務一體化管理體制改革相繼進行

十多年來，各地水利部門在政府的大力支持下，在繼續做好農村水利工作的同時，積極探索城鄉水務一體化管理體制改革，相繼成立水務局作為統一管理水資源的綜合部門，對城鄉的防洪、除澇、水資源保護、水源地建設、供水、排水、節水、污水處理與回用、地下水回灌以及農村水利、水土保持、農村水電等涉水事務，實行統一管理和監督，即一改傳統的水資源在區域上城鄉分割管理，在部門管理上水源、供水、排水、節水、治污等"各管一段"的"多龍管水"為"一龍管水、共同治水"。其目的就是減少管理環節，有利於對供水、用水、節水、防污進行綜合規劃，統籌安排，為優化配置區域水資源提供體制和組織上的保障，提高水管理的效率，保障城鄉防洪安全、供水安全、水生態與水環境安全，促進水資源的可持續利用。深圳、上海、北京、江蘇等地城鄉水務一體化改革進展順利，在實踐中逐漸得到大家認可，已成為改革的必然選擇。

(二)我國水權制度變遷的內在邏輯

隨著經濟體制改革的深化和完善，不可避免地發生了我國水權制度的歷史性變遷。粗略梳理我國水權制度變遷的歷程及趨勢，可以發現其中內在地存在著下述邏輯：

1.水權身份變遷邏輯：從公共產權到私有產權

長期以來我國實行的是公共水權制度。在法律上，水資源的國家所有權一統天下，集體所有權局限於池塘、水庫，排斥私有水權的存在。《水法》（1988年）規定的取水權因其無期且免費，充其量也只是公共水權的一種形式。在土地使用權出讓制度的拉動下，其他自然資源產權紛紛進行了資產化管理，相較之下，整個水行業卻遲遲沒有作爲，成爲中國自然資源行業中政府控制最牢的行業。當然，中國水權制度改革的理論準備目前已取得了令人矚目的成果，特別是《水法》修訂（2002年）中，安排了有償付費的取水權制度，不但爲調動用水戶投資帶來了機會，也使私水、私有水產權及基於其上的水權市場的形成成爲可能，進而有可能改變中國單一的公共水權結構。

從理論上看，公共水權與私有水權的關係一般會經過"排斥→無奈→相容"的過程。"排斥"說明公共水權決定的公共選擇與私有水權決定的私人選擇總是存在著衝突與矛盾，需要政府進行水權交易的協調。"無奈"說明公共水權無法壓抑基於私有水權的人們內心存在的利益最大化衝動。爲了提高公共水權的效率，不如因勢利導地在公共水權之上承認和設定私有水權。"相容"說明，公共水權代表的公共利益包含了私有水權代表的私人利益。無論二者在權利的目標值上有多麼大的差別，相關法律法規在安排公共水權與私有水權時，都必須考慮到使社會成本與私人成本趨近。這就爲法律選擇較爲合理的水權制度結構奠定了基礎。中國水權漸進改革的歷史進程也擺脫不了公共水權與私有水權相互"排斥→無奈→相容"的變動軌跡。

2.水消費方式變遷邏輯：從許可取水到交易用水

我國在《民法通則》中將水資源的使用權從水資源所有權中分離出來成爲水面（域）使用權。由於使用水面（域）與水的取得之間沒有前述行使採礦權與得到礦產品之間的那種必然的邏輯聯繫，因此，國家又設置了取水許可制度，將使用水面（域）與取水這兩類不同性質的用水區別處置。近年來，我國取水權制度從無償、無期和禁止轉讓，到有償、有期和用量轉讓，已經有了實質性的進步，但是權利的內容還比較少，權利交易的自由度也還比較小[1]。取水權是設立在公共水權行政限制基礎上的私有水權，法律往往對其附加較多的行政義務，但是一旦獲得取水權，水權人就應當有對抗第三人的效力，並且有較為自由的權利空間。遺憾的是，包括水權交易在內的我國現行自然資源產權制度的具體操作方案幾乎都是政府透過行政規範安排的，雖然有法律授權，並有準物權理論的支撐，但其產權交易都是在既定的行政規範內，都是政府意志的表現。也許，水權交易只有成為法律安排時才會有更具實質性的變遷。從中國水權發育的進程及其內在邏輯看，公共水權的出路在於從許可取水到許可用水，再從許可用水到交易用水。首先，要使公共水權背景下的私有水權有較豐富的支配內容，不僅擁有一定的水資源用量供其消費，還能從水資源的使用中找到利潤最大化的其他途徑，從而使私有水權有較大的投資空間；其次，要逐步使私有水權有較大的獨立性，使權利的取得從行政許可到行政登記，權利的變更從行政變更到契約變更，權利的行使從行政約束到法律或契約約束。總之，要給水權人較大的自由，從而最大限度地激發水權人的投資熱情。

---

[1] 國外用水權較中國取水權制度的權利內容更為豐富、權利交易自由度更大："用水包括取水存水、可能導致河流流量減少的活動、排污和污水處理措施、受控制的活動（嚴重影響水質的活動）、改變河道、因某些目的而排除地下水以及旅遊等"；"水主管機構可以應某人的請求而授權給他以灌溉用水權，並允許他按水主管機構確定的條件，將該項用水的一部分或全部暫時地轉讓或用於另一不同的使用目的，或將該項用水的一部分或全部轉讓給相同或相似目的的一個鄰近地區的另一處地產上使用"。

3.水權管理變遷邏輯：從水資源配置到水事管制

從我國水權制度的建立和變遷進程看，我國取水權制度歷經 15 年的變遷，才從公共產權發展到私有產權，本身就表明了政府配置方式退出的艱難。因為取水權在某種意義上分享或分割了政府配置水資源的權力，是用戶利益和市場要求之所在，因而此項制度的進入與政府的退出有直接的聯繫。當然，水資源或水權市場的建立，並不是要排斥政府，政府在退出水資源配置後，可以轉變職能，對水事進行管制。

根據有關國家水法的規定，政府的水權管制工作包括私有水權的許可或登記、取水權或用水權市場准入和退出的管理，是政府對私有水權交易的初始安排。政府對私有水權的效率負責，要將水權授予講誠信和資信狀況好的用戶。對於水權交易規則的制定與維護，政府要依據法律和水權交易規則確定相應的細則，並依法公平而有效率地充當裁判員。對於現場監督檢查，政府有權進入有關用水現場辦公，主要是監督其取水或用水是否符合許可或登記的有關專案，如用途、用量等。對於水質與水環境管理，監督水權人必須保護好水環境，以防止污染，保證水的可再生性。對於水工程管理，主要是執行有關標準，確保水權人的工程質量與安全；解決水事糾紛，協調特定地域或流域的水事關係，避免或調解糾紛等；徵收水費和水資源費管理等。必須申明的是，政府水權管制的效率表現為水權交易的效率，即交易成本的降低或較低，而不是表現為政府行政成本的降低或較低。

4.水工程價值變遷：從公共工程到投資資本

水工程與水權相連，只能是指設立水權的水域或空間。在現代經濟社會，實際上已經不存在完全的自然原始狀態下的水資源。水工程已經是與河床、河岸、河底或湖岸、湖底緊密結合在一起的物品，如河堤、大壩、圍堰、水庫、管道，甚至碼頭、港口、水閘，等等。水資源的賦存始終與水工程相連，任何一個水權主體，特別是從事商務活動的水權用戶,都會進行相應的投資,從而形成一定的作為不動產的水工程。根據國外的經驗,用水權的期限一般是 30～40 年,因而水權人不僅投資額巨大,投資期限也很長。無論是作為供水者,還是作為輸水者,或者是作為灌溉者,都需要有自己的水工程,即使沒有自己的水工程,也會設法透過其他方式擁有自己的水工程。從某種程度上講,水工程是水權行使的過程,也是水權行使的結果。用水戶既然擁有了水權,當然必須要投資建設水工程,不僅如此,還要承擔起保護河道等治水的義務。水工程與水權不應當是分離的,否則就會出現我國歷史上的"治水河工"[1]。我國現行的水工程大多是各級政府投資興建的公共工程。各級政府都有專門的管理隊伍如河務局,實際上也是"治水河工",只不過是官辦的。每年用大量國家預算撥款進行工程建設,年復一年,日復一日,而收效甚微。

在計劃經濟體制下的水工程是政府工程,嚴重地存在著經營機制不活、水利工程運行管理和維修養護經費不足等問題。它不僅導致大量水利工程得不到正常的維修養護,效益嚴重衰減,並且對國民經濟和人民生命財產安全帶來了極大的隱患。國家或各級政府每年向水工程投資幾百億元,而我國每年因水資源發生的洪澇災害造成的損失也有幾百億元,國家或各級政府的投資收效甚微,充其量是將災害損失降到了最低。雖然各級政府不堪重負[2],亟待私人投資,但我國實行的單一的公水制實際上限制了其他人投資,以至於政府水工程管理體制

---

[1] 盛洪先生曾引用別人的評論說:"其實中國的水患就是因為有這些河工的存在,因為這些人從來就不想把水治好——如果把水治好了的話,他們也就失業了。"肖國興. 論中國水權交易及其制度變遷 [J]. 管理世界,2004(5): 51-60.

[2] 中國現行的水利基本建設資金來源包括:財政預算內基本建設資金(包括國債專項資金,下同);水利建設基金;國內銀行及非銀行金融機構貸款;經國家批准由有關部門發行債券籌集的資金;經國家批准由有關部門和單位向外國政府或國際金融機構籌集的資金;其他經批准用於水利基本建設專案的資金。

的措施依舊局限在行政管理的範疇內,根本沒有觸及水工程最核心的投資體制。特別是在我國已經開始安排水權交易的條件下,如果不把水工程與水權人的利益聯繫起來,水工程由國家投資興建卻由水權人使用,既不符合"誰投資,誰受益"的原則,也不會受到水權人的歡迎,其中一個重要的原因是水工程是政府的,水權人會感到水權不穩定。政府會派出自己的"治水河工"進行工程建造與維護,但可能無法保證水工程的質量,無法抵禦水權存續期間可能遇到的各種風險,還會增加水權人的投資成本。如果水工程是政府投資的,水權人不但會缺少責任感,還會造成水工程的損壞,減少其服務年限。反之,如果水工程是水權人的投資標的,權利存續期間可以經營,權利也可以轉讓,則結果會大爲不同。當然,作爲基礎設施的國家大型水利工程應由政府投資,實行國有國營,這類工程不僅涉及鉅額投資,水權人拿不出來,還涉及國家水資源平衡及水利佈局,政府有義務進行此類投資;對於重要水利工程,可實行國有民營或合資經營。

從近年來公共工程民營化的趨勢來看,水工程由水權人或公共組織委託的其他人經營與管理也是具有可行性的。根據基礎設施和機構能力的不同,私有企業介入的模式也不同。但對於大多數發展中國家來說,完全私有化不太可行,需要建立完善的法律法規體系,並且能有力實施,符合公衆利益。大部分一般性水工程,即水權人實施水權的操作性工程,則可完全實行私有資本投資。

(三)我國水權制度變遷的總體績效評價:成本-收益分析

從新中國成立至"文化大革命"結束止,中國建立了一套適應計劃經濟體制要求的水權體系。在計劃經濟時代,由於水資源總體上相對不算稀缺,水資源的利用處於開放狀態,主要受開發能力和取用成本制約,基本上不存在用水競爭和經濟配給問題,是一種"開放可獲取資源"(Open access Resource),基本不存在正式的產權制度安排。改革開放之後的很長一段時期內，水資源利用是計劃經濟的延續，基本上仍處於開放狀態，排他性依然很弱，用水呈粗放增長狀態，水資源逐漸成爲稀缺的經濟資源，用水競爭性逐漸顯現，主要表現爲區域間水事衝突日益增多，水資源產權制度因資源稀缺而成爲了必要。爲此，一系列水資源管理制度從 20 世紀 80 年代後期特別是《水》（1988 年）頒佈之後開始付諸實施。這些制度包括水長期供求計劃制度、水資源宏觀調配制度、取水許可制度、水資源有償使用制度、水事糾紛協調制度等，實際上可以被視爲一整套產權制度安排。

從這套產權制度安排看，我國水資源產權安排整體上屬於國有水權制度，這成爲中央政府在流域間調配水資源的依據。由於大多數流域不涉及跨區域調水問題，流域內水資源的國有水權等同於流域水權，爲流域上下游全體人口共同擁有，在大的江河流域一般設有專門的流域管理機構來管理。由於上下游對流域水權的爭奪日益激烈，對流域各地區用水權利做出界定在很多流域已成爲必要，水資源的宏觀調配制度實際上就是將流域水權分割爲區域水權。在地方行政區域內，由於地方政府不僅是水權權屬的管理者，而且也是區域內水公共事務的提供者，地方政府直接行使一部分區域水權，提供城市供水和鄉村灌漑，另一部分用水權則透過發放許可證的形式賦予取水戶，就是取水許可制度，這實質上是把一部分區域水權分割爲集體水權。這裡所說的流域水權、區域水權和集體水權，並不是完整意義上的產權，排他性較弱，只具有一定的使用權和收益權，且不具有轉讓權。這些不同形式的共有水權，其界定、維護和轉移都是基於行政手段的，比如區域水權常得不到尊重，流域上下游水事衝突仍主要依賴於上級行政協調；取水許可制度賦予的集體水權，被納入計劃用水管理，其使用不具有長期穩定性；而水權的轉移都是透過行政指令劃撥的。

由此可見，經過新中國成立後特別是改革開放 30 年來的水管理制度演變，我國目前已經形成了一套基於行政手段的共有水權制度。雖然現在水權的排他性有所提高，但是我國現行的水權制度仍然存在以下主要問題[1]：一是對指導水權制度安排的經濟理性誤解導致限制水權流動；二是水資源財產權不明晰；三是水商品化程度低；四是水權交易缺乏可操作的條件。在當前市場經濟內部和外部力量的共同作用下，水權制度變遷開始步入一個新階段，目標是提高共有水權的排他性，打破水權再分配的行政壟斷和割據，引入市場機制。這一時期的制度績效尚有進一步提升的空間。

1.水資源產權制度變遷的成本結構

(1)原有水資源共有產權制度中可能改進的生產成本

我國水權制度的實踐表明，原有的水資源共有產權制度安排是在水資源相對充裕的情況下建立的。事實上，政府運作確實有其自身的缺陷，如果認識不到這一點，就會一味地把體制失效歸結到政府管理的軟弱上。政府自上而下的運作系統，基本上可以看成是一個代理系統，存在著中央政府和流域管理機構的委託－代理關係、流域管理機構和區域主管部門的委託－代理關係以及相關部門之間的委託－代理關係。委託人和代理人之間的利益並不完全一致，比如區域主管部門就更多的代表當地利益。再加上各級代理關係之間的資訊不完全和資訊不對稱，上級委託人想完全監督代理人的成本是如此之高，以至於權威機構的效益最大化目標很難實現。因此，原有水權制度可改進的生產成本部分有：

第一，公共成本。在原有的水資源共有產權制度下，體現公共成本的主要是水資源費，我國的水資源費是一種為保障全社會正常有序利用水資源而必須付出的管理成本。但事實上，中央政府在管理中承擔了保障全社會正常有序利用水資源的重要責任，而水資源費卻基本

---

[1] 陳守煜，張道軍．中國水資源管理中水權制度的研究 [J]．水利發展研究，2002(3)．

上由地方政府支配，表現出中央政府在水資源上的權益和責任不對稱。這與目前水資源管理分工也是不相適應的，加上我國分割式的管理增加了管理層次，這在某種程度上也加大了供水成本。同時，在這種國家宏觀管理體制下，本來就難以形成協調性的水資源綜合管理體制，再加上計劃經濟體制的後遺症，部分與水相關的管理職能仍然散落在相關部門，水資源費作為一種行政收費更容易受區域政策的影響，這就使得對於公共成本的回收及利用阻礙重重。

第二，政府解決水資源需求不足矛盾的成本巨大。在原有水權制度下，水資源越是易於獲取的地區，大水漫灌越常見，節水激勵越弱，用水效率越低下。在同一流域內甚至還會出現上游由於水資源的易得性而超量采水、浪費嚴重，而下游用水卻嚴重短缺。這種水資源需求不足的矛盾問題僅靠政府的指令性分配是無法解決的。即使政府出面，由其管理人員進行協調，不僅耗時耗力，而且也解決不了上下游的水事糾紛。像這種由強有力的流域水權、區域水權和集體水權構成的共有產權制度，即使理論上是可行的，在實踐中的有效性也必須透過很高的實施成本來保障，換言之，這種模式既沒有改進效率也沒有增進公平。在現實中，有的地區還因此而蒙受經濟福利損失，而這種損失本來是可以透過更有效的公共政策避免的。

(2)水權制度變遷的交易成本

這裡所說的交易成本，是指在交易過程中，為維護和界定產權，避免外在性和社會成本無人承擔的現象即租金耗散而必須付出的費用。我國原有的水資源共有產權制度就面臨著如下一些交易成本的重壓：

第一，尋租成本。原有水權制度的不盡合理之處主要表現為政府在水行政管理中設租、尋租現象嚴重，即政府各行業部門在追求自身利益最大化的過程中，有一種擴大"公共區域"的偏好，在水權管理中形成了"多龍治水"的局面。究其原因，主要是由於政府官員手中掌握的資源有限，而願意提供租金的單位和個人卻不斷增加，於是尋租者之間的競爭會把租金的價格逐步提高。雖然尋租活動有時會降低交易費用，簡化倒賣交易程序，卻使得"批條子"的價格越來越高，而且尋租活動也具有很強的傳染性、競爭性，尋租使某些活動的私人成本與社會成本相背離。但是基於對私人成本的需要，那些和水資源管理權有關的政府部門往往從本部門的局部利益出發，行使對國家水資源的管理權，使水行政管理部門的統一管理權受到嚴重削弱。隨著市場化改革的深入推進，地方利益主體的地位日益強化，尋租狀況日益嚴重，上級部門監督地方政府的難度越來越大，行政命令越來越難以得到有效的落實，出現了所謂的"體制失效"，其實這正是原有水資源共有產權制度的失效。

第二，水權制度改革的資訊成本。這一成本主要體現在原水權制度下，政府水管理部門在市場經濟條件下沒有能力處理繁雜的資產有用性信息，導致了制度運行成本不斷增加。然而，如果獲取資訊所需的價格能夠降低，額外的交易機會就能得到利用。這就需要改革政府的資訊管理體制，鼓勵那些可以降低交易成本且國家能夠有效監控的運作方便、快捷的資訊諮詢和資產評估仲介的設立，與政府共同為水權制度的改革盡力。

第三，水資源產權界定和維護的成本。在我國原有的共有水權制度中，類似的流域水權、區域水權和集體水權均具有一定的使用權和收益權，但不具有轉讓權，水權模糊現象非常嚴重。水權模糊在一定歷史條件下是一種合理的經濟現象，因為清晰界定水權的成本較高，採用模糊水權的辦法可以降低排他性成本。但是，這種水權制度已越來越不適應當今經濟發展的需要了，隨著缺水程度的日益加劇，水權模糊帶來的水資源所有權的排他性失效導致外在性和社會成本無人承擔問題，租金耗散越來越多，進而導致水資源難以有效利用。因此，界定水資源產權正是為了解決人類社會對稀缺的水資源的衝突所確立的競爭規則。水權界定的排他性成本可以具體劃分為兩部分：一是水資源界定成本。明晰水權應由政府依據水權客體確定具體界定標準，具體組織實施，主要依靠改革水行政管理制度，完善水權管理體制。政府所需付出的成本主要包括技術成本和管理成本。在技術成本方面，成立相應的水權管理部門，採用新技術，透過申請→審核→批覆→獲取這一程序實現水權的界定、獲取、水利核定及其有關經濟權益的核定。就我國目前的機構設置來看，這一部門的設立和吸收先進技術所需要的成本應該不會很大。二是水資源產權的維護成本。管理成本是和維護成本相互交錯的，這裡只探討產權的維護成本。維護成本是所有者保證使用者正常使用水資源而展開必要活動的成本。當水資源的產權界定以後，必須付出一定的成本來有效地維護用水者的利益，這就要求付出必要的管理成本，應考慮水資源利用的機會成本，即體現的是資源用於不同用途所帶來的不同收益。由於所有者有權對自己的資源被使用的狀況提出要求，可以透過不同的費率來體現這種關注。

　　如前文所述，由於水資源產權的完全界定（即建立私有水權制度）的成本非常高昂，所以，水權結構的主體形式仍將是共有產權，但可以透過有效措施，使其內部的排他性不斷提高，也可使基於行政手段的產權制度融入越來越多的市場機制，混合水權制度和多種配水制度同時並存將成為現實，從而進一步降低不同水權的界定成本和維護成本。

2.水權制度創新帶來的收益

(1)市場配置水資源可消除"體制失效"

　　在前文的分析中，我們發現在當前市場經濟內部力量和外部力量的共同作用下，在我國工業化進程加快、人口增長、水資源稀缺的條件下，原有的水資源共有產權體制下的水權行政配置越來越滿足不了現實需要，效率越來越低下，出現了某種意義上的"體制失效"，從而呼喚水權制度引入市場運行機制，讓水權市場在水資源配置中發揮重要作用。政府在採取有效措施確立有效率的水資源產權制度的改革中，最重要的內容之一應該就是透過水權的轉讓達到資源利用的效益最大化。儘管透過誘致性制度變遷實現水權轉讓或交易的總體收益大於運行成本，但是由於各利益群體獲利的不平衡性，誘致性制度變遷並不容易發生，且有時易因制度變遷需要集體行動而產生"搭便車"的問題，這就需要中央政府主導進行強制性的水權制度變遷。這樣，政府在進行水資源產權制度的構建和修改過程中會著重考慮水資源的合理配置，以及政府自身存在的問題，進行有效的管理體制改革，以解決"體制失效"問題，透過政策扶持等有效措施來降低水資源產權制度變遷的運行成本。

(2)市場配置水資源可降低交易成本

由於交易成本的可變性，引入市場機制在配置水資源和降低交易費用方面有著相對較高的效率和優勢。

第一，市場意識的提高和技術進步引起交易費用的降低。一方面，隨著人們平等競爭、公平交易意識的提高，雖然交易雙方會因為討價還價、談判簽約、履行合約而發生一定的交易費用，但透過水資源供求形成的市場均衡價格把需求者和供給者聯繫在一起，同時符合交易雙方的利益要求，從而保證了雙方的利益最大化，降低了供求雙方的交易成本，尤其是競爭性形成的水資源的均衡價格可以確保交易雙方公平、公開、公正地競爭和交易，減少交易行為中的機會主義傾向。另一方面，在水市場中，隨著現代資訊技術、金融技術和法律制度的廣泛應用，無論是買方之間的競爭還是買賣雙方的競爭，競爭越充分，市場信息的透明度就越高，可以降低水資源產權的排他性界定成本，從而提高水資源交易和優化配置的效率。

第二，交易形式和交易制度的改變引起交易費用的降低。一方面，水權制度的市場（或準市場）化改革使得水權交易的雙方利益最大化有了制度的保障，從而使交易者的利益要求和滿足利益要求的行為很好地結合起來，根本不需要支付更高的交易費用。另一方面，透過對水資源產權的界定和維護，以及國家對水資源相關政策的制訂，為加快水權轉讓、水權交易和水市場的形成提供了有力的制度安排，這一套制度和規則可以確保水權交易雙方當事人在追求自身利益的同時，儘量不損害他人的利益，從而使交易費用最小化。

綜上所述，我國水權制度的變遷得以漸進演進，就是因為這一制度運行的收益比之交易成本相對增加了，而且，選擇產權明晰的水權制度安排，實現制度績效最大化的產權制度，也具備了增加制度運行的收益和降低制度運行的交易成本的功能。

① 乾旱缺水帶
② 半乾旱少水帶
③ 半溼潤過渡帶
④ 溼潤多水帶
⑤ 溼潤豐水帶

圖 6.1　中國水資源分佈圖

〔資料來源〕http://www.eku.cc/xyz/sctx/1960166.htm [OL].

四、我國水資源產權制度變遷與績效評價：案例分析

從總體上看，目前我國對江、河、湖泊，冰川雪原，陸上地下水，土地所有者或使用者修建或所屬的人工河、湖、水庫、水塘、水池、水渠等人工水體，基本上是透過行政手段來分配水資源的，也就是說還沒有建立水資源市場[1]。例如，屬於國有企業的自來水廠、用水企業和農業灌區管理局取用江、河、湖泊和地下水體中的水[2]，只需政府主管水資源的部門批准就可以取得國有水資源的使用權，基本沒有向政府上繳水資源費，這種水資源使用基本上是無償使用（無價或低價使用）、無期限使用、無流動使用。這種水權分配機制與計劃經濟條件是相適應的。但是，由於各用水組織的水資源利用缺乏外部約束，這種水權結構必然導致用水外延式的擴大，而用戶缺乏節水激勵，導致了用水效率低下，也導致了水資源稀缺性不斷加劇。

於是，隨著向市場經濟的轉軌，以行政方式分配水權的交易成本以及治理結構運行成本逐漸提高，在利益驅使下，產生了在行政配置水權框架中引入市場的動力。在過去 30 年中，正是這種動力驅使著城鎮供水分配達到了較高的市場化水平。在過去 6 年的水管理實踐中，這一過程還在繼續，在不同水權當事人層面上都相繼發生了一些以市場方式調整水權的事件，顯示出我國水權結構中引入市場機制的趨勢。下面選擇了三個從實踐中湧現出來的不同水權當事人層面的典

---

[1] 某些水產品市場（如居民購買自來水市場、農民購買農灌渠道水市場），已經出現了水產品市場失靈的現象，其主要表現是：自來水、某些農灌水的水價大大低於其生產成本，價格不能產生調節水產品供求的槓桿作用，致使自來水、農灌水浪費嚴重。對於這種水產品市場，也已經出現了政府控制失靈現象，其主要表現是：有關政策既不能調動供水企業的積極性，促使它們積極開源節流、充分利用水資源，也不能促進用水戶節約用水。

[2] 農業灌溉目前仍然是我國用水的主體（超過 70%）。

型案例，我們試圖剖析其背後的深層動因和水權結構變遷的確切含義。

(一)西北張掖地區民樂縣洪水河灌區水權交易案例研究：用水戶之間（民間協商）的水權交易

1.案例：以水權制度爲核心的節水型社會試點[1]

地處我國甘肅河西走廊中段、巴丹吉林沙漠和騰格里沙漠南部邊緣的張掖市，是我國第一個節水型社會建設試點城市。

張掖市是依靠發源於祁連山冰川雪山的黑河水滋養的一片綠洲。隨著近年來人口膨脹、耕地擴大，張掖人均地表水資源量和畝均水資源量只有全國平均水平的 57%和 29%。長期以來，處在黑河中游的張掖人對黑河水超量引取，粗放利用，直接導致黑河尾閭湖西、東居延海先後於 1961 年和 1992 年完全乾涸，額濟納綠洲萎縮。2000 年，爲了挽救生態日益惡化的黑河流域，國務院做出了黑河中游每年向下游分水 9.5 億立方米的決定，張掖市水資源短缺狀況進一步加劇。黑河沿岸的許多張掖農民爲了能夠澆上地，不顧一切偷水、搶水，爲此，張掖市委、市政府還先後對一批護水不力的政府部門領導進行了嚴厲處分。

2002 年初，水利部決定結合黑河分水在張掖市展開爲期三年的節水型社會試點。在節水型社會試點中，張掖市決定率先在水權制度改革方面尋求突破，以期最終實現"總量控制，定額管理，以水定地，配水到戶，公衆參與，水量交易，水票運轉，城鄉一體"的一整套節水型社會運行機制。

所謂的"總量控制，定額管理，以水定地，配水到戶"，是指張掖市在水權制度改革中，採用了兩套指標體系作爲支撐。

---

[1] 該案例資料根據新華網甘肅頻道所載馬維坤、肖敏、侯德強《節水型社會不是夢》一文整理而成。

一套指標體系爲水資源的宏觀控制體系。即張掖市在現有水資源總量26億立方米的基礎上，削減5.8億立方米的黑河引水量，保證正常年份黑河向下游輸水9.5億立方米。其餘水量，作爲張掖市總的可用水量，也就是張掖全市的水權總量，由政府進行總量控制，不得超標使用。

另一套指標體系爲定額管理體系。即依據張掖全市的水權總量，核定單位工業產品、人口、灌溉面積和生態的用水定額。對農戶來說，在人畜用水以及每畝地的用水定額確定後，便可根據每戶人畜量和承包地面積分到水權。

爲此，在張掖試點地區，每個農戶都有一本水資源使用權證書（即水權證）。每本水權證都明明白白地標明了每戶農民每年可使用多少水資源。由於我國《水法》明確規定水的所有權屬於國家，因此對各地區和用水單位來說，得到的水權是國家賦予的使用權、經營權、轉讓權等。

在張掖市，農民分配到水權後便可按照水權證標明的水量去水務部門購買水票。水票是水權的載體，農民用水時，要先交水票後用水，水過帳清，公開透明。用不完的水票，農民可透過水市場進行出賣，而這種交易的實質便是水權交易。

張掖市民樂縣洪水河灌區是張掖市節水型社會試點展開後，水權交易最爲活躍的地區。彭莊村農民朱宏家中有4口人，有14畝耕地，配置水權近4 000立方米，比試點前他的實際用水量大大減少。在2002年以前，他種植的作物主要是糧食，每畝年用水量超過800立方米，年水費爲750元。如果按以前的用法，他現在配置的水權最多只夠種5畝地。爲了能把所有的地都澆上水，他開始考慮調整種植結構。2002年，他只種了3畝小麥，其餘的地都種成了用水少的經濟作物，同時把浪費水的大塊田地都改成了用水省的小塊田地，節水效果十分明顯。2002年澆第一輪水時，他配置的水權是800立方米，由於 7 畝地的苜蓿、土豆、板藍根不用澆，因此他只用 600 立方米水就澆完了 7 畝小麥和啤酒大麥，省下了 200 立方米水。節省下來的 200 立方米水，朱宏以每立方米 2 毛錢的價格賣給了同村的村民，而水權定價只有 1 毛錢，這樣，透過水權交易，他淨賺了 20 元。但澆第二輪水時，他的地又差了 100 立方米水，這樣，他又從同村的村民手中花 10 元錢購買了 100 立方米水[1]。

彭莊村農民用水者協會會長趙懷普介紹說，實行水權交易以來，全村水權交易量已超過上萬立方米水。透過水權交易，不但全村所有地都有水可澆，實現了總量平衡，而且大大節約了用水，與以前相比，每年整整減少用水 10 萬立方米。

張掖市水務局副局長劉國強分析認為，活躍的水權交易將給節水型社會建立帶來全方位的刺激。

首先，透過水權交易，激發農民樹立起了水資源商品觀念。儘管現在張掖農村農戶之間的水權交易還只是幾十元錢的事，但對省吃儉用的農民來說，這並不是一個小數目，因此大家在用水上是能省就省，省下水權進行交易也是能賺就賺。

其次，水權交易也刺激了農村經濟結構調整的迅速開展和農民的農田管理意識。經過兩年多的實踐，現在張掖農民都十分清楚，透過結構調整進行節水是最快最有效的途徑，透過大田改小、行灌等工程手段節水成為了最便捷的方式。在彭莊村，許多農民都向記者表達了相同的看法：不調整結構、不改變用水模式，就只有向別人買水；而調整了結構、提高了用水效率，就能省下水賣給別人。

另外，透過水權交易，有效地平衡了農村用水。以前在張掖農村長期存在"三多三少"現象，即處在農渠上游的農田澆水多，處在下游的澆水少，甚至澆不上水；村裡勢力大的農戶澆水多，勢力小的農

---

[1] 胡鞍鋼，王亞華. 中國如何建設節水型社會 [OL]. http://www.ches.org.cn/chesnews/newsview.asp?s=1115.

戶澆水少；大水漫灌、浪費現象多，集約用水、按需澆水的少。而透過水權交易，使農民能夠在用水季節及時買到要用的水，從而改變了以前農村缺水與浪費並存的現象。

2.民樂縣洪水河灌區率先開展水權交易的經濟解釋

洪水河灌區和梨園河灌區是幾乎同期進行節水型社會試點的地區，但是，洪水河灌區已經率先開展了用水戶間的水權交易。究其原因，在於洪水河灌區在降低水權交易的交易成本方面先走了一步。

(1)降低交易成本的前提是明晰水權。在前述節水型社會試點的八條經驗概括即"總量控制，定額管理，以水定地，配水到戶，公衆參與，水量交易，水票運轉，城鄉一體"中，1～4條都是關於明晰水權的，5～7條則是有關水權交易的，足見明晰水權的重要性。在水權沒有界定的情況下，一般不可能進行交易；在水權不夠明晰的情況下，會導致巨大的水權糾紛所引致的交易成本。

但是，水權明晰實際上是一個複雜的探索過程。之所以洪水河灌區能夠率先開展用水戶之間的水權交易，就是因爲該灌區對水權的界定和分配早已有所探索，而並非進行節水型社會試點以來才開始的。資料顯示，洪水河灌區用水制度大致經歷了四個階段："按糧配水、點香計時"階段，"死時間、活水量、加調劑"階段，"三改一建"和"四改一建"階段和"水權面積"階段。[1]由於洪水河灌區早已建立起實質上就是"水權面積"的"判定配水面積"制度並已開展交易，因此，該灌區開展節水型社會試點以來的水權交易不過是在原來的水權面積交易基礎上的一種新形式和新發展。由此可見，水權交易的發生必須要以明晰界定水權爲前提。有了明晰的而且穩定的水權，就有可能會發生水權交易，使水資源配置到效益最高的地方。

(2)降低交易成本的關鍵是創新交易仲介。伴隨著灌區管理體制的

---

[1] 李甲林・洪水河灌區水權面積的形成與演變 [J]．中國農村水利水電，2002(8)．

改革，洪水河灌區的水權分配採取"灌溉管理單位+農民用水者協會+用水戶"的管理體系。在斗渠口以下渠道以村為單位組建用水者協會，迄今已組成農民用水者協會 45 個。協會由農民選舉產生，負責將水權分至各農戶、向農民出售水票、養護配套水利設施、調處水事糾紛等。

由於水權管理不再僅僅依靠村幹部，也不再純粹依靠灌區管理單位，而是讓用水戶自己直接參與，有了農民用水者協會的協調機制，用水戶感到有了管理的自主權，使得水權使用和水權交易中的種種矛盾得以順利化解，大大降低了交易成本：一是資訊搜尋成本。在"斗渠口以下渠道以村為單位組建用水者協會"，使得水權交易的資訊搜尋只是局限於村的範圍。在這樣的範圍內，資訊搜尋只是茶餘飯後的事情，成本是極其低廉的。二是討價還價的成本。水權的買賣主要局限於村民之間，同樣，茶餘飯後即可完成談判過程，而且也無需手續即可簽約成功。雖然單筆交易的額度並不大，但相對於近乎為零的交易成本而言，還是存在著淨收益。三是監督對方違約的成本和對方違約後尋求賠償的成本。由用水戶自己選舉產生的用水者協會起著一種"裁判員"的作用，糾紛的調解無需透過法院這種高成本的途徑加以解決。

總之，農民用水者協會是降低水權交易的交易成本的組織措施。它一方面體現了用水戶自主治理的理念，不容易產生文化觀念上的衝突；另一方面表現為一個仲介組織——這不是一個來自上級的強制性組織，而是成本低廉的由用水戶自己推選產生的仲介組織。

(3)降低交易成本的重要環節是創設便捷的交換媒介。水權制度改革後，洪水河灌區的幹部群眾創設了"水票"這一新生事物。水票是水權、水量和水價的綜合體現。核發用水戶水權證以後，對水權內的配水實行水票制，由用水戶持水權證向水管理單位購買每灌溉輪次水量，水管理單位憑票供水。農民以持有的水權證標明的水量作為依據購買水票，用水時先交水票後用水。水票成為控制各用水戶的年度用水總量的手段，也是進行水權交易的載體。根據規定，如果想超額用水，需透過市場交易從有水票節餘者手中購買，農戶節餘的水票在同一渠系內可以轉讓，一般情況下，轉讓價格不超過基本水價的兩倍。

就像貨幣一樣，水票的運用充當了水權交易中的交換媒介，大大降低了水權交易的交易成本。"水票制"至少降低了三個方面的交易成本：一是簽訂合約的成本。水權交易的簽約方不需要實地查看，只需要對水票進行買賣即可，因此，無需簽約。二是水權的計量成本。水權的計量與實際用水數量的計量分開，對交易活動本身而言，不存在計量問題，計量問題純粹是灌區管理者的事務。三是保護產權以防第三者侵權的成本。有了水票，用了水票額定的數量，意味著使用了相應的水權；水票沒有使用，水權仍然歸自己所有。

此外，由上述案例描述及其分析可知，洪水河灌區水資源的嚴重稀缺，是出現灌區用水權交易的原始驅動力。隨著試點的推行，透過共有農業水權的內部權利結構安排，農民擁有了水權證，試點水權交易由試點前的"地下交易"變為"合法"交易，並且在一定程度上受到了管理部門和制度的鼓勵。透過上述強制性制度的植入，農戶私有水權的排他性增強，更為重要的是降低了利用市場方式調整水權的成本，使得水權轉讓的出現成為可能。

在該案例中，隨著水權制度改革而出現用水戶層面的水權交易現象，還與試點地區特殊的水資源條件有關。雖然洪水河灌區水資源稀缺，但是由於黑河流域主要依靠高山融雪，年際水資源變化不大，加之洪水河灌區實行水庫供水，灌區用水的不確定性較小，這種水資源特徵進一步降低了市場再分配水權的成本。但是，也正是這種水資源的特徵，決定了洪水河灌區的水權交易還只是短期的、小規模的、一對一轉讓的非常初級的水權交易形式。

由此可見，在一個行政分配體系中出現水權交易事件，是有其特殊性的，也就是說，只有在能夠極大地降低市場交易成本、對引入市場機制有很大需求的地區，水權交易事件才容易發生，否則引入水權市場以及市場運行機制的交易成本還是很高的。張掖地區的其他灌區鮮有類似案例發生的事實就很好地說明了該問題。

(二)東陽－義烏水權交易事件案例研究：地方政府之間的水權交易

1.案例描述[1]

2000 年 11 月 24 日，浙江省東陽市和義烏市簽訂了有償轉讓橫錦水庫部分用水權的協定，開創了我國水權交易的先河。

義烏市是全國最大的小商品流通中心，擁有"華夏第一市"的中國小商品城。同時，義烏市也是一個缺水的城市。在 1997 年以前，特別是 1994 年、1995 年，義烏市居民吃水主要靠已被嚴重污染的東陽江水。每到枯水季節，居民家中水管流出來的水都有一股刺鼻的怪味，許多義烏市居民只好買礦泉水做飯，說當時的義烏市"水比油貴"一點也不過分。根據義烏市的發展規劃和發展趨勢，在 10 年內義烏市要發展成為一個擁有 50 萬人口的大城市，而當時的供水能力只能維持到 2003 年，水已經成為制約義烏市發展的瓶頸因素。

而與義烏市相隔不遠的東陽市則水資源比較豐富。該市位於義烏市上游，人均水資源擁有量比義烏市多一倍，僅其境內的橫錦水庫的總庫容就相當於義烏市全市各大小水庫的近 2 倍，而且水質優良，常年保持一類水質。東陽市除了保持正常的生活、灌溉用水外，每年要向下游棄水 3 000 萬立方米。為了解決兩市因水資源配置所產生的矛盾和糾紛，兩市曾試圖透過行政協調手段解決問題，但經過多年多輪談判仍然久議不決。

2000 年 11 月 24 日，浙江省東陽市和義烏市簽訂的有償轉讓橫錦

---

[1] 王春元. 水權轉讓與產權生長實證分析 [J]. 中國水利，2001(4).

水庫部分用水權的協定,不僅開創了我國水權交易的先河,也走出了採用市場機制解決跨行政區水資源糾紛的路子。根據東陽市與義烏市簽訂的水資源使用權交易協定,義烏市一次性買斷了東陽市 4,999.9 萬立方米水的使用權,轉讓用水權後水庫原所有權不變,水庫運行、工程維護仍由東陽市負責;義烏市按當年實際供水量以 0.1 元／立方米向東陽市支付綜合管理費(包括水資源費)。

2.案例分析

這起"中國水權交易第一案",在受到各方關注的同時,也受到了質疑,其中一個質疑的焦點是東陽市、義烏市水權轉讓主體(即兩市地方政府)的合法性問題。事實上,如前所述,東陽市、義烏市的水權轉讓活動基本上是政府間的行為,這是在水權轉讓市場沒有真正建立、交易主體沒有明確的狀態下不得不採取的方式。

(1)政府間水權交易實現了兩市政府"雙贏"

任何產權交易的發生都應當符合斯密定理,即自願交換對兩個經濟主體(這裡是兩個政府)是互利的。而東陽市、義烏市水權交易是符合斯密定理的,透過水權交易,實現了水資源配置的帕累托改進。

東陽市、義烏市水資源使用權的轉讓案例曾被視為我國"首次水權交易"活動,因為在現行的制度框架下,許多城市在面臨類似的情況時,一般採用的辦法是向上級反映情況,並建議上級調撥毗鄰的水資源豐富的某市境內的水,然後由上級出面協調兩市之間的調水事宜。這樣,調水工程就會由中央財政或者上級財政投錢,地方幾乎可以無條件獲取收益。以往幾乎所有的調水工程都是以這樣的行政協調方式解決的。但是這種依靠行政協調的方式往往耗時耗力,週期較長,特別是由於調出方缺乏利益補償,調水各方較難達成一致。而在該案例中發生水權交易的兩個城市中,義烏市是全國最大的小商品流通中心,東陽市則是浙江著名的"建築之鄉",兩市經濟實力均已進入全國百強縣,而且該地市場發育程度高,人們的商品意識強,更為重要的是，東陽市、義烏市兩市毗鄰，在道路、機場等基礎設施建設上多有合作，人員往來頻繁，東陽人在義烏從商者超過 20 萬，"資源分享、優勢互補、共同發展"是兩市共謀發展的思路，兩市這種特殊的"合作夥伴型"關係使得水權交易雙方互相知根知底、資訊溝通充分，大大降低了交易成本，所以義烏市沒有選擇向上級要水，而選擇了購買水權，究其原因，就在於買水的成本遠遠小於要水的交易成本。

(2)政府間水權交易實現了交易成本的最小化

東陽－義烏之間的水權交易之所以發生在兩個縣級市政府之間，一是由於水權的根本屬性即屬於公有水權，單個經濟主體涉足水權交易市場，存在巨大的政治壁壘；二是由於長期以來以行政手段配置水資源，水權主體模糊不清，橫錦水庫尚未進行產權制度改革；三是民間用水組織發育滯後，任何單個的經濟主體都無法推動水權制度的改革；四是政府既是水公共事務的提供者，又是水權權屬的管理者，因此政府之間能夠以比廠商之間更低的交易成本實現水權交易。

(3)政府間水權衝突導致了模糊水權明晰化

在水權交易談判過程中也有人提出這樣的問題：義烏市和東陽市同屬東陽江流域，同一流域內的成員都享有一定的水權，份內應有的水權為何要以購買來獲得，這裡需要瞭解一點理論常識，即上下游之間水權的界定通常有兩種情況：一是上游與下游享有同等的水權並且上游不能出售水權；二是上游享有優先權並且可以出售水權。

按照第一種情況運作，下游的水權往往得不到保障，因為，在上游不能出售水權的情況下，上游就沒有動力保護水資源，甚至會產生很強的外部不經濟性，最終導致下游的水權落空。事實上，正是由於東陽江被嚴重污染，無法滿足飲用水的要求，才迫使義烏人想到從東陽購買保護完好的橫錦水庫之水的水權。

按照第二種情況運作，上游的東陽人有了出售水權的足夠的經濟激勵，下游的義烏人有了以水資源的供給來保證城市化的需要的激勵，上下游之間為了各自的利益會導致水資源配置最優化。由於同一流域上下游之間存在很強的外部性，沒有水權交易機制，很可能會導致"公共池塘悲劇"；有了水權交易機制，上游就有了水資源保護的足夠激勵。因此，處於下游的義烏市寧可承認上游的東陽市具有水權的優先佔有權，並透過付費方式保證自己的水權需求。從一定程度上講，下游購買上游的水權的實質是下游對上游進行水資源保護的生態補償。

(三)塔里木河流域水權管理：水資源配置的"準市場"模式[1]

1.塔里木河流域水資源基本概況及其佔用競爭

(1)基本概況

塔里木河地處歐亞大陸腹地，南、西、北三面高山環繞，東部是塔克拉瑪干大沙漠，是我國最大的內陸河。內陸河泛指不能流入海洋的河流。內陸河大多分佈在大陸內部乾旱地區，自身不產流，其補給水源主要是來自上游的山區降水、冰雪融水或由此類源流滙入。塔里木河流域是環塔里木盆地的阿克蘇河、喀什噶爾河、葉爾羌河、和田

---

[1] 塔里木河是我國最長的內陸河，為世界第五大內陸河。近幾十年來，由於水資源被過度開發與利用，導致了流域內原本比較脆弱的生態環境急劇惡化，引起了世界範圍的廣泛關注。加之塔里木河流域的來水組成和用水關係較為特殊、複雜，既涉及流域源流與幹流的水權分配，又涉及兵團與地方之間、地區之間、部門之間的水權關係，還涉及乾旱條件下灌溉用水與生態用水之間的矛盾管理。為此，在對全流域範圍內水權的控制與管理上，塔里木河案例具有重要的研究價值。2008年8月，課題組到新疆走訪了塔里木河流域水資源管理局，與該局水政水資源處、規劃處等職能部門的負責人進行了小型會議交流，對塔里木河實行全流域水資源的統一管理和配置的基本經驗、塔里木河初始水權分配的基本原則和制度設計以及塔里木河流域水資源配置的"準市場"模式等問題進行了專題研究。在課題組調研期間和本報告的寫作中，得到了塔里木河流域管理局、新疆庫爾勒農村信用社的支援和幫助，特此表示感謝。本案例報告中提出的觀點和政策建議由課題組負責。

河、開都河－孔雀河、迪那河、渭干河－庫車河、克里雅河、車爾臣河九大水系 144 條河流的總稱，流域總面積 102 萬平方千米（國內流域面積 99.6 萬平方千米），相當於整個新疆土地面積的 61%，其中山地佔 47%，平原佔 20%，沙漠佔 33%。流域內有巴音郭楞州、阿克蘇地區、喀什地區、克孜勒蘇州、和田地區五個地（州）的 42 個縣（市）和生產建設兵團農一師、農二師、農三師、農十四師 4 個師的 55 個農墾團場，以及和田農墾管理局的 1 個農墾團場。據 1998 年的統計資料，流域人口 826 萬人，佔新疆總人口的 47%；其中少數民族 681 萬人，佔流域總人口的 82.5%；國內生產總值 350 億元，耕地 136.3 萬公頃，分別佔新疆全區的 31%和 44%。

塔里木河幹流從位於阿克蘇地區的阿拉爾到巴音郭楞州境內的台特馬湖，由西向東，全長 1,321 千米[1]，以英巴札河和恰拉河為界，人們把塔里木河分為上、中、下游。流域多年平均天然徑流量 398.3 億立方米（國外入境水量 63 億立方米），以冰川融雪補給為主，有少量的地下水和泉水補給，不重複地下水資源量為 30.7 億立方米，流域水資源總量為 429 億立方米[2]。徑流的年際變化不大（見表 6.5）[3]。

受人類活動與氣候變化等因素影響，塔里木河流域格局由於源流不同而不斷發生變遷。20 世紀 40 年代以前，車爾臣河、克里雅河、迪那河相繼與幹流失去地表水聯繫，40 年代以後，喀什噶爾河、開都河－孔雀河、渭干河也逐漸脫離幹流。目前與塔里木河幹流有地表水聯繫的只有和田河、葉爾羌河和阿克蘇河三條源流，孔雀河透過揚水泵站從博斯騰湖抽水經庫塔幹渠向塔里木河下游灌區輸水，形成"四

---

[1] 從 20 世紀 50 年代到 90 年代的 40 多年裡，塔里木河曾一度從 1,321 千米縮短到 1,001 千米。

[2] 上述數據來自塔里木河流域管理局周海鷹、卓銳供稿的《塔里木河流域簡介》。http://2004.chinawater.com.cn: 800/tbbd/tlmh/tlmh%20122211.htm (OL).

[3] 李周，包曉斌. 塔里木河流域水資源利用與管理分析 [OL]. 南水北調與水利科技，2003(4).

表 6.5　塔里木河流域地表水總徑流量的變化

項目	年平均徑流量（億立方米）	與多年平均徑流量相比（%）
多年平均徑流量（億立方米）	312.5	100.0
20 世紀 50 年代	308.1	98.6
20 世紀 60 年代	309.1	98.9
20 世紀 70 年代	321.6	102.9
20 世紀 80 年代	307.1	98.3
20 世紀 90 年代	324.4	103.8

〔資料來源〕從水利部網站 [OL] 查詢而得。

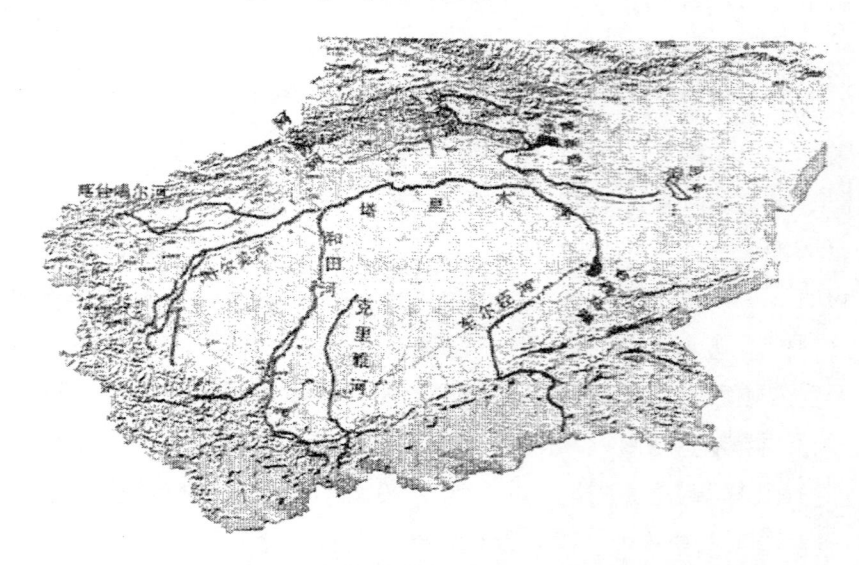

圖 6.3　塔里木河流域水系示意圖

源一幹"的格局，但水量補給仍呈遞減趨勢。

　　阿克蘇河是目前"四源一幹"中唯一一條常年有水補給塔里木河的河流，是塔里木河最主要的源流；和田河在每年洪水期有水補給塔里木河，是塔里木河的主要季節性源流；1985 年以後，葉爾羌河已無水供給塔里木河，僅在 1994 年發生特大洪水時，有部分餘水輸向塔里木河。三條源流河流入幹流的多年平均徑流量為 45.87 億立方米，其中阿克蘇河佔 73.0%，和田河佔 23.9%，葉爾羌河佔 3.1%。此外，從 1976 年開始，透過博斯騰湖揚水泵站及輸水幹渠，每年向孔雀河供水約 10 億立方米，其中約 2.5 億立方米水量透過庫塔幹渠輸到塔里木河幹流的下游灌區，以解決該地區的春季生產生活用水。

(2)佔用競爭

由於塔里木河流域屬於極端乾旱區，年均降水量只有 40 毫米，而且像且末、若羌這些地方，年降雨量不到 20 毫米，年蒸發量卻高達 2 000～3 000 毫米，水資源十分緊缺，所以流域內地區之間對於水資源佔用的競爭十分激烈。這種水資源佔用的競爭，主要表現在流域水資源在流域內的重新配置的衝突上：

①源流區與幹流上游不斷擴大對水資源的佔用

自 20 世紀 50 年代初以來，塔里木河源流區的阿克蘇河、葉爾羌河、和田河三條源流區，綠洲規模擴大，引用水量不斷增加。以阿克蘇河流域為例，1957～1964 年、1965～1974 年、1975～1984 年和 1985～1993 年不同時期，流域年平均耗水量分別為 29.27 億立方米／年、39.48 億立方米／年、40.66 億立方米／年和 42.78 億立方米／年，呈現快速上升趨勢[1]。源流區耗用水量不斷增大，導致向塔里木河幹流輸水減少。塔里木河幹流首站阿拉爾水文站的統計數據表明，三源流 60 年代匯入幹流水量平均為 51.62 億立方米／年；70 年代匯入幹流水量平均為 44.98 億立方米／年；80 年代匯入幹流水量平均為 44.76；億立方米／年；90 年代匯入幹流水量平均為 42.33 億立方米／年，呈現不斷減少趨勢[2]。

②中下游對水資源佔用不斷減少，灌溉用水乃至生活用水不足，

1　趙虎，晏磊，季方. 塔里木河幹流上游土地利用動態變化研究 [J]. 乾旱區資源與環境，2003(4).
2　塔里木河流域的基本情況和開發治理的重要性和緊迫性 [OL]. http://www.mwr.gov.cn/ztbd/tlmh/xw10.htm.

生態環境受到嚴重破壞

　　塔里木河幹流的上、中、下游之間關於水量佔用的競爭亦非常激烈。塔里木河上游的耗水量呈現上升趨勢，與 20 世紀 50 年代相比，90 年代耗水量增加了 56.4%；中游耗水量則經歷了先增加後減少的過程，與 50 年代相比，90 年代耗水量減少 17.3%；下游耗水量呈現下降趨勢，與 50 年代相比，90 年代耗水量減少 79.3%（參見表 6.6）。隨著幹流上游水量的嚴重耗費，特別是農田灌溉定額高，鹽鹼地面積佔耕地總面積比例達 40%，而進入塔里木河幹流的水量逐年遞減，加

表 6.6　20 世紀 50～90 年代塔里木河上、中、下游耗水量比較

單位：億立方米／年

項目	50 年代	60 年代	70 年代	80 年代	90 年代
上游	13.45	14.77	16.15	18.17	21.03
中游	22.37	23.47	22.138	22.67	18.5
下游	13.53	13.53	11.38	6.69	2.8

〔資料來源〕塔里木河流域的基本情況和開發治理的重要性和緊迫性 [OL]．http//www.mwr.gov.cn/ztbd/tlmh/xw10.htm

之長期以來疏於管理，缺乏工程控制手段，幹流上游耗水量增加，到達下游河道的水量遞減更為顯著，造成下游大西海子攔河水庫以下 320 千米的河道斷流，土地沙化，胡楊林面積銳減，尾閭湖、台特馬湖乾涸[1]。維繫內地通往新疆之戰略要道的綠色走廊正在緩慢消失，塔

---

[1] 20 世紀 50 年代初羅布泊乾涸了，1974 年台特馬湖也徹底乾涸，1993 年，塔里木河下游的一個重要水庫——大西海子水庫歷史上也第一次完全乾涸。而塔里木河下游胡楊林已由 20 世紀 50 年代的 81 萬畝銳減到 1995 年的 11 萬畝。尤為嚴重的是，由於以胡楊林為主的河岸植被屏障作用的衰退，塔克拉瑪干沙漠與庫姆塔格沙漠正趨於合攏，直接影響到塔里木河下游墾區，並對該區的 218 國道及規劃中的青（海）新（疆）鐵路構成嚴重的威脅。塔里木河尾閭湖、台特馬湖亦已經乾涸，成為了新的沙漠。從 1959 年到 1983 年的 24 年間，塔里木河流域土地沙漠化面積從 66.2%上升到 81.3%，下游庫爾幹地區沙漠化面積已佔平原總面積的 94%。到 2008 年，下游河道兩岸全部沙化，農牧業生產遭受了巨大危害。塔里木河下游斷流使庫爾勒市、尉犁縣、

克拉瑪幹沙漠與庫姆塔格沙漠已經突破綠色長廊的阻隔而呈現合攏的態勢[1]。在這個意義上，塔里木河幹流應當被視爲一條保護生態環境的河流，而塔里木河的生態安全又是各源流區經濟開發的屏障。

③塔里木河流域水質利用方面的水資源佔用競爭

1958 年以前，塔里木河是一條名副其實的淡水河，在阿拉爾到庫爾干之間的河水礦化度從未超過 1 克／升。但是，隨著源流區引水量的增大和灌區農田排水回歸河流量的增加，幹流上中游積鹽嚴重。三源流（阿克蘇河、和田河和葉爾羌河）注入塔里木河幹流的鹽量從 20 世紀 60 年代的 383 萬噸逐漸增加到 20 世紀 90 年代的 1,727 萬噸（參見圖 6.4）。但是，進入幹流下游（恰拉以下）的鹽分只有 40 萬～50 萬噸左右，歷年變化不大（參見圖 6.5）。因此，20 世紀 50 年代至 20 世紀 70 年代，源流區是主要積鹽區，20 世紀 80 年代至 90 年代，幹流上中游是主要積鹽區[2]。另外，受源流區和幹流灌區排水的影響，非汛期河水受到污染，水質嚴重惡化[3]。透過水質採樣監測，1997 年

輪台縣、若羌縣及境內的農二師各團場生態環境條件變得十分惡劣，乾旱、大風、沙塵暴、冰雹等氣象災害頻繁，破壞強度加大。1999 年，因塔里木河下游乾旱，近 25 萬畝農田絕收。

[1] 自 2001 年 6 月 27 日國務院以國函 [2001] 74 號文批覆了投資 107.39 億元的《塔里木河流域近期綜合治理規劃報告》之後，至 2005 年 2 月，從博斯騰湖兩次透過大西海子水庫向塔里木河下游輸水 3.27 億立方米，水流透過的已斷流河道長達 215 千米，距塔里木河尾閭湖、台特馬湖 100 多千米，延緩了生態系統的急劇破壞。到 2008 年，全流域累計完成渠道防滲總長度 3,937 千米，高新節水面積 42 萬畝，新打機電井 1 240 眼，平原水庫改造 6 座，塔里木河幹流建成 609.91 千米的輸水堤、3 座攔河樞紐和 47 座生態閘（堰），塔里木河綜合治理三大標誌性工程——博斯騰湖東泵站、恰拉水庫改擴建、阿克蘇庫瑪拉克東岸輸水總幹渠已全部完工並投入使用，流域水量調度指揮中心建成並投入試運行。

[2] 鄧銘江. 塔里木河流域未來的水資源管理——用"三條塔（里木）河"構建資源環境與社會經濟的科學發展觀 [J]. 中國水情分析報告，2004(13).

[3] 塔里木河源流區來水年內分配很不均勻，7～9 月汛期來水量佔全年總來水量的 69%以上，非汛期來水量比較平穩，約佔全年來水量的 30%左右。

阿拉爾水文站僅 7 月、8 月、9 月水礦化度低於 1 克／升，有 6 個月的水礦化度超過 3 克／升，處於枯水期的 4～6 月水礦化度達到 6～10 克／升，不僅人不能飲用，而且還可導致植被衰敗或枯死[1]。這就證明，塔里木河正在悄悄地變成一條微鹹河或鹹水河，這不僅對動植物會有很大的影響，而且對於塔里木河流域 800 多萬人民的生產和生活都亮起了"紅燈"。

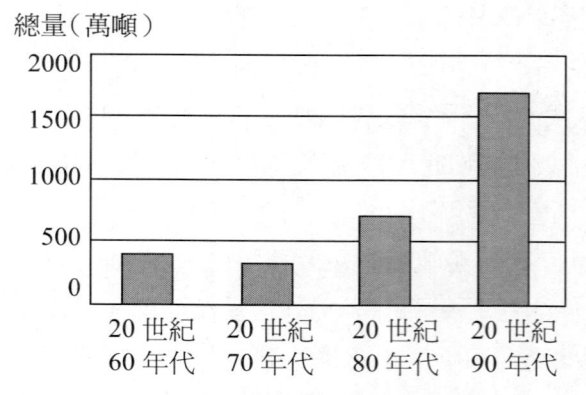

圖 6.4　幹流上游阿拉爾斷面鹽量變化趨勢

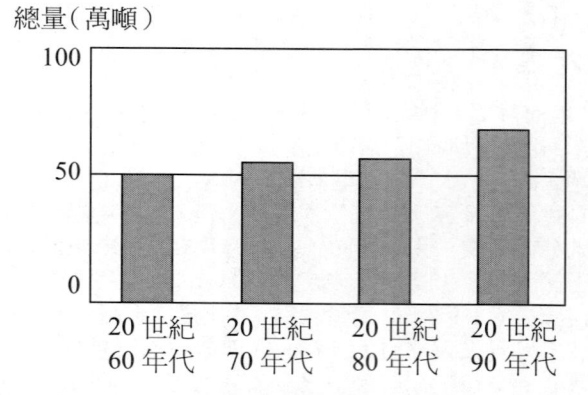

圖 6.5　幹流下游恰拉斷面鹽量變化趨勢

---

[1] 塔里木河流域的基本情況和開發治理的重要性和緊迫性 [OL]. http://www.mwr.gov.cn/ztbd/tlmh/xw10.htm.

日趨惡化的生態環境及日益凸顯的水資源供需矛盾迫使人們重新審視以前的發展歷程：生產用水擠佔生態用水；經濟效益勝於環境效益；粗放經營多於集約經營。針對目前塔里木河流域在水資源開發和利用過程中忽視生態用水的實際狀況，從制度治水、工程治水等角度尋求解決流域水資源合理配置的有效途徑，是塔里木河流域水資源管理工作中的一個重要課題。

2.塔里木河流域水權管理的制度設計和實施

在塔里木河幹流自身不產流、源流來水量日趨減少、水質日趨惡化的背景情況下，亟須在各源流區和幹流區進一步明晰國民經濟、生態環境，各部門、各行業的用水權，全面推進水權管理體制，促進水資源高效利用，合理配置。

(1)塔里木河流域的初始水權分配

針對塔里木河流域的水系組成，可以將水權從上到下粗略地分為四級（參見圖 6.6）：源流與幹流的水權界定，源流行政區域之間及幹流區的水權劃分，行政區域內地方縣市、農業師各團場之間的水權劃分，以及各縣市、各團場水權的再分配構成了流域水權分配。

上述一級和二級水權管理屬流域管理的權屬範圍，三級和四級水權管理屬流域機構監督指導下的區域管理的權屬範圍。透過四級水權的劃分，明確了流域管理與區域管理的職責分工，體現了在水資源管理上區域管理服從流域管理的理念。

相應地，塔里木河流域初始水權的分配由四個層次組成：

①源流與幹流水權的分配。因塔里木河幹流自身不產流，透過明確界定四源流供給幹流的水量，明確了各源流向幹流輸送的水量，源流不可無故佔用屬於幹流的水權。本層次的水權分配主要採取自下而上的方式[1]，即按照 50%的生態供水保證率確定幹流基本需水方案，

---

[1] 鄧銘江. 試論塔里木河流域綜合治理中的水權管理 [OL]. 中國水利，2003(1A)

然後根據各源流多年平均徑流量和生產、生活、生態用水量等確定多年平均來水情況下，阿克蘇河、和田河、葉爾羌河分別向塔里木河幹流輸送 34.20 億立方米、9.29 億立方米、3.30 億立方米，孔雀河向恰拉河輸送 4.5 億立方米。

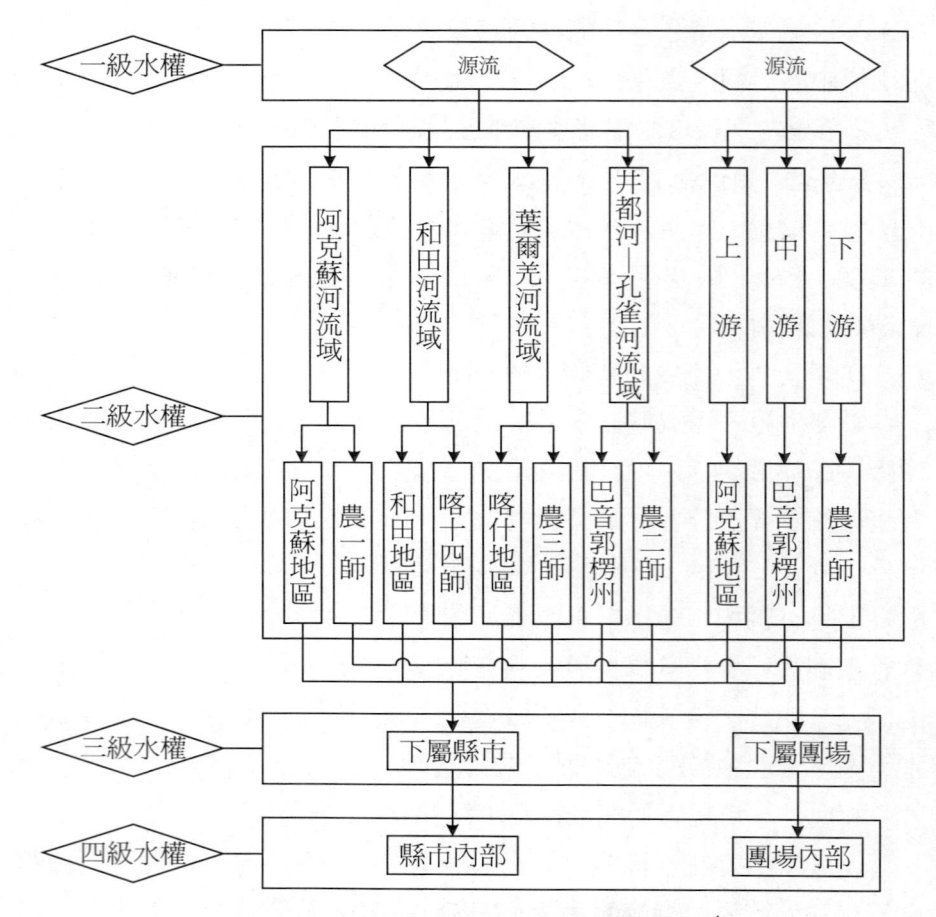

圖 6.6　塔里木河流域四級水權層次結構[1]

---

[1] 何逢標，唐德善. 塔里木河流域水權配置的歷史、現在和未來 [J]. 水利經濟，2006(5).

②二級水權的分配。主要包括四個源流流域內地方與兵團的水權劃分，以及幹流區上、中、下游之間的水權劃分。在水權分配原則指導下，統籌考慮地方與兵團兩大用水戶的取用水歷史、發展狀況，界定各源流內部地方與兵團的各自水權，也明確了幹流各區間內可以支配的水量。塔里木河幹流上、中、下游的水權，採用自上而下的方式，以四源流向幹流輸送水量及下游大西海子斷面下洩水量爲依據，劃分幹流上、中、下游區段的水權。

③三級水權的分配。即行政區域內地方縣市與農業師各團場之間的水權分配。

④四級水權則進一步在縣市內部的鄉鎮、團場內部的連隊之間細分。這兩級水權的分配，屬區域水權管理的範疇，允許各自在所分得的水許可權額下，本著公平第一、兼顧效率的原則，對下面的用水戶進行水權的再分配。

上述分配，界定了不同層級的水權。在每一層級中，按照綠洲國民經濟發展和天然生態用水需求，明確地劃分出生態水權[1]。同時，爲加強水權管理的現實性，在以上水權分配的基礎上，根據源流來水的豐枯變化，按照供水保證率的設計原理，進一步制定出各源流來水頻率爲 25%、75%、90%時的區間耗水量、下洩塔里木河幹流的水量。

(2)塔里木河流域取水許可制度及其實施

塔里木河源流區的取水許可和水資源費徵收工作，由有關地州、縣市水行政主管部門或者流域管理機構按照管理許可權組織實施。塔里木河幹流區的取水許可和水資源費徵收工作，由塔里木河流域管理局負責，但其中的水資源費徵收工作沒有開展，因爲幹流區主要爲農業用水，按照國家發改委的文件規定，農業用水免收水資源費。

塔里木河幹流取水許可申請登記和發證工作自 1995 年啓動。

---

[1] 鄧銘江．試論塔里木河流域綜合治理中的水權管理 [OL]．中國水利，2003(1A)．

2006 年 2 月國務院頒佈實施《取水許可和水資源費徵收管理條例》（國務院第 460 號令）後，以法律形式明確了在流域實行全額管理與限額管理結合的取水許可新制度，塔里木河流域管理局負責塔里木河幹流取水許可的全額管理和重要源流限額以上的取水許可管理。塔里木河流域管理局嚴格按照條例的規定，以用水戶水權為依據，即以規劃和五年實施方案確定的各用水戶限額用水量為依據，由用水戶提出用水申請，由塔里木河流域管理局審查取水申請，最後核發取水許可證。實施取水許可管理，為促進幹流水資源的集約利用與合理開發提供了保障。截至課題組調查時止，共批准取水許可申請 200$ 份，發放取水許可證 22 份，核定取用水量 10.95 億立方米。2008 年，該局還根據塔里木河幹流限額水量變化情況，開展了幹流所有水庫和較大用水戶取水許可換證工作。為了全面貫徹實施條例，按照該條例第 23 條關於"在塔里木河幹流取用水或者在重要源流限額以上取用水的，由塔里木河流域管理局依法審批、發放取水許可證，徵收水資源費"的規定，組織力量對源流進行了取水許可實施情況的摸底調查和測算工作，初步擬訂了《重要源流實施取水許可管理的河段及限額指標方案》，方案已上報到自治區水行政主管部門，等待批准執行。

在調研中，我們瞭解到，取水許可除了審批之外，更多的情況下還必須尊重歷史水權。在塔里木河流域長期的取用水過程中，歷史水權主要透過如下四個途徑形成：①自然形成。自古以來，人類擇水而居，塔里木河兩岸也不例外。在水資源豐裕的年代，依傍塔里木河生活的人民可以自由取用塔里木河之水，用於家庭生活、農田澆灌、家禽牲畜飲水。這種做法有點類似於國外的河岸權，不需申請，不用也不會作廢，所取水量依個人需要而定，形成了天然享用河流水資源的自然用水權。②習俗、規約形成。隨著人口的增長和生產的發展，水資源供需矛盾漸趨激化，不同用水團體或用水個人之間為了滿足各自需求而產生了糾紛。在水事法律規章不盡完善的背景下，為了協調各用水方利益，在群衆當中透過民間習俗、規約等途徑，最終形成一定的取用水比例和優先順序。這種方式，在塔里木河流域仍舊依稀可見。③契約、協定形成。在引水矛盾突出的地區之間，透過代表當地民衆利益的部門之間的談判、磋商，達成來水使用量的一致意見，並透過契約或協定等形式固定下來。如在莎車縣境內，於 1980 年 9 月 15 日建成的孜爾卡克總分水閘準確地對吾旦其力克、孜力恰克、米夏、勿甫、英阿力瓦格其五地的引水流量進行了分配，並在標牌上明確記載了引水渠長、耕地面積、灌溉面積、引取流量等內容。在引水時，由各方派出人員共同計量，互相監督，維護各方利益的均衡。④投資、投勞於蓄水工程形成。國家、當地政府、集體組織、個人等透過投資或投勞來建設一定規模的蓄水工程，截蓄降水或來流，改變水的時空分佈，爲大部分用戶提供了更便捷可靠的用水權利。

　　從上述歷史水權的形成來看，既有自古就有的自然用水權，又有透過民俗、規約形成的取水權，還有透過協定、契約以及投資、投勞形成的使用權，其形成是適應複雜的水事關係演變的結果。

　　(3) "四源一幹" 天然生態水權分配以及水權適時控制

　　在 2000 年以前，塔里木河流域水資源管理採用的是 "以需定供" 的供水方式，也就是用水戶被賦予用水權之後，在水量方面沒有控制，需要多少水就可以使用多少水。根據和田河流域、阿克蘇河流域、葉爾羌河流域和開都河－孔雀河流域的生態需水量估算，四源流本區內的生態需用水量合計爲 73.4 億立方米。四源流近期應向塔里木河下泄的水量爲 51.0 億立方米，其中，用於幹流生態 37.6 億立方米（不含 1.6 億立方米的重複水量），用於國民經濟發展 13.4 億立方米（其中 1.2 億立方米用於石油工業）。因此，近期 "四源一幹" 生態總需水量爲 111.0 億立方米，佔四源流水資源總量的 42.7%[1]。

---

[1] 鄧銘江. 試論塔里木河流域綜合治理中的水權管理 [J]. 中國水利，2003(1A).

按國際上通行的標準，調出水量不得超過調出河流總水量的20%，河流本身的開發與利用率不得超過40%，分光喝盡或均攤水資源都會造成生態系統的破壞。根據這一水資源開發與利用程度的標準推算，一個流域必須留出40%的水量用於生態環境，而塔里木河流域水權分配中，生態水權的比例已高出國際上通行的標準，這一方面是乾旱荒漠地區生態環境特徵的具體體現和要求；另一方面，也證明了這種只保證用水權利，而不對這種權利進行約束和控制的"以需定量"管理方式是錯誤的，必須對用水權利進行嚴格約束和控制。

由於每年河流的來水量和徑流過程都有所不同，所以水權也應該根據來水量的不同而進行適時修正，實行豐增枯減。2001年，國務院批准了《塔里木河流域近期綜合治理規劃方案》，在初始水權分配的基礎上，塔里木河流域按照"生態環境與經濟社會協調發展，源流與幹流、地方與兵團、上中下游統籌兼顧"的水量分配原則和"統一調度、總量控制、分級管理、分級負責"的水權控制及管理原則，編制了《塔里木河流域"四源一幹"地表水量分配方案》，制定了《塔里木河流域水量統一調度管理辦法》和《塔里木河流域"四源一幹"水量調度方案》，建立了基於初始水權的適時水權管理系統，對各流域內各地區、州、市、兵團水權進行適時控制和管理。

3.塔里木河水權管理制度中政府與市場的關係：政府介入更有效

在對塔里木河水資源和水權實際狀況有更深入的瞭解和實地感受之前，我們的思路是：基於塔里木河流域乾旱缺水的特點，在新疆北水南調工程實施前，新增水權較為困難，水權流轉將成為未來水權配置的主要方式。經過實地調研後，我們認識到，塔里木河流域的來水組成和用水關係決定了塔里木河比任何一條河流都更需要明確界定流域源流與幹流、兵團與地方、部門之間的水權關係；需要在全流域範圍內對水權進行嚴格的控制與管理；需要對各地區、各部門用水做到有量可計、有據可依、有法可施、懲罰有度。

(1)塔里木河流域水利委員會及其組織架構

長期以來，塔里木河流域水資源分屬各地（自治州）兵團等多部門管理，沒有形成全流域的統一管理機構和有效的管理體制，難以協調地方與兵團、源流與幹流、生產與生態的用水關係，流域水資源不能有效實施統一調度、合理配置。

在解決塔里木河流域水危機的集體行動中，作為兩大集團的自治區人民政府和生產建設兵團透過合作採取集體行動存在困難，任何一方都想承擔可能的最小成本份額，甚至在談判中盡可能長時間採取不予合作的態度，塔里木河流域運用協調方式改變先佔原則只能緩慢進行，具有權威性的流域管理機構的出現滯後。

1992 年塔里木河流域管理局成立，頒佈了流域管理委員會章程和管理局職責，在塔里木河幹流水資源開發與利用和生態環境保護研究、塔里木河幹流整治、塔里木河幹流水政水資源管理、塔里木河治理前期準備工作等方面做了大量的工作[1]。但是，由於塔里木河流域管理委員會的制度設計不盡合理，塔里木河流域管理局的職能許可權有限，缺少協調整個流域水資源分配的權威，致使流域水資源的無序競爭反而趨於增強。1997 年《新疆維吾爾自治區塔里木河流域水資源管理條例》頒佈，對於包括塔里木河流域的範圍、水資源的權屬、水資源的管理制度、流域管理體制與運行機制、流域管理與區域管理的關係、流域機構與地區水管理的職權範圍和流域水量分配原則在內的若干重大問題做出了規定。

1998 年，根據該條例成立了塔里木河流域水利委員會，2000 年以來，根據國務院對《塔里木河流域近期綜合治理規劃方案》的批覆

---

[1] 譬如，1994 年，《塔里木河流域水政水資源管理暫行規定》頒佈，要求源流與幹流、幹流的上中下游，要統籌兼顧和協調發展。塔里木河流域管理局依據《塔里木河流域水政水資源管理暫行規定》，首次實現了向塔里木河下游大西海子水庫以下綠色走廊洩水 2,800 萬立方米。

要求及流域近幾年綜合治理的實踐總結，又進一步完善了流域管理機構建設。委員會由主任、副主任和委員組成。主任由自治區常務副主席兼任，副主任由自治區主管水利工作的副主席兼任，委員由自治區人民政府秘書長和計劃、財政、水利、環境保護、國土資源管理等行政主管部門負責人，流域內五個地州的行政首長，兵團四個師師長，兵團水利局局長，塔里木河流域管理局局長和有關方面負責人組成，邀請國家發展與改革委員會、水利部、黃河水利委員會等部委領導參加並擔任副主任。

委員會負責研究決定流域綜合治理的有關重大事項；審查批准流域水量分配方案並與各地簽訂年度限額用水協定；審查塔里木河流域管理局、流域有關地州和兵團各師關於貫徹執行委員會決策決議情況的報告等。委員會以會議的方式行使決策職權，委員會成立以來共召開了 9 次會議，委員會及時、有效的運行、決策機制，對指導、促進流域綜合管理工作產生了非常好的效果。

塔里木河流域管理局是委員會的辦事機構，又是其技術、職能機構!負責流域水資源的開發、利用、保護和管理，行使河道管理、水工程管理、用水管理、水土保持管理等水行政管理職權。2001 年，自治區將塔里木河流域管理局由副廳級升格為正廳級，在職責中進一步強化、落實了塔里木河流域管理局的水行政統一管理職能。

2002 年成立了塔里木河流域水資源協調委員會，制定了章程。水資源協調委員會由塔里木河流域管理局局長、副局長及流域各地州及兵團各師水利局長組成技術諮詢機構，水資源協調委員會將塔里木河流域管理局、流域各地州及有關方面聯繫在一起，各單位局長以專家的身份參會，共同研究、商討塔里木河流域水利委員會建設與加強及流域水資源統一管理和流域治理專案中技術與非技術方面的重大問題。水資源協調委員會就上述問題形成建議、意見或對策，提供給塔里木河流域水利委員會在決策時考慮。水資源協調委員會先後召開了多次會議，積極聽取各方意見，使流域各單位加強了溝通，增進了瞭解，統一了思想，提高了認識，有效地促進了流域水資源的統一管理。

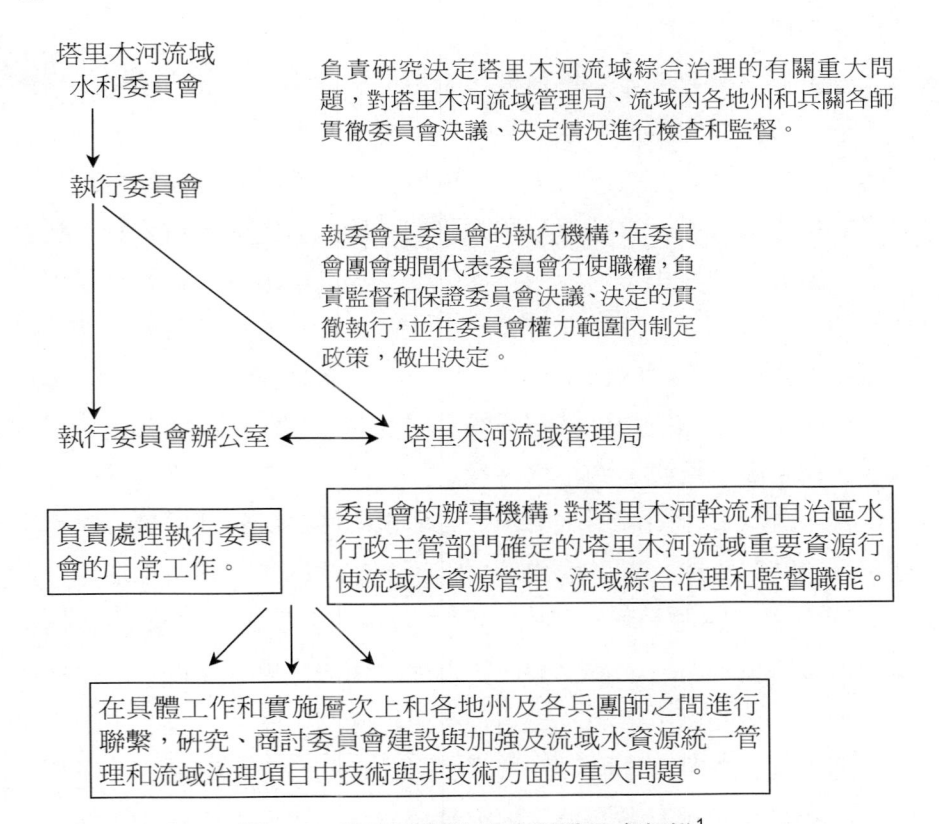

```
塔里木河流域
  水利委員會         負責研究決定塔里木河流域綜合治理的有關重大問
      ↓             題，對塔里木河流域管理局、流域內各地州和兵團各師
                    貫徹委員會決議、決定情況進行檢查和監督。
   執行委員會
                    執委會是委員會的執行機構，在委員
                    會團會期間代表委員會行使職權，負
                    責監督和保證委員會決議、決定的貫
                    徹執行，並在委員會權力範圍內制定
                    政策，做出決定。

 執行委員會辦公室 ←→ 塔里木河流域管理局

  負責處理執行委     委員會的辦事機構，對塔里木河幹流和自治區水
  會的日常工作。      行政主管部門確定的塔里木河流域重要資源行
                    使流域水資源管理、流域綜合治理和監督職能。

         ↓  ↓  ↓
  在具體工作和實施層次上和各地州及各兵團師之間進行
  聯繫、研究、商討委員會建設與加強及流域水資源統一管
  理和流域治理項目中技術與非技術方面的重大問題。
```

圖 6.6　塔里木河流域水利委員會架構[1]

2004 年還分別成立了塔里木河幹流上游灌區管理委員會及中下游灌區管理委員會，委員由塔里木河流域管理局、灌區代表、用水戶代表等組成，制定了章程並及時召開了灌委會會議，指導灌區工程管

---

[1] 史晉川，姚如清. 所有權與先佔行為的掛鉤和脫鉤——塔里木河流域水資源利用的案例研究／黃少安. 制度經濟學研究：第 14 輯 [M]. 北京：經濟科學出版社，2007.

理、用水管理、水費徵收等各項工作，促進了灌區內水管理民主協商和科學決策。

(2)在水資源日趨緊缺情況下，對各地州之間、兵團之間、兵地之間用水矛盾綜合協調

一是以水量分配方案爲目標，結合塔里木河近期綜合治理工程節水進度，協商確定年度用水限額方案。爲逐步實現塔里木河流域水資源統一管理、合理配置，塔里木河流域管理局在多次對流域各地州、兵團師用水情況進行實地考察和調研的基礎上，透過流域水利委員會運作，編製了《塔里木河流域各地州、兵團師年度用水總量定額》，1999 年由自治區人民政府以新政辦 [1999] 32 號文下發執行，明確了流域各地州、兵團師的用水權益，同時針對各地州、兵團師超定額用水的現狀，規定"按照流域不同的發展水平和具體情況，各用水單位以現狀爲起點，逐步達到用水總量定額目標"。自治區從 2000 年起開始在全流域實行限額用水工作，由塔里木河流域管理局負責具體實施。從 2002 年起，以各地州、兵團師多年平均年用水量爲起點，以《塔里木河"四源一幹"地表水水量分配方案》確定的用水量爲目標，根據塔里木河近期綜合治理工程節水情況，確定流域相關的地州和兵團師每年的用水限額，規定了各源流向塔里木河幹流的下洩水量及幹流各區段的國民經濟與生態用水量。《塔里木河流域"四源一幹"地表水量分配方案》是流域水量統一調度管理的基礎和依據，賦予相關地州和兵團師用水權益，實施區域用水總量控制行政首長負責制，成爲流域從初始水權分配制度的建立走向水權管理的基礎。

二是實施即時水量調度，進行耗用水控制，對超額用水的，要求關閘閉口或執行壓閘減水措施。在塔里木河流域水利委員會與各地州簽訂用水目標責任書之後，爲了確保年度用水協定貫徹落實，塔里木河流域管理局成立了監督檢查領導小組，頻繁深入到流域五個地州、四個兵團師，對各單位執行調度指令情況進行嚴格的現場監督檢查，

協調用水單位之間的用水矛盾，督促它們嚴格按照用水協定辦事。每年調水期間，塔里木河流域管理局都要派出督察組，分赴各源流，採取駐點督查、巡迴督查、突擊檢查等方式，督促檢查有關用水單位執行水量調度指令。由於塔里木河流域管理局與流域各地州、兵團師都成立了各級水量調度專門機構，分管領導親自負責，制定了水量調度規章制度，理順了調水程序，從組織和制度上保證了調水工作的正常開展，從這幾年的實施情況看，效果較好。一是各流域耗用水量都在逐年減少，在逐步向水量分配方案逼近；二是幹流下游來水顯著增大，透過下輸生態水，初步遏制了塔里木河下游生態植被劣變的趨勢。地下水位在逐步恢復，地下水水質有了明顯改善，沿河兩側 400～500 米範圍內的 0～3 米深度內土壤含水量明顯增大，沿河兩側 200～500 米範圍內的樹木生長也有明顯加快的趨勢，沙地面積有所減少，2001 年 11 月 18 日以後，塔里木河尾閭湖、台特馬湖始終保持著一定湖面。

　　三是加強了流域水資源的宏觀管理，確立了"區域管理服從流域管理"的水權統一管理權威。塔里木河流域包括阿克蘇河流域、葉爾羌河流域、和田河流域、喀什噶爾河流域、渭干河流域、開都河－孔雀河流域及塔里木河幹流流域，涉及阿克蘇地區、和田地區、喀什地區、克孜勒蘇州、巴音郭楞州及兵團農一、二、三、十四師和塔里木石油勘探開發指揮部等地區、單位。由於歷史的原因，塔里木河流域以行政分區實施分級水管理已有較強的基礎，而流域管理則比較薄弱。近年來，隨著塔里木河流域農業生產發展，塔里木河流域水資源的稀缺程度不斷提高，賦予透過先佔行為獲取水資源所有權的經濟激勵，最終形成對塔里木河流域水資源的過度開發，並由此形成了上游地區引水佔有過多、沙鹼化嚴重，中下游地區墾區的耕地大量棄耕、沙漠化的惡性循環現象。為減少源流區和上游對於水資源的佔用，改變流域水資源利用的無序競爭狀態，亟須對流域水權進行統一管理。

塔里木河流域根據 2002 年修訂的《中華人民共和國水法》強化了水的所有權管理，實行不論源流、幹流，上游、下游，地方、兵團，都應堅持和服從流域機構代表國家行使水權統一管理的原則。透過塔里木河流域管理局、塔里木河流域水利委員會常委會和塔里木河流域水利委員會、執行委員會等機構的協調和運作，從 2000 年到 2007 年，在水利部、黃河水利委員會、自治區領導下，由塔里木河流域管理局與巴音郭楞州、農二師共同組織了九次自博斯騰湖向塔里木河下游生態應急輸水，經過五年多時間，從博斯騰湖共調出水量 24.5 億立方米，自大西海子水庫泄洪閘向塔里木河下游輸水 22.6 億立方米，輸水頭七次到達台特馬湖，從而結束了塔里木河下游河道持續斷流和台特馬湖乾涸近 30 年的歷史。2003 年，加上車爾臣河來水，在台特馬湖形成了近 200 平方千米的湖面，塔里木河下游林草植被得到了有效保護和恢復，生態環境得到初步改善。由此可見，塔里木河流域"決策－監督－執行機構"管理模式的有效運轉，促進了流域管理與區域管理和諧關係的建立，也保證了流域綜合治理的順利實施及水資源的統一管理。

4.塔里木河水權管理模式及其理論意義：政治民主協商和"準市場化"——水資源配置的第三種思路

流域水資源和任何一種稀缺經濟資源一樣，分配的核心問題是如何協調各地方利益分配。目前，關於如何解決流域內部各地方利益衝突、推進水管理體制改革，主要有以下兩種基本思路：一種是強制性流域統一管理模式，主要是透過流域立法，強化流域管理機構的權威，利用法律約束機制調節地方利益衝突，實現流域水資源的統一優化管理調度[1]。在理論上，透過流域統一管理配置水資源，其全流域效益是最優的；同時新《水法》從法理上剝奪原屬於各該農村集體經濟

---

[1] 王建中. 黃河斷流情況及對策 [J]. 中國水利，1999(4).

組織的水資源所有權，傾向於依靠政府的權威、透過行政力量化解流域水資源配置的矛盾。但在實際運行中，由於缺乏激勵機制，強制性的法律也很難達到預期目標。另一種建立水市場的思路，主要著眼於建立合理的水分配利益調節機制，以產權改革為突破口，建立合理的水權分配和市場交易經濟管理模式，政府透過對交易市場的干預而不是透過行政命令的形式來保證全流域水資源的合理分配和利用，建立由價格制度、保障市場運作的法律制度為基礎的水管理機制。這種思路把水資源當成一種商品，透過界定清晰的產權，利用市場加以配置，從利益機制出發建立流域激勵相容的水管理機制[1]。這是一種非常有價值的思路，但是對轉軌期多數流域以及諸如塔里木河這樣生態安全優先於經濟效益的特殊現實而言，流域水資源完全市場化的配置方式在政治上不具備產生有效的水權市場的前提條件，也難以付諸實踐。

　　水資源的分配作為一種利益分配，既可以透過市場也可以透過非市場來解決，但單獨透過哪一種方式都不能有效解決，水資源的配置方案不僅僅需要技術上、經濟上的可行性，還要考慮政治上的可行性。透過對新疆塔里木河流域水權管理的調研和考察，我們認為塔里木河流域水權制度建設，是圍繞流域初始水權分配、水權保障機制建設和水權適時管理能力建設逐步展開的，同時實施了"三層一體"的管理協調體制，對水量實行年計劃、月調節、旬調度的即時管理，在水權制度建設方面取得了重大成果。這種模式可稱之為水資源配置的"準市場"思路，即引入既不同於傳統"指令配置"也不同於"完全市場"的"準市場"的第三種水資源配置思路，"準市場"的實施由"政治民主協商制度"、"利益補償機制"等輔助機制來保障，以協調地方利益分配，達到優化流域水資源配置效率和同時兼顧公平的目

---

[1] 劉文強. 塔里木河流域基於產權交易的水管理機制研究 [D]. 清華大學管理學博士學位論文，1999.

標。流域統一管理應和"準市場"、"地方政治民主協商"有機結合，透過不斷的制度創新和制度變遷，形成比較成熟有效的新的流域水分配、水管理模式，並逐步以法律法規的形式固定化。

　　首先，水權建設必須在水量分配的基礎上，建立水量分配方案實施的制度和能力保障，才能構建水量分配的權利邊界，從而實現水量分配由"量"到"權"的轉化。塔里木河流域水權建設，正是圍繞著流域初始水權分配、體制與法制建設和工程監測能力建設逐步展開。

　　塔里木河流域初始水權建設不是水量的分配，而是以水量分配為基礎的權力的配置。塔里木河流域在水權建設實踐中探索並執行了"以供定需"的以水權為核心的水資源即時管理模式。①在實施過程中，所謂"以供定需"的這個水量供給限額是在召開水資源協調會，對限額方案進行討論協調的基礎上確定的。儘管透過中央政府、地方政府和生產建設兵團政治協商的水資源配置結果不一定是談判各方的最優解，卻是較優解或妥協解，這將帶來流域整體用水效益的提高。②塔里木河流域水利委員會召開會議，與流域各地州、兵團師簽訂年度用水目標責任書。也就是說，其約束機制主要是合約約束。由於合約是在其他利益主體約束條件下最大限度地反映了自身利益，合約規定了違約受懲罰的規則，違約的成本必然很高，這就大大減少了違約的風險。用戶在超限額用水時，會被在全流域給予通報批評，並受到經濟處罰。③決定水量調度計劃及管理是對限制水量的分配和落實，水資源管理必然呈現出一種全程序控制的屬性，而非事後控制。長期以來，我國實行"以需定供"的水資源管理模式，決定水量調度計劃及管理是一種需求水量的體現和實現，水資源管理必然呈現出一種事後性數位統計控制的特徵。

　　其次，塔里木河流域建立的由各級政府和相關部門共同參與的"三層一體"管理體制（所謂的"一體"是指塔里木河流域水利委員會，"三層"是指塔里木河流域水利委員會、執行委員會、塔里木河流域管理局以及水資源協調委員會），標誌著以水權建設為基礎的水資源管理由部門管理到社會管理的發展趨勢。長期以來，我國水資源管理遵循的是一種工程治水的理念，就水論水、就河論河、就工程論工程，注意力往往集中在單個水利工程上，對水資源管理與社會經濟發展的關係考慮得比較少，往往呈現出部門管理的特徵。但以水權為基礎的水資源管理遵循的是一種制度治水的管理理念，將水資源管理與社會經濟發展緊密聯繫起來，透過權利界定和交易，引導水資源向節水、高效領域流動，從宏觀上提高水資源的配置效率，從微觀上提高水資源的利用效率，形成全社會的節水動力和機制，必然呈現出社會管理的特徵。

最後，塔里木河流域水權建設的主要目的是恢復和保護流域生態，基本是在世界銀行專案和國家財政投入支援下展開的，凸顯了在水權建設中要確立政府的生態職責。在水權建設中，尤其是在以保護流域生態為主要目的的水權建設中，確立政府的責任主體地位和投資職責，建立利益補償機制，是水權建設得以建立和推進的關鍵。這裡的利益補償的實現可透過多種渠道，包括財政轉移支付、水市場收入和國家對水利設施的投資與補貼（這是較大的一筆利益補償）。在塔里木河的案例中，為了保證新疆維吾爾自治區經濟可持續發展，保護生態環境，從 2001 年 2 月起，國家批准了《塔里木河流域近期綜合治理規劃報告》，投資 107 億元對塔里木河進行綜合治理，改善流域生態環境。截至 2008 年 10 月底，全流域累計完成渠道防滲總長度。3 937 千米，高新節水面積 42 萬畝，新打機電井 1 240 眼，平原水庫改造 6 座，塔里木河幹流建成 609.91 千米的輸水堤、3 座攔河樞紐和 47 座生態閘（堰），塔里木河綜合治理三大標誌性工程——博斯騰湖東泵站、恰拉水庫改擴建、阿克蘇庫瑪拉克東岸輸水總幹渠已全部完工並投入使用，流域水量調度指揮中心建成並投入試運行[1]。這就是典型的透過國家對水利設施的投資和補貼實現利益補償的個案。

塔里木河水權管理的"準市場"模式在理論上給我們的啓示是：江河流域水資源由於其自然屬性和物理特徵，對其產權的私人界定和排他性保護需要支付鉅額成本；而當它在用途上基本上是非商業性時（如塔里木河流域的水主要是保證農業用水和生態用水），這時水資源作爲公共物品由政府來介入其產權的初始分配，加上政府的權威性和協調能力，就能夠降低水權管理的成本。塔里木河流域水權管理"準市場"模式的核心是政府介入和地方政治民主協商機制，使之能夠在政府和各利益主體之間建立起一種合作博弈關係。在像塔里木河流域這樣不具備產生有效的私有產權安排和產權交易市場的條件下，政府介入產權締約和實施過程或許是一個更優的選擇。

五、我國水資源產權制度的架構：目標、原則與保障性措施

(一)我國水資源產權制度架構的目標

1.制度架構的目標：效率、公平和資源保護

(1)效率原則

我國水資源短缺且利用效率又低，因此，水權和水資源的配置、使用、轉讓必須關注提高水資源合理利用的效率。這裡，水資源的利用效率不僅僅是指經濟效率，而是站在全社會、全流域和水資源可持續利用、人類與自然和諧共處等高度，力求實現經濟、社會、生態環境效益相統一的綜合效率。此外，爲提高水資源的配置效率，還必須儘量降低水權轉讓的交易成本，簡化交易手續，規範交易程序。

---

[1] 師巧梅. 塔里木河綜合治理進入衝刺階段 [N]. 新疆日報，2008-12-07.

(2)公平和資源保護原則

有關水權和水資源的配置、使用、轉讓、交易和收益的制度設計，既要公平對待各個水權主體和水權市場主體，又要兼顧與水權利益相關的供水者和用水者，上、中、下游及左、右岸的用水者，地表水、地下水用水者，當代人和後代人，生活用水者、經濟用水者和生態用水者的利益。因此，水權的轉讓要符合流域規劃和區域規劃，按流域規劃進行論證。水權交易要讓水資源使用者有利可圖，又要有利於公共利益。尤其是對於農民等經濟弱勢用水群體必須加以保護，以保障農業的可持續發展，維護糧食安全等公共利益。

2.水資源保護產權體制的選擇

最好的水資源保護產權體制是以最低的總成本達到既定的保護目標。而總成本是合作成本和排斥成本的總和。排斥成本是設置和實施權利界線的成本，以限制產權者準入和使用資源；合作成本就是協調有關集體行為的成本。總成本的大小涉及作為資源保護目標的社會福利、規模經濟與規模不經濟、技術能力、制度和組織的限制等。

第一種選擇依據為"淨社會利益"。即產權體制的選擇取決於上述的排斥成本和合作成本哪個更低——如果排斥成本比合作成本低，私有產權體制將比共有產權體制更為合適；如果排斥成本超過了合作成本，共有產權體制會更好。選用這種選擇模式的前提條件是排斥和合作的成本總和在可變的產權體制中是保持不變的。

第二種選擇依據是"總成本標準"。其實，很多制度因素自身都能夠影響到環境保護和環境管理的綜合成本結構，如法律規則的選擇、產權體制的選擇等。當產權體制、法律規範、資源的自然特徵、資源的生態或技術條件發生變化時，排斥成本或協調成本會發生變化，上述第一種選擇方式會發生偏差。此時，產權制度的選擇標準應選擇"總成本標準"。這裡的總成本分析是以"產生預期效果"為先決條件的，如為控制污染或為避免"公地悲劇"等。總成本標準不問排斥成本與協調成本的比例，只看其總和，總和越小，表明達到某環境目標所需要的總成本越小，效率越高。如果在特定情況下，多個產權體制都是有效的，則選擇能使環境得到更好保護的產權體制，選擇的決定因素是效率的程度，即單位成本所獲得的環境資源保護的量和環境品質水平。

  第三種選擇依據是資源的特徵。最適合的產權體制決定於其適用的環境物品的自然特徵。即依據物品的競爭性和排他性，將環境物品分為"私有的"、"公有的"、"俱樂部的"、"共有聯營"四類。一般私有產權體制最適用於"私有物品"，"俱樂部物品"最適用於共有產權體制，"共有聯營物品"和"公有物品"都易接受共有產權或國有產權體制。這裡要注意的是，這些環境資源物品的上述特徵不是一成不變的，它們依賴於資源的自然特徵、資源的生態與技術背景以及體制背景，有時，文化和意識形態也可能產生重要的作用。

(二)我國水資源產權制度架構的原則

  Elinor Ostrom 在評估了成功與失敗的共有產權體制後認為，成功的共有產權體制有七項基本構建原則：①公共擁有和管理的資源的產權和使用者的準入權被明確界定；②有關資源的利用規則適用於當地的生態和體制條件；③受管理規則約束的個體能夠參與該規則的制定和修改；④資源使用者和負責的管理部門有權監督資源的使用以確保管理規則被遵守；⑤累進懲罰體制得到嚴格執行，即依據違法違規的嚴重程度決定懲罰的程度；⑥建立資源使用者間或使用者與管理者間的低成本的爭端解決機制；⑦共有所有權關係以及其管理體制被社區之外的政府所承認和尊重。

  那麼，是什麼使資源使用者相互合作以保證共有產權體制存續而且避免"公地悲劇"呢？Ostrom 認為這些資源使用人只要能夠期望：

①其他的居民同樣這樣做；②從長遠利益看，加入並遵守這種共有規則比背離這種規則可以得到更多的利益。同時，根據資源合作者之間的交易成本分析，得出了共有產權體制建立和維持的前提條件：①共權體的成員大多數有這樣的普遍認識，即在資源的所有和管理上，合作比不合作更好；②共權體的大多數成員都大致相當地受共有管理規則的影響；③交易成本相對較低；④互惠和誠信的社會標準在該共權體內佔主導地位；⑤資源使用者的群體相對較小和穩定。這幾項條件可以歸納為一項，即交易成本的大小。

只有當成員的利益保持均衡的時候，共有制產權體制才是有效率的。當市場化導致了資源使用的不同乃至於相互衝突時，資源使用者的利益將發生分歧，集體決策的交易成本會增加，最終會達到一個臨界點：成本遠遠大於從共有產權體制和管理體制中獲得的收益。在這個臨界點上，建立私有產權體制將比建立共有產權體制更有效率。同時，在共有產權體制中，一旦共有集團的首領們從私有化體制中不成比例地獲利，其獲利超過了他們從存續的共有產權體制中獲得的淨利益時，他們就會以行動來改變這種共有管理體制。另外，隨著發展壓力的增加，產權會從不正規的較為低級的共有產權體制單向地發展為更為正式的、產權明晰的私有產權體制；反之，隨著公地產品價值的升高，產權的排斥成本被提高到一定程度，排斥成本超過了協調成本，此時，發展的壓力會促使私有產權體制向共有產權體制轉變。

(三)建立水權交易制度環境與保障性措施

中國的改革一直被稱為是漸進式的，或者說是"經驗主義"的，在政策制訂方面依賴"試錯法"。水資源管理及水權制度的變遷由完全政府管制向準市場體制的演變，也將在漸進式的改變中前行。根據市場經濟理論和水資源市場的特點及實踐經驗，要建立一個有效、公平和持續發展的水權交易制度，需要有效的制度環境和保障措施。

1.創建與土地所有權分離的可交易水權制度

水權可以根據不確定的徑流的一部分或蓄水層或水庫的一部分確定水權,也可以規定爲一個時間段的用水量。如果水權是按量分配的,就必須找到當供水不能滿足所有水權的用量時分配水的協調機制。一般可以採取以下三種方法:第一種方法是根據授權的時間、地點或用水的類型如灌溉用水、生活用水等,給每一種水權規定一個優先順序,當水短缺時,按照優先順序供水,只有上一個優先順序水權的全部用水量都得到滿足後,才供給下一個優先順序水權的用水;第二種方法是根據短缺程度按比例減少所用水權的用水量;第三種方法是前兩種方法的綜合,在這種制度下,根據用水的優先順序確定水權的優先順序,對於優先順序高的水權如生活用水的水權減少的比例小,優先順序低的水權如工業用水的水權減少的比例大。

創建了獨立於土地所有權的水權後,還要登記水權並保證水權的實施,爲此需要制定法律以及政府管制措施。

2.建立仲介組織或管理單位

爲了實現水資源利益和交易的公平與效率,同時更好地保護水資源,必須建立相應的獨立於買賣雙方的公正的仲介組織或管理單位來管理水系統。這個管理單位不僅要負責水的運輸,還要爲用水者提供關於水權交易、水價、可供水量等資訊。這個管理單位可以是政府授權的機構、用水者協會或其他公共企業。管理單位或公共權力機構的基本功能,一是對全國的和流域的水資源供給量進行準確測算,再依據這一數據制定拍賣水權的數量,並透過這一過程形成水權價格。二是進行公開市場業務,包括隨著水資源供給量的變化進行水權數量的調整,以及爲無力支付相應成本的弱勢群體而進行公開市場業務等。

3.建設可調節的基礎設施

完成水資源配置和交易的一個必要的技術條件是可以改變水的流向並輸送水的渠道、管網和閘門系統。這個系統的可調節性越強,調水越容易，水交易的交易成本就越低。如果現有水設施系統不能輸送水到某地區的各個地方，這個地區的用水者就不可能參與水權交易。對於服務於一個地區的、有完善渠系的水庫水的水權交易相對容易一些，人們可以買賣水權，而且買者和賣者比較多，市場的效率會比較高。

4.考慮對第三方的影響

完善的水權市場制度還要有保護由於水權交易而受到損害的第三方利益的制度。第三方影響主要有三類：一是由於上游用水對中、下游的影響，特別是如果上游水權所有者將水權賣給消耗型用水者即使用後的水不能全部回到原流域系統的用水者，這樣就必然會影響中、下游的水量和水質。對於向流域外使用者出賣水權，必須進行嚴格限制。二是向水體排放污染物而影響水質的排污者。水質下降必然會降低水的使用價值。如果水權只規定了用水數量，而沒有注明水質參數，那麼，就必須建立全流域的水質管制並向排污者收費，否則水質的不確定性會增加水權交易的風險。三是對地區經濟發展和就業的間接影響。如果水權交易發生在地區之間，通常對買水的地區會產生積極的間接影響，而對賣水的地區則會產生消極的間接影響，如減少相關職業的就業機會。從全國範圍看，只有買水地區的所得不小於賣水地區的所失，水權交易才是有效率的。

5.建立解決衝突的機制

為了解決第三方影響，必須建立相應的機制，使得決策者在決策時考慮對第三方的影響。為此，需要建立一個委員會制機構，這個機構要聽取各方面的意見，當水權交易對第三方的損害超過交易所得的利益時，這個機構有權阻止和延遲交易。這個機構可以是政府機構或用水者協會。

6.政策扶持和法制保護

水權制度是在水資源法規和資源環境法的指導和約束下建立的，

需要政府的政策扶持和法制保護。水權的建立、保護和分配需要政府完成，水市場的監管和利益協調需要政府的參與。由於水資源的經濟特徵，完全自由競爭的水市場是不可能存在的。

第七章

自然旅遊資源的產權制度構建

隨著我國旅遊市場的不斷擴大和旅遊產業的快速發展，自然旅遊資源呈現出巨大的經濟價值，而自然旅遊資源的開發和利用與其傳統管理體制之間的衝突與矛盾也日益凸顯。自然旅遊資源的管理體制尤其是作爲其核心的產權制度，激勵和約束著相關利益主體的行爲，決定著自然旅遊資源管理和利用的績效。本章將從理論和實踐兩個層面上討論我國自然旅遊資源的產權及其相關制度的構建問題，結合國際經驗和我國改革中的典型案例，分析當前我國自然旅遊資源產權制度正在發生的變遷形式及其內在邏輯，並基於效率與公平的視角提出我國自然旅遊資源產權及相關制度構建的約束條件、目標與框架性建議。

一、自然旅遊資源的產權制度研究現狀

改革開放以來，隨著我國旅遊市場的不斷擴大和旅遊產業的快速發展，自然旅遊資源或自然生態系統的旅遊或休閒功能及其伴隨的巨大經濟價值被發現了，自然旅遊資源的開發和利用與其傳統管理體制之間呈現出巨大的衝突與矛盾，這必然要求對自然旅遊資源的宏觀管理體制和微觀治理機制進行全方位的改革，其核心是產權制度的構建。近十幾年來，各個地方爲適應旅遊產業發展的客觀需要，充分發揮自然旅遊資源優勢，促進當地社會經濟發展和人民生活水平提高，正在進行著一場規模宏大的分散化、個別化和多樣化的制度創新實踐探索。這裡的核心問題是，什麼樣的產權制度安排才能夠共同實現效率與公平的最佳目標。這一問題所具有的高度複雜性在我國學術界、產業界和政府部門的廣泛爭論之中已經得到了充分展現。

對這一問題的理論關注首先表現爲圍繞"風景名勝區股票上市"形成的一般性爭論上，一方從國家利益或社會公共利益出發，主張模

仿美國國家公園管理體制，對自然旅遊資源實施行政治理模式[1]；另一方從自然旅遊資源管理面臨的財政約束和推動旅遊產業發展的需要出發，主張實施所有權與經營權相分離的企業化治理模式[2]。在爭論雙方各持己見的同時，一些學者開始尋求透過運用產權經濟學和公共經濟學等工具對自然旅遊資源產權分割的必要性和產權制度的合理構建進行較為深入的理論分析[3]；另一些學者則對自然旅遊資源開發過程中經營性專案規制、門票專營權、特許經營合約、政府管制、政府作用和政府作為以及代際外部性等具體問題進行了更為仔細的考察[4]。隨著理論探討的深入，一些學者開始提出較為調和也較為全面的主張，例如，張進福認為景區經營權是否可以出讓以及出讓程度取決於不同的

---

[1] 張曉. 國家風景名勝區不宜匆忙"上市"[N]. 光明日報，1998-2-28；中國社會科學院環境與發展研究中心課題組. 國家風景名勝資源上市的國家利益權衡 [J]. 數量經濟技術經濟研究，1999(10)；徐嵩齡. 怎樣認識風景資源的旅遊經營——評"風景名勝區股票上市"論爭[J]. 旅遊學刊，2000(3)；徐嵩齡. 中國的世界遺產管理之路——黃山模式評價及其更新（上、中、下）[J]. 旅遊學刊，2002(4)、2003(1)、2003(2).

[2] 王興斌. 風景文物旅遊資源管理體制和經營機制改革探討 [J]. 旅遊調研，1999(9)；王興斌. 中國自然文化遺產管理模式的改革 [J]. 旅遊學刊，2002(5)；魏小安. 關於旅遊景區公司上市的幾點思考 [J]. 旅遊學刊，2000(1)；張淩雲. 關於旅遊景區公司上市爭論的幾點思考 [J]. 旅遊學刊，2000(3)；李樹民，郭建有. 對華山風景名勝區管理體制變革的制度分析[J]. 旅遊學刊，2001(4)；鍾勉. 試論旅遊資源所有權與經營權相分離 [J]. 旅遊學刊，2002(4)；劉旺，張文忠. 對構建旅遊資源產權制度的探討 [J]. 旅遊學刊，2002(4)；楊振之，馬治鸞，陳謹. 我國風景資源產權及其管理的法律問題——兼論西部民族地區風景資源管理 [J]. 旅遊學刊，2002(4).

[3] 胡敏. 風景名勝資源產權辨析及使用權分割 [J]. 旅遊學刊，2003(4)；馬梅. 公共產品悖論——國家公園旅遊產品生產分析 [J]. 旅遊學刊，2003(4).

[4] 鄔愛其，徐進. 國家風景名勝區經營性專案規制改革探討 [J]. 旅遊學刊，2001(4)；厲以猷. 國家風景名勝區門票專營權分析 [J]. 旅遊學刊，2002(2)；黃進. 論風景名勝區特許經營合同 [J]. 旅遊學刊，2005(4)；朱建安. 世界遺產旅遊發展中的政府定位研究 [J]. 旅遊學刊，2004(4)謝茹. 試論風景資源開發中的政府規制 [J]. 旅遊學刊，2004(5)；汪明林，劉旺. 遺產資源保護及旅遊發展中的政府作為研究 [J]. 旅遊學刊，2005(4)；黃小平. 論代際外部性與旅遊資源產權的代際分配 [J]. 旅遊學刊，2006(6).

景區類型[1]。張朝枝、保繼剛和徐紅罡認爲上述兩方觀點並不是完全對立的關係，而是解決問題的兩種途徑，關鍵在於合適的制度安排，並提出了公共選擇與制度分析的分析方法架構[2]。

從現有的研究可以看到，人們已形成的一個共識是，自然旅遊資源的管理體制，尤其是作爲其核心的產權制度，激勵和約束著相關利益主體的行爲，決定著自然旅遊資源管理和開發與利用的績效。事實上，自然旅遊資源管理存在著加強政府管制和充分發揮市場作用兩種政策取向，在很多時候，兩種政策取向下的工具不僅無法截然分開，反而應該在一個混合制度框架中各自發揮自身的優勢，才能夠達到最佳目標。因此，我們將在這一基本認識的基礎上全面討論我國自然旅遊資源的產權及其相關制度的構建問題。

二、自然旅遊資源的價值、特徵與範圍

自然旅遊資源又可稱爲舒適性自然資源，是指爲人們提供旅遊服務的森林、河流、湖泊、草原等自然生態系統。這種自然生態系統既形成自然景觀，又形成自然環境，依照自然發展規律天然形成，可供人類旅遊享用，寓於一定空間位置、特定的形成條件和歷史演變階段，主要包括地文景觀、水文景觀、氣候生物、其他自然四大類型。

(一)自然旅遊資源的範圍

雖然自然旅遊資源有著較爲寬泛的範圍，但是考慮到本專案的研究目的是考察自然旅遊資源的產權制度改革，我們對自然旅遊資源的討論範圍將主要集中在世界自然遺產、自然類風景名勝區、自然保護區和森林公園四種類型上。

---

[1] 張進福. 經營權出讓中的景區類型與經營主體分析 [J]. 旅遊學刊，2004 (1).
[2] 張朝枝，保繼剛，徐紅罡. 旅遊發展與遺產管理研究：公共選擇與制度分析的視角——兼遺產資源管理研究評述 [J]. 旅遊學刊，2004 (5).

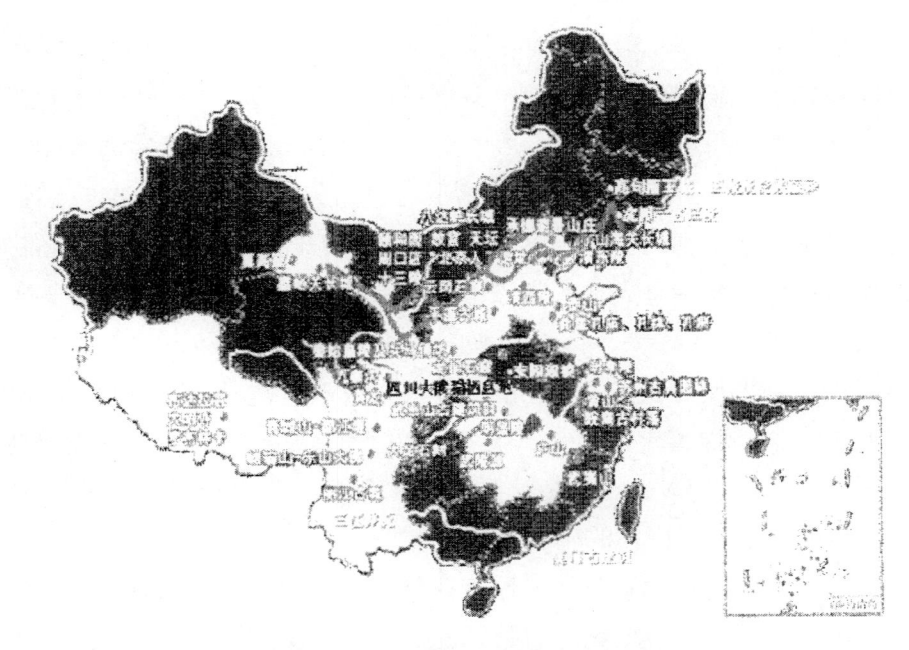

圖 7.1　中國的世界遺產分佈圖

〔資料來源〕http://ww.people.com.cn/GB/wenhua/1087/2583246.html [OL].

世界自然遺產是指從審美或科學價值角度看具有突出的普遍價值的由物質和生物結構或這類結構群組成的自然面貌，從科學或保護的角度看具有突出的普遍價值的地質和自然地理結構以及明確劃分為受威脅的動物和植物生活環境區，從科學、保護或自然審美角度看具有突出的普遍價值的天然名勝或明確劃分的自然區域[1]。我國世界遺產是在國家指導下，依託地方區域且以地方為主而建立的，由地方政府主管部門及其執行機構管理和經營，呈現多層次和多元化的管理格局。截至 2006 年，我國共擁有世界遺產 33 處，其中，世界自然遺產 5 處，世界文化遺產 23 處，世界文化和自然雙遺產 5 處。

---

[1]　參見《保護世界文化和自然遺產公約》（聯合國教科文組織 1972 年透過）第 2 條。

風景名勝區是指具有觀賞、文化和科學價值，自然景物、人文景物比較集中，環境優美，具有一定接待規模和遊覽條件，可供人們遊覽、休憩或進行科學、文化活動，經縣級以上人民政府審定命名和規劃範圍的地區[1]。我國的風景名勝區具有一個重要的特點，就是自然資源與歷史文化資源的密切結合與高度融合，因此要將特定的風景名勝區劃定爲自然類還是人文類實際上是非常困難的。風景名勝區分爲國家級、省級和市縣級三個等級，國家重點風景名勝區由建設部主管，省級和市縣級風景名勝區由相應的地方人民政府建設部門主管。截至2005年，經政府審定命名的風景名勝區已有677個，其中國家級重點風景名勝區187個、省級風景名勝區452個、市縣級風景名勝區48個，總面積佔國土面積的1%以上。

自然保護區是指對有代表性的自然生態系統、珍稀瀕危野生動植物物種的天然集中分佈區、有特殊意義的自然遺迹等保護對象所在的陸地、陸地水體或者海域，依法劃出一定面積予以特殊保護和管理的區域[2]。我國自然保護區實行綜合管理和分部門管理相結合的管理體制，即統一監督管理與分類管理並存的管理體制，國務院環保部門負責全國自然保護區的綜合管理，國務院林業、農業、地質礦產、水利、海洋等有關行政主管部門在各自的職責範圍內主管有關的自然保護區。截至2006年，中國已建立各種類型的自然保護區926處，總面積7,697.9萬公頃，扣除海洋保護區面積，其他保護區總面積約佔國土總面積（960萬平方千米）的7.64%，其中國家級自然保護區136處。

森林公園是以良好的森林景觀爲主體，以自然風光爲依託，融自然景觀和人文景觀爲一體，環境優美，物種豐富，景點景物相對集中，具有較高的觀賞、文化和科學價值，有一定規模的地域，經科學

---

[1] 參見《中華人民共和國風景名勝區管理暫行條例》第2條。
[2] 參見《中華人民共和國自然保護區管理條例》第2條。

保護、合理經營和適度建設，可為人們提供旅遊、休閒度假、療養或進行科學、文化、教育活動的特定場所[1]。森林公園分為國家級、省級和市縣級三個等級，林業部主管全國森林公園工作，縣級以上地方人民政府林業主管部門主管本行政區域內的森林公園工作。截至 2006 年底，全國共建立各級森林公園 2 067 處，規劃總面積達 1,568.25 萬公頃；其中國家級森林公園總數達 660 處，經營面積 1 125.20 萬公頃。

(二)自然旅遊資源的價值

自然旅遊資源不是一般意義上的經濟資源，而是具有多重價值屬性的特殊資源。一般而言，自然旅遊資源具有科研、科普、文化、教育、休閒和鑄造民族精神等重要價值。因此，自然旅遊資源所具有的價值遠遠超過狹隘的經濟價值或僅在市場上體現的價值，更重要的是，這些價值在橫向上是跨越國界的，在縱向上是超越代際的。[2]

按照生態系統服務理論的觀點，自然旅遊資源的價值可分為兩個部分：利用價值和非利用價值。自然旅遊資源的利用價值可分為旅遊利用價值和非旅遊利用價值，這裡假設生態系統只有旅遊利用價值。旅遊利用價值，即生態系統的遊憩價值，包括旅遊者支出和消費者剩餘，其實質是旅遊者的支付意願，因為只有支付意願才是人們一切行為價值表達的自動指示器，才是一切商品和效益價值的唯一合適表達方法。自然旅遊資源的非利用價值包括：①選擇價值。人們不僅以支付意願支付一定的費用來獲得現場旅遊服務，而且願意為自己未來的旅遊支付一定的費用，以便把這種旅遊服務的選擇留給自己，這種為

---

[1] 參見《森林公園管理辦法》（林業部 1994 年頒佈）第 2 條。
[2] 鄭玉歆. 中國自然文化遺產的保護正處於關鍵時期//鄭玉歆，鄭易生. 自然文化遺產管理──中外理論與實踐 [M]. 北京：社會科學文獻出版社，2003: 14-20.

自己未來旅遊的意願支付即為選擇價值。②遺產價值。遺產價值是指當代人把自然生態系統保留給子孫後代的支付意願，因為人們不希望生態系統的旅遊價值在後代人能利用之前就完全損失掉。③存在價值。生態系統的存在價值是人們為後代人保護生態系統和旅遊環境的支付意願，比如人們願意支付一定的資金為後代人保護生物多樣性。這種倫理上的存在價值反映了人們對自然生態系統的關注和責任感[1]。

因此，自然旅遊資源的多元價值可概括地分為兩類：非利用價值 V1 和旅遊利用價值（包括潛在的旅遊利用價值 V2 和直接的旅遊利用價值 V3）。典型的 V2 是自然旅遊資源為它所在地或周邊地區的居民帶來的可持續的旅遊經濟收入。典型的 V3 是旅遊景區在短期內直接開發獲取的經濟收入，如纜車賣票。考慮到自然旅遊資源利用過程中的各種利益相關主體，與 V1 對應的利益群體是全社會成員(G1)；與 V2 對應的利益群體是區域性或社區性（小到一個村莊，大到一個省）成員 (G2)；與 V3 對應的利益群體是一些商業性旅遊開發和服務公司 (G3)。

顯然，開發商眼中的價值 V3 只是社區潛在利益 V2 的一小部分，而 V2 的源泉又是自然旅遊資源的非經濟價值 V1。所以，首先，這種 V3→V2→V1 的順次依賴順序決定了對自然旅遊資源實行"保護第一"的原則符合所有人的長遠利益；其次，這決定了經濟價值的實現不應該僅歸功於它的開發者，還應該（而且從長遠看更應該）歸功於它的保護者；最後，社區和開發者的基礎設施建設和旅遊服務往往是實現潛在經濟價值的必要條件，而且進一步成為宣傳其非經濟價值從而成為更好地保護自然旅遊資源的動力。正是因為存在這種良性互動的可能，才使人們樂於相信保護和開發與利用的一致性。事實上，不同的利益群體有著不同的行為偏好，相互間極容易產生利益衝突。

---

[1] 張紅霞，蘇勤，王群. 國外有關旅遊資源遊憩價值評估的研究綜述 [J]. 旅遊學刊，2006(1).

因此，必須透過構建合理的產權制度安排來激勵和約束不同利益主體的行為，才能保證自然旅遊資源多元價值的充分實現。

表 7.1　自然旅遊資源的價值分類及其對應的利益群體

價值類型	主要內容		對應的利益群體
非利用價值(V1)	選擇價值、遺產價值、存在價值		全社會所有成員(G1)
利用價值	非旅遊利用價值	採礦、伐木、狩獵，等等	這裡不作詳細考察
	旅遊利用價值	潛在的旅遊利用價值(V2)	區域性或社區性成員(G2)
		直接的旅遊利用價值(V3)	商業性旅遊開發與服務公司(G3)

(三)自然旅遊資源的特徵

具有不同技術經濟特徵的資源，需要不同的產權制度和治理機制，來保證對其進行最有效的管理和利用。自然旅遊資源除了上述價值的多元化以外，還具有三個重要特徵：準公共物品特徵、自然壟斷特徵和開發的外部性。

1.準公共物品特徵

按照公共經濟學原理，完全的公共物品必須同時具有非競爭性和非排他性兩個基本特徵，非競爭性是指新增消費者使用該物品的邊際社會成本，包括邊際生產成本和邊際擁擠成本）為零，非排他性是指由於在技術上不可能或技術上可能，但成本過於高昂而不能排除消費者對該物品的免費使用。通常而言，在人們對自然旅遊資源進行遊覽觀賞等消費的活動過程中，增加一個遊客不會要求旅遊景區必須增加設施和服務從而增加生產成本，也不會讓遊客明顯地感受到擁擠從而導致效用下降，因此自然旅遊資源具有非競爭性[1]。同時，當自然旅遊

---

[1] 需要進一步說明的是，自然旅遊資源的非競爭性在旅遊景區遊客規模處於合理容量範圍以內的情況下才成立。如果遊客人數超出合理容量的範圍，隨著

資源經過開發而成為一個旅遊景區時，一般會透過設立門票等手段對旅遊消費者實施進入限制，從而具有了明顯的消費排他性。考慮到自然旅遊資源同時具有非競爭性和排他性，我們認為自然旅遊資源是一種較為典型的準公共物品。這一特徵決定了自然旅遊資源應採用公有產權形式，即其所有權歸國家所有，然後按照可以接受的政治程序選擇代理人來行使相關權利。

2.自然壟斷特徵

由於不同自然旅遊資源所處的地域位置和景觀屬性的獨特性，依託這些自然旅遊資源形成的旅遊景區幾乎具有唯一性或差別性，人們透過遊覽觀賞得到的體驗是完全不同的，因而這些旅遊景區相互之間幾乎不可替代，也難以形成直接的競爭。同時，由於自然旅遊資源具有不可分割性旅遊景區的經營具有很強的規模經濟和範圍經濟，同一旅遊景區內部也無法產生面對面的競爭。這種自然壟斷特徵意味著旅遊景區的開發者或經營者可能濫用其壟斷地位以獲得壟斷利潤，從而損害消費者以及其他相關群體的利益，因此政府必須對開發者或經營者的行為進行管制。

3.開發的外部性

自然旅遊資源利用過程中的外部性主要表現在旅遊景區開發者的開發活動，可能對自然旅遊資源產生破壞性影響上。旅遊景區開發者為了經濟利益，可能過度開發自然旅遊資源，而沒有考慮到自然旅遊資源具有脆弱性，不但極易破壞，受破壞的程度難以量化，而且一旦破壞則很難或無法恢復，從而使其他人或後代人不能再享受到這樣的自然旅遊資源。這意味著為了對自然旅遊資源進行適當的保護，避免過度開發產生的負面影響同樣需要實施嚴格的政府管制。

遊客的增加，擁擠就會被明顯地感受到從而導致其效用下降，從而自然旅遊資源的競爭性會逐漸增強。

三、自然旅遊資源管理的國際經驗：國家公園制度

鑒於自然旅遊資源是一個國家旅遊業賴以生存和發展的基礎，學習和借鑒國際上一些發達國家對自然旅遊資源管理、開發和經營的成功經驗和做法，對加快我國自然旅遊資源管理和經營體制重新構建，確保自然旅遊資源可持續利用，增強我國旅遊業的國際競爭力具有重要意義。自美國從 1872 年建立世界上第一個國家公園——黃石公園到現在的 100 多年以來國家公園制度不斷發展並日趨完善[1]。國內有一些學者對美國、日本、挪威、韓國、法國的國家公園的經營管理進行了介紹和研究。考慮到代表性和可參照性，下面主要對美國、日本和韓國的國家公園管理和經營體制進行概括性介紹。

(一)美國的國家公園制度

王瑩（1996）和楊銳（2001）對美國的國家公園經營管理體制進行了全面的介紹[2][3]，並總結了美國國家公園經營管理的經驗和教訓：

(1)在管理體系上，美國的國家公園均由內政部的國家公園管理局統一管理。國家公園管理局下設 10 個地區局，分片管理各地的國家公園。各國家公園設有公園管理局，具體負責本公園的管理事務。國家管理局、地區管理局、基層管理局三級管理機構實行垂直領導，與公園所在地政府沒有業務關係。這種管理體制職責分明，工作效率高，避免了與地方政府產生矛盾，也沒有相互爭利和扯後腿的事情。

(2)在規劃設計上，美國國家公園管理局下設丹佛規劃中心，負責

---

[1] 王興斌（1999）認為，西方國家的國家公園的範圍較大，相當於我國的風景名勝區、自然保護區、森林公園和文物保護單位，其任務是保護珍稀動植物、歷史遺存和獨特的生態環境，並向公眾開放，既進行生態教育和科普宣傳，又提供遊覽觀光、休閒度假。

[2] 王瑩. 中美風景區管理比較研究 [J]. 旅遊學刊，1996(6).

[3] 楊銳. 國家公園與國家公園體系：美國經驗教訓的借鑒//張曉，鄭玉歆. 中國自然文化遺產資源管理 [M]. 北京：社會科學文獻出版社，2001: 56-66.

全國國家公園的規劃設計工作，各地區管理局設有規劃設計室，基層管理局設有規劃設計小組，實行總體規劃－實施計劃－年度報告三級規劃決策體系，同時利用公衆參與、用地管理分區制和環境影響評價等有力工具保證科學決策和有效管理。

(3)在旅遊經營上，堅持管理和經營分離原則。國家公園管理局是政府非營利性機構，日常開支由政府撥款，部分靠社會捐贈，門票只是作爲管理手段，不用於公園的日常開支和管理人員的工薪，而用於環境和資源保護建設及環保宣傳教育支出。經營專案全面實行特許權經營制度，即要求公園的餐飲和住宿等旅遊設施由特許經營處向社會公開招標，經濟上與國家公園管理局無關。

(4)在人事管理上，美國國家公園的管理人員由總局統一任命和調配。工作人員由兩部分組成，一部分爲固定員工，納入國家公務員系列；另一部分是臨時員工，以滿足旅遊旺季工作的需要。重要的是，一旦確定爲國家公園，原有居民需全部遷出，所以國家公園內不存在社區居民的就業問題，國家公園管理局不承擔發展社區經濟的職能。

(5)在分類管理上，美國國家公園與州立公園有明確的分工，國家公園以保護國家自然文化遺產爲主，在此前提下提供全體國民觀光遊覽的機會，而州立公園主要爲當地居民提供休閒度假場所，允許建立較多的旅遊設施，以緩解國家公園面臨的旅遊壓力。

(6)在法律體系上，美國的國家公園管理建立在較爲完善的法律體系之上，幾乎每個國家公園都有獨立的法律，國家公園的管理以聯邦立法爲依據，規範國家公園管理局的管理許可權和管理行爲。在這種法律體系下，美國國家公園的管理者將自己定位於管家或服務員的角色，而不是業主的角色，管理者對資源只有照看和維護的義務，而沒有隨意支配的權利。

(二)日本的國家公園制度

張曉（2001）較為系統地研究了日本國家公園管理經營體制的內容體系和主要特點[1]：

(1)日本的國家公園由國家環境署主管，自然保護委員會協管。

(2)所有的國家公園都依照《國家公園法》進行規劃管理，有針對性地按照生態系統完整度和風光秀麗等級、人類對自然環境的影響程度和旅遊者使用的重要性等指標將所有國家公園的土地劃分為四種類型區域，即特殊保護區、海洋公園區、特別區和普通區。

(3)國家公園內的土地存在多種所有制（國家所有、地方政府所有和私人所有）和多種經濟活動（農業、林業和旅遊業等）。為了加強對自然資源和環境的保護，政府對私人土地所有者進行生態保護活動進行補償，或者透過地方政府發行公共債券對國家公園內的私人土地進行收購，債券的償還由中央政府來承擔。

(4)為了應對國家公園遊客數量逐年增長的態勢，日本的國家公園透過三個方法來加大旅遊服務和設施提供：一是由國家環境署和地方政府共同出資，建設與自然環境和諧統一的公共服務設施，包括旅遊通道、露營場地、遊客中心、衛生間和其他服務設施；二是個人在取得國家環境署頒發的國家公園特許經營執照後，經營酒店、旅館、滑雪場和其他食宿設施，特許經營執照嚴格按照每個國家公園的遊客接待計劃、服務質量標準及服務管理資格進行發放；三是在國家公園自然環境優美的地方，建立以娛樂為目的的國家度假村，度假村中的部分公共設施如景點、小路和露營地等是非營利性的，由國家環境署和相關公共團體管理，度假村中的營利性設施如酒店、旅館和滑雪纜車等由國家度假村協會管理。

---

[1] 張曉. 日本國家公園制度和管理體系//張曉，鄭玉歆. 中國自然文化遺產資源管理[M]. 北京：社會科學文獻出版社，2001: 23-34.

(5)由地方政府、特許承租人、科學家、當地居民等組成的志願隊伍對國家公園內主要遊客集中場所進行美化和清潔,所需經費 1/4 來源於國家環境署、1/4 來源於地方縣政府、1/4 來源於上一級市政府、1/4 來源於地方企業。

(三)韓國的國家公園制度

錢薏紅(2001)研究了韓國國家公園管理體制及其存在的主要問題[1]:

(1)韓國共有 20 個國家公園,其中 18 個由國立公園管理公團進行管理,2 個由地方自治管理。根據韓國《自然公園法令集》,"受環境部委託,為了保護國家公園內的自然資源,有效促進為保護公園資源開展的資源調查及研究,公園設施的設置、維護及管理,公園區域的清潔,以及利用公園開發的宣傳教育活動,設立國立公園管理公團,以公團作為法人"。

(2)韓國國家公園的預算分為自行預算和國家勞務事業費兩部分,國家公園的門票收入及各種設施經營收入及部分政府捐助都屬於自行收入,主要用於人員工資、津貼、福利費和公園日常開支,公園的各種基礎設施建設和維修主要由國家負責。

(3)韓國國家公園的土地所有制分為國有、公有、私有和寺廟所有四類,以保護為主旨的對土地利用的限制引起了非國有土地所有者的不滿,導致部分私有土地所有者因私有土地的利用權受到限制而不斷請願。考慮到私有土地的補償費用需要巨大的財源,國家公園透過國家分年度購買私有土地的方式,或者透過國家公園內私有土地與國家公園外國有土地相互交換的方式來解決土地所有權問題。

(4)由於國家公園司法警察現有的執法只限於輕微的違法者,不能

---

[1] 錢薏紅. 韓國國家公園的管理現狀//張曉,鄭玉歆. 中國自然文化遺產資源管理 [M]. 北京:社會科學文獻出版社,2001: 34-66.

管束在國家公園內濫伐及盜伐、非法建設、違規使用土地等嚴重違反《國家自然公園法》的行為，公園管理公團希望對《國家自然公園法》及有關法律進行調整，擴大國家公園司法警察的執法許可權。

概括而言，我們可以看到，100多年來，國家公園制度出現和完善的過程恰恰是一個關注並處理不同群體關於自然旅遊資源目標不一致問題的過程。雖然國際上不同國家的國家公園制度都會根據本國的特殊情況而形成一定的差異性，但是都滿足以下兩個基本邏輯：一是國家公園制度選擇了中央政府而不是個人、公司或社區充當遺產非經濟價值的管理者，這反映了非經濟價值要由非經濟的組織機構用非經濟手段來負責的邏輯；二是以美國為代表的各個國家又大多透過相關特許經營法律，明確允許某些個人或公司而不是政府在國家公園內提供規制下的旅遊服務，這符合經濟價值要由經濟主體來實現的邏輯。

四、我國自然旅遊資源產權制度變遷與績效評價：總體分析

(一)我國自然旅遊資源產權的初始界定

根據我國的《憲法》、《土地法》和其他規定資源所有權的相關法律，以及改革開放以來相繼頒佈的《風景名勝區管理暫行條例》、《中華人民共和國自然保護區管理條例》和《森林公園管理辦法》等法規，包括世界自然遺產、風景名勝區、自然保護區和森林公園在內的所有自然旅遊資源的所有權歸國家所有，在最終歸屬上屬於全體國民，國務院行使所有者代表的責任和權利。現代產權經濟學認為，所有權是產權一般概念中的一類，包含以下四個方面的權利：①佔用或使用資產的權利（使用權）；②獲得資產收益的權利（收益權）；③改變資產形態和實質的權利（處置權）；④以雙方一致同意的價格把

所有或部分上述三種權利轉讓給他人的權利[1]。顯然，我國相關法律法規規定的自然旅遊資源所有權由於缺乏人格代表而只具有了象徵意義，並沒有清楚界定相關權利的具體分佈狀態，從而也就無法成為自然旅遊資源管理和利用過程中佔有、收益、處置和轉讓等權利實施的有效依據。

在相當長的時期內，我國中央政府透過行政管理制度將自然旅遊資源的所有權層層委託給下級政府或相關部門，由下級政府或相關部門行使自然旅遊資源的佔有和利用等核心權利。也就是說，在我國傳統體制下，自然旅遊資源相關產權的真實分佈主要由地方政府或相關行政管理部門的行政權力干預所決定。地方政府或相關行政管理部門既代行自然旅遊資源的所有者職能，又代行自然旅遊資源的行政管理者職能，以至於造成了產權管理與行政管理的混同。當然，更經常的情況是所有權從屬於行政權，或者是所有權完全被行政權所取代。在這種情況下，事實上產生了與資源所有權不確定相類似的問題：①自然旅遊資源的所有權沒有明確的人格代表，地方政府或相關行政管理部門對所有權的代理行為基於行政權力變更而具有一定的可變性；②不同的地方政府或相關行政管理部門往往對同一自然旅遊資源的所有權進行部門或地區分割，導致了資源所有權的破碎和割裂，存在著大量的公共領域，租金耗散問題十分嚴重；③自然旅遊資源不是按照市場方式進行配置，而是按照行政方式配置，由地方政府或相關行政管理部門及其派出機構實行無償、無限期佔用。

我國自然旅遊資源產權的初始狀態決定了自然旅遊資源的管理體制、開發體制和經營體制，進而決定了不同利益主體的行為及最後的資源管理和利用績效。

(1)在條塊分割、多頭管理的情況下，在地方、部門、單位和個人

---

[1] 配傑威齊. 產權經濟學——一種關於比較體制的理論 [M]. 蔣琳琦，譯. 北京：經濟科學出版社，1999: 29.

利益驅動下，開發過程中"貌似建設、實爲破壞；名爲保護、實爲壟斷；有法不依、執法不嚴"等現象極爲常見，自然資源與環境破壞情況嚴重。

(2)在政、事、企不分的情況下，機構龐大，冗員衆多，管理經費和職工薪資靠財政撥款加單位創收，大多數入不敷出或略有盈餘，談不上有效保護和積極建設。

(3)由於缺乏市場經營觀念，在遊客接待中基本上是等客上門，很少主動進行宣傳促銷，接待規模和旅遊收入都很有限，社區居民迫於生計，開山取石、毀林伐木、捕獵野生動物等現象屢禁不止，守著資源寶藏，擁有的卻是貧窮。概括來講，我國自然旅遊資源產權的初始狀態導致了一方面是自然旅遊資源的閒置與浪費，另一方面是自然旅遊資源管理和開發與利用中的無序、低效和破壞，這嚴重阻礙了自然旅遊資源的保護、旅遊產業的提升以及地方經濟的發展[1]。

(二)我國自然旅遊資源的產權制度變遷

雖然自然旅遊資源管理體制是我國改革過程中一個十分滯後的領域，但是隨著我國旅遊市場的不斷擴大和旅遊產業的快速發展，自然旅遊資源的旅遊或休閒功能及其伴隨的巨大經濟價值凸顯出來。某種要素相對價格的上升，會使這種要素的所有者相比其他要素所有者而言獲得相對更多的利益。某種產品價格的上升，也會導致用來生產這種產品的要素的獨佔性使用更具吸引力[2]。各種社會利益集團都看到了自然旅遊資源的巨大經濟價值，以及投資開發自然旅遊資源所能獲得收益的低風險性甚至無風險性，紛紛透過各種努力爭奪對自然旅遊資

---

[1] 王興斌. 風景文物旅遊資源管理體制和經營機制改革探討//王興斌. 旅遊產業規劃指南[M]. 北京：中國旅遊出版社，2000: 239-249.

[2] 林毅夫. 關於制度變遷的經濟學理論：誘致性變遷與強制性變遷//科斯，等. 財產權利與制度變遷 [M]. 劉守英，等，譯. 上海：上海三聯書店、上海人民出版社，1991: 371-418.

源的相關權利。其中，資本所有者、地方政府和資源所在地社區居民這三類群體是自然旅遊資源產權制度發生變革的最主要的需求主體和推動力量。資本所有者清楚地看到，具有高度稀缺性和壟斷性的自然旅遊資源作為旅遊產業發展的核心投入要素之一，其經濟價值將隨著時間推移而不斷上漲，投資於自然旅遊資源開發將獲得比投資於其他市場化程度較高的產業領域更高的利潤回報，但這必須以能夠獲得自然旅遊資源的佔用和收益等相關權利為前提。地方政府及其官員在目前以 GDP 為核心的政績考核體制下，具有利用自然旅遊資源大力發展旅遊產業從而推動地方經濟發展的內在衝動，因此希望加強自身對自然旅遊資源的佔用控制和開發經營。但是在財政資源嚴重約束的條件下，必須依靠吸引社會資本加盟才能完成，這使其具有了強烈的變革產權制度的動機。重要的是，在我國分權化改革進程中，地方政府實際上也擁有了推動這種產權制度變革的能力。另外，不可忽視的是，自然旅遊資源所在地的社區居民也具有透過自然旅遊資源產權制度變革，發展旅遊產業，增加自身就業機會，從而提高經濟生活條件的內在願望，因此也成為這一產權制度變革的支持者。

　　按照產權經濟學家巴澤爾的理論，任何個人的任何一項權利的有效性，都依賴於這個人保護該權利的努力行為、他人企圖分享這項權利的努力行為和任何第三方保護這項權利的努力行為[1]。因此，雖然目前我國自然旅遊資源的法律法規體系幾乎沒有任何變化，但是自然旅遊資源不同利益相關者各自的努力行為卻在真實地推動著相關產權制度的快速變遷。這種產權制度變遷不是由國家在整體上統一進行的，而是在不同區域甚至是針對特定的自然旅遊資源由相關利益群體分別推動進行的，從而具有了分散化、個別化和多樣化的特點。因此，自然旅遊資源產權制度變遷中實際上存在著多種模式並存的複雜局面，

---

[1] T. 巴澤爾. 產權的經濟分析 [M]. 費方域，段毅才，譯. 上海：上海三聯書店、上海人民出版社，1997: 3.

某種程度上甚至可以認爲每個特定的自然旅遊資源景區在開發過程中都形成了特定的產權結構安排[1]。

自然旅遊資源產權制度變遷的多種模式可以依據對以下五個問題的不同回答來進行分類。第一個問題是在地方政府、資源主管部門、旅遊主管部門以及國有資產主管部門中，誰是自然旅遊資源的產權代表。大多數情況下是地方政府、資源主管部門或旅遊主管部門作爲產權代表，統一實行產權管理及相應的行政管理，極少數情況下是由當地國資局實行產權管理，努力尋求產權管理與行政管理的分離。由於不同產權代表的職能職責不同，必然導致對自然旅遊資源治理目標的差異，往往形成不同的產權形式。第二個問題是旅遊景區是以行政主體資格進行行政型治理，還是以事業主體資格進行事業型治理，或者是以市場主體資格進行企業化治理。這是決定自然旅遊資源發展的方向性問題，它決定著旅遊景區的管理體制和經營機制的市場化程度，構成劃分自然旅遊資源產權形式的最重要的因素。從目前的情況來看，實行企業化治理作爲創新形式佔據了主流，似乎代表了產權制度變遷中的重大趨勢。但是我們發現，對特定自然旅遊資源是否實行企業化治理，並不取決於其強調了經濟收益最大化，或者是有明顯證據顯示其優於行政型治理和事業型治理，而是取決於地方政府是否擁有充足的開發資本這一重要的現實約束條件。第三個問題是如果實行企業化治理，企業性質是國有全資企業、股份制企業（包括國有獨資股份制企業和混合股份制企業）還是民營企業。旅遊景區經營企業的所有制性質將直接影響景區的治理結構，決定著旅遊景區的保護、開發和經營行爲。第四個問題是如果實行行政型治理或事業型治理，景區

---

[1] 彭德成將目前中國旅遊景區治理模式概括爲 10 種之多，其中主要的治理模式包括整體租賃經營模式、股份制企業經營模式、上市公司經營模式、整合開發經營模式和網路複合治理模式等。參見：彭德成. 中國旅遊景區治理模式[M]. 北京：中國旅遊出版社，2003.

管理機構與政府相關部門是合併還是分離。在合併的情況下，景區管理機構可以與當地景區資源主管部門或旅遊主管部門合併，從而具有了相應的行政管理職能；在分離的情況下，景區管理機構隸屬於當地景區資源主管部門或旅遊主管部門，不具有行政管理職能。第五個問題是不管實行行政型治理、事業型治理還是企業化治理，自然旅遊資源的使用權利（開發經營權）、處置權利（改變資源狀態權）和收益權利在地方政府、資源主管部門、旅遊主管部門、景區管理機構、景區經營企業，以及社區居民之間如何進行安排。這主要由顯性或隱性的租賃合約或者管理合約的內容來決定，可以說每一個旅遊景區都有其自身的具體答案。

(三)我國自然旅遊資源產權改革的內在邏輯

仔細考察我國自然旅遊資源產權制度的變遷過程，我們發現這是一個充滿利益矛盾和衝突的多方博弈和多種機制作用的過程。我們可以將這一變遷過程中的主要內在邏輯概括為三個方面：一是行政權力之間的爭奪，二是權力與資本的博弈，三是市場價格配置。

行政權力之間的爭奪是指中央政府與地方政府之間、不同級別的地方政府之間、不同的行政機構之間，在誰成為自然旅遊資源所有權的實際代表問題上進行的博弈。由於我國的改革過程實質上也是一個權力不斷下放的過程，因此目前地方政府事實上成為了自然旅遊資源的真正代表者，能夠透過對自然旅遊資源的控制和利用來達到發展地方經濟、增加財政收入、擴大就業等自身的目標，而國家所有權實際上無從體現。不同級別的地方政府基於它們能否從自然旅遊資源的開發經營中獲利以及獲利大小的考慮，往往會對特定自然旅遊資源的管理權進行爭奪，這往往表現為同一旅遊景區行政建制的變化，例如黃山、華山、九寨溝、黃龍等旅遊景區的行政建制都發生過變動。通常的情況是，隨著特定旅遊景區的客源市場擴展和旅遊收益增加，其所屬的地方政府的級別會有所提高。在地方政府作為自然旅遊資源所有權真實代表的同時，各個行政部門為了維持或增加自己在自然旅遊資源上的利益而進行權力爭奪，一方面是國土、建設、園林、林業、水利等資源主管部門依舊在努力維持原有的利益地位，另一方面是隨著旅遊資源市場價值的提高和旅遊產業地位的提升，旅遊主管部門也採取多種方法擴展自身對自然旅遊資源的管理許可權。

權力與資本的博弈是指地方政府及其官員與資本所有者之間展開的合作與競爭。如果把市場化過程看成不斷剪除權力設租、資本尋租領域的過程，那麼自然資源可能是最後一個最大和最重要的權力設租、資本尋租區。自然旅遊資源作為一種可輕易獲得壟斷利潤的資產的特性，已經被資本或權力的所有者清楚認識。資本所有者的目標在於努力降低獲得自然旅遊資源開發經營權的成本，擴大對自然旅遊資源開發與利用的許可權，盡量規避自然旅遊資源與生態環境的保護責任，降低各種相應的成本費用，從而最大化經濟收益。權力所有者的目標可能是多方面的，如地方經濟發展擴大財政收入等，但在自然旅遊資源產權變動劇烈且不規範的條件下，利用行政權力來獲得經濟收益也必然成為一個重要的可能的目標。權力所有者和資本所有者的目標函數，決定了兩者共同推動自然旅遊資源產權制度變革的現實性。

同時，雖然行政權力的爭奪和資本與權力的博弈，是目前我國自然旅遊資源產權制度變革的主要決定力量，但"價高者得"的市場準則也已經在自然旅遊資源的配置中產生了重要作用。隨著改革過程透明程度的增強，自然旅遊資源經營權通常要求經過公開拍賣等方式進行轉讓，因此市場機制配置作用的重要性正在不斷得到增強。當然，這對自然旅遊資源價值評估的科學合理性提出了更高的要求。

(四)我國自然旅遊資源產權改革的績效評價

我國目前出現的多種自然旅遊資源產權制度變革模式，都是各個地方為適應旅遊產業發展的客觀需要，發揮自然旅遊資源優勢，促進當地國民經濟增長和人民生活水平提高而進行的制度創新探索。我們認為，這一制度創新過程從效率的角度來說，是一個伴隨著諸多問題的社會福利增進過程；從公平的角度來說，則是一個充滿矛盾與衝突的權利與利益再分配過程。

總體而言，自然旅遊資源產權制度變革為旅遊景區、旅遊產業和地方經濟的發展開拓了巨大的空間，取得了明顯的經濟、社會和環境效益。首先，這種產權制度變革優化了自然旅遊資源的宏觀管理和微觀治理機制，給旅遊景區帶來了專業化管理、企業化經營和市場化發展等發展思維和戰略，迅速實現了由低層次分散化經營向高層次整體化經營的跨越，提高了自然旅遊資源的配置效率，使自然旅遊資源的資產價值真正得到體現。其次，這種產權制度變革排除了外部市場資本進入景區的制度障礙，快速實現了自然旅遊資源與外部市場資本的有效結合，較好地解決了旅遊景區發展過程中的資金障礙問題，既擴大了景區開發的投資規模，又增加了自然旅遊資源的保護資金。再次，這種產權制度變革通常都強調了對自然旅遊資源開發、利用、經營和保護等權利與責任的主體認定，而且旅遊景區管理主體或經營企業基於長期經營利潤的內在考慮，也自覺地採取了保護資源與環境的行為，從而在制度與機制上為旅遊景區的可持續發展提供了保障。最後，這種產權制度變革在促進旅遊景區快速發展的同時，也增強了旅遊景區的關聯帶動作用，推動了當地經濟發展、就業增加與人民群眾收入水平的提高。

當然，在這一場規模巨大的產權制度變遷過程中，部分旅遊景區也出現了諸多嚴重的問題，其中最突出的問題是資源破壞和環境惡化。由於在目前的中國不存在關於自然旅遊資源的完整系統的法律法規，實際改革過程中，一些地方政府在沒有任何法律依據的情況下，透過簽訂非常不完善的合約文件，將自然旅遊資源的經營權長期交給了一些由行政命令捆綁而成的國有集團公司或民營性質的股份集團公司。這些集團公司的高層管理人員通常或者來自於地方政府部門，或者與地方政府官員有著密切的關係，這使得其經營權幾乎不受任何約束，並擴展到處置權（規劃權）領域，在景區內比較隨意地改變資源和景觀的原有風貌、修建大型建築物以提供更多的營利性設施，根本無視景區原有的規劃，從而造成了對於自然旅遊資源完整性和真實性的粗暴破壞[1]。

在看到自然旅遊資源產權制度變革提高了經濟效率的同時，我們必須清楚地看到這一變革過程所具有的權利和利益再分配的效果。透過對目前自然旅遊資源多樣化的產權制度變革模式的仔細分析，我們可以大致概括出這一過程中權利與利益再分配的基本特點：①地方政府成了自然旅遊資源所有權的實際代表者，擁有了佔有權、處置權和部分收益權，值得強調的是，權力在跟資本的競爭與合作中可能出現"權力資本化"現象，如經常的情況是與權力所有者有密切關係的資本所有者能夠獲得自然旅遊資源的開發經營權，甚至是權力所有者直接獲得旅遊景區經營企業的"乾股"；②資本所有者透過旅遊景區經營企業，擁有了完全的開發權和經營決策權，並且由於在多方博弈過程中居於強勢地位，事實上對自然旅遊資源擁有控制權，從而成為這一產權制度變革過程中的最大的利益獲得者；③自然旅遊資源所在地居民主要是透過就業方式參與享有這一產權制度變革所帶來的好處，在不同的地區，這種參與程度具有較大的差異；④國家對自然旅遊資源的所有權虛置，國家的所有權收益基本上無從體現。從上述特點不難看出，由於自然旅遊資源的利益相關者在博弈過程中的力量與地位的不一致，導致在這一制度變革過程中其利益的獲得也是相當不均等

---

[1] 張曉. 遺產資源所有與佔有：從出讓景區開發經營權談起//鄭玉歆，鄭易生. 自然文化遺產管理——中外理論與實踐 [M]. 北京：社會科學文獻出版社，2003: 64-64.

的，資本所有者和地方政府成為最大的利益獲得者，國家利益和社區居民利益體現得較弱。

五、我國自然旅遊資源產權制度變遷與績效評價：案例研究

(一)武陵源案例研究：一個世界自然遺產地的管理體制變遷[1]

1.案例概況及其典型意義

世界自然遺產地、國家級風景名勝區——武陵源，位於湖南省西北部武陵山脈中的張家界市境內，由張家界國家森林公園、天子山自然風景區、索溪峪自然保護區和楊家界景區組成，總面積397平方千米，核心景區面積264平方千米。武陵源屬亞熱帶季風氣候，平均氣溫13.4攝氏度，夏無酷暑，冬無嚴寒，以獨特的石英砂岩峰林地貌享譽國內外，被形容為"擴大的盆景，縮小的仙境"。從1982年張家界林場被批准為我國第一個國家森林公園開始，武陵源先後被國務院批准為國家級重點風景名勝區、被聯合國教科文組織列入《世界遺產名錄》、被國家旅遊局確定為AAAAA（五A）級風景區、被國土資源部批准為國家地質公園、被聯合國教科文組織列為世界地質公園，武陵源在國內外的知名度不斷提高，遊客人數不斷增長，年接待遊客人數從1982年的8.37萬人增長到2006年的221萬人，成為國內最熱門的遺產旅遊地之一。

世界自然遺產地武陵源的管理體制變遷是國內世界遺產地管理制度變遷的一個縮影，該案例研究具有典型意義。其原因有三個方面：第一，目前武陵源實行風景名勝區管理委員會和地方人民政府"兩塊牌子、一套人馬"的管理體制，是《風景名勝區管理暫行條例》第5

---

[1] 張朝枝，徐紅罡. 中國的世界自然遺產資源管理體制變遷——武陵源案例研究 [J]. 管理世界，2007(8)

條所倡導的風景區管理模式，在全國具有普遍性和代表性；第二，武陵源既是世界自然遺產地，又是國家重點風景名勝區、國家級森林公園、國家 AAAAA 級旅遊景區、國家地質公園、世界地質公園，身份複雜，管理機構衆多，是一個典型的"多重身份、多頭管理"的遺產地，這種現象在全國十分普遍；第三，1998 年聯合國教科文組織的監測報告認爲"武陵源現在是一個設施泛濫的世界遺產景區"，"部分景區像一個城市的植物園或公園"，其旅遊開發與遺產資源保護曾經有著激烈的衝突，引起了從中央到地方的政府部門、從專家學者到社會公衆的普遍關注，武陵源遺產地問題的解決對於全國具有借鑒意義。

2.管理體制變遷的基本歷程

(1)多個"公園"競相建立

第一階段，張家界國家森林公園管理制度初步形成。20 世紀 70 年代，張家界林場因森林覆蓋率大幅提高及其美麗風光而不斷被媒體報道，知名度不斷提高，使得當地政府產生了發展旅遊業的想法。1980 年 9 月 19 日，張家界林場所在地大庸縣委以庸發 [1980] 308 號文件指出："適時地開展旅遊事業，已成爲我縣一項勢所必然、勢在必行的光榮事業。" 1982 年 9 月 25 日，張家界被批准爲我國第一個國家森林公園，次年設立張家界國家森林公園管理處，管理處爲正團級單位，黨務、政務和幹部管理委託大庸縣領導，業務歸口湖南省林業廳，公園爲事業單位，實行企業化管理，這標誌著張家界最初的管理制度基本確立。隨後，在相應部門的支援下，張家界的基礎設施建設與接待條件大大改善，到訪張家界的遊客人數從 1983 年的 44 500 人次劇增至 1984 年的 220 753 人次，旅遊收入由 1983 年的 62.38 萬元增加到 1984 年的 181.97 萬元。

第二階段，周邊地區索溪峪、天子山的管理制度隨後建立。受張家界國家森林公園發展的影響，與張家界緊鄰的索溪峪、天子山所在的慈利縣政府和桑植縣政府也開始組織人員進行資源考察和宣傳，不斷提高兩地知名度。在張家界國家森林公園管理處成立後不久，索溪峪自然保護區管理局和天子山自然保護區管理局先後成立，兩地的旅遊開發建設也隨之啓動，旅遊接待條件也因此而得到明顯改善。

(2)武陵源風景名勝區統一體制

第一階段，三個區域在旅遊發展中"三足鼎立"的利益矛盾與衝突。張家界國家森林公園、索溪峪自然保護區和天子山自然保護區這三個毗連一體的景區先後開發，張家界國家森林公園因先天優勢而始終處於"龍頭"地位。但由於這三個景區分屬於三個縣（大庸、桑植、慈利）和兩個地級行政區（常德、湘西），各自爲政、分別發展的體制，引發了一系列衝突，引起了中央政府的重視。

第二階段，衝突催生新的統一管理制度誕生。爲了化解舊體制下的利益衝突，1985 年 3 月 25 日，湖南省政府在向國務院提交的《關於加快武陵源風景區開發建設的請示報告》中，第一次提出了"關於武陵源風景區的管理體制問題"，並提出"爲了充分調動各方面的積極性，協調一致搞好風景區建設……吸引外商投資開發武陵源，我們請國家將武陵源劃爲特區"。1985 年，國務院同意將大庸縣升級爲縣級市。1986 年 12 月，湖南省政府成立武陵源辦公室，協助主管部門制定武陵源發展規劃並監督執行，審批基建專案和協調景區多邊關係。1987 年 8 月，湖南省政府再次向國務院請求設置武陵源特別行政區或大庸地區，同時設置武陵源風景區（縣級）。1987 年 10 月，湖南省政府又向國務院提出將大庸縣升格爲省轄市，實行市管縣的體制改革方案。1998 年 5 月 18 日，國務院國發 [1988] 77 號文件批准大庸市升爲地級市，將慈利縣和桑植縣劃歸大庸市管轄，並將原大庸市的張家界國家森林公園、協合鄉、中湖鄉以及慈利縣的索溪峪鎮（自然保護區）、桑植縣的天子山鎮（自然保護區）統一設立爲武陵源區人民政府。1988 年 8 月，國務院以國發 [1988] 51 號文件，將武陵源區人民政府所轄區域列爲國家重點風景名勝區,並定名爲"武陵源風景名勝區"。至此,武陵源風景名勝區統一管理體制基本形成,結束了"三足鼎立"的局面。

(3)武陵源風景名勝區的產權變革

第一階段,新管理制度產生的積極作用。武陵源區政府和武陵源風景名勝區統一管理體制形成之後,多項工作得到積極開展,具體包括:①頒佈相關遺產資源保護法規,如 1991 年正式頒佈《武陵源風景名勝區管理暫行辦法》,1991 年 4 月頒佈《關於野外火源管理的暫行規定》,1991 年 6 月制定《張家界森林公園生活污水治理實施辦法》以及《關於加強武陵源風景名勝區環境保護的暫行規定》;② 1992 年成功申報世界遺產;③舉辦相關節事活動,宣傳推銷武陵源;④大力招商引資,加速完善基礎設施。新的武陵源風景區管理體制形成的政策與行動激勵,對其在 20 世紀末的旅遊高速發展產生了積極作用。

第二階段,旅遊急劇發展引起新的衝突,管理體制再次受到質疑與批評。20 世紀 90 年代末期,國內旅遊進入快速發展階段,從 1998 年開始,武陵源區年接待遊客以近 40%的速度遞增,遺產資源保護與旅遊發展的衝突問題也很快浮出水面。1998 年 9 月,聯合國教科文組織與世界自然保護同盟專家在實地考察武陵源後的考察報告中指出:"武陵源的自然環境已變成像個被圍困的孤島,局限於深耕細作的農業和迅速發展的旅遊業範圍內……考察組對於武陵源的旅遊業在 1992 年評估後發展的速度十分震驚……中國政府的全部力量都忙於人員的管理及更快地解決道路、賓館、纜車問題。""武陵源現在是一個旅遊設施泛濫的世界遺產景區……","提請中國政府對景區及其周圍地區旅遊工業的發展給予關注,使其建立在可持續發展的基礎上。"此事件後來被媒體稱爲"張家界受到黃牌警告"。聯合國教科文組織的"黃牌警告"很快促成了中央政府高層的介入,敦促武陵源儘快解決旅遊發展與遺產保護的問題，拆除景區內各類違章建築物，整治景區環境。但是由於武陵源管理體制依舊存在"多頭管理、政出多門"等原因，新的違章建築仍在繼續，出現了"小拆大建"的現象，武陵源陷入各類新聞媒介的批評漩渦中，武陵源的旅遊發展與遺產保護陷入了一個"兩難困境"，管理體制改革的呼聲再一次響起。

　　第三階段，嘗試經營權和所有權分離。面對存在的管理困境，武陵源區政府進一步對管理體制進行改革，具體包括：①將旅遊管理與景區管理機構進一步合併，武陵源區旅遊局與武陵源風景名勝區辦公室合併，統一使用"旅遊局"名稱；②嘗試景區經營權與所有權分離，繼黃龍洞景區整體出租後，將景區各項國有資產作爲資本，投資設立張家界市武陵源旅遊產業發展有限公司，負責武陵源景區的經營專案；③成立遺產保護規劃建設委員會和遺產保護辦公室兩個專門的遺產保護和管理機構；④頒佈《湖南省武陵源世界自然遺產保護條例》，以及一系列保護景區環境和資源的通告和禁令。

　　但實際上，由於諸多原因，武陵源嘗試的經營權和所有權分離的管理制度並未有效地解決旅遊發展與遺產保護相互衝突問題，最近武陵源又開始了新一輪的管理體制改革的討論。

3.管理制度變遷的動力機制

(1)地方政府發展經濟的利益訴求

　　武陵源管理制度的變遷歷程表明，武陵源風景區的各個管理機構設置與各項制度安排都充分體現了地方政府利用自然遺產資源發展經濟的目標與願望。從武陵源第一個管理機構張家界國家森林公園管理處的成立、索溪峪初期管理機構的成立、天子山初期管理機構的成立，到武陵源區政府的成立和武陵源風景名勝區的形成，都是圍繞著經濟發展來展開的，而促進經濟發展的主要形式就是利用資源優勢，發展旅遊產業"。實際上，10多年來，武陵源區政府的幾乎所有工作都是圍繞著旅遊開發與建設來展開的。從機構設置來看，即使經過多次裁員與調整，武陵源區旅遊局仍是武陵源區政府最大的科級機構；從財政投入來看，武陵源區政府每年的旅遊基礎設施投入佔總財政支出的 80%以上；從工作內容來看，武陵源區每年的重要工作就是旅遊宣傳促銷與旅遊設施建設。

(2)資源使用的多方競爭與利益衝突

在旅遊快速發展的背景下，自然遺產資源的價值越凸顯，自然遺產旅遊資源使用中的競爭性和利益衝突越激烈，這種競爭性使用與利益衝突對管理體制的變遷產生了極大的推動作用。①不同地方利益主體對資源的爭奪。武陵源風景區建立之前，大庸、桑植、慈利三縣為了獲得資源使用的權利，分別建立了相應的管理機構，但是隨著旅遊的發展，惡性競爭行為導致不同管理機構的矛盾不斷升級，產生了國家不願意看到的後果，中央政府被迫出面協調，採取強制性措施建立了新的管理制度，促成了武陵源第二次制度變遷。新的管理制度激勵了旅遊業快速發展，資源使用方式不斷發生變化，矛盾也不斷增多（或加劇），武陵源區政府不得不進行第三次制度變革，但由於變革主體自身的局限性，這次制度變革基本上沒有解決問題。②不同部門機構對資源處置權的爭奪。武陵源開發前期資金等發展要素缺乏，地方政府積極向上級政府爭取一定的"牌子"，並成立了相應的管理機構，使這塊"牌子"向上級政府主管部門要資金和要政策具有了"合法身份"，而管理機構則成為上級政府在景區管理中的代理人。隨著上級政府主管部門不斷向武陵源景區撥款和增大投資，對景區的"行業管理與指導"也日益增強。由於遺產資源產權的模糊性，任何主體的經營活動都有賴於政府相關部門的批准，沒有政府部門的批准或許可，他人無法對遺產資源進行佔有或使用，所以實際上對開發主體產生影響的是審批權，這種審批權實際上就是一種資源處置權。不同政府部門積極爭取成立機構，以獲取對該資源使用的審批權，其實質是對資源處置權的爭奪，也正是這種對處置權的爭奪推動了武陵源管理體制的不斷變遷。

(3)第三方力量的外部推動

國際組織、各類新聞媒體、社會公眾等超越遺產地直接利益相關主體的第三方力量對武陵源管理體制的變遷也產生了積極作用。在"張家界受到黃牌警告"事件中，聯合國教科文組織與世界自然保護同盟專家"提請中國政府對景區及其周邊地區旅遊工業的發展給予關注，使其建立在可持續發展的基礎上"的建議，受到了中央政府高層的重視，推動了世界遺產所在地政府對遺產資源管理的重視。國內媒體和社會公眾的廣泛關注更是不斷推動著地方政府、中央政府對世界遺產地管理制度建設的重視，從而推動著遺產管理制度的變遷。

4.案例的啟示與進一步討論

武陵源的發展歷程表明，遺產地管理制度變遷實際上是受多種動力因素影響形成的一個循環過程。在這個循環過程中，利用遺產資源發展經濟是源動力，在遺產旅遊經濟效益的吸引下，各個利益群體透過建立相應的管理機構競爭性地控制遺產資源並從中獲取收益。但是由於遺產資源產權不清和有效利用監督機制缺失，這些新建立的管理機構成為新的遺產資源利用主體，資源使用群體的不斷增加與遺產資源的高度稀缺性之間的矛盾導致遺產資源的控制權競爭更加激烈，利益矛盾也進一步激化。這種矛盾激化直接導致上級政府與社會力量的介入，推動成立新的管理機構和管理制度，但並沒有解決產權清晰和監督有效問題，反而又進一步催生了新的遺產資源利用主體，導致對遺產資源利用的競爭進入新一輪循環之中。可以看到，以發展經濟為目標決定了遺產資源管理制度變遷的方向，遺產資源產權狀況和監督機制有效性則是決定制度變遷後果的關鍵因素。因此遺產地管理體制變遷有必要從明確遺產地發展使命、理清遺產資源產權建立有效監督機制開始，只有這三個問題得到了解決，中國世界自然遺產管理體制才能夠突破目前不斷反覆的循環過程。

同時，武陵源案例也表明，在以經濟發展為首要任務的大背景中，世界遺產資源的潛在經濟價值總是被率先利用，也就會催生相應的世界遺產資源管理和利用體制。但是，與其他資源利用不同，遺產資源的價值也取決於其保護狀況，因此各管理機構在開發遺產資源的同時，或多或少也都實施了保護計劃，促進了對遺產資源的保護。從某種程度上講，遺產資源的旅遊開發潛力促進了對遺產資源的保護。但是在產權不明晰的情況下各個利益相關群體就會對遺產資源實行競爭性控制和競爭性利用，再加上有效監督機制的缺失，自然容易導致對遺產資源的非有效利用和短期過度使用，不斷激化遺產旅遊發展和遺產資源保護之間的矛盾。在武陵源案例中，能夠強化現有保護機制的力量，主要來自於因矛盾激化造成重大突發事件後第三方力量的推動和中央政府的介入。這些突發事件往往對資源造成顯著影響，並成為社會或政治事件後才能引起各方關注，進而推動管理體制變遷來加強對遺產資源的保護。但是這種依賴外部力量約束的"滅火式"方式，對保護寶貴而稀缺的遺產資源來講，並不是明智而有效的長期性辦法，更需要透過構建科學的激勵和約束機制引導各利益相關群體內生對遺產資源的長期保護行為。構建這種世界遺產資源管理和利用機制的核心環節在於明晰遺產資源產權和形成多邊共同治理機制。

(二)碧峰峽案例研究：一個省級風景名勝區的產權制度變遷[1]

1.案例概況及其典型意義

雅安市位於四川盆地西部，它東接眉山、樂山，北望成都，西靠蘆山。碧峰峽風景區位於雅安市以北 8 千米處，在雅安至上里古鎮的途中，離成都 128 千米。雅安市有國家級公路川藏、川滇和省級公路雅洪、成雅穿境而過。碧峰峽風景區由左右兩條呈 V 形的峽谷組成，海拔 700～1 971 米，有 9 000 畝森林，森林覆蓋率達 90%。區內動植

---

[1] 彭德成. 中國旅遊景區治理模式 [M]. 北京：中國旅遊出版社，2003: 67-85.

物資源豐富，瀑布、流水隨處可見。主要開發的景點有：黃龍巨佛、天仙橋、老鷹峰、和尙壁、白龍潭瀑布、一線天湧水岩、女媧池、碧峰寺，另外還有靜心潭、青龍潭瀑布、翠屛瀑布、千層岩瀑布、金龍潭瀑布等。

雅安市是一個經濟十分落後的貧困地區，財政收入長期以來主要依靠石頭、木頭和水頭"三頭"產業支撐。碧峰峽風景區所在的下里鄉是全市最窮的鄉，景區內農民祖祖輩輩守著綠水青山過著貧窮落後的生活，年人均收入僅千元，實在過不下去了就往外面搬遷。1986年，碧峰峽被確立為省級風景名勝區，但因地方貧困，無力投資開發而長期閒置。1994 年，雅安市政府開始著手進行景區開發，到 1997年底累計投入僅 500 萬元，年接待旅遊者僅 1 萬餘人，年旅遊收入僅 30 萬元。1998 年 1 月 8 日，成都市民營企業萬貫置業投資有限公司（簡稱"萬貫集團"）與雅安市政府簽訂了《開發建設碧峰峽的合同書》，開始全面開發建設碧峰峽風景區。自 1999 年 12 月 26 日開業以來，其知名度、美譽度、遊客滿意度不斷提高，遊客人數、經營收入不斷創出新高，由一個名不見經傳的普通省級風景名勝區，一躍進入四川省重點風景區的前三名，成為中國旅遊景區中的一顆耀眼新星。

省級風景名勝區碧峰峽的產權制度變遷是中國內地自然旅遊資源產權制度變遷的一個代表，該案例研究具有典型意義。其原因有三個方面：第一，碧峰峽風景區最初只是一個普通的省級風景名勝區，相比於全國或西部地區眾多高等級、高品位的自然旅遊資源地來講，其開發經營的成功更能顯示出產權制度創新的重大作用。第二，碧峰峽風景區的開發經營模式被稱為"碧峰峽模式"，得到了政府、旅遊界、媒體及社會公眾的高度肯定。2001 年 5 月 8 日，時任四川省委書記周永康視察碧峰峽時稱讚道："碧峰峽搞得很不錯，生態環境很好，管理也很好，尤其是把開發與保護結合得好。"2001 年 6 月 1

日，劉理科和劉思敏在《中國旅遊報》上將其稱為"全世界第一個生態樂園"，是民營企業成功開發和保護旅遊資源的典範，是名利雙收的先行者。第三，碧峰峽模式的成功，在四川以及全國旅遊景區的開發中產生了巨大的影響。繼碧峰峽之後，四川海螺溝現代國家冰川森林公園、成都西嶺雪山國家風景名勝區都先後按此模式進行改革並取得了巨大的成功，四川四姑娘山風景名勝區、臥龍大熊貓自然保護區和涼山瀘沽湖風景區等也相繼按照這種模式進行了旅遊開發。

2.碧峰峽模式的形成機制

(1)政府利用旅遊資源發展經濟的迫切願望

在國家加強長江流域天然生態林保護的情況下，雅安市長期以來依賴的"三頭"產業面臨著強大的政策約束，產業結構全面調整已經刻不容緩。隨著我國旅遊產業的蓬勃發展和西部大開發戰略的實施，特別是四川省政府把旅遊業作為支柱產業積極培育發展以來，雅安市政府就根據自身的旅遊資源優勢和旅遊區位優勢，確立了"旅遊興市"的發展思路，決定將旅遊業作為支柱產業來培育和發展，希望儘快把雅安豐富的旅遊資源優勢轉化為經濟優勢。碧峰峽風景區以其良好的區位優勢和資源優勢，成為雅安市政府優先開發的專案。雅安旅遊開發最大的障礙莫過於資金制約，特別是需要龐大的資金投入基礎設施建設。雅安市政府明確提出，必須加大招商引資力度，透過放權讓利，千方百計吸引社會各方資金來雅安進行旅遊開發，以期徹底改變"守著寶貝受窮"、"端著金碗要飯"的面貌。

(2)企業投資景區開發實現企業擴張的內在需求

與此同時，成都萬貫集團面對西部大開發的策略機遇，存在著企業擴張的內在動力和產業調整的內在需求，西部地區豐富的旅遊資源和誘人的市場前景，吸引著萬貫集團投入旅遊資源開發。最初，萬貫集團決策層曾經把目光瞄準了峨眉山和四姑娘山等一批資源品位一流的旅遊景區。但是透過委託權威專業機構進行仔細的遊客市場調查，瞭解到都市人最理想且回訪率高的景區既不是名山大川也不是"農家樂"，而是距離不遠不近、消費水平適中、生態環境良好、感覺輕鬆愉快的休閒度假型景區。據此，萬貫集團把投資方向選定為距離大都市不遠、生態環境良好、以休閒度假為發展方向，以享受自然、感受生態為目的的個性化景區，即以生態度假型景區為產品開發定位。

(3)萬貫集團對景區經營開發模式的選擇

萬貫集團認為，中國旅遊景區普遍存在的缺乏統一規劃、產品沒有個性、重複建設嚴重、資源保護不力、服務品質低下、營銷宣傳乏力等問題，從根本上說是由傳統的景區投資經營模式造成的。傳統模式的弊端主要是投資主體不合理，單一投資主體容易導致投資規模不足從而形成投資饑渴，在缺乏有效監督情況下容易導致短期內掠奪性開發行為，造成旅遊景區資源的嚴重破壞；多家投資則容易導致投資總規模大於遊客總需求，使投資風險擴大且投資者利益得不到保證，投資者易於追求眼前利益而形成惡性競爭，肆意破壞旅遊景區資源便不可避免。萬貫集團認為較好的辦法是讓一個企業對一個旅遊景區在相當長的時間內擁有唯一的絕對控制權和開發經營權，既可避免單一投資主體的短期開發經營行為，又可避免多家投資主體下的多元主體、多重目標、分散決策、低效利用的問題，實現旅遊景區的可持續發展。當萬貫集團用這種思路與數家景區談合作開發時，對方一致認為景區資源是當地政府和人民的，歡迎外來資金協助開發，但不能出讓景區的經營控制權，更不能長達數十年出讓經營控制權。當萬貫集團與雅安市政府商談合作開發碧峰峽景區時，雅安市政府帶著透過招商引資發展地方經濟的強烈渴望進行了多方爭取與協調，最終碧峰峽景區與萬貫集團達成了整體性開發的協定，由政府出資源、企業出資金，授權一家投資公司進行獨立開發經營，整體規劃，市場化運作，促進資源永續利用和景區持續發展，創造了一個全新的旅遊景區整體租賃經營開發模式。

(4)碧峰峽景區開發模式的經濟、社會、生態效益

碧峰峽景區開發造就了持續火爆的旅遊發展局面，產生了巨大的經濟、社會、生態效益，締造了一個企業開發旅遊景區大獲成功的奇蹟。自 1999 年 12 月開業到 2001 年 5 月，碧峰峽景區共接待遊客 100 多萬人次，實現旅遊收入近 1 億元，利潤達到 4,000 多萬元。2000 年，碧峰峽景區給雅安市財政收入增加 500 多萬元，成為全市第一納稅大戶，並為當地創造了近 1,000 個就業機會，人均純收入在原來的基礎上增加了 1,086 元，人均年收入達到 8,958 元，年收入上 10 萬元的家庭就有十多戶，昔日全市最窮的下里鄉一躍成為全市率先致富的小康鄉。與此同時，萬貫集團在投資之初就把"在保護自然資源、生態資源的前提下，實現高起點、高規格的規劃、設計，以及大量資金的投入，規範化的管理，實現可持續發展的方針"作為開發的基本原則，把保護落實到開發的每一步中，採取了多種措施減少對生態環境的破壞，並加大資金投入進行生態環境建設。目前，碧峰峽景區的森林覆蓋率達 95%，廢水和廢氣排放達到國家一級標準，雜訊達到國家零級標準。正是由於在促進地方經濟增長、幫助脫貧致富以及生態環境保護方面的巨大功效，碧峰峽模式得到了當地政府和百姓的積極支持與擁護，並以旺盛的生命力不斷擴散和發展。

3.碧峰峽模式的主要特徵

(1)在明確旅遊資源國家所有的前提下將所有權與經營權有效分離

按照我國《風景名勝區管理暫行條例》等現行法律法規，風景名勝資源屬國家所有。碧峰峽模式遵從現行規定，承認風景名勝資源為國家所有，但同時從根本上突破了"風景名勝資源區及其周邊保護地帶的重要地段不得出讓土地，嚴禁出租轉讓風景名勝資源"的政策框架，採用政府出資源、企業出資金的方式，由政府將景區經營權授予一家獨立的企業進行獨家投資開發與壟斷性經營，將所有權與經營權有效分離，實現了國家資源與企業資本的有機結合。

(2)追求旅遊景區開發最有效的投資規模

所謂有效投資規模，是指在一個相對獨立的旅遊景區中，投資總規模與實際到達該景區的遊客總量之間的適宜的比例關係。如果投資總規模小於遊客總量，則形成投資饑渴，反之則形成投資剩餘。特別是投資饑渴，對一個旅遊景區的長遠發展是極為不利的，也是貧困地區自然旅遊資源開發與利用不足、旅遊資源普遍閒置、資源優勢不能轉化為經濟優勢的主要原因。碧峰峽模式就是透過獨家授權和壟斷經營，確保旅遊景區投資企業的投資回報和資本增值，激發投資企業不斷加大景區開發投入，達到旅遊景區最有效的投資規模。在這一模式中，景區開發的投資資金主要來自於外來的投資企業——成都萬貫集團，萬貫集團在碧峰峽景區的第一期開發中就投資近2億元。

(3)由政府授權一家企業壟斷性整體開發

從本質上看，旅遊景區開發是旅遊資源與投資主體的結合。根據投資主體的多少，旅遊景區開發存在"1+多"和"1+1"兩種方式。碧峰峽模式就是"1+1"投資開發經營方式，由政府授權某一家企業而不是多家企業投資開發建設，進行獨家控制和壟斷經營。這種投資企業既可以是國有企業，也可以是民營企業，還可以是股份制上市公司。碧峰峽景區的投資企業萬貫集團就是一家純粹的民營企業。由於旅遊景區開發建設和經營發展往往需要鉅額的資金投入，這一模式並不排除其他資本參與景區的開發經營，但其他資本必須透過萬貫集團才能進入景區開發，而且其他參與開發經營的資本一般只擁有經營收益權，不具有旅遊景區具體開發建設和經營管理的決策權。

(4)投資企業獲得50年的長期經營權

在旅遊景區發展中，投資企業主要是追求投資回報，確保資本增值；政府不但注重旅遊資源利用的效率，更注重對旅遊資源的保護，確保旅遊資源永續利用。在這一模式中，為了避免投資企業的短期開發行為，政府賦予投資企業50年的長期經營權，使其自身利益與旅遊景區前途緊緊聯繫在一起，使景區經營可能造成的外部成本內部化，迫使企業以長遠利益爲目標，正確處理資源保護與開發和利用的關係，把旅遊資源和環境的保護作爲重要的遠景投資回報。這一模式從根本上突破了制約旅遊資源深度開發建設的體制障礙，使旅遊資源開發能夠真正實現良性循環。

(5)所有者代表和經營者透過合約各司其職、相互制約

政府作爲旅遊景區所有者代表，其職責是成立旅遊景區專門管理機構，編製旅遊景區規劃，強化景區建設專案審批管理，並透過各種行政、立法、稅收、物價、計量、工商、行業管理等手段對旅遊景區日常經營管理和保護活動進行監督和調控。經營企業作爲景區資產的經營者，負責景區日常經營管理，保證投資者獲得投資收益、國有資產保值增值、旅遊者獲得優勢產品和服務、旅遊景區得到可持續發展。這樣，旅遊景區的所有者與經營者透過法律協定對各自責、權、利進行合理的清晰的界定，各司其職並相互制約，在共同發展中謀求旅遊景區經濟、社會和環境效益的最大化。

4.案例的啟示與進一步討論

碧峰峽景區開發的整體租賃經營模式，其實質是對自然旅遊資源產權制度的創新性探索，衝破了長期以來制約貧困地區旅遊資源開發的體制障礙，快速促成了旅遊資源與資本市場的最佳結合，在短期內就取得了巨大的經濟、社會和生態效益，顯示了這一制度創新的強大生命力。這種模式主要具有以下優勢：①雖然突破了現有管理體制和政策框架，但遵循了風景旅遊資源國家所有的法律規定，有利於爭取相關部門的理解和支援，爲旅遊景區開發和經營創造了寬鬆的外部環境。②較好地解決了那些旅遊資源豐富而經濟落後的貧困地區發展旅遊業的資金障礙，將大量的增量資金注入景區，活絡了景區的存量資產，使旅遊景區迅速實現由低層次分散經營向高層次整體經營的跨越，使旅遊資源優勢較快地轉化爲地方經濟優勢。③強調政府對景區

規劃的絕對控制和景區企業的壟斷性長期經營，締造了自覺保護景區資源與環境的良性機制，實現了開發與保護的有機統一，從制度和機制上確保了旅遊景區的可持續發展。④按照現代企業制度來設計景區的開發經營模式，推進了專業化管理、企業化經營和市場化發展的實施，使景區向高標準建設、深層次開發和整體化全程營銷的方向發展，能夠有效整合各種資源要素，提高旅遊資源的配置效率。整體租賃經營模式的這些優勢必然帶來顯著的經濟、社會和生態效益。

　　由於這種整體租賃經營模式突破了現行管理體制和政策框架，其發展也必然存在一些潛在問題與風險。首先，這一模式在現有的管理體制和政策約束下存在著較大的政策風險，特別是風景名勝主管部門對這一模式的反對態度將形成巨大的阻力。例如，在四川省推出"十大景區"招商引資的舉措之後，國家風景名勝主管部門明確反對"景區經營權的轉讓"，在向國務院請示彙報後又要求組成建設、文物、旅遊等部門的聯合調查組，對此類情況進行調查並停止"轉讓景區經營權的一切行為"。一旦這種政策風險激化為現實行為，地方將喪失發展的機會，投資企業要承受直接的損失，地方政府官員也可能面臨政治風險。其次，這一模式要求在地方政府、景區管理機構、景區投資企業和當地居民等利益主體之間安排一個均衡的契約，一旦這一契約不合理，就可能導致嚴重的合作風險。當地政府與景區管理機構人事和職能方面的重大調整、投資企業策略目標與經營狀態方面的重大改變、當地居民文化價值觀念和利益獲得感知方面的重大演化，都可能要求對這一契約安排進行變革，從而帶來合作不和諧的風險。最後，由於旅遊景區產品生命週期的存在和企業經營管理水平的變化，這一模式也存在著較大的經營風險。總之，以碧峰峽景區為代表的這種整體租賃經營模式，既是經濟落後地區在諸多約束條件下的創新性制度選擇，也是面臨著政策、合作和經營等潛在風險的不得已的制度選擇。這種制度選擇在不同的發展階段，所面臨風險的形式和強度不同，對這些風險的規避，既需要艱苦細心的工作，更需要對這一制度安排本身進行完善和優化。

六、我國自然旅遊資源產權制度構建：約束條件、目標與框架

(一)制度選擇的約束條件

我國自然旅遊資源的產權制度構建，在考慮到自然旅遊資源技術經濟特徵及其存在問題的基礎上，既要參考國際上自然旅遊資源管理實踐的成功經驗和做法，也要總結我國當前自然旅遊資源產權制度改革探索中的經驗和教訓。我們認為，我國自然旅遊資源產權制度構建必須充分尊重和考慮以下四個重要的特殊約束條件：

第一，中國自然旅遊資源呈現出多類型、多層次、多樣化管理體制的複雜狀況。如前所述，中國的自然旅遊資源既包括世界自然遺產、自然類風景名勝區、自然保護區和森林公園等多種類型，也可以分為國家級、省級和市縣級等多種級別層次，而且這些自然旅遊資源在歷史發展過程中已經形成了多樣化的管理體制。可能並不存在一種對所有的自然旅遊資源都適用的產權安排，我國目前出現的多種產權制度變遷模式也充分說明了這一點。問題在於難以確定究竟哪種產權安排在哪種情況下才能取得最佳效果，這取決於各個自然旅遊資源所處的獨特環境以及其中所存在的獨特問題。因此，我們認為，對於不同類型或層次的自然旅遊資源，應該進行有差別的產權安排。

第二，中國自然旅遊資源所在區域呈現人口數量多、密度大的獨特狀況。儘管自然旅遊資源一般都位於人類活動相對較少的地區，但與發達國家的國家公園內基本沒有居民的狀況相比，我國自然旅遊資源面臨著巨大的人口壓力。中國科學院生態環境研究中心的學者調查了 85 個自然保護區，區內定居人口 1,227,935 人，平均每個自然保護

區1.44萬人；周邊社區人口達到5,019,063人，平均每個自然保護區5.9萬人；區內平均人口密度為每平方千米5.75人，已超過加拿大和澳大利亞的全國平均人口密度[1]。就目前的情況而言，這些在"不適合人類生存的地方"生存的人群難以大批遷出。巨大的人口壓力勢必構成對自然生態系統的脅迫，導致自然旅遊資源的可持續發展面臨著更高的難度，需要能達成多元目標的產權安排。

第三，中國自然旅遊資源大多處在經濟發展相對落後的地區，居民絕大部分是農民，生活水平基本維持溫飽，還有相當一部分人生活在貧困線以下。例如，根據我們的調查，情況相對較好的九寨溝風景名勝區，2003年區內居民年人均收入為10,000元，區外居民年人均收入為3,000元；情況較差的長白山國家級自然保護區和臥龍自然保護區，2003年區內居民年人均收入分別為1,400元和1,500元[2]。因此，中國自然旅遊資源的產權制度構建必須充分考慮到如何有效地透過開發和經營來解決社區居民的就業問題和地區的經濟發展問題。

第四，中國自然旅遊資源的有效管理和開發面臨著較硬的財政約束。國家對自然旅遊資源的財政撥款十分有限，100多處國家級風景名勝區大都存在著保護資金嚴重不足的問題，其他的國家級自然保護區和森林公園能夠得到的財政支援更少，保護更加不力從而其品質正在逐漸退化。這些自然旅遊資源的管理機構通常只能維持現狀和職工生計，談不上有效保護和積極建設。事實上，如果完全由國家對如此眾多的自然旅遊資源進行保護，則需要鉅額的財政支出。地方政府特別是中西部的地方政府，非但沒有足夠的財力來支援自然旅遊資源的

---

[1] 苗鴻，宋敏，歐陽志云，等. 中國自然保護區的社區參與機制研究//鄭玉歆，鄭易生. 自然文化遺產管理——中外理論與實踐 [M]. 北京：社會科學文獻出版社，2003: 187-210.

[2] 苗鴻，宋敏，歐陽志云，等. 中國自然保護區的社區參與機制研究//鄭玉歆，鄭易生. 自然文化遺產管理——中外理論與實踐 [M]. 北京：社會科學文獻出版社，2003:187-210.

保護，而且還期望以自然旅遊資源的開發經營來促進地方經濟發展並獲得可觀的財政收入。同時，在中國目前的情況下，自然旅遊資源的保護能夠獲得的國際援助和社會贊助也可以說是杯水車薪。

(二)制度目標：效率和公平

考慮到自然旅遊資源價值和利益主體的多元性，我國自然旅遊資源產權制度構建的目標也是多重的。這些多重目標既可以簡單地概括為有效保護和合理利用，也可以一般地表達為經濟利益、社會利益和環境利益的統一實現。這裡，我們按照經濟學的習慣分析思路，認為自然旅遊資源產權制度構建最終是為了達成效率和公平兩個目標，只不過在這裡應該對它們有更廣泛而深入的理解。

經濟效率通常是指總體目標的實現程度，如社會福利最大化。社會福利主要是指地方政府、管理機構、承租人或特許經營者、社區居民、旅遊者等利用自然旅遊資源的行為主體所獲得的收益。自然旅遊資源的利用過程中還會產生一些經濟或其他方面的外部性收益，如促進地區旅遊產業的發展或帶動地方其他產業的發展，在評價整體福利時必須把它們也考慮在內。成本包括保護、管理和經營自然旅遊資源過程中的開支，必須從總體福利當中減去。這裡，收益和成本的內涵不僅僅包括使用者願意支付的貨幣數額或者各相關行為主體直接支付的開支，而且還必須包括環境效益和環境成本，這是在討論自然旅遊資源效率問題上的一個基本原理。環境效益包括按原樣保護自然旅遊資源、保護生物多樣性或者維護自然生態平衡等；環境成本則包括自然旅遊資源的退化、生物多樣性的減少或者自然生態系統的破壞等。在有關如何衡量整體福利的問題上，需要在能用貨幣來衡量的收益和成本，以及很難用貨幣來衡量的收益和成本之間進行權衡。在這個問題上，即使有很好的理由要求減弱保護的力度，保持自然旅遊資源的原貌或可持續性並達成某些環境目標，都是必須堅持的一個基本約束條件[1]。

公平目標必須與效率目標一起加以考慮，實際上也是很難把兩者分開的。在自然旅遊資源問題上，公平目標關注的是誰獲得了與此相關的收益以及誰承擔了成本。在評價整體福利時，不同的群體會被賦予不同的權重。例如，如果對當地社區居民賦予的權重比旅遊者大，那麼社區居民就有可能獲得進入自然旅遊資源的優先權，能夠以更低的價格進入或開展更多樣化的活動，這可能反映了對自然旅遊資源慣常使用者權利的尊重。公平目標也有可能包含國際層面的內容。公平目標也包含了可持續性，它保證後代人享有對自然旅遊資源的利益，防止當代人為了謀求自己的更多利益而損害後代人的利益。

需要強調的是，與自然旅遊資源相關的效率與公平問題應該由中央政府來賦予其確切的含義。中央政府有責任做出關鍵的經濟／環境效益權衡，並決定是否對某些群體賦予比其他群體更高的福利權重[2]。一般而言，中央政府並不做出所有的決策，它會讓下級管理機構去做出更加具體的權衡。為了達成總體目標，中央政府會設定幾個不怎麼完整但能夠較好地衡量的具體目標，並對下級管理機構的管理行為進行管制，然後對績效不佳的機構進行制裁，對績效良好的機構進行激勵。這裡的一個重要問題是，這些下級管理機構的目標是什麼，以及它們與中央政府目標的接近程度如何。

(三)制度框架：一組工具

根據以上討論，我們認為可以透過構建自然旅遊資源的產權及相

---

[1] 彼德·福希斯. 所有權與國家公園的定價：澳大利亞的經驗//鄭玉歆，鄭易生. 自然文化遺產管理——中外理論與實踐 [M]. 北京：社會科學文獻出版社，2003: 79-100.

[2] 彼德·福希斯. 所有權與國家公園的定價：澳大利亞的經驗//鄭玉歆，鄭易生. 自然文化遺產管理——中外理論與實踐 [M]. 北京：社會科學文獻出版社，2003: 79-100.

關制度，來處理自然旅遊資源保護和利用中的各種複雜問題，並達到效率與公平的雙重目標。我們建議自然旅遊資源產權及相關制度的構建思路如下：

(1)確認自然旅遊資源屬於國有財產。國家（全國人民代表大會）代表全體公民擁有自然旅遊資源的所有權。為了實現對自然旅遊資源的有效保護和合理利用，國家可以透過授權給行政管理部門或下級政府機關代為管理，也可以用合同的方式將使用權、收益權、處置權部分地轉讓給其他法人主體，但擁有對一切沒有在合同中明確界定的剩餘權利的控制權。

(2)建立自然旅遊資源分級集中管理體系。國家級自然旅遊資源統一改為國家公園，由國務院下設的國家公園管理局全面負責管理；省級自然旅遊資源統一改為省公園，由各省政府下設省公園管理局全面負責管理；市（縣）自然旅遊資源統一改為市（縣）公園，由各市（縣）政府下設市（縣）公園管理局負責管理。這樣做，一方面考慮到不同等級自然旅遊資源所面臨問題與管理目標的不同而進行的差異性安排，另一方面則考慮到由國家公園管理局——省公園管理局——市（縣）公園管理局作為唯一的政府管制機構系統，集中實施對各級公園進行經濟管制和環境品質管制的權力。

國家公園由國家公園管理局統一管理；下設東北、西北、西南、華中、華東、華南 6 個地區管理局，分片管理各地的國家公園；各國家公園設立基層管理局，具體負責本公園的管理事務。國家管理局、地區管理局、基層管理局三級管理機構實行垂直領導，與公園所在地政府沒有業務關係。國家公園管理局下設國家公園規劃中心，負責完成全國國家公園的規劃設計工作。各個國家公園管理局承擔綜合管理職能，並在規劃約束下完成公園的開發建設工作，除了擁有門票專營權之外，不得從事營利性業務；公園內所有的經營活動以特許經營的方式向社會所有企業進行公開招標。

省公園和市（縣）公園由省公園管理局或市（縣）公園管理局統一管理，省公園管理局下設規劃中心，負責完成省公園和市（縣）公園的規劃設計工作。省公園和市（縣）公園可以依據資源環境特點及其獨特問題實行事業型治理或企業化治理。實行事業型治理，各個公園則要設立公園管理局（處），賦予縣級或副縣級人民政府行政管理職能，統一進行綜合管理，並在規劃約束下完成公園的開發建設工作，除了擁有門票專營權之外，不得從事營利性業務；公園內所有的經營活動以特許經營的方式向社會所有企業進行公開招標。實行企業化治理，則可由省公園管理局或市（縣）公園管理局以整體租賃的方式，向社會所有企業進行公開招標，承租企業在規劃約束下進行公園的資源保護、開發建設和經營業務，並可以擁有門票專營權。

(3) 允許進行特許經營和租賃經營。特許經營合約或整體租賃合約與國家所有權的結合，可以避免公共管理機構在效率方面的劣勢並保持在保護方面的優勢，但是需要逐步完善這兩類合約。特許經營合約中的核心問題主要是三個：一是要制定合理的特許經營時間長度和特許經營費；二是要約束特許經營企業具有負外部性的行為；三是增加特許經營企業要滿足社區居民優先就業等責任性條款。整體租賃合約中的核心問題也主要是三個：一是確定合理的整體租賃時間長度和整體租賃費用的大小；二是各級公園的環境保護、規劃控制、專案審批、價格制定等權利如何在公園管理機構和租賃經營企業之間進行清楚界定；三是如何形成一個公平的利益分配機制。

(4) 建立公平的利益分配機制。國家公園的門票收入和特許經營收入要上繳國家財政，並作為國家公園資源保護專項資金；實行行政型治理的省公園和市（縣）公園的門票收入和特許經營收入要上繳省財政或市（縣）財政，並作為省公園或市（縣）公園資源保護專項資金；實施企業化治理的省公園和市（縣）公園的租賃收入要上繳省財政或市（縣）財政，並作為省公園或市（縣）公園資源保護專項資金。在各級公園的管理和利用中，要特別注意保證社區居民享有透過談判參與制定利益分配原則的權利，允許社區居民透過門票收入分成、環境保護費分成、外來專案管理費分成、參股控制經營收入分成、就業勞動獲得收入等多種方式直接參與利益分享。

(5)建立較爲完善的自然旅遊資源保護法律體系，依法確立自然旅遊資源保護和利用的相關權利分佈，嚴格依法實施自然旅遊資源的保護、規劃、開發和經營。可以透過"自然旅遊資源保護法"立法形式，規範國家公園管理局的管理許可權和管理行爲。

第八章

完善社會主義市場經濟體制與我國自然資源產權制度創新

一、社會主義市場經濟與自然資源產權制度創新

(一)有效的自然資源產權制度是我國社會主義市場經濟體制的重要組成部分

　　明晰的產權關係是自然資源得以有效配置和利用、提高市場效率、降低交易費用、降低外部性影響的基本條件。在 21 世紀，我國經濟的快速增長與自然資源的矛盾將日益突出，可持續發展和資源環境的保護及有效使用是構建自然資源產權制度的基本目標。從經濟學意義上說，經濟增長與自然資源矛盾的問題根源是自然資源的價格沒有正確反映自然資源的稀缺程度，而解決問題的辦法就是透過對自然資源的合理定價和有償使用來實現其有效配置。但是，如果沒有建立自然資源的財產權制度，自然資源的市場價格有可能不等於其相對價格，而且交易成本將非常高或者說交易無法實現。因此，有效的產權制度是實現自然資源合理定價和有償使用的前提。從實踐意義上看，經過 30 多年的改革，國有企業產權制度改革已經取得了實質性的進展，混合所有制的格局已經形成。但在國有自然資源領域，產權制度改革相當滯後，甚至是個空白領域。一方面，由於行政性壟斷，致使石油、煤炭、礦產、電信等資源性行業成爲暴利產業；另一方面，由於國有產權制度本身的弊端，在趨利動機的驅使下，承包形式混亂，致使煤炭、礦產領域形成破壞性、浪費性開採，惡性事故頻頻發生，同時由於資源定價不合理，導致資源利用效率低下，等等。政府對自然資源價格的控制，是我國非再生資源的開採和消費偏離最優路線的重要原因。很多自然資源的市場還根本沒有發育起來，或者根本不存在。例如，自然資源開採權轉讓，主要對企業資質進行限制，缺乏合理的市場配置手段。有些自然資源市場雖然存在，但價格不合理。例如，自然資源價格偏低，因爲自然資源價格只反映了勞動和資本的成

本，沒有反映經濟活動中自然資源消耗的機會成本，因而造成自然資源的大量耗用和浪費、廢棄物的大量產生和污染物的無序無度排放。大量事實表明，我們雖然已經初步解決了物質資本、勞動力和土地產權的改革問題，但還沒有解決自然資源的產權問題。現行的自然資源制度還不能很好地產生合理定價、有償使用、市場配置、鼓勵投資、保護資源的作用。

　　產權是交易的前提。現代產權理論認為，在一個人們為了使用不充足的資源而競爭的社會裡，必須有某種競爭規則或標準來解決這一衝突。這些規則通稱產權，它是由法律、規章、習慣或等級地位予以確定的。與此相對應，使用公共產權的權利是沒有界線和框框的，任何人無法排斥其他人使用它，大家都可以為使用這一財產而自由地進行競爭。由於缺乏排他性的使用權，人人競相使用一項公共財產，會使公共財產的租金價值或財富淨值為零。在我國經濟增長和發展中，對各種自然資源的需求不斷增加，自然資源會因其絕對稀缺而經濟價值不斷提高，這種趨勢激勵了經濟主體要求界定自然資源的產權，為自然資源的市場配置提供條件。從不稀缺到稀缺，在各個國家中，自然資源的產權界定已成為一個普遍問題。而法律即建立財產權制度是界定自然資源產權的最常用的方式。

(二)自然資源產權制度創新的基本內容

　　要確立有效的自然資源產權制度，其最重要的內容就是透過對權利的確認和保護使外部性內在化；透過對權利的轉讓達到資源利用的收益最大化。我國自然資源產權的制度選擇應該是在可持續發展的經濟理性指導下的自然資源效率（處理好效率和公平關係的效率），即追求自然資源產權績效大於成本的制度目標。

　　有效率的產權制度表現為自然資源價格能夠準確地反映資源的相對稀缺性，指導人們決策的價格能夠反映全部的經濟後果，從而傳遞正確的資訊及提供正確的激勵。要消除我國現行產權制度的低效率，有兩個不同的思路：一是加強政府的管制，二是充分發揮市場的作用。不同的思路需要不同的產權安排作爲其基礎。由於自然資源本身的多樣性、公共性程度的差異和產權界定的難易不同，一個國家的自然資源產權制度應該是一個多層次、多元化的結構，單一產權結構難以滿足制度設計所要實現的全部目標。我國自然資源產權制度的變遷總體上是政府主導的強制性制度變遷，從統一的公有產權到所有權與使用權的分離，從無償委託到有償交易，是這場制度變遷的趨勢。而問題的關鍵是制度變遷中是否有效率的增進。

按現行法律框架，我國自然資源所有權理論上歸國家或集體所有，事實上歸各地方政府或部門所有。地方政府不僅具有佔有、使用和收益權，而且對一些資源具有事實上的所有權和轉讓權。這種格局必然會形成中央政府和地方政府的博弈關係。一項有效的產權制度的供給，旨在激勵經濟當事人選擇最大化其收入的行爲。自然資源產權制度的設計，應在一些重要資源實行國家專屬所有權情況下確立資源收益多級化的制度，明確劃分中央和地方的利益分配關係。

制度安排中要解決自然資源的資本化和流動性問題，只有這樣才能實現自然資源的價值最大化。自然資源的流動不是技術層面的物理流動，交易的實質是產權。自然資源的物理流動成本很高，甚至根本不可能，但自然資源產權是完全可流動、可交易的。對產權的明確界定是實現這種交易的前提，也是市場經濟真正得以建立的制度前提。自然資源優勢不能有效地轉化爲經濟優勢的關鍵不在於技術約束，而在於制度約束。有關自然資源的一系列制度安排尤其是產權制度安排和制度環境的變革是經濟落後，但有自然資源稟賦優勢的地區發展經濟的關鍵。

(三) 自然資源產權制度創新的思想指導與理論運用

我國自然資源產權制度創新，在社會經濟宏觀層面上是涉及產權結構的一場深刻變革。在這一改革問題研究的思想指導上，我們應該堅持馬克思主義的基本理論和方法。我們要研究的對象是我國構建社會主義市場經濟中的產權變革。首先，我們應該堅持馬克思主義的制度分析方法。因為中國的市場化改革和所有制結構的重塑，尋找其長期規律和客觀性，其哲學觀應該是馬克思主義的歷史唯物主義和辯證唯物主義，即從生產力與生產關係的矛盾運動中得到解釋。其次，從當代世界範圍內經濟體制向市場化轉型、經濟全球化和政府職能變革的新情況出發，對現代經濟學的理論特別是 20 世紀 70 年代以後發展起來的新制度經濟學、公共選擇理論、演化自由主義等所提供的相關理論與分析工具，以及各轉型國家的改革實踐也應該給予充分的關注。最後，應該把產權與改革績效放到一個作為整體的社會生產制度結構之中來研究，以尋求一個社會在特定階段的市場環境條件下制度均衡的路徑；並把制度均衡作為個人、企業、政府在各自的約束條件下理性選擇（即交易）的結果，從而在研究方法上把整體主義分析與個體主義分析、制度的宏觀結構分析與微觀結構分析結合起來。

在關於自然資源產權制度創新與改革績效問題的研究上，我們瞄準的是中國的現實問題，要解決的是中國的事情。應當承認，20 世紀經濟學的發展特別是在主流經濟學理論體系之外發展起來的交易費用理論、產權理論、企業理論、博弈論、資訊經濟學等，給我們提供了認識中國轉型經濟和解決產權問題的新視角[1]，新制度經濟學、產權理論對於經濟運行層面上的產權規則、制度安排等現象有其解釋力。但是，中國的經濟改革畢竟是一場整體性的制度變遷，是涉及社會制度結構的改革，其深刻原因要由"生產關係一定要適應生產力發展"這

---

[1] 林崗，張宇. 產權分析的兩種範式 [J]. 中國社會科學，2000 (1).

一規律來說明。只有堅持馬克思曆史唯物主義的所有制分析模式，才能使產權制度創新沿著正確的方向發展。

二、我國自然資源產權制度的價值取向：公平、效率與可持續發展

(一)產權制度安排中的效率與公平：一個簡要的理論回顧[1]

一個社會的產權制度安排，透過界定不同資源中物的要素和人們的產權關係，構成了對人們不同的激勵機制，成爲實現效率與公平協調的關鍵性制度安排。因此，要建立合乎規律的產權制度，就必須正確認識和恰當處理好公平與效率的關係。同時，一定的產權制度安排有它相應的公平效率觀，公平效率觀的改變又會引起產權制度的創新。爲了對它們之間的辯證關係有一個系統性的把握，本部分的任務就是討論不同經濟學流派對不同產權制度安排下的公平與效率互動關係的觀點，並揭示其意義所在。

古典經濟學家斯密強調"看不見的手"即價格機制的交換規則公平，其前提是排他性的所有權。在市場經濟條件下，排他性的所有權是一種對等的權利，即財產所有者不能運用他的排他性所有權對另一個財產所有者的權益進行損害。事實上，排他性的所有權暗含著交換規則公平和權利對等這兩個前提，並構成了市場經濟制度安排不可或缺的對立統一的兩個方面。沒有交換規則公平就不可能有交換意義上的權利對等；沒有交換意義上的權利對等也不可能有交換意義上的規則公平。因此，在古典經濟學派看來，排他性所有權的制度安排決定了經濟活動的交換性，它是交換的制度基礎。

但是，排他性所有權的制度安排並不能保證所有者不會運用他的

---

[1] 李松齡. 制度安排與公平效率的辯證關係及其產權分析 [J]. 財經理論與實踐，2004(9).

排他性所有權對他人的所有權權益造成損害。事實上，社會經濟生活領域存在著大量的起因於權利不對等和交換不公平的現象，使得交易雙方的生產經營積極性、主動性和創造性不可能被同時調動起來。由此，被古典經濟學派認為最有效率的排他性所有權和交換規則公平的制度安排，不一定就是最有效率的。

排他性的所有權制度安排不能保證交換意義上的權利對等和交換規則公平，關鍵在於排他性的所有權有可能失效。在經濟學傳統分析中，排他性的所有權失效會造成外部性，即交易雙方無法對相關損益界定清晰，產權失去了其激勵和約束功能，由此導致資源不能得到有效配置，經濟效率難以提高。如果重新界定產權，則涉及交易費用問題。這是因為，資訊是不對稱的，也是不充分的，再加上人的機會主義行為和資產專用性等因素，會極大地影響資源配置的效率。

新古典經濟學派發展了古典經濟學派的分析，提出了均衡規則公平、效率優先的起點意義上的公平效率觀。他們認為，只有自由競爭的市場均衡價格體系，才是資源有效配置的制度安排。但是，市場均衡並不能避免所有權排他性的失效，也就不能完全保證交換雙方權利上的對等。即使在市場均衡狀態下，交換一方對另一方的侵權行為依然可能存在。為界定交換雙方的權、責、利關係，同樣會產生交易費用。新古典經濟學派雖然發展了古典經濟學派的公平效率觀，但並沒有改變交換規則公平、效率優先的起點公平下的產權關係，從而不可能使社會經濟達到最有效率的狀態。

馬克思主義堅持生產資料佔有意義上的平等，主張透過無產階級革命和建立公有制與按勞分配的制度安排，實現社會主義社會的人人平等。但是，這些制度安排不是建立在所有權排他性的產權基礎上，而是建立在所有權缺乏排他性的產權基礎上。缺乏排他性的所有權使得人們使用公有制的生產資料時，既不需要付出成本，也不能獲得增值收益；既無成本約束，也沒有收益激勵，缺乏有效配置生產資料的積極性，導致經濟效率低下。需要指出的是，並不是馬克思主義的結果公平不對，而是傳統的公有制在實現生產資料佔有和使用上的權利平等的時候，未能保證財產所有權排他性的激勵與約束的功能。社會主義計劃經濟和財產公有制的實踐已經證實了這一點。

　　自由主義學派堅持和維護了古典經濟學派和新古典經濟學派的自由主義傳統。羅賓斯強調市場機制在分配領域內的效率作用。在他看來，價格體系能夠使市場出清和均衡。可是，自由主義學派所主張的排他性所有權制度安排同樣面臨著所有權排他性和非排他性的"兩難選擇"，即一方面，市場價格體系建立在所有權排他性制度安排的基礎上；另一方面，機會平等又需要缺乏排他性所有權的制度安排。為了解決這個矛盾問題，羅賓斯首先對機會平等和財富平等作了區分。他認為，機會平等建立在排他性所有權制度安排的基礎上，而財富平等需要的缺乏排他性所有權的制度安排則是政府干預的範圍。這樣，羅賓斯透過把財富平等排除在機會平等的範圍之外來解決上述產權矛盾。哈耶克強調機會平等的經濟自由主義思想。他認為機會平等的充分條件是自由競爭的市場價格體系，其產權基礎只能是所有權排他性的制度安排。如果政府採用行政手段干預經濟活動以糾正市場自由競爭中的不公正現象，其結果可能是更大的不公正。

　　凱因斯主義主張運用宏觀經濟政策，如所得稅、遺產稅等稅收政策和轉移支付政策，以國家干預的方式對高收入者和低收入者之間的權、責、利關係進行強制性的調整，企圖實現收入均等化意義上的公平，體現出來的是一種權利平等的產權關係。但是，凱因斯主義的結果公平建立在排他性的所有權制度安排基礎上，它同市場經濟需要的權利對等意義上的起點公平相矛盾。儘管凱因斯主義結果公平的政策主張能夠提高收入均等化意義上的公平程度，但是因為高收入者繳納所得稅和遺產稅與低收入者獲得轉移性收入，不是透過等價交換的方式，而是在一方受益、另一方受損的前提下實現的，從而有悖於建立在所有權排他性基礎上的權利對等的產權關係,難以調動權益受損方的積極性,不利於提高經濟效率。

供給學派否定了凱因斯主義收入均等化意義上的公平,主張減稅和強化市場調節、放鬆政府管制;理性預期學派否定了凱因斯主義宏觀經濟政策的有效性,提倡政策規則長期不變、公開透明,都認爲收入均等化意義上的結果,公平損害了市場經濟固有的權利對等的產權關係,有損於效率的提高。

實際上,自由主義學派、貨幣主義學派、供給學派和理性預期學派都是堅持經濟自由主義思想和機會平等、規則公平、效率優先的起點公平意義上的公平效率觀。以排他性所有權爲基礎的權利對等是該公平效率觀的產權特點。但是,所有權的排他性在社會經濟活動中有可能失效,所以,權利對等並不能保證交換不會出現侵權行爲以及效率提高。實際上,起點公平只是一種規則公平、機會平等,它在促進效率的同時,會產生收入分配上的貧富不均。

透過對不同經濟學流派產權制度安排中所包含的公平與效率觀點的分析,我們發現,權利對等的起點公平的產權基礎是排他性所有權的制度安排;權利平等的結果公平的產權基礎是缺乏排他性所有權的制度安排。資本主義市場經濟的產權基礎是排他性所有權的制度安排,它堅持的是規則公平、機會平等、效率優先的權利對等的公平效率觀。傳統的社會主義計劃經濟的產權基礎是缺乏排他性所有權的制度安排,它堅持的是生產資料佔有意義上的平等和等量勞動獲得等量收入意義上的權利平等的公平效率觀。[1]

(二)產權制度均衡:公平和效率的博弈

新制度經濟學將制度均衡理解爲制度需求與制度供給相互作用的

---

[1] 李松齡. 制度安排與公平效率的辯證關係及其產權分析 [J]. 財經理論與實踐,2004(9).

一種穩定狀態。國內有學者指出，由於制度的相關性，制度均衡意味著任何兩種現存的具體制度之間都不存在互斥關係，而是處於相互適應的協調狀態。同時，由於制度的單件性，制度均衡不是數量均衡而是行為均衡，即任何個人或群眾都不再有變動現存制度的動機和行為，因為他們不能透過變動而獲取更多的利益。這說明制度均衡狀態是適合各群體意願的狀態[1]。還有學者指出，制度均衡是一種行為均衡，就是人們對既定制度安排和制度結構的一種滿足狀態或滿意狀態，因而無意也無力改變現行制度。具體來說，制度均衡是指現行制度結構所構成的潛在收入大於另外一種制度安排的所需成本[2]。

本書認為，由於制度是不斷演化的，且制度本身受到很多複雜因素的影響，使其均衡時並不像新古典經濟學中所描述的產品的供給與需求均衡那樣處於一個靜止點，而是一種穩定狀態，一種相對普適的狀態；制度的均衡所追求的不是靜態的均衡，而是動態的穩定。由於它受到來自於正式制度（政治規則、經濟規則、一般性契約）與非正式制度（行為規範、慣例、風俗）的供給與需求及各複雜因素的絕對影響，因此，制度均衡不是一種常態。制度在變遷過程中，會經過不均衡到均衡，再由均衡到不均衡這樣一種螺旋上升的過程，而達到每一次均衡都是動態演化的，儘管各種制度變遷的最終目的是為了達到另外的制度均衡。也就是說，達到制度均衡的過程是動態演化的，制度均衡只是這個動態演化中的相對穩定解。

具體到本書所指的自然資源產權制度安排，它透過界定不同資源中物的要素和人們的產權關係，構成了對人們不同的激勵機制，成為實現效率與公平協調的關鍵性制度安排，其最終均衡是在動態中公平與效率博弈的結果。因此，要建立合乎規律的產權制度，就必須正確認識和恰當處理好公平與效率的關係。同時，一定的產權制度安排有

---

[1] 張旭昆. 論制度的均衡與演化 [J]. 經濟研究，1993(9).
[2] 張曙光. 論制度均衡和制度變革 [J]. 經濟研究，1992(6).

它相應的公平效率觀，公平效率觀的改變又會引起產權制度創新。那麼，在社會主義市場經濟實踐中，我們在構建產權制度時，如何處理好公平與效率的關係呢？本書認為，社會主義市場經濟的產權基礎應該是排他性所有權的制度安排，它既需要堅持規則公平、機會平等、效率優先的權利對等的起點公平，同樣需要收入均等化意義上的結果公平。只有這樣，才有可能實現效率與公平的統一。

(三)可持續發展理念下自然資源產權制度的公平與效率

進入 21 世紀以來，可持續發展已成為各國自然資源產權制度構建的基本原則。可持續發展的實質，是在以人的全面發展為基礎的前提下，努力解決經濟社會發展需求的無限性與自然生態供給能力的有限性之間的矛盾，實現自然、經濟、社會複合系統的持續、穩定、健康發展[1]。在產權經濟學中，環境資源配置的制度目標首先是效率即福利標準。傳統福利經濟學認為，任何一個帕累托的最優配置都可以從適當的初始配置出發，透過完全競爭市場來實現；而在存在外部性的情況下，"庇古稅"和科斯的"產權界定"成為解決外部性問題的兩種方式。20 世紀 70 年代以後，資源環境經濟學家依此提出了"外部不經濟內在化"的觀點，並提出利用價格機制、稅收、信貸、賠償等經濟槓桿，使社會損失進入私人廠商的生產成本，把外部因素內在

---

[1] 1989 年第十五屆聯合國環境署理事會透過的《關於可持續發展的聲明》指出了可持續發展的嚴格定義，即"可持續發展，係指滿足當前需要而又不削弱子孫後代滿足其需要之能力的發展，而且絕不包含侵犯國家主權的含義。環境署理事會認為，要達到可持續發展，涉及國內合作及跨國界合作。可持續發展意味著走向國家和國際的均等，包括按照發展中國家的國家發展計劃的輕重緩急及發展目的，向發展中國家提供援助。此外，可持續發展意味著要有一種支援性國際經濟環境，從而導致各國特別是發展中國家持續的經濟增長和發展，這對於環境的良好管理也是具有很大重要性的。可持續發展還意味著維護、合理使用並且提高自然資源基礎，這種基礎支撐著生態抗壓力及經濟的增長。再者，可持續發展意味著關注和考慮，而不代表在援助或發展資助方面的一種新形式的附加條件。

化，使環境資源得到保護。里昂惕夫根據這一理論利用投入－產出法，進行了把外部性納入到常規的國民經濟投入產出中的探索。80年代以後，經濟學者又進行了大量的環境價值論研究及價值評估，環境資源價值論的逐步完善標誌著環境經濟學的成熟。資源環境經濟學把可持續發展理念及實踐方式納入到制度構建的目標之中，在微觀層次上構建了資源環境利用的持續發展的成本－效益分析，以建立資源環境成本的微觀核算機制；在中觀層次上把資源環境的可持續發展因素納入到產業結構和生產力佈局調整之中；在宏觀層次上把資源環境的可持續發展納入到國家宏觀政策的研究中，從而構建了可持續發展的經濟理性指導下的自然資源效率觀。

　　可持續發展理念下自然資源產權制度的構建需要體現公平與效率相統一的價值取向。效率是制度的應有之義。從可持續發展的要求來看，自然資源產權制度應在公平與效率相統一的基礎上進行構建。在經濟學中，基於制度主義的公平價值觀認為制度對於人類社會秩序和行為規範至關重要，只有將社會成員的行為置於既定的制度約束之下時，在資源稀缺和需求無限矛盾約束下的人類社會和個人行為才會出現理想的秩序。制度主義公平觀最集中的體現就是規則公平，即透過非歧視的規則對個體行為加以約束，意在保障個人自由和他人自由的基礎。可持續發展中的公平是兼顧代內公平與代際公平的公平，代內公平表現為資源的供給與分配在"保持不變的或增長的自然資本存量"的條件下，"達到在給定的時間點上公平對待一國內部或國家之間處於劣勢的集團"（皮爾斯，1994）。為此，在自然資源的制度安排中，要在確定產權與資源環境交易的同時，注意平衡經濟地理區位，界定貧困者或貧困地區對資源環境的擁有與支配權，並在稅收、信貸、投資、補貼等方面做出鼓勵性制度安排，使其在縮短與富裕者或發達地區差距的前提下，發展經濟與提高人民生活福利水平。同時，該制度應該安排資源開發和利用與環境保護的協調性規則，並要限制富裕者對資源的無止境消耗，在制度安排中激勵資源有效率利用。在可持續發展理念中，效率是以全社會生活水平的提高爲特徵的，其與帕累托效率直接相關。帕累托效率是"對於某種經濟的資源配置，如果不存在其他生產上可行的配置，使得該經濟中的所有個人至少和他們初始時的情況一樣，而且至少有一個人的情況比初始時更好，那麼這個資源配置就是最優的"（伊特韋爾等，1987）。據此，可持續發展的效率可以表述爲"當發展能夠保證當代人的福利增加時，也不會使後代人的福利減少"（皮爾斯，1994）。也就是說，當福利的增加是以某種資源的消耗爲前提時，要想在資源不斷減少的情況下增加福利，唯一的路徑就是提高資源開發和利用的效率。制度效率的實現要依靠微觀經濟主體的產出增長，爲此，可持續發展的自然資源制度的效率安排，應當是在確定制度規則時拓展人們的選擇空間；在界定投資、契約等產權時，安排資源的公平分配和政府對資源開發和利用的宏觀管理與微觀規制，並保證資源供給與收入分配的公平與公正。制度效率是一個生產力標準，是客觀的；而制度公平則是社會成員基於制度給自己帶來的福利增加或減少的主觀價值判斷。由於處在不同利益層面上的人們的價值標準不可避免地帶有其利益集團的價值傾向，制度是否公平的標準在不同的利益人群中是不同的。"一種無效率的資源配置可能比另一種有效率的配置更公平，答案取決於一個人對公平是如何想的，因而取決於對各自想要的效用的人際比較"（平狄克，1995），因此我們講的制度公平是一種社會均衡，即社會大多數成員感到相對滿意的結果。在此結果之上的制度會激勵社會大多數成員進行有效勞動，會促進效率的提升。在這個意義上，公平是效率的要素；在一定條件下，公平又是效率的制約條件甚至是前提。

三、我國自然資源產權制度的目標、功能與結構

(一)制度目標與功能

我國自然資源產權制度創新，在制度目標上應該實現國家宏觀政策目標與微觀經濟激勵目標的協調、相容。在宏觀層面上，產權制度的構建、實施作為政府公共資源（公共事務）管理的工具，應保證自然資源的有效配置和可持續發展，以解決市場失靈的問題；在微觀層面上，產權制度構建和實施應有利於形成市場配置的價格機制（為外部邊際成本合理定價）和交易機制，實現外部性內在化，以解決政府失靈問題。

制度目標的實現有賴於它的功能的充分發揮。一個有效的產權制度是市場經濟得以順利運行的潤滑劑。具體來講，它有以下幾個功能：一是經濟激勵功能。激勵功能是以"經濟人"追求自身利益最大化的行為假設為前提的。產權制度的激勵功能就是指透過法律確認和保護的財產佔有主體，可以使用產權來謀取自身的利益，並且使這種利益不斷地內在化。二是資源配置功能。當資源不存在稀缺性因而人們在佔有與使用資源上並不存在利益矛盾時，財產權的界定並不重要。而當稀缺性出現時，爭奪資源的衝突迫使各主體之間都要尋求一種社會穩定秩序以確認資源的歸屬，以保護人們對資源的穩定利用。因此，透過法律確認財產權制度，一開始就是為了資源配置的需要。三是行為約束功能。產權的約束功能有兩層意思：①由產權的排他性而產生的對非產權主體的約束，即排除他人的侵佔、盜竊等行為，保障排他性產權關係的建立。②對產權主體行為的約束，即透過對主體權利和責任的界定，使外在的責任內在化。四是經濟預期功能。一個社會所建立的對財產所有權充分保護的法律制度，會有力地鼓勵人們增加財富，有效地利用資源，從而促進社會經濟的發展。在存在外部環境的不確定性和風險的情況下，只有當社會持續而穩定地保護產權

時，人們才會普遍地從事財富的積累，謀劃長期的經濟活動[1]。

自然資源產權制度的功能，首先是要界定和保護自然資源的所有權，即要實現有效的排他性；其次是要能夠激勵使用權主體，規範使用行為；再次是要能夠促進產權交易，實現資源的有效配置；最後是要在所有者、使用者和不同的利益主體（中央政府與地方政府，政府、企業與個人）之間形成資源利益共用機制。透過這四大功能的形成和完善，解決現行制度中存在的所有權排他性弱、使用權獲得與行使不規範、交易權流轉市場化程度低、利益分配不均衡的問題。

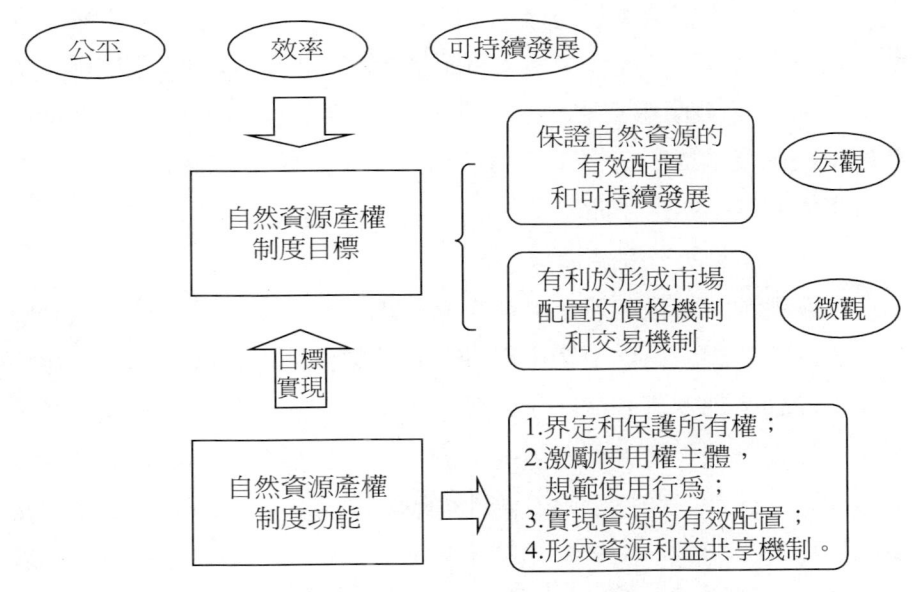

圖 8.1　自然資源產權制度：制度目標與制度功能示意圖

(二)制度結構

我們這裡研究的制度結構，主要是指產權結構。從產權的內在權能來看，產權結構包括所有權、使用權、收益權、處置權等一組權

---

[1] 劉燦，等. 中國的經濟改革與產權制度創新研究 [M]. 成都：西南財經大學出版社，2007: 283-292.

利，核心內涵是所有權，即主體對於客體的最高支配權。從產權主體的不同類型看，產權結構由私有產權、共有產權（社團產權、俱樂部產權）、公共產權國有產權（政府產權）這樣幾種類型構成，而一個社會採取何種產權結構，主要受制於每一產權形式在特定的政治、經濟、文化等條件下配置稀缺資源的交易費用的大小。我們在選擇自然資源產權結構時，一方面我們應綜合考慮到國家的政治體制、經濟發展水平和法律傳統，考慮到公民的資源環境意識以及國家實施法律管理資源環境的能力，同時必須結合資源本身的特點。不同自然資源的自然屬性不同，經濟屬性也不同，因而在社會經濟生活中的產權關係可以有很大的差別。總的來說，我們要構建的自然資源產權結構，應該是由所有權、使用權和交易權構成的、產權主體多樣化的結構體系。這裡，我們從所有權、使用權和交易權及其內在構成來研究自然資源產權制度結構這一命題。

1. 自然資源所有權結構

自然資源所有權制度是社會主義市場經濟中國家及社會公共利益實現的法律基礎。自然資源不同於一般的物，所有權界定給哪些經濟主體不僅是權利本身的問題，而且還將對國民經濟的健康發展及國家的穩定與安全產生重大而深遠的影響。有些自然資源不僅是社會生產生活的基本保障，還是國防及國家的戰略儲藏，這部分資源必須由國家絕對控制。另外，由於自然資源的多用途性，在很多情況下，對資源的開發和利用總是存在著生態效用與經濟效用的衝突與矛盾，並由此引發自然資源同時承載的社會公益和個體私益之間難以協調的矛盾。在這種情況下，自然資源的國家所有權就使國家作為社會公益的代表，在干預資源開發和利用的過程中處於一個合法的優越地位，國家可以以資源所有者的身份在社會不同需求和資源多種用途的實現之間尋求一條解決的途徑，在社會公益和個體私益之間找到一個合理的平衡。所以，在自然資源所有權制度的設計上，必須立足於社會整體利益，確保國家所有權的主體地位，制度建設的重點應放在樹立什麼樣的指導思想，並以什麼樣的方式和途徑推動國家所有權的有效實現上。

根據自然資源的多樣性及其在社會生產生活中的重要意義，立足於我國國情，自然資源所有權制度應包括：

(1)非生物性可再生自然資源的國家所有與集體所有。非生物性可再生自然資源主要包括土地和水等，這類資源是人類生存的基本條件，也是一切生物如森林、草原、魚類、野生動植物得以繁衍生息的基礎，對人類的社會生產生活有著特殊的重要意義，其產權的界定應從社會整體利益和集體利益出發。對這些資源應確認國家所有和集體所有的性質，由相應法律保護產權的排他性。社會其他主體不宜享有所有權。在我國社會主義市場經濟條件下，解決這類自然資源的有效配置和激勵使用行為，應在國家所有和集體所有的前提下，依法建立起市場化的使用權制度。

(2)生物性可再生自然資源的多元主體所有。生物性可再生自然資源主要包括森林、草原、魚類、野生動植物等，它們富有生命，以土地、水等非生物性可再生自然資源為生存基礎，不斷繁衍，並具有循環再生能力。生物性可再生自然資源以其不同屬性可以滿足不同社會生產生活主體的不同需求，在使用上表現出較強的競爭性。在市場經濟國家中，這類自然資源所有權制度具有多元化特徵，國家以法律確認森林、草原、魚類、野生動植物等生物性可再生自然資源的所有權歸屬於不同主體。立足於我國國情、資源的重要性和社會主義市場經濟的基本要求，對森林、草原（如生態林、生態草地）中涉及全社會公共利益和生態效益的應確立國家所有權，與集體生產生活關係密切的應確立集體所有權；對一般的生產性草地、經濟林地等可再生資源，私人、企業和社會組織在取得土地和水資源使用權的基礎上可確認其所有權，即國家可以透過拍賣或授權的方式將其所有權轉讓給其他經濟主體。

(3)不可再生自然資源的國家所有。不可再生自然資源包括鐵、煤、石油等各種金屬和非金屬礦物在內的礦產資源，它們具有鮮明的耗竭性。對於這類資源，世界上大多數國家都建立了單一的國家所有制度，私人、企業和其他社會組織可以依法取得礦產資源的使用權即探礦權和採礦權，在我國亦然。面對我國礦產資源緊缺及耗竭速度加快的嚴峻形勢，應繼續堅持和完善這類資源的所有權制度，並透過其使用權的有償制度和競爭性取得來提高資源的使用效率，同時保證國家作為礦產資源所有者的根本權益，形成科學的礦業開採觀及建立和諧的礦產資源產權關係。

(4)對於自然旅遊資源，應建立國家所有權制度，明確認定其屬於國有財產同時建立自然旅遊資源分級集中管理體系，國家級自然旅遊資源統一改為國家公園，允許進行特許經營和租賃經營。

2.自然資源使用權結構

對於自然資源，首先要實現所有權與使用權的分離，在國家所有或集體所有的前提下構造市場化的經營主體。其次要引入私人、民營、外資等多元主體，參與自然資源使用經營的競爭。再次是在自然資源使用經營上應有政府的介入。對於在使用上的公共性和外部性很強的自然資源，應由政府公共部門經營，或在政府管制下由一般企業經營對排他性、競爭性強，公共性和外部性相對較弱的自然資源，應讓經營權進入市場交易，由市場主體透過競爭獲得。最後要建立和完善自然資源使用權的有償制度。應根據不同自然資源的性質和用途，規定不同的使用稅費和繳納途徑；對一般性可再生資源實行市場定價，對公共性資源實行限價使用制度。

3.自然資源交易權結構

產權交易是市場的基礎，產權缺乏可交易性就不能發揮其資源配置的功能。在自然資源產權制度架構中，交易權制度處於非常重要的地位。自然資源產權交易的基礎是交易市場，根據自然資源所有權法律確認其可交易性。交易市場分爲所有權交易市場和使用權交易市場。所有權交易市場是自然資源所有的國家主體或集體主體出讓其所有權，這一類市場的構建必須要有完備的、具有可操作性的法律規範，在交易過程中實行公開、公平、公正原則，而資源交易的利益應保證由國家或集體組織成員享有。使用權交易市場分爲兩個層次。一是自然資源的使用權或開發權市場，又稱一級市場，即國家或集體組織在保持其所有權的前提下，按市場方式交易使用權或開發經營權，這類市場交易採取有償出讓出租的形式，參與主體以招投標等競爭性方式獲得。二是自然資源使用權的轉讓市場，又稱二級市場，即取得使用權的主體將使用權再次轉讓給別的主體，形成使用權在不同主體間的流轉。正如巴澤爾講的，"說不管誰擁有權利，只要權利被清楚地界定，收入就會實現最大化，是毫無疑義的，因爲……只有與收入最大化相一致的權利轉讓，才能完全清晰地界定產權"[1]。例如，礦產資源產權的交易權制度建設，主要是要活化礦產資源使用權，建立礦業權流轉市場；拓寬使用權的取得途徑，除了劃撥、承包經營、頒發許可證外，還可以採取租賃、招標、拍賣、合資、合作、入股等多種形式取得使用權。在水資源管理及水權制度領域，應推進由完全政府管制向準市場體制的改革，根據水資源市場的特點及實踐經驗，建立一個有效、公平和持續發展並有多種經濟主體參與的水權交易市場。

---

[1] 巴澤爾. 產權的經濟分析 [M]. 費方域，段毅才，譯. 上海：上海三聯書店，1997: 75.

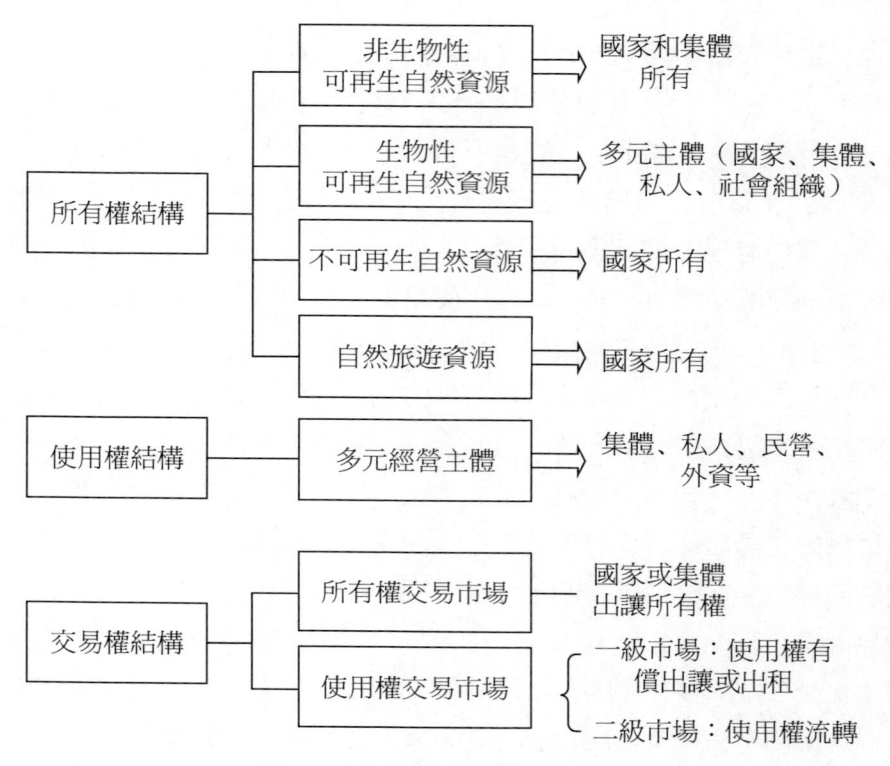

```
所有權結構 ─┬─ 非生物性可再生自然資源 ─→ 國家和集體所有
           ├─ 生物性可再生自然資源 ─→ 多元主體（國家、集體、私人、社會組織）
           ├─ 不可再生自然資源 ─→ 國家所有
           └─ 自然旅遊資源 ─→ 國家所有

使用權結構 ── 多元經營主體 ─→ 集體、私人、民營、外資等

交易權結構 ─┬─ 所有權交易市場 ─→ 國家或集體出讓所有權
           └─ 使用權交易市場 ─┬─ 一級市場：使用權有償出讓或出租
                             └─ 二級市場：使用權流轉
```

圖 8.2　自然資源產權制度結構示意圖

第九章

建立符合我國國情的自然資源法律體系

在社會主義市場經濟條件下，構建有效的自然資源產權制度，在立法層面首先需要建立一個符合我國國情的自然資源法律體系，根據資源保護、有效利用和經濟、社會發展的內在要求，需要對現行的自然資源法律制度進行創新和完善。透過法律制度的創新和完善來克服市場調節機制的缺陷；用市場化的法律調整機制來彌補政府行政管制業已或可能存在的不足；透過法律體系內的相互協調互補來實現自然資源立法的價值目標，促進市場經濟和自然資源環境保護與利用的可持續發展。本章基於對我國的自然資源產權法律制度的現狀和存在問題的分析，提出了建立符合我國國情的自然資源法律體系的基本思路。

一、我國自然資源產權法律制度的現狀

我國自然資源產權的法律規制目前主要包括自然資源所有權制度和自然資源使用權制度，其法律淵源主要是憲法、民法和部分自然資源單行法。

(一)自然資源所有權制度

在自然資源所有權的法律安排上，我國實行礦藏、水資源的國家單一所有制，其他資源實行國家和集體所有制。《憲法》第9條規定："礦藏、水流、森林、山嶺、草原、荒地、灘塗等自然資源，都屬於國家所有，即全民所有；由法律規定屬於集體所有的森林和山嶺、草原、荒地、灘塗除外。"第10條規定："城市的土地屬於國家所有。農村和城市郊區的土地，除由法律規定屬於國家所有的以外，屬於集體所有；宅基地和自留地、自留山也屬於集體所有。"在《水法》、《海域使用管理法》、《礦產法》中規定了單一的國家所有制，在其他資源法律中規定了國家和集體所有制。《民法通則》第

71 條規定："財產所有權是指所有人依法對自己的財產享有佔有、使用、收益和處分的權利。"

(二)自然資源使用權獲得制度

我國法律制度規定，無論是國有的還是集體所有的自然資源，都可以被符合條件的經濟體使用，從而確立自然資源使用權。這一制度具體來說，就是規定了自然資源有償使用的行政許可制度。即符合條件的經濟體有權透過投標、承包、承租等方式，在繳納給國家或集體一定費用的基礎上獲得資源的使用權利。如《水法》就明確規定了有償使用制度，其第 7 條規定："國家對水資源依法實行取水許可制度和有償使用制度。"

(三)自然資源使用權轉移制度

本書在這裡使用的是"轉移"而非"交易"或"買賣"，是因為目前我國法律只是對土地、草原、海域的使用規定了使用權轉移制度。如《土地承包經營法》規定，透過家庭承包取得的土地承包經營權可以依法採取轉包、出租、互換、轉讓或者其他方式流轉；《草原法》規定，草原承包經營權受法律的保護，可以按照自願、有償的原則依法轉讓；《海域使用管理法》規定，海域使用可以依法轉讓、可以依法繼承，等等。這些規定，完全不是現代市場經濟意義上的交易法律安排，因而，實際上我國尚無真正意義的自然資源交易權法律安排和交易規則制度。

二、我國自然資源產權法律制度的特點

從歷史發展階段來看，我國的自然資源產權法律制度經歷了三個階段，即新中國成立初期的傳統自然資源產權、社會主義改造完成後計劃經濟時代的徹底公有制的自然資源產權和現今的社會主義市場經濟下的自然資源產權。我國目前的自然資源產權法律制度具有以下特點：

(1)自然資源沒有物權化。我國長期以來沒有將自然資源作為物權的客體看待，土地、礦產、森林、草原、水域等自然資源的商品和資產屬性被忽視甚至被否認。在目前的我國，自然資源在事實上和法律上都被作為一種純自然屬性的物品。

(2)自然資源的公有法律安排和國家所有的永久性。自然資源的公有制理論是我國目前自然資源產權法律制度的法哲學基礎，根據這一理論，中國自然資源法律作出了所有權主體單一化的安排，所有權主體是國家、集體，沒有完整意義上的個人所有權。此外，國家對自然資源享有永久的、不可剝奪的所有權，國家自然資源永久主權論是中國現行自然資源產權制度的政治基礎。因此，政府理所當然地成為自然資源的所有主體、供給者和分配者。國家對自然資源享有永久所有權的結果會很奇妙，比如，我國公民購買的私人住宅可能會變成"空中樓閣"，因為70年之後房子下面的土地使用權將消失。

(3)自然資源的配置幾乎完全依靠行政權力。我國的自然資源產權制度排斥了市場對資源的基礎性配置作用。現行自然資源法律大都強調資源屬於國家所有，不得流轉，只能由國家根據需要調配。在這種制度框架之下，對某些自然資源的使用者而言，對自然資源的開發與使用是無償且無期限的，比如中石油、中石化。這種安排也忽視甚至否認了市場對資源配置的基礎作用，其中一個結果是地方政府會興致盎然地積極參與對自然資源使用權的配置，而政府本身不承擔開發和利用的環境與經濟後果。

三、我國自然資源產權法律制度安排中存在的問題

我國目前自然資源利用之中存在的大量問題，正是由於我國現行

的自然資源法律制度缺陷所致。具體而言，我國目前的自然資源產權法律制度安排中存在的問題主要表現為以下幾個方面：

(一)我國自然資源法律制度沒有明晰自然資源的產權主體

這一觀點可能會被一些學者反對。筆者在某大學聽講座的時候，某經濟學家曾經斬釘截鐵地說道："中國的國有資產產權是非常明晰的，它就是屬於國家所有。"此看法當然是一種觀點。然而，也有學者並不贊同。制度經濟學理論告訴我們，產權沒有被明晰到具體的個體甚至是個人頭上，這個產權就不會是明晰的。就自然資源而言，筆者認為，從法律安排的角度來看，我國的自然資源法律制度沒有明晰自然資源的產權主體。依照我國現行的法律安排，自然資源的所有權是比較明確的，即國家和集體是自然資源的所有者。但自然資源公有產權在實際運作中卻產生了一系列問題，原因如同國有企業產權失效一樣，強制性的公共產權必然導致從"大家都有"變成"人人皆無"，從而引致委託失靈、代理失靈和監督失靈。作為資源的公共產權主體，國家不僅對自然資源擁有積極的權能，即可以佔有、使用、收益和處分資源，而且也可以行使其消極的權能，即排除一切非法的侵犯。但國家是個抽象的、不清晰的集合，權利無法被具體界定到某個人，因而要切實行使自然資源的所有權，國家只有把這一所有權委託給中央政府；而中央政府不可能直接控制那麼多的資源，所以必然一級一級地委託下去，直至自然資源管理部門。這樣，自然資源的產權必然被層層委託給眾多具體代理人去行使，其間必然經過很多環節。然而，國家和它的各級委託人與代理人都有著不同的行為和利益目標。每個環節的代理人與它的委託人的利益目標都可能存在差異，從國家到最後代理人，這種利益目標的差異可能會越來越大。這就存在著代理人行為嚴重背離自然資源公共產權主體和終極所有權人利益的可能。例如，近幾年由於國際油價持續走高，帶動國內石油企業的利潤大幅增長。三大石油集團中僅中石油在 2007 年一年之內就實現利潤總額 1 920 億元。問題在於，面對如此豐厚的壟斷利潤，公共利益的代表者是否能充分獲得收益？是否存在"公共利益部門化"、"公共利益單位化"的問題？同時，這樣的自然資源產權界定還有一個結果就是對自然資源控制權尋租的道德風險大增。現實之中，涉及自然資源的控制而滋生的腐敗盛行，經濟效率因此而嚴重受損。國家作為國有資源所有者代表的地位模糊，名義上自然資源是國家所有，但事實上任何一個部門佔有資源就是佔有了一塊既得利益，自然資源的所有權和受益權在相當大程度上是分割的，產權虛置或弱化，造成了權益糾紛疊起、自然資源過量消耗和生態環境惡化。這些問題的關鍵在於區分哪些自然資源是真正的公共物品而哪些自然資源應該是私人物品。由於並無此區分，因而在我國現行自然資源法律制度框架之下，自然資源的產權一股腦兒地被國家和集體包辦了。

(二)自然資源產權法律制度中的使用權安排失效

我國的自然資源立法在規定自然資源屬於國家和集體所有的同時，並未從物權角度對自然資源的使用權做出明確規定。自然資源所有人與使用者在利用過程中的權利與義務的不同沒有從法律中體現出來，造成使用權與所有權的混淆，對使用者缺乏必要的約束和限制，致使其肆意侵犯國家和集體的所有權。這一安排導致的結果，一是由於我國自然資源的所有權界定主要是國有產權形式，即屬於全體人民所有，在此前提下，"公地悲劇"的發生似乎不可避免。新中國成立後我國森林被大面積砍伐、草原普遍退化等，均可從這裡找到原因。此外，這一安排還導致了所謂的"公有公營"：既然是公共所有，就應由公共機構比如國有企業來經營。這一命題已被實踐和經濟學理論證明是個謬誤，但它至今還是我國很多資源型國有企業存在的理由。二是導致資源使用權被濫用。由於擁有自然資源所有權的國家和擁有自然資源使用權的政府在自然資源使用過程中沒有獲得相應的所有權收益和使用權收益，使得各級政府為了自身利益的最大化和收回應得的使用權收益，紛紛利用手中的權力進行設租、尋租，從而形成各級政府的一種灰色收益，同時也造成了大量的自然資源被非法使用和破壞。小煤窯問題就是如此。

(三)我國自然資源產權法律制度中的交易權安排和買賣制度缺失

交易是產權實現的關鍵，是實現自然資源價值的"臨門一腳"。然而目前，根據我國的法律安排，我國自然資源產權交易僅限於很狹窄的範圍之內，只在土地、草原、海域使用等有限的幾個領域存在著有償轉讓。在其他領域中，只存在著政府的許可使用及其成立的所謂市場。但這並不是真正意義上的交易。真正的交易在於下一級市場，即產權權利人可以在市場上實現產權的自由有償的轉讓。交易權安排短缺是中國自然資源價值實現極其低效的主要制度根源之一。產權天生的功能除保護自身財產外，便是交易增值的功能，這種增值來自於交易雙方的效用互補和合意增效。任何稀缺物品的消費都應在交易博弈中進行，才顯得公平與公正和易於操作。目前，我國的自然資源如果說有交易的話，那麼，這種交易的客體——自然資源也是作為一種典型的命令產品而存在的。事實上，我國當前法律制度否定自然資源交易所有權的嚴峻後果是顯而易見的。無數的事例告訴我們，作為外部硬約束的法律這麼安排的結果，就是造成市場價格信號的資訊價值和市場競爭動力的效率價值喪失。同時，由於這樣的一個安排，還直接導致了自然資源產權買賣制度安排並沒有多大的需求動力，只在承包林木、城市土地等領域有狹小的制度安排。即便是城市土地的所謂"交易"，由於我國目前城市土地出讓大多採用定額契約方式，土地成本和收益均無法實現市場化核算，因而，契約風險極大。我國的自然資源市場制度目前基本上還是公權市場制度，依此形成的結果是市場交易富有投機性，而政府由於是絕對的壟斷者，這就反過來促使市場的尋租氛圍加劇和機會主義盛行。在這種市場環境下，交易者需花費很大的成本去獲得和保護自己的產權，例如，據估計，在我國近幾年以來的高房價中，土地的價格和為了獲得土地而進行的投入十分驚人。此外，自然資源的投入者作為理性的經濟人和經營者，對具有很高交易成本和不確定性的產權交易市場及制度安排必然沒有多麼長遠的計劃和規劃，所以，竭澤而漁、亂整亂來以及短期行為就成為他們的不二選擇。此外，由於自然資源市場一貫由政府安排，因此很難有透過實踐和完善立法去規範市場交易制度的機會，所以，當然很難產生市場交易權安排的交易制度。

四、我國自然資源產權法律制度的完善

產權法律制度安排合理與否直接關係到一個國家的可持續發展和它的未來。一個完善的產權制度至少應包括以下內容：首先是交易主體對交易物件擁有明晰的、唯一的產權，而且產權透過市場價格反映其度量；其次是只要產權的擁有者不違反法律、不損害他人的利益，產權的行使應不受任何限制；然後是產權具有可交換性，這是市場平等交易與資源自由流動的必要條件；再是產權擁有者必須對產權行使的後果承擔完全責任；最後是要有有效的產權保護。

(一)自然資源產權法律體系的核心是民事物權制度

1949年以來，我國的自然資源使用權制度經歷了很大的變化和調整，以適應不同時期政治和經濟發展的客觀要求，實現不同時期的社會整體目標。在改革開放之前，權利主體的變更主要是透過行政命令實現的，基本無排他性可言，也就未能依法確立物權的概念，結果是

嚴重地阻礙了社會經濟目標的實現。在 20 世紀 80 年代中後期，我國制定了一系列自然資源行政法，90 年代後期又對這些法律進行了修訂，這些法律創設了一些性質不同的財產權利，以期完成不同的經濟功能。例如，透過中共中央 5 個 1 號文件、《土地法》以及農村土地承包法等逐步建立的農民土地承包經營權，對於提高農業生產效率發揮了決定性的作用。

物權是一個重要的法律概念，創造物權概念的根本目的是規範人與人之間的經濟關係。從法律的角度看，物權是一套程式和規則，這些規則和程序決定了誰對某物享有權利，誰可以使用、管理和經營資產的一束權利。從經濟學的角度看，資源的稀缺性是產生物權的前提。構成物權的一系列規則讓人們以某種方式利用、經營和處置某物，由此人們得到回報或者受到損失。物權是幾乎所有經濟活動中必需的條件。目前，我國頒佈實施的《物權法》對自然資源權屬制度、使用制度等都做了相關的規定，再次強調了自然資源的國家和集體所有權制度。但是只規定了簡單模糊的用益物權安排，卻規定國家應該對自然資源物權的行使進行干預，還規定了自然資源用益物權的強行收回制度。《物權法》第 120 條規定："用益物權人行使權利，應遵守法律有關保護和合理開發與利用資源的規定。所有權人不得干涉用益物權人行使權利。"在擔保物權中，《物權法》所規定的擔保物權體系包括抵押權、質權和留置權。根據《物權法》、《擔保法》、《土地法》等相關法律的規定，在沒有禁止性規定的情況下，部分自然資源及其使用權可以成為抵押權以及質權的客體，設定抵押權和質權。在《物權法》第四編中，僅在可以設定擔保和禁止設定擔保的物中，對於土地資源這類特定物進行了簡單的原則性的規定。

資源的權屬關係和流轉關係是自然資源法基本的和重要的調整對象，法律機制在此領域的運作和發揮效能應以完備的資源物權制度為基礎，然而由於資源自身獨特的自然屬性和法律屬性，使法律制度對其的規制無法與一般的物相提並論，種種原因造成了我國對資源物權理論研究的滯後和資源物權法律制度的長期欠缺，在很大程度上這也是我國自然資源開發與利用效率低下以及資源要素市場難以形成的重要原因之一。我國自然資源特別法對自然資源物權的基本屬性多未做出明確的規定。實踐中，則是由各級地方立法機關、國務院各部委、各級人民政府以及其所屬部門做出規定，這與"物權法定"的原則相距遙遠，表現出了極大的不完善性。其後果是權利人的利益無法得到有效的司法保護，其投資常處於高度風險之中，行政監管機關、司法機關適用法律困難。在不同時期、不同地域的司法實踐中，針對類似的權利常常出現非常不同的裁決，自然也就很難實現其立法目的，完成其特定的政策功能。

我國現行自然資源法律安排的結果是：

首先，法律確認國家或集體作為自然資源的所有者，但事實上由於國家或集體的虛擬人格在行為能力上的局限性，不可能真正去行使所有權的佔有、使用、收益、處分的種種權能，這就必然導致國家或集體對自然資源的所有權事實上不是一種真正的所有權。制度經濟學認為，在此情況下，產權實際上沒有被清晰界定。

其次，資源的利用和保護最重要的是要有人行使權利，因此國家或集體必須將其所有的自然資源交由具體的人來進行具體的開發和利用。但是，事實上，由於我國資源立法體系中的許多限制性規定，導致對資源從事實際利用和開發的人卻並不擁有對其正在開發和利用的自然資源的許多基本且核心的權利，即該人所享有的權利並未物權化，這就最終導致了在自然資源領域中的所有者缺位的現象。

再次，非契約化的分配權利，產權的約束功能沒有建立起來。完全物權化的權利應當具備兩個條件，一是權利人有自主、排他的支配權；二是對該權利主體不具有身份要求。物權的另外一個功能是可以實現資源的流轉和配置，也就是想利用的人可以取得資源來利用，不想利用的人可以將手中的資源轉讓給他人利用，即該權利具有可流轉性，這種流轉的結果是使資源不斷地尋求最能有效地利用它的人，使其得到最大化的利用。而我國目前的分散利用機制，即使按照新的物權法，利用人也並不能處分其權利，且資源使用權利主體資格受到國家法律規定的所有制的嚴格限制。

再其次，傳統的分散利用是公有制資源內部許可權的劃分或分配，在所有權人和使用權人之間沒有建立明確的權利和義務界線，對資源的使用不僅是無償的，而且使用權人對資源的利用效率與利用者沒有直接的關係。因此，分散利用形成的權利既沒有約束機制，也沒有激勵機制，不具備一般物權或產權應當具備的界定權利、義務、風險和責任的功能。

最後，資源利用的負外部性非常嚴重。資源利用人只獲得資源有用的部分，而將有害部分轉嫁給社會或他人，資源利用人濫用資源，導致了資源退化、環境惡化等嚴重威脅人類的結果。一方面，這種現象的產生，是由於許多資源沒有確定的利用主體，而是處於公用狀態，資源利用人不承擔利用資源的壞的後果；另一方面，由於資源利用權未實現物權化，資源利用人沒有土地使用權或沒有長期的使用權，致使利用人不願付出防止資源利用壞的後果外化擴大的成本，因此又加劇了這種資源利用的負外部性。

物權化有一個特殊功能，就是將不可直接交易的資源歸屬權轉變爲可交易、民法上的財產權；物權化要求在一定範圍的主體與一定範圍的資源或土地之間，建立一個一一對應的特定的排他支配性法律關係。我國的自然資源物權體系安排的基本框架可以是：除了礦藏、水等重要資源及公共資源的利用由國家直接設定資源利用權外，其他資源利用權可以也應當由資源性土地使用權人來設定。

有學者提出，我國自然資源使用權的物權制度設計，不是一個所有權和用益物權簡單相加的民法物權模式，而是應當考慮我國自然資源一律由國家或集體所有，但又必須落實到具體的自然人、法人等民事主體才能實現資源利用的物權化的特殊制度背景[1]。這一思路非常重要。在實踐中，要處理好的一個難點問題就是在自然資源使用權的物權化過程中，國家、集體與個人或企業（市場主體）之間的關係。構建以使用權為核心的資源利用物權體系，並不是忽視國家或集體所有權的作用，而是使國家、政府或集體由過去更多地重視和依賴行政管理和監督，轉變為透過設定資源性物權並探索出多種方式的授權許可使用、拍賣等分散資源使用權或利用權的途徑，從而合理地分配資源性土地使用權和資源利用權，規範和監督權利的行使，使物盡其用。因此，首先必須解決的一個問題是要明確所有權主體、明晰權利邊界。

(二)完善自然資源產權法律體系的內在結構

1.在短期內無法物權化的前提下，完善我國自然資源產權主體制度

產權明晰是產權建立與運行的基礎。自然資源所有權主體的虛置損害了資源的利用效率。正如張維迎所言："公有化程度的提高和公有經濟規模的擴大導致委託－代理層次的增加，從而拉大了初級委託人與最終代理人之間的效率，使得監督變得更加缺乏效率。"[2]要注意的是，並不是物權法上提到了自然資源的安排就可以認為實現了物權化。目前，在短期內無法對自然資源物權化的前提下，解決的實際辦法就是建立獨立、完善、多元的產權主體體系。對於關係國家整體安全與發展利益的、國家在保證效率的情況下有能力管理與控制的自然資源，實行國家所有與獨立管理；對於國家需要下放到地方管理的資源，設立地方的單獨管理權，使地方政府可以從管理中得到收益；對

---

[1] 楊秋生. 自然資源物權制度構築的思考 [J]. 中國礦業，2005(5).
[2] 張維迎. 公有制經濟中的委託人－代理人關係：理論分析和政策含義 [J]. 經濟研究，1995 (4).

於法律允許私人擁有的產權，應向物權化方向發展，使其在少干預甚至無干預的條件下獨立、自由地行使權利，同時，根據資源的不同情況，修改當前法律中某些不利於私有產權擴展與運行的規定。建立國家、地方、個人共同參與的完善的產權主體體系，是發揮產權作用，實現自然資源效率的基本條件。

2.建立完善良好的自然資源配置使用法律制度

要打破傳統的"公有公用公營"的運行模式，就必須引入自然環境資源使用權透過市場競爭有償獲得的產權安排制度。要引入市場競爭和有償獲取自然資源使用權的法律安排。有學者建議，應使公有財產權依物權法享有私法上的自由（如設定用益物權），使公有財產（尤其是土地）經由私法進入市場[1]。我國的自然資源立法在規定自然資源屬於國家和集體所有的同時，並未從物權角度對自然資源使用權做出明確規範。為解決自然資源所有權與使用權權益不對等的問題，必須實行使用者支付制度。對自然資源使用權的獲得，要根據不同自然資源的性質和用途，規定不同的使用稅費和獲得途徑，如對緊缺資源實行高標準收費使用制度；對不可再生的特別資源實行管制使用制度；對一般性再生資源實行市場定價制度；對公共性資源實行限價使用制度等。對同一種自然資源，也應根據其不同用途規定不同的收費制度，如對生活必需的天然氣實行限量條件下的低價制度，而對一般的商業性生產用天然氣實行市場定價制度。自然資源使用權和經營權的明確和分離，要依據自然資源的公共性和外部性而定。對公共性和外部性很強的自然資源，應實行使用權和經營權的結合，由公共事業部門經營，或在政府的嚴格管制下由一般企業經營。而對排他性、競爭性強，公共性、外部性相對較弱的自然資源，應明確使用權與經營權分離原則，讓經營權自主地進入市場交易。

---

[1] 王澤鑒. 物權法上的自由與限制//民商法論叢：第 19 卷 [G]. 香港：金橋文化出版有限公司，2001.

3.建立自然資源產權交易法律制度

目前，我國法律制度禁止自然資源的自由市場交易，現行的自然資源有償使用制度只不過是政府出讓的某種獲利的可能性，而不是所有權的交易，是政府參與下的"管理的交易"，而不是"買賣的交易"。當然，自然資源交易權安排的號角已經吹響，必須建立自然資源交易制度，在這裡，沒有回頭路可言。只有建立自然資源所有權交易制度，才可以明確界定自然資源的行政管理權與自然資源所有權，才可以有效防止行政權與資源產權的結合，杜絕設租與尋租行為的發生，確保公平與效率，充分發揮產權的激勵功能。應該設定這樣的法律框架，在這樣的安排中，自然資源市場由兩級市場構成。一級是自然資源使用權的出讓市場，自然資源管理部門把自然資源一定年限的使用權出讓給市場主體，管理部門收取出讓費，讓自然資源的經濟價值透過市場交換來實現。二級市場是自然資源使用權的流轉市場，取得自然資源所有權的市場主體可以把使用權轉讓給其他人。產權的可轉讓性，使資源能夠根據市場需求的變化在全社會自由流動，從而提高資源的配置效率。筆者認為，這是目前我國自然資源產權法律制度改革中最具有現實性和迫切性的制度環節。

4.建立自然資源徵用與補償制度以及自然資源產權回收制度

事實上，對於徵用，我國是有法律規定的，即國家為了公共利益的需要，可以依照法律的規定對公民的私有財產進行徵收、徵用並進行補償。然而，我國目前的徵用政策來源於所謂國有化的安排，這一法律安排已被證明是漏洞百出的：國家法律規定的適當補償政策，變成了某些官員和政策執行者的"適當"，侵犯公民合法權益的情況層出不窮，現實生活早已宣佈這一適當補償的制度安排變成了某些官員的"搖錢樹"。案例俯拾皆是，例如，重慶最牛釘子戶案、陝北石油案，等等[1]。因此，國家出於保護環境與資源合理利用或其他國家公共利益的需要，建立符合現代憲政制度基本要求的對自然資源產權進行徵用，並給予全額補償的法律制度尤爲重要。此外，由於無法物權化的產權法律制度安排，產權權利人會爲更大的利益而對環境保護和合理利用資源造成損害。爲防止這種情況的發生，國家的應對之策是建立資源產權回收制度。當產權的利用已經或將要對國家公共利益——主要在環境與資源領域造成損害時，可以視情況的嚴重程度採取無條件或者有條件的收回制度。

---

[1] 中國金融網 [OL]. http://active.zgjrw.com/News/200783/News/593727870502.

第十章

自然資源產權制度構建中的政府間關係：分權理論及其應用

中國的自然資源產權制度設計，應在對一些重要戰略性資源實行國家專屬所有權情況下，確立資源權利收益多級化的分配制度，其中，明確劃分中央政府與地方政府之間資源產權權利的利益分配關係，既是自然資源產權制度改革的重要約束條件，更是理論研究的基本視角之一。針對改革開放 30 年後業已形成的中央與地方分權的制度框架，分權理論視角下的自然資源產權制度改革，顯然應當引起我們足夠的重視。本章將對 20 世紀以來分權理論的發展過程及研究現狀做一個梳理，探討分權理論在自然資源產權制度改革中的應用範圍，以及由此引申出來的中國自然資源產權制度改革的基本思路。

一、分權理論的發展過程及其基本的理論工具

(一)早期的分權理論

一般認為，早期的分權理論肇始於 1956 年 Charles Tiebout 教授在芝加哥大學的《政治經濟學雜誌》上發表的《地方支出的一個純理論》的經典論文[1]。這篇文章發表後，開拓了分權理論研究的方向，引起了許多經濟學家的重視。其中，Samuelson、Arrow、Musgrave、Oates 等發表的一系列後繼論文更進一步地充實了 Tiebout 教授的研究思路，使得分權理論在內容和形式上都越來越形成較為獨立的體系，這一時期的分權理論已被目前的理論界公認為第一代分權理論（或第一代財政分權理論）。簡而言之，這一代分權理論研究的主要內容是：在公共物品的供給問題上，向地方政府分權可以解決困擾中央政府的資訊缺損的問題。因為只要居民可以在不同地方之間自由遷徙，他們自己的真實偏好就實際上透過"用腳投票"的機制顯示出來了。而且，因為地方政府的收入與"逃離"的居民多少成反比，所以也就

---

[1] CHARLES TIEBOUT. A Pure Theory of Local Expenditures [J]. *Journal of Political Economy*, 1956(64): 416-424.

必然因此而產生地方政府之間的競爭，這個類似於競爭性市場的機制就可以影響地方政府的公共支出模式。因此，解決好地方政府的轄區治理水平與居民偏好不相符的問題成爲第一代分權理論的重心。但是，這一理論框架和理論工具還僅僅局限在公共財政的領域裡，它還沒有更集中地涉及地方政府的激勵模式以及經濟增長與分權的關係問題[1]。

(二)第二代分權理論

20 世紀 90 年代中期以後出現的一大批討論分權問題的學術論文，顯示出了與傳統分權理論相當不同的視角和結論，可被統稱爲第二代分權理論。它具有如下三個主要特點：

1.公共選擇視角取代公共財政視角成為考察政府內部分權的理論基礎

構建於 20 世紀 50 年代的第一代分權理論，以公共財政視角爲其理論基礎，它的潛在假設是：政府是斯密意義上的公共利益的"守護者"，會盡一切可能實現社會福利的最大化。第二代分權理論文獻的基本假設超越了新古典傳統，政府不再是經濟的"守護者"，而是一個"經濟人"，它追求的是自身預算最大化[2]，而不是或不完全是社會福利最大化。因此，如果不對政府的規模進行限制，政府就會透過不斷增加對社會經濟資源的榨取來擴大自身的規模，最終損害社會福利。但政府又是一個最大的壟斷性機構，它能夠代表國家供給各種利益集團所需的產權制度，不存在比它更高的約束力量，因此唯一能夠限制政府規模的辦法就是在政府內部進行分權，透過政府內部的競

---

[1] 張軍. 分權與增長：中國的故事 [J]. 經濟學，2007(1).
[2] 這種預算最大化在不同國家的地方政府那裡有不同的表現，有的是追求預算內（外）財政收入最大化，有的則是純粹從政治晉升的角度來考慮使地方官員個人的"預算"最大化。

爭，創造出一種類似於市場的預算約束機制[1]，來防止 North 意義上的國家悖論——政府（國家）一方面要自上而下地主導產權制度的安排、實施，但另一方面，政府（國家）的行政強制實施能力往往又不同程度地阻礙著產權制度經濟功能的正常發揮。

公共選擇視角下的分權，突出了政府間政治關係的重要性[2]。在第一代分權理論的視角下，只要居民的偏好不變，中央政府與地方政府間的分權關係一旦確定了就不會變化。但公共選擇視角下評價政府公共決策水平的一條核心原則是，政府干預不能提高經濟效率或導致相對公平的收入再分配。這意味著，即使居民的偏好沒有變化，追求自身預算最大化或政治晉升機率最大化的各級政府，也會不斷地挑戰現有分權規則並干預產權制度的正常運行，以便為自己爭取更多的利益或選票。因此，公共選擇視角下的分權，既是一個政府間持續不斷的利益分配或再分配的過程，更是一個產權制度在分權型政府干預的條件下不斷演進的過程，這一過程中的重要內生變數是政府間政治權力的配置情況。

2.委託－代理理論從方法論層面上的介入，成為考察政府間分權制度設計合理與否的出發點

第二代分權理論不再將各級政府視為利益一致的整體，因為注意到了政治結構（不論是普選制國家還是非普選制國家）對於分權效果的影響，所以更加強調資訊不對稱與地方政府雙向代理角色[3]在分權理

---

[1] G. BRENNAN, J. M. BUCHANAN. The Power to Tax: Analytical Foundations of Fiscal Constitution [M]. New York: Cambridge University Press, 1980.
[2] 劉曉路. 財政分權與經濟增長：第二代財政分權理論 [J]. 財貿經濟，2007(3).
[3] 即一方面，地方政府代理中央政府，實行對本地區經濟的宏觀管理和調控；另一方面，地方政府代理本地區的非政府主體，執行中央的決定，爭取中央的支援，以實現本地區經濟利益最大化。參見：陸建新. 中國制度創新中的地方政府行為悖論研究 [D]. 中國人民大學博士論文，1997.

論中的核心意義。Seabright（1996）[1]指出，地方政府由於地利因素而掌握著一些上級政府或當地立法機構都不掌握的獨特資訊，而能否有效地使用這些資訊，對於地方居民的福利來說至關重要。集權的好處在於可以將地區間溢出效應內部化，分權的好處則在於可以增加地方政府對當地居民福利的關注，因此，究竟是集權還是分權，取決於兩者對於福利的影響孰輕孰重（劉曉路，2007）。從這一角度出發，越來越多的研究使用委託－代理模型來分析政府間的分權關係，特別是運用類似於討論企業組織結構的方法（U模型、M模型）。第二代分權理論指出，民選的議會代表、中央政府、地方政府和各級官員等之間也構成了各種類型的委託－代理關係，需要建立相應的激勵機制來促進實現社會福利的最大化。在此基礎上，分權的優劣得到了廣泛的討論。Qian和Weingase[2]提出，分權有助於形成一種被稱之為"市場保護型"的財政聯邦制，在這種體制下，中央政府與地方政府明確劃分彼此的責、權、利，並由地方政府承擔發展本地經濟的主要責任，並且認為，中國特色的財政聯邦制就是這種體制的典型代表。但另外一些學者（如Goodspeed、Rodden）[3]則提出，分權所產生的財政援助問題，會極大地軟化地方政府的預算約束。在地方政府擁有了與預算相關的大部分權力的情況下，考慮到中央政府不可能對它們可能陷入的財政困境置之不理（特別是經濟發達、具有全國性溢出效應的地區），地方政府就會傾向於採取風險性更大的預算政策，迫使中央政府在出現地方財政危機時不得不進行財政兜底，從而使得對地方政府

---

[1] P. SEABRIGHT. Accountability and Decentralization in Government: An Incomplete Contracts Model [J]. *European Economic Review*, 1996(40): 61-89.

[2] QIAN YINGYI, BARRY R. WEINGAST. Federalism as a Commitment to Preserving Market Incentives [J]. *The Journal of Economic Perspective*, 1997 (11).

[3] T. J. GOODSPEED. Bailouts in a Federation [J]. International Tax and Public Finance, 2002 (9): 409-421; J. RODDEN. Hamilton's Paradox: the Promise and Peril of Fiscal Federalism [M]. New York: Cambridge University Press, 2006.

財政自求平衡的要求形同虛設，財政風險最終會倒逼中央政府，危及全國的經濟穩定。

3.第二代分權理論融入了增長經濟學的研究框架：計量經濟學方法得到充分使用

(1)計量研究的數據及對象

第二代分權理論主要採用計量經濟學的方法在增長經濟學的框架下對分權與經濟增長間的相關性作了檢驗，給分權賦予了新的政策含義。其研究的數據和對象值得特別提及。

從研究數據看，其樣本數據的時期跨度基本集中在 20 世紀 70 年代以後。其中既有跨國研究，也有國別研究。基本囊括了高收入國家、低收入國家、發達國家、發展中國家、轉軌國家等各種常見的國家類別，基本計量工具多採用面板數據分析法。典型的研究如 A. Limi（2005）對 51 個發達國家和發展中國家 1997～2001 年的財政支出的分權與其佔 GDP 增長百分比的面板數據研究，以及 E. Zhuravskaya 對 75 個國家的 25 年數據的驗證等[1]。

從研究對象看，其主要目的在於檢驗分權程度與經濟增長之間是否存在相關性，以及其顯著性水平如何；更深一步的計量研究還討論了這種相關關係是線性的還是非線性的[2]。上述大部分研究所選取的財政分權變數，延續了 Oates（1972）的方法，主要採用地方政府支出（或收入）佔政府總支出（或收入）的比例（政府間轉移支付已被包括在內）。數據大都來自 IMF 提供的政府財政統計。在研究中國財政分權與經濟增長的關係時，財政分權變數的選取更為複雜一些，有的學者採用預算內（制度內）地方政府支出（收入）佔政府總支出（收入）的比例指標，有的則加入了預算外甚至制度外的收支情況。林毅夫與劉志強的研究更是從財政的邊際分成率的角度來設置財政分權的

---

[1] 王煥祥，郎玫. 財政分權功效研究新進展 [J]. 經濟學動態，2008(3).
[2] 喬寶云. 政府間轉移支付與地方財政努力 [J]. 管理世界，2006(3).

變數[1]。但不管對象與指標如何選取，對分權與經濟增長是正向還是負向影響的計量檢驗結果始終是不確定的。

(2)理論聯繫尚待進一步完善：計量方法受到數據及指標的影響過大關注

這種計量檢驗結果具有不確定性的學者大都承認，在分權與經濟增長之間缺乏協調一致的微觀理論基礎是導致這一問題出現的關鍵[2]，換言之，即是個人與企業（或消費者與生產者）的效用、預期等因素無法納入到政府間分權與經濟增長的關係之中。在這一點上，突破的可能性方向是借助於公共選擇理論，將個人與企業（或消費者與生產者）以投票者模型的方式介入到計量分析之中。即使是這樣，也至多只能解決對採用普選制政治體制的國家的分析。在非普選制國家，對這種微觀基礎的界定現在看來還有不小的困難。以內生經濟增長理論為基礎所做的宏觀數據之間的分析，沒有提供一般意義上的分權推動經濟增長的直接機制，這就使得在數據選取上"公說公有理，婆說婆有理"，計量驗證的結論更是莫衷一是。其原因在於：①國別體制差距的因素決定了分權指標的複雜性。IMF 所提供的國別財政數據僅從中央政府與地方政府收支的分配角度來刻畫政府體系內的分權程度，顯然還未考慮到稅收返還與管制、軟預算約束條件下地方政府透過進入信貸市場或其他渠道為自己融資，以及"中國語境"下地方政府官員所面臨的政治晉升約束或激勵等問題。②中央政府與地方政府在財政收支決策中的博弈因素未得到重視。目前的經驗研究至多只能刻畫事後的分權程度，而不能解釋事前為何中央政府會將經濟權力下放給地方政府。對這種下放動機如果不予以理論上的闡述，則無法找出地方政府可能出現的事前機會主義傾向或事後道德風險，也就分不清地

---

[1] 林毅夫，劉志強. 中國的財政分權與經濟增長 [J]. 北京大學學報，2000 (4).
[2] J. MARTINEZ-VAZQUEZ, R. M. MCNAB. Fiscal Decentralization and Economic Growth [J].

方政府在分權條件下出現"掠奪之手"或"援助之手"行為的本質誘因是否要歸結到中央政府的行為或制度設計不合理之上。事實上，在重要的政策領域中，中央政府不大可能做到完全不過問地方政府如何決策，而地方政府也不大可能在對自己有重大影響的宏觀經濟決策中放棄自己的發言權。由此觀之，中央政府與地方政府間的博弈不僅是存在的，而且是長期的、不斷重複的。因此分權的含義不是中央政府與地方政府各自負責不同的職能，而是中央政府與地方政府在重大事務的決策中共同分享決策權力。說到底，經濟上的集權與分權脫離不了複雜的政治博弈因素，這也是分權理論之所以眾說紛紜的根源所在。③分權影響經濟增長的途徑尚不確定，分權與基本經濟目標、增長要素的關係尚待研究。作為整個經濟增長理論的一部分，要論證分權對經濟增長的影響，就必須清楚說明財政分權與傳統經濟目標之間的關係：分權所導致的公共部門的變化如何影響經濟投入（勞動、資本和自然資源）的數量與質量以及私人部門的技術進步，以及這種影響對經濟增長會產生何種作用。目前計量研究的文獻尚不能很好地把這種內在聯繫透過模型設定的方式建立起來。

(三)關於中國式分權問題的討論

市場化改革必然伴隨著分權程度的增加，這在轉型國家是個普遍現象。但與前蘇東國家不同的是，中國的改革取得了非同一般的成績，長期保持了經濟的高速增長。這就使得在轉型國家中，中國最適合作為分權促進經濟增長的樣板。在探討中國的財政分權與經濟增長關係的論文中，確實有相當一部分持正面肯定的態度。它們指出，分權為中國的地方政府和企業分享經濟成果創造了條件，從而促進了資本的合理配置，推動了經濟的增長。Roland[1]因而強調，中國的分權創

---

[1] G.ROLAND. Politics, Markets, and Firms: Transition and Economics [M]. MA: MIT Press, 2000.

造了一種不同於西方發達國家聯邦制的"市場保護型"聯邦制。林毅夫和劉志強（2000）認為，分權透過改善中國的資源配置效率，從而與中國的總體經濟增長率存在正相關關係。而1994年的分稅制改革，也是支援這一觀點的重要事實依據。但相反的意見也存在，並且在較近一段時期更為引人注目。Zhang 和 Zouo[1]得出了跟林毅夫和劉志強相反的經驗研究結論。此外，也有學者質疑中國式分權的性質及其對經濟可持續增長的意義。

中國式分權的一大特點是經濟分權與政治分權的不同步。Blanchard 和 Shleifer[2]建立了一個簡單的模型來解釋政治分權背後的邏輯，比較了俄羅斯與中國由於不同的政治分權程度所造成的財政分權效率的差異，強調中國中央政府的政治集權是約束地方政府行為，促進經濟增長的關鍵。在中國，強有力的中央政府透過"政治晉升控制"的方式有效地對地方官員進行獎懲，抑制了地方政府潛在的政府俘獲和租金競爭的行為傾向[3]。因此，他們認為，轉型國家的分權，是否與政治集權相配合，是決定國家經濟績效差別的主要原因。換言之，在利用經濟性分權保護市場經濟的同時，還要利用政治集權來克服政治市場的弊病。與此形成鮮明對比的是，周飛舟基於中國經濟與政治分權不同步的現象，提出了明確的反對意見。他以1994年分稅制改革以來中國印花稅分享比例、增值稅退稅比例和個人所得稅分享比例所發生的單方面有利於中央政府的變化為證據，說明中央政府的

---

[1] T. ZHANG, H. ZOU. Fiscal Decentralization, Public Spending, and Economic Growth in China [J]. *Journal of Public Ecnomomics*, 1998(67): 221-240.
[2] OLIVIER J. BLANCHARD, ANDREI SHLEIFER. Federalism with and Without Political Centralization: China versus Russia [J]. IMF STAFF PAPERS, 2001(48): 171-179.
[3] 周黎安. 晉升博弈中政府官員的激勵與合作——兼論我國地方保護主義和重復建設問題長期存在的原因 [J]. 經濟研究，2004 (6)；皮建才. 中國地方政府間競爭下的區域市場整合[J]. 經濟研究，2008(3)；楊其靜，聶輝華. 保護市場的聯邦主義及其批判 [J]. 經濟研究，2008(3).

政治集權意味著在中國實際上不存在任何形式的財政聯邦制，更不用說"市場保護型"的聯邦制了[1]。

以上我們簡要回顧了自 Tiebout 教授以來的第一代、第二代分權理論在方法論層面上的進展狀況。總的來說，分權理論的基本特點與應用範圍在於：①其分析的範式是從屬於新古典經濟學的。②特別適用於分析大國的經濟問題——只有在大國中，分權問題才顯示出獨特而重要的地位。③既有的研究已經將分權理論應用於財政分權與增長經濟學框架裡，那麼，同樣也可以將其應用到自然資源產權制度改革領域中。不過，由於中國自然資源產權制度改革領域中政府分權的特殊性，其理論的前提假設條件與研究側重點要做適當修改。④受到數據質量與分權微觀模型基礎不牢的影響，要慎重使用計量經濟學的分析工具，不能在基礎理論模型尚未闡述清楚因果關係的時候，就盲目使用計量工具來得出一些似是而非的理論"結果"，那樣會出現重大謬誤。對於自然資源產權制度研究而言也是如此。

二、分權理論的應用：我國自然資源產權制度改革中的政府關係分析

將分權理論應用到自然資源產權制度改革的研究之中，不可避免地會遇到兩個問題：一是主流的分權理論本質上是偏向於宏觀經濟特別是經濟增長理論研究框架的，而自然資源產權制度則是一個微觀制度研究的問題。那麼政府間分權現象與自然資源產權制度之間的關係是什麼，二是現階段的自然資源產權制度，不論從世界範圍來看，還是從中國的現狀來看，都存在一定程度上的"國有化"傾向。資源的國家所有必然造成國有制（或公有制）條件下的政府間委託－代理關係，不同級次的政府行使資源產權權利的同時，首先要確定其擁有資

---

[1] 周飛舟. 分稅制十年：制度及其影響 [J]. 中國社會科學，2006(6).

源產權的權利範圍，政府間關於資源產權權利的分配也必然體現為一種分權的現象，那麼，分權理論中的哪些模型能較好地回答這一問題呢？

(一) 分權型政府主導和約束的有限制的自然資源產權制度

對於第一個問題，我們認為其關係可以表述為：現代的自然資源產權制度是分權型政府主導下的有限制的產權制度。"市場經濟中主體財產權不是'絕對的'和真正'為所欲為'的，它是從屬於社會約束的、由政府主導的、有限制的產權。制度性的財產權矛盾和衝突難以透過市場界定來解決，市場對於主體實施其財產權行為的約束功能十分有限，而政府介入財產權領域和行政權力的約束與限制，對主體財產權進行調整和重構，就成為現代市場經濟的必然需要。"[1] 其中，政府對自然資源產權制度的調節包括三個方面：①對主體的經營領域，即實施資源產權的領域進行政府干預；②規定資源產權權能的度量，即產權邊界或界域；③對資源產權的收益權實行調整。由此可見，市場經濟條件下的自然資源產權制度並不完全是科斯意義上的"產權決定論"，政府對自然資源產權制度的主導和限制作用不可忽略。那麼，政府是作為一個抽象的單一整體來規範、約束和調整自然資源產權制度嗎？顯然不是如此。從現代市場經濟發展演變的歷史看，政府是多級、分權性質的，因此，政府主導和約束的有限制的自然資源產權制度也不能局限於政府與市場的二維權衡，還應充分考慮一個分權型政府對產權制度的基本約束。分權性質的政府對自然資源產權制度約束的基本手段包括：①透過立法和司法機制，根據各類資源佔有主體的性質和社會職能，確定（資源）主體財產權的界線，規定其行使產權的方法，監督（資源）主體行使產權的行為，用法律與行政等手段對各種非理性的侵權行為進行懲罰，以實現對主體產權行

---

[1] 劉詩白. 主體產權論 [M]. 北京：經濟科學出版社，1998: 95-101.

為的政府約束； 理清政府與不同所有制歸屬的資源型企業的關係，處理好地方政府之間競爭對資源產業發展的影響。這些基本約束手段充分體現出了分權型政府間的權力分配或區域競爭，都必然會對自然資源產權制度的變革方向產生重要影響。

(二)政府間關於自然資源產權權利分配的 U 模型、M 模型

對第二個問題，錢穎一等人在分權理論中提出的 U 模型、M 模型從方法論上為我們提供了答案。他們將組織理論中的 U 模型、M 模型應用於分析轉型國家具有分權性質的經濟改革時，指出：中國與前蘇聯和東歐中央計劃組織形式之間確實存在很大的不同。例如，前蘇聯（東歐）的經濟是由專業化部門或職能部門（如採掘工業部、機械工業部、紡織工業部）整合大工廠中類似的生產活動。這一系統被稱為條條（Branch Organization），或被稱為 U 型組織。而 1958 年以來的中國經濟則主要是以區域原則組織起來的，被稱為塊塊（Regional Organization），其中，各省負責著一個完整的產業體系，這種組織形式又被稱為 M 型組織[1]。在錢穎一和許成鋼的文章中，U 型模型和 M 型模型組織的基本結構如圖 10.1 和圖 10.2 所示。

很明顯可以看出，U 型組織是"職能條條"共生的，換句話說，就是中層主管 1 和中層主管 2 都需要向高層主管報告他們所得到的（改革）資訊，高層主管在從兩個中層主管處得到資訊後，再根據資訊的特徵重新分配改革任務（或分配某種權利），因此 U 型組織結構的核心元素是：改革要按照高層──→中層──→任務的線性關係配置任務（或分配某種權利），中間層級的主管（如地方政府）之間並不發生橫向聯繫。而 M 型組織的不同之處在於它是按照"塊塊"設置

---

[1] QLAN YINGYI, XU CHENGGANG. Why China's Economic Reforms Differ: The M-Form Hierarchy and Entry/Expansion of the Non-State Sector [J]. *Economics of Transition*, 1993(2): 135-170.

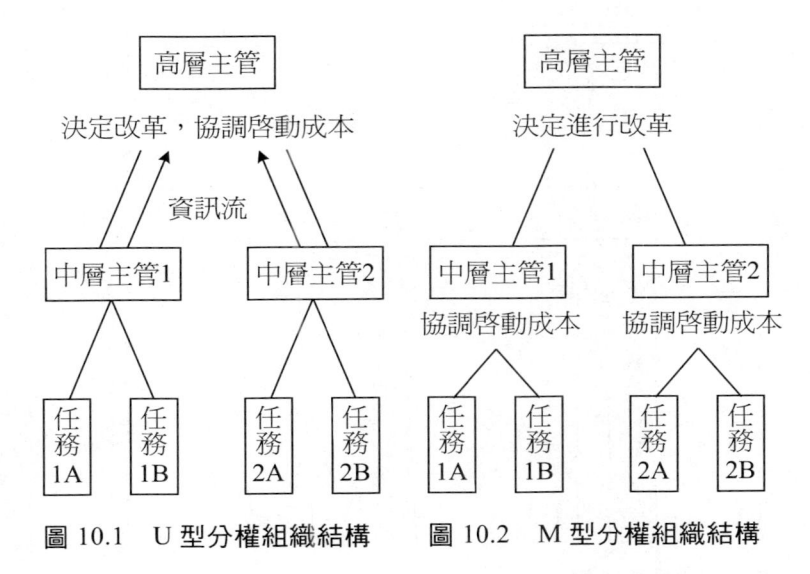

圖 10.1　U 型分權組織結構　　圖 10.2　M 型分權組織結構

的，按照錢穎一和許成鋼的說法，由於高層主管要求特性匹配的改革（如實現高的 GDP 增長率或分配資源的產權權利）分配給中層主管，且不同地區的任務之間不需要對特性進行匹配。這樣的 M 型組織的直接後果是地區間的政府競爭。

　　以上僅是我們對 U 型組織與 M 型組織的簡單分析。對於中國自然資源產權制度改革而言，這樣的 U 型分權組織、M 型分權組織模型是很有借鑒意義的，考慮到資源產權制度改革的特殊性，我們對上述模型進行了簡單的修改處理，形成了分析中國自然資源產權制度改革中的中央與地方分權問題的 U 型組織與 M 型組織模型，其示意圖見圖 10.3 和圖 10.4。

　　對於 U 型分權組織模型，它主要描述資源型地區企業的條條管理模式，中央與地方分權問題實質上表現在所屬企業產權邊界的界定上，這一 U 型分權組織模型結構下的自然資源產權制度改革可以視為尋求政府與市場邊界的確定問題，即如何將國家掌握的自然資源配置權力逐步交給市場中的資源型企業（中央企業、地方企業等），這一

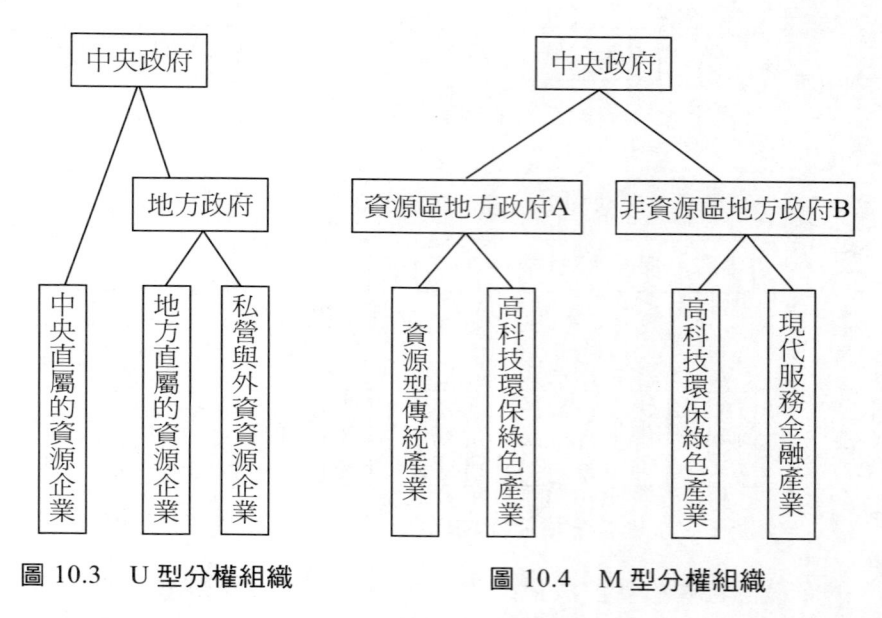

圖 10.3　U 型分權組織　　　　圖 10.4　M 型分權組織

過程常常被稱為"市場化"。這些中央直屬資源企業、地方直屬資源企業以及私營或外資資源企業之間的產權邊界界定問題是我國 U 型分權組織模式下自然資源產權制度的核心問題。

對於 M 型分權組織模型，其基本的分權結構是在體制內部實施的行政性分權和經濟性分權，其核心是中央政府與地方政府之間對權力的重新配置，以及地方政府在中央政府規劃的發展目標下的區域競爭問題[1]，這一模型可以用於解釋分權體系如何保證資源產權制度改革順利進行，以及在充分發揮自然資源產權制度經濟功能的同時，實現

---

[1] 這種區域競爭在圖 10.4 中可表現為資源區地方政府 A 與非資源區地方政府 B 的"政治晉升錦標賽"，A、B 雙方都在中央設計的某種經濟評價指標下（以前是以 GDP 增長率為競爭指標，現階段加入了年度節能減排的指標），但不管怎樣的競爭指標設計，如果都是"一刀切"地由所有地方政府來執行或貫徹，這實際上就造成了地方政府間起點不平等的競爭關係。例如像 A、B 這樣兩種類型的地區，其初始的發展階段、增長模式與產業結構根本就不在同一個平台上，如果用同一指標體系來評價二者的績效，就會不可避免地促成地區間的惡性競爭或統計數位上的弄虛作假。

资源型地区与非资源型地区的互补发展与可持续发展。因此，如果建立一个从分权到合作的 M 型分权模型（而不是一个恶性竞争的 M 型分权模型），就可以解释我国自然资源产权制度改革进程中的政府间分权关系未来的发展演变趋势。以上的论述表明：分权理论可以透过组织理论中的 U 模型、M 模型的结构化分析方法进入到自然资源产权制度改革的研究领域之中，而不是采用传统的宏观经济或经济增长的理论框架——因为产权制度改革很难透过内生化的方式进入到生产函数之中。值得提及的是，虽然分权理论可以透过借鉴组织理论的方法而应用于分析自然资源产权制度的改革，但还必须注意以下的一些细节问题：

第一，从整体研究视域来看，中国的中央政府和地方政府作为参与市场经济活动的重要主体，其行为特征在当今中国经济问题的分析中具有特殊而重要的作用，自然资源产权制度改革领域中自然也不能回避或忽略这两个主体的行为及其分权问题的影响，因此，定性的政府行为分析必不可少，应当明确中央政府与地方政府在自然资源产权制度改革领域中扮演的角色，是"福利之手"、"援助之手"还是"掠夺之手"。

第二，从自然资源产权制度改革的核心——所有权制度改革来说，应当著重分析内含于其中的中央与地方的分权问题。这是因为，尽管我国的宪法和法律明确规定重要战略性资源都属国家所有且由国务院代为行使对资源的所有权，但这种看似明晰的所有权制度，却需要由部门或地方政府来代理行使。例如，以矿产资源为例，由于其分佈于全国各地，所有权由地方政府管辖和代理，在实践中，中央政府的资源产权利益难以保证的问题或所有权虚置的问题始终挥之不去。实际操作中，矿产资源的真正佔有者只能是隶属于中央政府的中央级矿山企业（国有）和地方政府管辖的地方级矿山企业（国有或民营）。因此，矿产资源的所有权制度改革，归根究柢是理顺中央政府、地方政府的代理企業的產權關係問題,改革的客體顯然是以載體形式出現的各種不同歸屬的礦山企業。這些不同歸屬的企業的產權邊界的確定實質上就是一個分權的問題,其中,中央與地方礦山企業的分權顯得尤其重要。由此推而廣之,其他資源型企業的所有制歸屬(中央所屬或地方所屬)及其產權邊界的界定問題也十分重要。

第三,從自然資源使用權制度的改革來說,主要應研究的是使用權界定不清、侵權行爲嚴重且資源利用行爲短期化的問題。例如地方政府對資源型企業的干預行爲是一個重要的內生變數,它在很大程度上扭曲了企業的開採行爲,阻礙了使用權制度的改革。進一步需要追問的是,這裡的地方政府的干預行爲是中央賦權的嗎?這個問題必須回到分權經濟理論的框架中來討論。我們認爲,自然資源使用權制度的改革目的是,要明確中央政府與地方政府分權進程中的責任歸屬問題,或者說是中央政府如何處理(調控)中央 地方 U 型或 M 型分權結構中的地方政府的道德風險問題,其實質是中央與地方在資源使用權制度改革中的"分風險"問題。

第四,在自然資源流轉權制度改革領域,也存在中央與地方的分權問題,不過,這裡的"分權"具體化爲中央政府與地方政府的"分利"問題。眾所周知,自然資源產權流轉會產生溢價效應,以礦產資源爲例,其產權的流轉就是一個透過適當的定價機制的資源權利的出讓過程。目前,這個市場是很不規範的,產權交易的溢價收入大部分流入了地方政府與個體私營採礦者的腰包,中央政府作爲礦產資源終極所有者的一級代理人竟然無法管理、調控這一產權交易市場。改革開放以來中央政府放權讓利的結果,卻造成二、三級代理人(省、市地方政府或更低層級的地方政府)透過轉讓國家所有的礦產資源產權而獲利,而且這個獲利的過程中還夾雜著不少暗箱操作以及權力設租、尋租的違法行爲,這顯然不是這一改革所期望的結果。因此,中央政府當然應該透過管理、調控來規範這個"分利"的過程,國有自然資源的產權交易絕不能放任地方政府與私人業主的毫無規範和約束的"集體行動"。自然資源流轉權制度改革是分權條件下的市場規範問題而非純粹的"逐利過程",中央政府與地方政府在資源產權流轉市場中扮演怎樣的"手"的角色值得深入探討。

第五,從自然資源產權制度改革促進資源型地區科學發展的角度來看,分權問題最終並不是要形成中央政府與地方政府在資源產權歸屬和資源產權權利收益分配問題上無休止的博弈或討價還價,而是希望形成一套中央與地方默契合作的制度,透過明晰產權、有償開採、有序流轉、利益分享來實現最大限度地發揮自然資源產權制度改革的效力,並促進資源型地區可持續科學發展的目標。中央政府與地方政府從"分權"到"合作"的趨勢研究顯然是題中應有之義。

三、自然資源產權制度改革與中國政府間分權體系的邏輯關係

(一)產權制度與分權制度的一般關係

一般認為,產權是一種社會生產關係和社會權利,它是透過法律、法規等而得到國家機器維護的、"硬化"的、排他的佔有關係與權利[1]。其中,產權的背後是一個個鮮活的社會主體在行使其佔有權利,因此,現代市場經濟的產權制度是一種主體產權制度。從產權的一般定義來看,它們之間的聯繫正是透過一個個產權主體與不同的政府層級、企業及其代理人之間的行為關係連接起來的。

(二)社會主義市場經濟條件下的自然資源產權結構與分權型政府的約束

社會主義市場經濟要求在自然資源的佔有中實行公有財產制度。

---

[1] 劉詩白. 主體產權論 [M]. 北京:經濟科學出版社,1998: 49.

如中國的憲法和法律宣佈：土地、河流、礦山等實行國家所有或集體所有制。對這些基本的自然資源實行公有產權制度的重要性在於：①杜絕了私人壟斷及其所固有的種種弊端；②它是社會主義市場經濟體制下實現分配社會公正的基本保證；③它是防止各種濫用行為，合理而有效地利用寶貴資源，形成良好的生態環境和高質量的生活環境以造福於社會成員的重要條件；④它是集約利用稀缺自然資源，保證社會可持續發展的重要制度保證[1]。但自然資源的公有制（國家或集體所有）需要尋求恰當的實現形式，問題最終要轉化為尋求自然資源國有或集體所有的代理人問題（即解決所有權虛置的問題）。對這一問題，張維迎曾分析過一般條件下的公有制經濟中的委託人－代理人關係及其監督和激勵的機制問題[2]，並認為公有化程度的提高和公有經濟規模的擴大將導致委託－代理層次的增加，從而拉大初始委託人與最終代理人之間的距離，使監督變得更加缺乏效率，因此，他贊同"放權讓利"。但張維迎那裡分析的代理人既有企業又有政府，他並未指明這種社會主義市場經濟條件下的放權讓利是屬於經濟性的分權還是屬於行政性的分權（或授權），抑或二者兼而有之以及誰佔主導地位。而劉詩白教授對此則有更為深入的觀點[3]，即社會主義市場經濟條件下強調對自然資源的主體產權制度實行約束，主要目的在於抑制和制止主體的非理性的財產權擴張行為。其約束的主要手段有：①對主體行為實行政府約束，即政府要透過立法和司法機制，根據各類主體的性質和社會職能，確定主體財產權的界線，規定其行使產權的方法，監督主體行使產權的行為，用法律及行政等手段對各種非理性的侵權行為進行懲罰以實現對主體產權行為的政府約束；②多種所有制

---

[1] 劉詩白. 主體產權論 [M]. 北京：經濟科學出版社，1998: 256.
[2] 張維迎. 公有制經濟中的委託人－代理人關係：理論分析與政策含義 [J]. 經濟研究，1995 (4).
[3] 劉詩白. 主體產權論 [M]. 北京：經濟科學出版社，1998: 403.

結構中主體行為的政府約束。一是理清在傳統的 U 型結構下，經濟性分權中政府與不同所有制歸屬的資源型企業的關係；二是理清在 M 型分權結構下，地方政府之間競爭對礦山等自然資源產業的影響。由此可見，分權型政府對自然資源產權制度及其結構的約束是透過對資源產權主體的行為約束來實現的。行政性分權、經濟性分權以及政治集權條件下的晉升激勵，在不同的分權結構下對自然資源產權主體施加的約束"強度"是不一樣的，其產生的結果也大相逕庭。因此，分門別類地研究不同分權結構條件下政府對自然資源產權制度及其改革施加約束的情況就顯得十分重要。

四、自然資源政府管理體制改革：以礦產資源為例

(一)公共干預礦產部門：礦產資源產權制度與政府分權體系的基本邏輯關係

在國外的文獻中，政府間的分權體系對礦產資源產權制度改革的影響被歸結到"公共干預礦產部門"這一論題的框架之下[1]。首先必須明確的問題是，為什麼政府作為一個整體要干預礦產部門，這是因為"政府不滿足於讓私人利益完全決定礦產部門的發展，因為它（指礦產部門）對整個經濟的健康是如此重要"[2]。換句話說，正是因為礦產資源部門在國民經濟增長與發展中的重要作用，才使得政府不能"容忍"這一部門聽憑市場機制的單一調控。出於對國家或地區戰略利益的考慮，政府干預礦產部門便是不可避免的一個現象。接踵而來的問題是，政府部門干預礦產部門的效率如何，是否能透過干預來提高國

---

[1] 朱迪‧麗絲. 自然資源——分配、經濟學與政策 [M]. 蔡運龍，等，譯. 北京：商務印書館，2002: 244.
[2] 朱迪‧麗絲. 自然資源——分配、經濟學與政策 [M]. 蔡運龍，等，譯. 北京：商務印書館，2002: 246.

民的福利，對這一問題，朱迪·麗絲教授以一個著名的觀點給予了回答。她認爲：不能把"政府管理和政府所有權本身會保證礦產工業符合大多數公衆福利以及利益的方式運作"[1]當成公理。言下之意即政府干預礦產部門的效率及其帶來的福利效應的前景是不確定的，誰也不能保證政府干預礦產部門的努力，能使其普遍表現得更與經濟效率、公平分配、環境質量或國家的其他社會經濟或政治目標一致。對於政府干預礦產部門可能帶來低效率的原因，朱迪·麗絲教授指出了兩點：一是官僚政治的作用；二是國際資本主義體制中經濟整合所強加的限制。然而，這些原因的歸納是朱迪·麗絲教授在 20 世紀 70 年代形成的，顯然與當今中國的情況有所不同。我們必須在今天的條件下重新弄清當今政府部門干預礦產部門失敗的原因所在。第一點，需要說明的是，現今的政府幹預礦產部門的核心措施是什麼，是干預生產、分配等技術環節，還是干預礦產資源產權等制度環節，顯然，從今天各國各級政府的作爲來看，政府干預礦產部門的核心正是干預其產權制度，而不是直接干預其勘探、生產等技術性環節，正所謂"得產權者得天下"。第二點，必須認識到的是，現在的政府部門不再是作爲一個整體來干預礦業部門，而是一個分權的政府體系在干預，問題也因此而顯得複雜了許多：西方國家有的採取聯邦制，有的採取邦聯制，而中國採取經濟上分權、政治上集權的政府體制，同樣是分權的政府體系，其干預礦業部門的方式方法與干預的結果都不盡相同，而這正是本書所力圖從理論和實踐上界定清楚的。

籠統地說，在一個分權結構的國家裡，政府干預礦產部門既包括中央政府對礦業部門產權的干預，也包括地方政府對礦業部門產權的干預。其干預手段包括：①直接變革礦產資源的所有權制度，如政府放棄礦產資源的國家所有權，使之歸於市場化或私有化。②在中央政

---

[1] 朱迪·麗絲. 自然資源——分配、經濟學與政策 [M]. 蔡運龍，等，譯. 北京：商務印書館，2002: 246-247.

府和地方政府之間"切割"礦產資源所有權，如中央政府將部分礦產資源的所有權下放給地方政府全權處理。③在不改變國家對礦產資源所有權制度的條件下，中央政府與地方政府分配礦產資源使用權等權利帶來的收益。④在不改變國家對礦產資源所有權制度的前提下，中央政府與地方政府委託相應的礦山企業代為行使礦產產權（除所有權變更以外的其他權能），但作為代理人一方的礦山企業可能是公營的（國家或集體所有），也可能是私營的。按照朱迪・麗絲教授的說法，"公營的和私營的礦產企業二者都有一種明顯的傾向，即按其內部邏輯和商業指向邏輯來運作，對公共福利的淨貢獻最多不過是第二位的考慮"[1]。這種礦山企業內在的"過度逐利傾向"是可以透過中央政府——中央所屬礦山企業以及地方政府——地方所屬礦山企業之間的分權制度與委託－代理制度的合理設計來調整或規避的。⑤引進外部的戰略投資者，拍賣（一定年限）的礦產使用權給投資方，等等。

由於國家正式制度（憲法、法律等）和非正式制度（文化、習俗等）的差異，同樣存在分權結構的發達國家、轉型國家與欠發達國家中的中央政府與地方政府在干預礦產資源產權時，會表現出不一樣的行為激勵或約束。有的分權體系下的政府行為不但促進了礦產資源產權結構的優化，還產生了集約使用礦產資源以促進礦區可持續發展的作用；而另一些分權體系下的政府干預行為反而使礦產資源產權結構模糊化[2]，設租、尋租行為盛行，最終造成掠奪性使用礦產資源的惡果，並且還造成礦區環境惡化、民生凋敝、經濟發展嚴重滯後的"資源之咒"現象。換言之，分權體系的不同會對政府干預礦產資源產權的結果帶來不同影響，政府分權體系對礦產資源產權干預的結果是不確定

---

[1] 朱迪・麗絲. 自然資源——分配、經濟學與政策 [M]. 蔡運龍，等，譯. 北京：商務印書館，2002: 247

[2] 李稻葵在《轉型經濟中的模糊產權理論》一文中將"模糊產權"定義為實際最終控制權的模糊性。參見：李稻葵. 轉型經濟中的模糊產權理論 [J]. 經濟研究，1995 (4).

的。怎樣的分權體系對於礦產資源產權制度改革來說是最優的，這裡面的一般規律與適用於中國國情的特殊規律是什麼，他國分權體系對於礦產部門產權配置的經驗與教訓對中國礦產資源產權制度改革有何啓示，以下將逐條分析。

(二)中國政府體系"過度分權化"並不利於礦區經濟社會的科學發展

從新中國成立之初的 U 型分權結構到改革開放以後的 M 型分權結構，中國的政府間分權體系越來越體現出分權化的特徵。當前關於政府間分權過度還是適度的討論一直是個焦點，理論界尙沒有一個共識。但具體到礦區經濟發展而言，中國的這種過度分權化的政府體系確實不利於礦區經濟社會的科學發展。正如前文所述，這種不利的傳導機制是透過礦產資源產權特別是礦產資源所有權在某種程度上被內部代理人架空所造成的——礦產資源的所有者缺位很大程度上表現為中央政府作為礦產資源終極所有者（全民）一級代理人的權利與利益的缺位，這才衍生出了一些礦區地方政府利用過度分權化的政府結構實施機會主義或道德風險行為的現象。一些礦區地方政府對礦產資源的掠奪性開發以及相關的尋租、設租行為的成本幾乎無一例外地攤派到了礦區居民身上，再加上目前礦區官員的政治晉升制度，使得礦區的資源開採以及產權出讓政策缺乏明晰和連貫的方向，使礦區居民的代際成本增加（即今天礦區地方政府及相關利益集團的行為成本可能要由礦區居民的下一代，甚至下幾代居民來承擔），這種礦區經濟發展的惡性循環是與科學發展觀的全面、協調和可持續的基本要求背道而馳的。過度分權使得部分礦區地方政府在組織礦業生產、推進礦產資源產權制度改革時，更加傾向於資本而忽視勞動，更加傾向於"非生產性的食資源租集團"而不是生產性的企業，更加傾向於尋租投機者而忽視企業家，更加傾向於低成本的現有開採技術而忽視技術創新，更加傾向於現有產業結構（儘管其可能已經處於夕陽階段）而忽視礦區產業轉型為新興高科技環保產業。這種偏向一旦形成，就會使礦產資源產權制度中的所有者缺位矛盾進一步加深，礦區居民的收入分配差距日趨拉大，礦區的生態環境日益惡劣，礦區經濟發展的潛在動力不斷衰竭，最終的結果自然是"礦竭城衰"。

(三)政府體系適度集權化可能是扭轉礦區經濟發展不利態勢的重要體制變革方向

從上文的分析可知，中國目前的政府間分權體系實際上限制了礦區經濟社會的科學發展。並且，如果不從分權體制入手改革相應的政府間權力（利）分配關係與相應的礦產資源產權權利分配關係，而僅僅把希望寄託在地方政府自身行為的轉變上，可以說是緣木求魚。經濟學上有條基本原理，即在既定約束條件下實現利益最大化。而過度分權的現狀實際上已使地方政府面臨的政治經濟約束更加軟化，而其追求自身政治經濟利益最大化的目標不變，就會促成追求利益的過程和手段的急功近利化，礦區經濟自然會因礦區地方政府無約束的行為而更加惡化。因此，對礦區實行行政與經濟上的適度集權可能是扭轉礦區"資源之咒"現象的一條可行途徑。從世界範圍來看，對於礦區而言，不論是發達國家，還是欠發達國家，都採取了某種集權式的礦業管理模式，並且這種管理模式往往以礦區礦產資源產權國有化，由主權國中央政府控制作為重要表現。典型的國家包括英國、瑞典、墨西哥、玻利維亞、巴西等國，其目的就在於使礦產資源產權權利國有化到中央政府手中，並控制礦業生產的過度自由化。當然，正如朱迪·麗絲教授所言："不能設想政府管制甚或國家（中央）所有權就意味著礦產業運作會更接近普遍的'公眾利益'"[1]，但何謂公眾利益

---

[1] 朱迪·麗絲. 自然資源——分配、經濟學與政策 [M]. 蔡運龍，等，譯. 北京：商務印書館，2002: 246-253.

特別是礦區居民的公眾利益,這可能從來都不是清楚的。實踐中,與其將它付諸一個由地方政府牽頭的、由眾多企圖改變政策方向的既得利益集團操縱,還不如收歸國有由中央政府直接控制更為妥當。那麼,具體來講,這種礦區地方政府及礦產資源產權適度集權化應當如何運作呢?其基本體系又當如何?適度集權化能否實現中央政府與礦區地方政府從"分權"到"合作"的改革趨勢呢?對於這樣的操作性問題,我們將以英國礦業管理體系為案例,在下一部分詳細說明。

(四)適度集權化有利於實現中央政府和礦區地方政府從"分權"到"合作"的演進趨勢——英國樣本的啟示

1.英國政府"適度集權化"的礦業管理模式

在第二次世界大戰之前,英國的中央政府極少對礦業的佈局、發展或運營實踐採取干預和控制措施,各項法規和採礦經營者執照中所強調的,是給予生產者明確而可靠的採礦權資格,對這種財產權施行後會產生什麼後果以及地方政府會否干預礦業生產卻沒有什麼興趣。但第二次世界大戰以後,英國分別於 1947 年透過的《城鄉規劃法案》、1949 年透過的《國家公園法案》、1951 年透過的《礦業工作法案》和 1958 年透過的《煤礦露採法案》,則標誌著採礦控制方向的形式開始了重要變化——英國中央政府及其部委從礦業管理在空間上和功能上的"支離破碎"[1]逐漸走向"適度集中統一"。如圖 10.5 所示,英國"適度集權"的管理體制表面看上去是極其複雜的:礦產按照其最終用途分類,沒有任何清晰的物理指標,其最重要的特徵便是由分離的中央政府各部門管轄;由於礦產開採造成的損害不同,又由不同的法規來保護,並且由分離的政府機構來控制,所涉及的政府從區委員會到中央部委的各個級別,包括一些半自治的監測機構和區

---

[1] 朱迪‧麗絲. 自然資源——分配、經濟學與政策 [M]. 蔡運龍,等,譯. 北京:商務印書館,2002: 288-291.

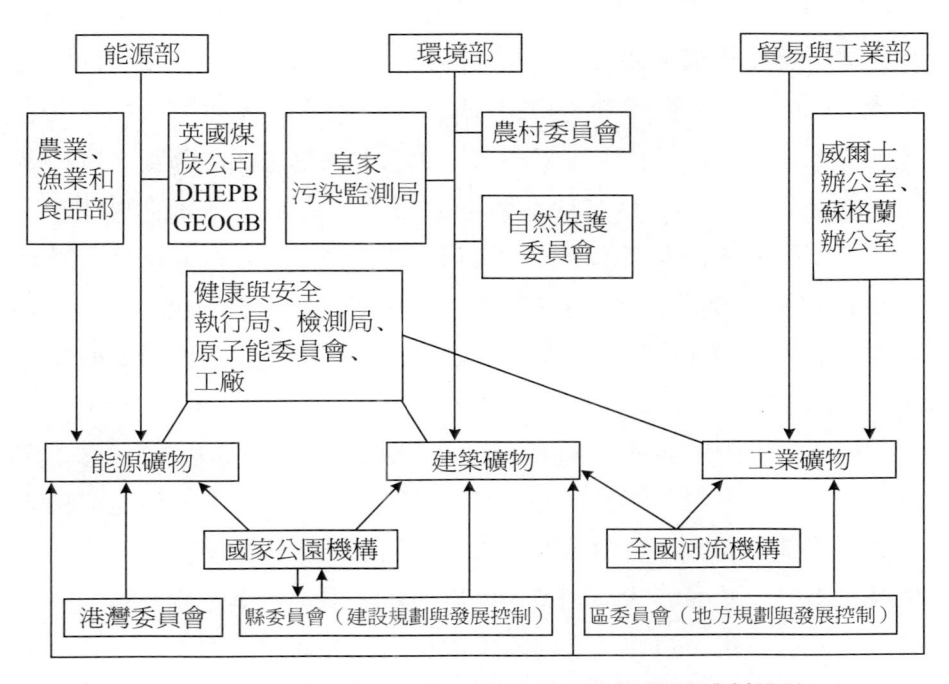

图 10.5　適度集權化：英國對礦產開發控制的體制設計

〔資料來源〕朱迪·麗絲. 自然資源——分配、經濟學與政策 [M]. 蔡運龍，等，譯. 北京：商務印書館，2002: 289.

域機構。而且政府一直傾向於把規劃和污染控制的行政系統看成不同的實體。但仔細地對圖 10.5 所示進行分析，可知英國的"適度集權化"礦業管理體制其實是比較簡單的（尤其是與聯邦制國家運行中的體制相比較）。這是因爲聯邦制國家中各州、各省的機構也產生關鍵的作用——在聯邦制國家中，全國的司法權不統一，常常出現顯著的司法不確定性，導致缺乏統一、連貫、協調力量的問題；同時，各地區的政府又常常爲經濟發展而相互競爭，而在這樣的爭鬥中，就經常出現超越正式規劃或環境條件的特許——澳大利亞東海岸各州之間爲煤炭出口和鋁的冶煉而爭相吸引投資公司的競爭，就是眾多例子中的一個。在單項控制法規由分離的區域或地方政府機構來實施的所有聯邦制國家中，在解釋和實施中都會出現顯著的變化，反映出地方經濟中經濟環境和相關利益集團之間政治力量的差異。反觀第二次世界大戰後英國的礦業管理體制，我們可以看出其管理體系可歸納為三大部（能源部、環境部、貿易與工業部）、三大礦物（能源礦物、建築礦物、工業礦物）與三條主要的管理線相互連接而成，其他的地方政府、中間監測機構僅僅起到輔助性管理的作用，這在很大程度上簡化與避免了在聯邦制國家中礦業管理體系下紛繁與複雜的局面。

從英國的礦業管理模式中，我們可以歸納出一些可供中國礦業體制模仿的要點：

第一，由中央部委主導的垂直型礦業管理體系[1]。但英國這種礦業垂直管理體系表現為礦業管理的權力相對集中於能源部、環境部和貿易與工業部這三大部之中，地方政府（如縣委員會和區委員會等），以及其他的一些職能機構如英國煤炭公司、皇家污染監測局等都服從於三大部的領導，這在一定程度上確實有利於抑制地方政府及其附屬機構對礦物資源的"掠奪之手"行為。

第二，英國礦業管理雖適度集權，但分工明確，做到了"簡約而不簡單"。在各國歷史上，這種垂直的礦業管理體系最致命的問題可能就是部委重疊、職能交叉不清造成的"政出多門"或"九龍治水"現象了，而這種多部委職能重疊問題在中國及其他一些國家的 U 型分權結構裡曾一度造成礦業管理體系僵化、部委之間推諉扯皮不斷，以至於礦業的垂直化管理體系一度是一盤散沙。英國在設計其垂直管理體系時，充分地考慮到了上述的部委間分工不明、職能重疊問題，僅僅把礦業體系交給三個大的部管理，這屬於體系上的精簡和創新；同時，將礦物類型也明確劃分為能源礦物、建築礦物和工業礦物三大類，從圖 10.5 上看，這就形成了三條清晰的礦業垂直管理線，其他的職能部委僅是在這三條線上充當專業監管者。這種垂直、簡約、分工

---

[1] 非常類似於中國曾採取的 U 型分權體制。

明確的礦業管理體系制度設計為英國的礦業管理省去了許多麻煩，特別是這種"大部委制"下的適度集權體制尤其值得我們充分關注。

第三，英國中央部委與地方政府在礦業管理過程中的資訊壁壘問題未能較好解決。雖然英國的"大部委制"礦業管理體系有其簡約、高效的一面，但這種類似 U 型分權結構的管理體系無法規避中央政府與地方政府之間的資訊壁壘及其帶來的負面影響問題，這種組織上的缺陷需要設計相應的資訊披露制度和資訊公開制度來解決，這也是中國礦業管理體制設計中應當充分意識到的難點問題。

2.對英國的借鑒及中國各級政府間從分權到合作的礦業管理體系

眾所周知，英國是傳統意義上的自由市場經濟國家，但恰恰在礦業管理體系和制度設計方面採用了適度集權的"大部委制"礦業管理體制，僅憑此一點就足以看出礦業生產經營在國民經濟序列中的特殊性來：它不是一項僅憑著市場機制就可以調節到"良性運行狀態"的產業。雖然英國的礦業管理體制也並非盡善盡美，但就憑其政府在礦業管理中的"適度集權化"的"反市場操作"行為而言，確實對中國的礦業管理制度設計有相當的借鑒作用。從約束條件的角度看，英國不存在"資源之咒"現象，但其國土面積小，資源的潛在儲量有限；而中國現階段一方面存在"資源之咒"現象，另一方面，中國是一個大國，總量意義上的資源潛力沒有絕對的優勢，且人均量嚴重不足。這些不同的約束條件決定了中國在設計礦業管理制度時，既要借鑒英國的適度集權化的"大部委制"礦業管理體制，又要在消除中央政府及地方政府關於礦業生產、礦產資源產權制度改革方面的資訊壁壘，實現中央政府與地方政府在礦業管理、礦產資源產權制度改革過程中的從"分權"到"合作"的趨勢中有所創新。因此，中國礦業管理體制的制度設計應遵循以下的基本原則：

第一，破除中國地方政府與相關利益集團"掠奪之手"行為造成的"資源之咒"現象，亟須採取適度集權的礦業管理體制，強化各部委對礦業生產經營、礦產資源產權流轉、礦山企業產權制度改革及礦區土地產權制度改革等的監管。對於特別重要的管理環節和流程，應設立獨立於地方政府管轄的派駐機構，防止地方政府（或相關利益集團）在安排礦業生產、推動礦產資源產權制度改革的同時爲自身謀取不當利益。各部委垂直監管的內容不應僅限於礦業產量或礦權流轉的批次、結果，更要注重對礦業生產、礦權流轉、礦山企業產權改制及礦區土地制度改革的過程監督，改變以往的部委只重結果（數字）而忽視過程的弊端。

　　第二，切實推進中國的"大部委制"礦業管理體制改革，減少中央政府與地方政府在礦業管理談判中的交易費用。英國礦業適度集權的"大部委制"礦業管理體制將主要中央部委精簡爲能源部、環境部和貿易與工業部（其他部委只發揮專業化監督的作用）。我們當然希望這樣簡約的部委垂直管理體系也能在中國的礦業管理制度中建立起來，但目前一步到位的制度創新條件還不成熟——想要把中國礦業的相關管理許可權集中在三個部委之內是非常困難的：一方面，失去管理許可權的部委可能因其自身利益而反對此項制度創新；另一方面，就目前中國部委的管理職能而言，一下子將過多的礦業管理許可權賦予少數幾個部委，可能會超出其真實的管理能力，反倒可能造成管理效率的下降。因此，我們認爲在考慮中國特殊國情約束的條件下，應當按照分工明確、權力適中、權力制衡的原則，將礦業管理許可權集中於以下幾個部委即國家發展和改革委員會、工業和資訊化部、國土資源部、環境保護部，而其他部委如監察部與住房和城鄉建設部等則只是作爲專業化的監督或服務機構而存在，不直接參與礦業管理，這樣適度精簡後的具有中國特色的"大部委制"礦業垂直管理體系，一方面做到了適度集權，另一方面也有利於地方政府在與中央政府（部委）就礦業生產、礦產資源產權制度改革的諸多議題進行談判時降低相應的交易費用，避免過去"九龍治水"但"治不了水"或"治水成本極高"的尷尬。

  第三，對許可權集中的中央礦業管理部委本身，也要採取相應的監管措施，防止其濫用權力。"大部委制"礦業管理體制在實現降低中央政府與地方政府談判的交易費用的功能時有一個假設前提，即中央部委是按照客觀的經濟規律對礦業實行監管的，而不是濫用中央部委的垂直管理權力。怎樣才能做到這一點呢？一靠部委間的權力制衡（相互監督）；二靠外部監督（即監督部委的專門機構）。按照我國現行的體制條件，這一部委外部監督者非人大莫屬。當然，由於人大的主要職責是立法與監督整個政府機構，不妨在人大內部專設一個機構來監督那些管理礦業的大部委，從外部約束其行使權力的正當性。

  第四，透過產權改制整合中央與地方的國有礦山企業，對規模以上的國有礦山企業實行部委垂直管轄。體現"大部委制"礦業管理體系的很重要的一環是將微觀層面的國有礦山企業與宏觀層面的礦業管理部委聯繫起來，否則，將礦業管理許可權適度集中至中央政府將成為空談。國有礦山企業是執行礦業生產計劃的主體，是推動礦產資源產權制度改革的重要客體，只有把這些規模以上的國有礦山企業管理好、監督好，才能從根本上遏制礦業粗放開採等不符合礦區科學發展要求的行為。因此，透過對產權的兼、停、併、轉改革，將目前散亂的國有礦山企業格局重新整合，並將規模以上的國有礦山企業明確為部委垂直管理（即傳統意義上的部委所屬關係），這是配合中國的"大部委制"礦業管理體制建立的重要改革措施。

  透過以上的制度創新或改革，中國式的"大部委制"礦業管理體制就基本能在符合國情約束的條件下建立起來，中央政府與地方政府在礦業管理中的關係也能夠實現從"分權"到"合作"的轉變。這種制度創新能夠從長遠、治本的角度抑制礦區"資源之咒"現象，因此是我們必須儘早推動的。當然，由於制度創新的漸進性質，我們不能坐等這一體制創新及其發揮效用的過程，而應當實施相應的短期配套改革措施來爲中國"大部委制"的礦業管理體制創造條件。

3.礦產資源型地區的科學發展之路:中央政府和地方政府應承擔什麼樣的風險

關注中國各級政府間從分權到合作的礦業管理體系的形成,從根本上說就是要實現礦產資源型地區的科學發展。但在這一過程中,中央政府與地方政府應當承擔怎樣的風險卻是理論研究中不容忽略的問題。從我們在中國北方 H 省調研的情況來看,中央政府與地方政府主要應承擔的風險包括以下幾點:

(1)科學發展戰略因粗放開採而難以在礦區有效貫徹是中央政府應承擔的主要風險

科學發展觀是中央政府在黨的十七大之後著力貫徹的主要大政方針之一。十七大報告中對"科學發展觀"的基本表述爲:第一要義是發展,核心是以人爲本,基本要求是全面、協調、可持續,根本方法是統籌兼顧。從其基本表述來看,中國北方 H 省的 J 礦區與 F 礦區出現的粗放開採現象,我們認爲,中央政府所承擔的最大風險是這種科學發展戰略不能實現從中央到地方礦區的有效貫徹。

首先,從發展的角度來看,"資源之咒"條件下,粗放開採至多只能維持較短時間的礦區經濟發展,不僅談不上全面、協調、可持續,而且這種短暫發展的後遺症(如污染等)還需中央財政、地方財政分擔治理的責任。說到底,粗放開採走的是粗放型增長道路,違背了科學發展觀關於發展是全面、協調、可持續的本義。

其次,粗放開採有違"以人爲本"的發展道路,至多只是"以物爲本"或"以礦產的資源利益爲本"。特別是近年來,隨著國際市場價格上漲幅度增大,"發資源財"的動機在不同的礦區地方政府、國有或非國有礦山企業裡蔓延著,怎樣"多"、"快"、"好"、"省"地挖出礦藏並轉手高價賣出就成爲了一個首要目標,因此而造成的土地貧瘠、污染、經濟發展滯後等弊病卻都要由礦區當地的居民來承擔——從我們調研的情況來看，中國北方 H 省的 J 礦區就是較為典型的例子：由於採礦點與居民區交錯佈局，致使該礦區的居民都生活在嚴重的空氣、水體污染之中，並且這種礦藏粗放開採所造成污染的擴展負效應還導致該區商貿、集市非常不發達，當地為數不多的一家互惠超市在下午六點鐘左右就已經關門歇業（調研當天既非節假日也無特別的情況發生），這在其他一些城市或地區幾乎是不可能看到的現象——粗放開採是以少數人獲得的短期資源利益換取了大多數人的生產、生活品質，從中央政府的角度來看，這的確是一種違背"以人為本"科學發展戰略的現實風險。

(2)粗放開採造成的環境污染、產業轉型困難與經濟發展滯後是地方政府應承擔的主要風險

從中國北方 H 省 J 礦區與 F 礦區實地調研的對比來看，由於粗放開采，J 礦區的環境污染程度、產業轉型難度均大於 F 礦區，因而其經濟發展的總體質量也遜色於 F 礦區。這種粗放開採帶來的經濟發展滯後，使得同一省內相距不過數百千米的礦區經濟發展差距不是在逐漸縮小，而是在逐步擴大，J 礦區地方政府不得不面臨這種污染嚴重、產業轉型困難與經濟發展進入惡性循環的風險。之所以這麼說，是因為粗放開採的格局一旦形成，礦區經濟發展就進入一種路徑依賴狀態——既然以最低成本開採出來的礦產資源能夠支撐礦區經濟的短暫增長以及礦區地方政府的財政收入（資源稅、費等），那麼，礦區地方政府就沒有改善基礎設施、推動科學集約開採（提高採掘成本）、引進新興高科技產業的動力，長此以往，礦區地方政府就會陷入完全依賴"賣資源"維繫經濟發展的鎖定（Look-in）狀態。從 J 礦區與 F 礦區粗放開採現狀的對比中我們可以看出，礦區地方政府不能延續那種先粗放開採而後再尋求治理的發展老路，粗放開採的風險聚集後遺症往往不在礦區地方政府的控制之中[1]，本屆政府更不能明知這

---

[1] 有的被粗放開採的礦區根本無法治理，最終成為一片"被掏空的廢墟"。

種風險聚集的不可逆性而將其推給下屆政府治理。追求科學集約開採礦產資源、提早規劃研究礦區產業轉型以及推動礦區經濟社會的可持續發展應當成為每一屆礦區地方政府延續不變的政策方針，這樣才能從根本上規避陷入粗放開採帶來的低水平經濟發展陷阱的風險。

(3)粗放開採導致的礦區居民福利水平下降是中央政府與地方政府所應共擔的風險

粗放開採導致的環境污染、資源迅速浪費與枯竭以及礦區經濟發展質量的迅速下降最終都會以降低礦區居民的生產、生活品質即福利水平的後果表現出來。這種福利水平的下降往往在礦區表現為：第一，收入差距拉大。J 礦區與 F 礦區中，凡是未被整合的私營煤礦，其利潤率都在 200%以上，有的煤老闆一天可以挣到 100 萬元人民幣甚至更多，而普通礦工的年收入只能維持其勞動力的簡單再生產，兩者的收入差距少則幾十倍，多則數百倍。第二，環境污染直接影響礦區居民的飲、食、起、居。第三，層出不窮的礦難事故造成大量當地居民及親屬（礦工）傷亡。第四，經濟發展滯後導致教育水平低下，礦區人力資本積累緩慢，礦區居民的後代無法走出粗放開採帶來的惡性經濟循環及其負面影響。第五，腐敗與治安問題導致的社會矛盾加深，等等。上述一些粗放開採對礦區居民代內及代際的負面影響實質上既是中央政府面臨的風險，也是礦區地方政府面臨的風險。這是因為，這種粗放開採導致礦區居民福利水平下降過快並引發的一系列社會矛盾積累到一定程度，一方面會影響到中央政府在礦區的合法性基礎；同時，也會影響到地方政府的公信力與行政執行效率。因此，中央政府與地方政府分權制度的創新最終必須將落腳點置於提高礦區居民的福利水平這一目標之上，才能真正規避中央政府與地方政府在礦產資源型地區發展過程中所面臨的種種風險，真正實現資源型地區的科學發展。

參考文獻

1. 馬克思. 資本論：第 1 卷 [M]. 北京：人民出版社，1975.
2. 劉詩白. 主體產權論 [M]. 北京：經濟科學出版社，1998.
3. 劉燦，等. 中國的經濟改革與產權制度創新研究 [M]. 成都：西南財經大學出版社，2007.
4. 朱迪·麗絲. 自然資源——分配、經濟學與政策 [M]. 蔡運龍，等，譯. 北京：商務印書館，2002.
5. 阿蘭·蘭德爾. 資源經濟學 [M]. 施以正，譯. 北京：商務印書館，1989.
6. 劉書楷. 劉書楷文選：第一集 [M]. 北京：學苑出版社，1999.
7. 埃里克·弗魯博頓. 新制度經濟學——一個交易費用分析範式 [M]. 姜建強，羅長遠，譯. 上海：上海三聯書店、上海人民出版社，2006.
8. 王利明. 物權法論 [M]. 北京：中國政法大學出版社，1998.
9. 周林彬. 物權法新論 [M]. 北京：北京大學出版社，2004.
10. 大衛·皮爾斯，等. 世界無末日——經濟學、環境與可持續發展 [M]. 張世秋，等，譯. 北京：中國財政經濟出版社，1994.
11. 湯姆·泰坦伯格. 環境與自然資源經濟學 [M]. 5 版. 嚴旭陽，等，譯. 北京：經濟科學出版社，2003.
12. 張帆，等. 環境與自然資源經濟學 [M]. 上海：上海人民出版社，2007.
13. 霍明遠，等. 中國的自然資源 [M]. 北京：高等教育出版社，2000.
14. 劉成武. 自然資源概論 [M]. 北京：科學出版社，1999.
15 蔡運龍. 自然資源學原理 [M]. 北京：科學出版社，2000.
16. 馬中. 環境與自然資源經濟學概論 [M]. 北京：高等教育出版社，2006.
17. 汪丁丁. 資源經濟學若干前沿問題//湯敏，茅于軾. 現代經濟學前沿專題：第二集 [M]. 北京：商務印書館，2002.
18. 配傑威齊. 產權與經濟理論：近期文獻的一個綜述//科斯，等. 財產權利與制度變遷 [M]. 劉守英，等，譯. 上海：上海三聯書店，1994.
19. 阿爾奇安. 新帕爾格雷夫經濟學大辭典 [M]. 北京：經濟科學出版社，1996.
20. 科斯，等. 財產權利與制度變遷 [M]. 劉守英，等，譯. 上海：上海三聯書店，1994.
21. 徐祥民. 環境權：環境法學的基礎研究 [M]. 北京：北京大學出版社，2004.
22. 梅夏英. 財產權構造的基礎分析 [M]. 北京：人民法院出版社，

2002.
23. 伯納德·施瓦茨. 美國法律史 [M]. 王軍, 等, 譯. 北京: 中國政法大學出版社, 1997.
24. 薩繆爾森, 等. 經濟學 [M]. 17版. 蕭琛, 主譯. 北京: 人民郵電出版社, 2004.
25. 托馬斯·思德納. 環境與自然資源管理的政策工具 [M]. 張蔚文, 黃祖輝, 譯. 上海: 上海三聯書店, 2006.
26. 肖乾剛. 自然資源法 [M]. 北京: 法律出版社, 1996.
27. 張梓太. 自然資源法 [M]. 北京: 北京大學出版社, 2007.
28. 王亞華. 水權解釋 [M]. 上海: 上海三聯書店、上海人民出版社, 2005.
29. 藍虹. 環境產權經濟學 [M]. 北京: 中國人民大學出版社, 2005.
30. 廖衛東. 生態領域產權市場制度研究 [M]. 北京: 經濟管理出版社, 2004.
31. 呂煒. 轉軌的實踐模式與理論範式 [M]. 北京: 經濟科學出版社, 2006.
32. 王偉中. 發展的基礎——中國可持續發展的資源、生態基礎評價 [M]. 北京: 社會科學文獻出版社, 2004.
33. 劉再興. 中國區域經濟: 數量分析與對比研究 [M]. 北京: 中國物價出版社, 2002.
34. DAVID ME WALKER. 牛津法律大辭典 [M]. 北京社會與科技發展研究所, 譯. 北京: 光明日報出版社, 1988.
35. 王占國, 孫偉化, 等. 產權論綱 [M]. 哈爾濱: 黑龍江教育出版社, 1998.
36. 胡代光, 高鴻業. 西方經濟學大辭典 [M]. 北京: 經濟科學出版社, 2000.
37. 黃少安. 產權經濟學導論 [M]. 濟南: 山東人民出版社, 1995.

38. F. 史普博，等. 管制與市場 [M]. 余暉，何帆，譯. 上海：上海人民出版社，1999.
39. 羅伯特・考特. 法和經濟學 [M]. 張軍，等，譯. 上海：上海人民出版社，1994.
40. 國土資源部地質勘探司. 各國礦業法選編 [G]. 北京：中國大地出版社，2005.
41. 楊立新，等. 物權法 [M]. 北京：中國人民大學出版社，2004.
42. 崔建遠. 準物權研究 [M]. 北京：法律出版社，2003.
43. 胡錦濤. 高舉中國特色社會主義偉大旗幟 為奪取全面建設小康社會新勝利而奮鬥——在中國共產黨第十七次全國代表大會上的報告 [R]. 北京：人民出版社，2007.
44. 呂忠梅. 論礦產資源所有權及其實現 [M]. 武漢：武漢大學出版社，2001.
45. 黃少安. 制度經濟學研究 [M]. 北京：經濟科學出版社，2003.
46. Y. 巴澤爾. 產權的經濟分析 [M]. 費方域，段毅才，譯. 上海：上海人民出版社，1997.
47. N. 波斯納. 法律的經濟分析 [M]. 蔣兆康，譯. 北京：大百科全書出版社，1997.
48. 曾紹金. 探礦權、採礦權市場建設理論與實踐 [M]. 北京：大地出版社，2003.
49. E. 王廣成，等. 礦區生態系統健康評價理論及其實證研究 [M]. 北京：經濟科學出版社，2006.
50. 水利部. 水利輝煌 50 年 [M]. 北京：中國水利水電出版社，1999.
51. 埃莉諾・奧斯特羅姆. 公共事物的治理之道 [M]. 余遜達，譯. 上海：上海三聯書店，2000.
52. 劉偉. 中國水制度的經濟學分析 [M]. 上海：上海人民出版社，

2005.
53. 黃錫生. 水權制度研究 [M]. 北京：科學出版社，2005.
54. 彭德成. 中國旅遊景區治理模式 [M]. 北京：中國旅遊出版社，2003.
55. 羅爾斯. 正義論 [M]. 何懷宏，等，譯. 北京：中國社會科學出版社，1988.
56. 克里斯特曼. 財產的神話——走向平等主義的所有權理論 [M]. 張紹宗，譯. 桂林：廣西師範大學出版社，2004.
57. 羅能生. 產權的倫理維度 [M]. 北京：人民出版社，2004.
58. 張五常. 科學說需求——經濟解釋·卷一 [M]. 香港：花千樹出版有限公司，1996.
59. 魏建，黃立君，李振宇. 法經濟學：基礎與比較 [M]. 北京：人民出版社，2004.
60. 史晉川. 法經濟學 [M]. 北京：北京大學出版社，2007.
61. 張梓太，吳衛星. 環境與資源法學 [M]. 北京：科學出版社，2002.
62. 周旺生. 立法學 [M]. 北京：法律出版社，1998.
63. 鄭少華. 生態主義法哲學 [M]. 北京：法律出版社，2002.
64. 金瑞林. 環境法學 [M]. 北京：北京大學出版社，2002.
65. 張文秀. 資源經濟學 [M]. 成都：四川大學出版社，2001.
66. 顧權. 我國礦業權物權法研究論綱 [J]. 中國礦業大學學報，2002(4).
67. 張復明. 工業化視野下的資源型經濟：解釋模型和分析框架 [J]. 經濟學動態，2008 (8).
68. 邵帥，等. 西部地區的能源開發與經濟增長——基於"資源之咒"假說的實證分析 [J]. 經濟研究，2008 (4).
69. 張景華. 自然資源是"福音"還是"詛咒"：基於制度的分析[J].

上海經濟研究，2008 (1).
70. B. R. 夏馬. 資源概念與資源評價 [J]. 秦其明，譯. 地理科學進展，1988(1).
71. 金海統. 論水權物權立法的基本思路 [J]. 法學，2004(12).
72. 陳抗. 諸轉型經濟國家的分權化及中央、地方關係 [J]. 改革，1994(3).
73. 李天籽. 自然資源豐裕度對中國地區經濟增長的影響及其傳導機制研究 [J]. 經濟科學，2007(6).
74. 林崗，張宇. 產權分析的兩種範式 [J]. 中國社會科學，2000(1).
75. 林崗，劉元春. 制度整體主義與制度個體主義——馬克思與新制度經濟學的制度分析方法比較 [J]. 中國人民大學學報，2001(2).
76. 趙世義. 論財產權的憲法保障與制約 [J]. 法學評論，1999 (5).
77. 穆賢清，黃祖輝，張小蒂. 國外環境經濟理論研究綜述 [J]. 國外社會科學，2004 (2).
78. 肖國興. 論中國水權交易及其制度變遷 [J]. 管理世界，2004 (4).
79. 謝地. 論我國自然資源產權制度改革 [J]. 河南社會科學，2006(5).
80. 王萬山，等. 中國自然資源產權市場應如何"轉軌" [J]. 改革，2002(6).
81. 孟昌. 對自然資源產權制度改革的思考 [J]. 改革，2003(5).
82. 董慧凝，等. 論資源制約及資源導向的循環經濟 [J]. 財經問題研究，2007(9).
83. 王贊新. 礦業權市場與礦產資源可持續發展——國際經驗與中國的對策 [J]. 資源與產業，2007(3).
84. 劉燦. 社會主義市場經濟與財產權制度的構建 [J]. 福建論壇：人文社會科學版，2004(3).
85. 張凡勇. 礦權概念辨析 [J]. 西安石油大學學報：社會科學版，

2004(3).
86. 沈瀅. 國外礦產資源產權制度比較 [J]. 經濟研究參考，1996(16).
87. 郭朝先. 我國煤礦企業安全生產問題：基於勞動力隊伍素質的視角 [J]. 中國工業經濟，2007(10).
88. 鄭風田，等. 根治礦難：產權改革能否有效——兼析山西臨汾、呂梁的煤礦產權改革試點 [J]. 經濟學家，2007(4).
89. 中共中央關於完善社會主義市場經濟體制若干問題的決定 [R]. 北京：人民出版社，2003.
90. 黃少安. 國有中小型企業產權重組過程中的"尋租"分析 [J]. 財經研究，1996(10).
91. 鄧可斌，等. 政府干預、自然資源與經濟增長：基於中國地區層面的研究 [J]. 南開經濟研究，2007(3).
92. 徐康寧，王劍. 自然資源豐裕程度與經濟發展水平關係的研究 [J]. 經濟研究，2006(1).
93. 路卓銘，等. 短缺與可持續雙重視角下資源開發補償機制研究——兼論我國資源型城市可持續發展的長效機制 [J]. 財經研究，2007(9).
94. 沈滿洪，陳鋒. 我國水權理論研究述評 [J]. 浙江社會科學，2002(5).
95. 黃錫生. 水權的定義 [J]. 重慶大學學報：社會科學版，2004(4).
96. 姚金海. 論水資源國有產權體制創新 [J]. 學術論壇，2007(5).
97. 魏衍亮，周豔霞. 美國水權理論基礎、制度安排對中國水權制度建設的啟示 [J]. 比較法研究，2002(4).
98. 張曉. 國家風景名勝區不宜匆忙"上市" [N]. 光明日報，1998-12-28.
99. 中國社會科學院環境與發展研究中心課題組. 國家風景名勝資源上市的國家利益權衡 [J]. 數量經濟技術經濟研究，1999(10).

100. 徐嵩齡. 怎樣認識風景資源的旅遊經營——評"風景名勝區股票上市"論爭 [J]. 旅遊學刊，2000(3).
101. 厲以獻. 國家風景名勝區門票專營權分析 [J]. 旅遊學刊，2002(2).
102. 徐嵩齡. 中國的世界遺產管理之路——黃山模式評價及其更新（上、中、下）[J]. 旅遊學刊，2002(4)、2003(1)、2003(2).
103. 徐嵩齡. 中國遺產旅遊業的經營制度選擇——兼評"四權分離與制衡"主張 [J]. 旅遊學刊，2003(4).
104. 王興斌. 風景文物旅遊資源管理體制和經營機制改革探討 [J]. 旅遊調研，1999 (9).
105. 魏小安. 關於旅遊景區公司上市的幾點思考 [J]. 旅遊學刊，2000(1).
106. 張淩云. 關於旅遊景區公司上市爭論的幾點思考 [J]. 旅遊學刊，2000(3).
107. 李樹民，郭建有. 對華山風景名勝區管理體制變革的制度分析[J]. 旅遊學刊，2001(4).
108. 王興斌. 中國自然文化遺產管理模式的改革 [J]. 旅遊學刊，2002(5).
109. 鍾勉. 試論旅遊資源所有權與經營權相分離 [J]. 旅遊學刊，2002(4).
110. 劉旺，張文忠. 對構建旅遊資源產權制度的探討 [J]. 旅遊學刊，2002(4).
111. 楊振之，馬治鸞，陳謹. 我國風景資源產權及其管理的法律問題——兼論西部民族地區風景資源管理 [J]. 旅遊學刊，2002(4).
112. 胡敏. 風景名勝資源產權辨析及使用權分割 [J]. 旅遊學刊，2003(4).
113. 馬梅. 公共產品悖論——國家公園旅遊產品生產分析 [J]. 旅遊學

刊，2003(4).
114. 鄔愛其，徐進. 國家風景名勝區經營性項目規制改革探討 [J]. 旅遊學刊，2001(4).
115. 黃進. 論風景名勝區特許經營合同 [J]. 旅遊學刊，2005(4).
116. 朱建安. 世界遺產旅遊發展中的政府定位研究 [J]. 旅遊學刊，2004 (4).
117. 謝茹. 試論風景資源開發中的政府規制 [J]. 旅遊學刊，2004 (5).
118. 汪明林，劉旺. 遺產資源保護及旅遊發展中的政府作為研究[J]. 旅遊學刊，2005(4).
119. 黃小平. 論代際外部性與旅遊資源產權的代際分配 [J]. 旅遊學刊，2006(6).
120. 張進福. 經營權出讓中的景區類型與經營主體分析 [J]. 旅遊學刊，2004 (1).
121. 張朝枝，保繼剛，徐紅罡. 旅遊發展與遺產管理研究：公共選擇與制度分析的視角——兼遺產資源管理研究評述 [J]. 旅遊學刊，2004 (5).
122. 張紅霞，蘇勤，王群. 國外有關旅遊資源遊憩價值評估的研究綜述 [J]. 旅遊學刊，2006(1).
123. 王瑩. 中美風景區管理比較研究 [J]. 旅遊學刊，1996(6).
124. 張朝枝，徐紅罡. 中國世界自然遺產資源管理體制變遷——武陵源案例研究 [J]. 管理世界，2007(8).
125. 李松齡. 制度安排與公平效率的辯證關係及其產權分析 [J]. 財經理論與實踐，2004 (9).
126. 張旭昆. 論制度的均衡與演化 [J]. 經濟研究，1993(9).
127. 張曙光. 論制度均衡和制度變革 [J]. 經濟研究，1992(6).
128. 李勝蘭，曹志興. 構建有中國特色的自然資源產權制度 [J]. 資源科學，2000 (5).

129. 張軍. 分權與增長：中國的故事 [J]. 經濟學，2007(1).
130. 劉曉路. 財政分權與經濟增長：第二代財政分權理論 [J]. 財貿經濟，2007(3).
131. 陸建新. 中國制度創新中的地方政府行為悖論研究 [D]. 中國人民大學博士論文，1997.
132. 王煥祥，郎玫. 財政分權功效研究新進展 [J]. 經濟學動態，2008(3).
133. 喬寶云. 政府間轉移支付與地方財政努力[J]. 管理世界，2006(3).
134. 林毅夫，劉志強. 中國的財政分權與經濟增長 [J]. 北京大學學報，2000 (4).
135. 周黎安. 晉升博弈中政府官員的激勵與合作──兼論我國地方保護主義和重複建設問題長期存在的原因 [J]. 經濟研究，2004 (6).
136. 皮建才. 中國地方政府間競爭下的區域市場整合 [J]. 經濟研究，2008(3).
137. 楊其靜，聶輝華. 保護市場的聯邦主義及其批判 [J]. 經濟研究，2008(3).
138. 周飛舟. 分稅制十年：制度及其影響[J]. 中國社會科學，2006(6).
139. J. KINCAID. The Contest of Body and Soul: Resource Scarcity in Western Political Theory [M]. Welch and Meiwald, 1983.
140. EHRLICH. The Population Bomb [M]. New York: Ballantine Books, 1970a.
141. R. AUTY. Resource Abundance and Economic Development [M]. Oxford: Oxford University Press, 2001.
142. J. SACHS, A. WARNER. Natural Resource Abundance and Economic Growth [R]. NBER Working Paper, No 5398, 1995.
143. STANLEY L. ENGERMAN, KENNETH L. SOKOLOFF. Institutional and Non-Institutional Explanations of Economic

Differences [R]. NBER Working Paper, No. W9989, September 2003.
144. SALA-I-MARTIN XAVIER, ARVIND SUBRAMANIAN. Addressing the Natrual Resource Curse: An Illustration from Nigeria [R]. IMF Working Paper, WP-03-139, 2003.
145. H. I. GROSSMAN. The Creation of Effective Property Rights [J]. American Economic Review, 2001(91): 347-352.
146. A. MYRICK FREEMAN Ⅲ. The Measurement of Enviromental and Resource Values: Theory and Methods [J]. Resource for the Future, 1993: 527.
147. T. STERNER. Policy Instruments for Enviromental and Natural Resource Management [J]. Resource for the Future, 2002: 168-172.
148. CHARLES TIEBOUT. A Pure Theory of Local Expenditures [J]. Journal of Political Economy, 1956 (64):416-424.
149. G. BRENNAN, J. M. BUCHANAN. The Power to Tax: Analytical Foundations of a Fiscal Constitution [M]. New York: Cambridge University Press, 1980.
150. P. SEABRIGHT. Accountability and Decentralization in Government: An Incomplete Contracts Model [J]. European Economic Review, 1996 (40): 61-89.
151. QIAN YINGYI, BARRY, R. WEINGAST. Federalism as a Commitment to Preserving Market Incentives [J]. The Journal of Economic Perspectives, 1997 (11).
152. T. J. GOODSPEED. Bailouts in a Federation [J]. International Tax and Public Finance, 2002 (9): 409-421.
153. J. RODDEN. Hamiltion's Paradox: the Promise and Peril of Fiscal Federalism [M]. New York: Cambridge University Press, 2006.
154. J. MARTINEZ-VAZQUEZ, R. M. MCNAB. Fiscal Decentralization

and Economic Growth [J]. World Development, Sep 2003: 20.
155. G. ROLAND. Politics, Markets, and Firms: Transition and Economics [M]. MA: MIT Press, 2000.
156. T. ZHANG, H. ZOU. Fiscal Decentralization, Public Spending, and Economic Growth in China [J]. Journal of Public Econimics, 1998 (67): 221-240.
157. OLIVIER J. BLANCHARD, ANDREI SHLEIFER. Federalism With and Without Political Centralization: China versus Russia [J]. IMF STAFF PAPERS, 2001(48): 171-179.
158. QIAN YINGYI, XU CHENGGANG. Why China's Economic Reforms Differ: The M-Form Hierarchy and Entry/Expansion of the Non-State Sector [J]. Economics of Transition, 1993 (2): 135-170.

後 記

　　本書是國家社會科學基金課題研究專案"我國自然資源產權制度構建研究"的最終成果。在此，要特別感謝國家社會科學基金和西南財經大學科研處對該專案研究的資助。

　　在 21 世紀，中國經濟的高速增長與自然資源科學開採，集約使用的矛盾更加突出，這一矛盾深刻地影響到了經濟社會的科學發展和資源環境的有效保護。構建一個有效的自然資源產權制度來緩解上述矛盾及其負面影響，不僅是社會各方面高度關注的實踐問題，也是一個具有重大價值的理論問題"我們承擔這一課題，就是要以科學發展觀為指導，以中國特色社會主義經濟理論、現代產權經濟理論、環境與資源經濟學為基礎，借鑒、總結自然資源產權制度實踐的國際經驗與中國的改革實踐，探討如何構建一個適應中國社會主義市場經濟體制的自然資源產權制度。

在改革開放 30 年來的經濟體制改革中，中國社會主義產權理論的研究和實踐應用改革已經取得了重大成果，但在自然資源產權制度領域卻顯得滯後，一些戰略性國有自然資源產權制度的改革依然是個空白。作為完善社會主義市場經濟體制的一個新課題，本研究未解決的理論與實踐問題還有許多，在寫作過程中也難免有疏漏和不妥之處。在將本書呈現給各位讀者之時，還望大家不吝賜教，以便我們修正。

本書是集體合作的成果。劉燦是該課題研究的主持人並負責全書的框架設計，劉燦、吳垠負責全書統稿。各章寫作的分工如下：第一章（劉燦、吳垠），第二章（劉燦），第三章（張樹民），第四章（左正強），第五章（吳垠），第六章（王雪苓），第七章（張毓峰），第八章（劉燦），第九章（鄭茂），第十章（吳垠）。丁任重教授、李萍教授、程民選教授、吳開超教授、李毅副教授等參加了課題研究和本書的寫作討論。

本書在寫作和出版過程中，得到了西南財經大學經濟學院、"211工程"辦公室、科研處、出版社的大力支持，在此一併表示感謝。

作者
於光華園